NUOVI AMBIENTI ITALIANI
COLLANA DIRETTA DA SILVIO SAN PIETRO

NEW RESTAURANTS
IN ITALY

A CURA DI SILVIO SAN PIETRO

TESTI DI PAOLA GALLO

EDIZIONI L'ARCHIVOLTO

IDEAZIONE E CURA DEL PROGETTO
Silvio San Pietro

TESTI
Paola Gallo

REDAZIONE
Paolo Fasoli
Paola Gallo
Carlotta Sembenelli

FOTOGRAFIE
Alessandro Ciampi, Emilio Conti, Arrigo Coppitz, Margherita Del Piano e Claudio Navone, Alberto Ferrero,
Andrea Martiradonna, Simone Parri, Matteo Piazza, Pierluigi Piu, Paolo Semprucci, Claudio Sforza, Studio Azzurro,
Paolo Utimpergher

PROGETTO GRAFICO
Silvio San Pietro

REALIZZAZIONE GRAFICA E IMPAGINATO
Imago (Marina Moccheggiani)

TRADUZIONI
David Stanton

SI RINGRAZIANO
Gli architetti e gli studi di progettazione per la cortese collaborazione e per aver fornito i disegni dei loro archivi.
Si ringraziano inoltre per l'assidua e preziosa collaborazione Imago, Grafiche San Patrignano ed Euroteam.

Le informazioni riportate nelle *schede tecniche* e nel *repertorio* relative a ciscun progetto vogliono solo fornire un'indicazione di massima e pertanto non costituiscono un riferimento ufficiale. Non essendo in grado di entrare nel merito dei rapporti contrattuali tra committenti, progettisti e imprese, decliniamo ogni responsabilità circa eventuali imprecisioni o manomissioni che sono involuntarie ed eventualmente dovute a una carenza della documentazione pervenutaci da progettisti, imprese, fornitori.

The information contained in the *Technical Data* and in the *Inventory* on each project is only intended to offer general indications and therefore does not constitute an official reference source. Since we were not privy to in-depth information on the contractual relationships between owners, designers and contractors, we decline any and all responsibility for any errors or omissions, which would be involuntary and the result of a lack of documentation from designers, contractors, suppliers.

[ISBN 88-7685-116-X]

A norma della legge sul diritto d'autore e del codice civile è vietata la riproduzione di questo libro,
di parti di esso, di disegni, planimetrie e fotografie con qualsiasi mezzo, elettronico, meccanico, per mezzo di fotocopie,
microfilms, registrazioni o altro. L'Editore perseguirà ogni violazione dei propri diritti esclusivi in sede giudiziaria.

© Copyright 2001

EDIZIONI L'ARCHIVOLTO
Via Marsala, 3 - 20121 Milano
Tel. (39) 02.29010424 - (39) 02.29010444
Fax (39) 02.29001942 - (39) 02.6595552
www.archivolto.com
archivolto@archivolto.com

I edizione marzo 2001

INDICE GENERALE
CONTENTS

EMOZIONI IN SCENA / SETTINGS FOR SENTIMENTS (PAOLA GALLO) — 6

NEW RESTAURANTS IN ITALY — 10

AL MARE (Misano Adriatico - RN)	E. Ricca	12
BETTY PAGE (Rimini)	Studio Tausani Lucchi & Partners	18
CARPE DIEM (Fiesole - FI)	D. Bianchi, A. Marcattilj	24
CAVALLUCCIO MARINO (Riccione - RN)	M. Gabellini	32
CIRCOLO UFFICIALI DI PRESIDIO (Firenze)	A. Michelizzi, F. Fabietti	40
CODE - FOOD & WINE (Carpi - MO)	S. Severi	56
FONDA MAYA (Milano)	M. Pluda	62
IL CONSOLARE (Milano)	P. Polato	66
IL TRABACCOLO (Portoverde, Misano Adriatico - RN)	M. G. Del Moro	70
L'ARCA (Follonica - GR)	A. Boschi	76
LA BANQUE (Milano)	D. Beretta, C. La Viola, E. La Viola	82
LIGURIA RESTAURANT (Solva, Alassio - SV)	P. Frello, C. Taglioretti	90
MAMAMIA (Senigallia - AN)	G. Mancini	98
MARIO CELIN (Stra - VE)	C. Palmi Caramel	108
MOLO VECCHIO (Savona)	A. Meirana	118
MOMAH (Carpi - MO)	S. Severi	122
MOVIDA (Firenze)	D. Bianchi, A. Marcattilj	132
NIL (Roma)	C. Lazzarini, C. Pickering	142
OLIVETO (London - GB)	P. Piu	152
OLIVO (London - GB)	P. Piu	162
ORSOBLU BISTROT (Milano)	M. De Renzio, A. Conte, D. Melazzi	170
SAN GIORS (Torino)	UdA ufficio di architettura	174
SHERAZAD (Milano)	E. Amati, G. Pescatori	180
SHU CAFÈ RESTAURANT (Milano)	F. Novembre	186
SONORABLU (Milano Marittima, Cervia - RA)	C. Monti, F. Muti, S. Tonini	196
THE SIAM SOCIETY (Milano)	M. De Renzio, E. Ramerino, P. Urquiola	204
TINTERO (Milano)	M. De Renzio, P. Urquiola	210
ULIASSI (Senigallia - AN)	F. M. Ceccarelli, C. Marchese	214

REPERTORIO / INVENTORY

- SCHEDE TECNICHE / TECHNICAL DATA — 222
- FORNITORI / SUPPLIERS — 228
- PROGETTISTI / DESIGNERS — 236
- RISTORANTI / RESTAURANTS — 240

EMOZIONI IN SCENA

Una ricca rassegna di progetti è presentata in questo volume che indaga il tema del ristorante in Italia ampliando da un lato la ricerca da tempo avviata con questa collana sull'architettura d'interni, anche pubblica, e, dall'altro, approfondendo la riflessione su questi locali già intrapresa con il libro *New Restaurants in Usa & East Asia* della serie *International Architectures & Interiors*.

Come nelle gallerie ottocentesche si celebrava il rito nuovo del consumo borghese in uno scenario architettonico non a caso sorprendente e "moderno" dal punto di vista linguistico e tecnologico, così oggi, curiosamente, sembra di riconoscere in alcune tipologie d'interni i luoghi dove si praticano nuovi rituali consumistici e comportamentali, assecondati e talvolta promossi da un'architettura che assume connotati peculiari benché, al tempo stesso, variabili. È il caso di molti locali pubblici destinati all'intrattenimento e al consumo di cibi e bevande e quindi anche dei ristoranti. Da luogo squisitamente elitario o viceversa estremamente popolare, nella fattispecie delle osterie, negli ultimi decenni il ristorante ha subito una trasformazione che lo ha reso accessibile alle più varie categorie sociali. Più precisamente, si è assistito all'evolversi di "tipologie" diverse corrispondenti, appunto, ai differenti tipi di frequentatori e alla loro disponibilità economica. Da un lato questa mutazione è ovvia conseguenza di un nuovo assetto della società dove beni e servizi di ogni genere sono più largamente diffusi; dall'altro, e certo in ragione di un maggiore benessere, deriva dall'aver attribuito all'alimentazione, in modo più condiviso, anche un valore culturale; cosicché "l'andare a cena fuori" è oggi considerato anzitutto un piacere intellettuale e rituale come accade per altri consumi culturali. Dal punto di vista dell'offerta gastronomica ciò ha generato il superamento delle categorie tradizionali e suscitato il proliferare di una varietà di proposte pressoché inesauribile – dove peraltro trovano posto anche i molti "esotismi" – come dimostra il successo degli innumerevoli prodotti editoriali che si prefiggono di guidare il consumatore nella scelta sulla base delle più varie e bizzarre classificazioni. Ma questi fattori di natura sociologica hanno prodotto esiti, sul piano più strettamente disciplinare dell'architettura d'interni, che in qualche misura hanno scardinato o rinnovato, in linea tendenziale, i convenzionali, e apparentemente consolidati, criteri progettuali. I concetti di lussuoso e popolare, in base ai quali fino a qualche decennio fa potevano essere classificati i ristoranti, appaiono oggi del tutto insufficienti a descrivere un panorama molto più articolato anche dal punto di vista del ruolo del progetto. Certo non è un fatto nuovo che l'architettura sia strumento di comunicazione di altro da sé ma forse è un fenomeno relativamente recente nel caso dei locali di ristorazione o d'intrattenimento, solo molto raramente affidati, in passato, a professionisti della progettazione. Questo volume documenta, come in un'immagine istantanea di particolare eloquenza, l'eterogenea complessità contemporanea di questo ambito del progetto d'interni mettendo in luce alcune tendenze paradigmatiche. L'evidente eclettismo linguistico che si constata valutando complessivamente i progetti non solo testimonia una più generale condizione dell'architettura contemporanea ma corrisponde anche, nello specifico, a una singolare interpretazione del ristorante come scena, se non come scenografia, all'interno della quale si allestisce uno spettacolo replicato ogni giorno. Dunque la moltitudine dei linguaggi architettonici non è, o non è solo, il prodotto di un'incertezza di metodo o se si preferisce di un generico pluralismo piuttosto sembra derivare dalla necessità di rappresentare narrazioni diverse che tendono a soddisfare comportamenti differenti, modi di socializzare e consumare dipendenti dall'età, dall'appartenenza a certi gruppi sociali, dalle disponibilità economiche, in ogni caso con l'obiettivo di corrispondere anzitutto a esigenze di natura psicologica. È nella consapevolezza comune, e molto meno lo era in passato, che la scena dove si svolge il rituale del consumo alimentare e della forma di socializzazione a esso legato, debba essere uno spazio appagante e stimolante dal punto di vista psicologico, un luogo dove agire una rappresentazione nella quale si possa essere attori protagonisti e anche scegliere, di volta in volta, il ruolo da interpretare. E proprio come in un teatro la scenografia assume spesso un carattere forzato per essere chiaramente leggibile, così lo scenario nel quale si svolge questo 'gioco di società' è spesso eccessivo proprio per essere istantaneamente riconoscibile, per far sì che con esso ci si possa identificare. Così la questione fondamentale non è tanto quella del linguaggio applicato ma della sua capacità di tradurre con immediatezza un'ambientazione che corrisponda a un immaginario comune in modo più o meno diretto, che definisca con efficacia un universo particolare per qualunque ragione differente da quello della vita quotidiana, spesso onirico e ludico come accade appunto, in certo teatro. Quest'interpretazione del ristorante come messa in scena, come narrazione induce una certa spettacolarizzazione dell'architettura, concepita quindi come un dispositivo volto a suscitare in modo indotto sentimenti e sensazioni e grazie al quale ci si può mostrare in un ruolo a scelta e al tempo stesso assistere allo spettacolo. Come testimoniano i progetti qui rappresentati le forme sono perciò le più diverse ma tutte, anche quelle stilisticamente più rigorose, tendono a ricreare scenari che appartengono all'immaginario collettivo e di questo si sostanziano talvolta anche con modalità caratteristiche del mondo passeggero ed effimero della moda e delle mode. Le realizzazioni, così, appaiono in qualche misura un territorio di confine tra discipline diverse, il frutto di multiple contaminazioni: l'interior design in senso stretto si fonde con gli strumenti, e anche gli stratagemmi, propri della scenografia, degli allestimenti temporanei di tipo spettacolare ovvero delle cosiddette arti visuali, dando luogo a sperimentazioni talvolta molto stimolanti sulla percezione dello spazio, sui materiali, sui colori, sugli effetti visivi solo molto difficilmente praticabili in altri tipi d'interni. Emblematici, in questo senso, sono i sorprendenti 'effetti speciali' di spazi come lo Shu o il Mamamia, i risultati cangianti, la mutevolezza evanescente del Nil o ancora la giocosità ironica del Mario Celin. In altri casi un certo rigore architettonico appare di per sé scenograficamente funzionale come accade per il Betty Page, Il Consolare o il minimalista Momah. In ristoranti come i londinesi Olivo e Oliveto, i milanesi Sherazad e Orsoblu Bistrot o il marino Trabaccolo sono per lo più gli strumenti propri della decorazione a determinare il senso dell'allestimento. In altre circostanze, rappresentate qui da luoghi come il Circolo Ufficiali di Presidio, il San Giors, il Molo Vecchio, il Code o l'esclusivo La Banque, è un uso sofisticato e creativo dei materiali, utilizzati nelle più varie tessiture compositive, a divenire lo strumento interpretativo del progetto. La particolare localizzazione di alcuni ristoranti affacciati sul mare è poi, in altri casi ancora, un riferimento anche formale imprescindibile benché variamente interpretato, come, analogamente, può esserlo il tipo di offerta gastronomica, tipicamente quella etnica.

Valutando le realizzazioni qui presentate emerge anche un altro aspetto che discende direttamente dai comportamenti collettivi più diffusi e che riguarda la funzionalità dei locali pubblici in genere, sempre più sfuggenti a un'univoca categorizzazione tipologica: è evidente espressione di una tendenza in crescita, la spiccata vocazione di questi ambienti, e in questo caso dei ristoranti, a divenire spazi polivalenti nei quali possono convivere differenti destinazioni o che possono essere convertiti a usi diversi a seconda degli orari o dei tipi di frequentatori. Nella lettura che talvolta ne viene data il ristorante non è solo un luogo dove si pranza o si cena ma anche dove si possono frequentare mostre, dove vengono allestiti eventi spettacolari, dove si può navigare in rete, ballare, ascoltare musica, vedere video e persino comprare oggetti od organizzare conferenze. Ne risultano spazi trasformisti, dall'identità sfuggente, certo anzitutto frutto di operazioni di marketing ma la cui risoluzione architettonica, spaziale, appare particolarmente stimolante proprio in quanto presuppone un progetto non radicato in criteri e metodi consolidati e, piuttosto, tutti da rintracciare.

Così accanto a locali pubblici dai connotati più tradizionali e convenzionali, altri si sostanziano di nuovi contenuti e vengono rappresentati da un'architettura in qualche misura più sperimentale, volta essenzialmente a rintracciare nuove modalità di comunicazione o a trasferire modelli esistenti in nuove destinazioni. Da ciò discende anche un superamento delle tipologie tradizionali del bar, del ristorante, della discoteca, del night club ma anche del negozio o dello spazio espositivo, cui corrispondeva un linguaggio in qualche misura ad hoc, per dar luogo piuttosto a una fusione delle destinazioni che rinnova il concetto stesso di tipologia. Dal punto di vista dell'analisi critica questo è un fenomeno in divenire, in fondo ancora in nuce, perlomeno in Italia, ma è ricorrente, nella storia dell'architettura, il fatto che l'individuazione di nuove tipologie spesso alimenti riflessioni che non di rado conducono anche all'identificazione di nuovi linguaggi e tecniche, insomma a sperimentare nuove strade come è accaduto in tempi recenti nel caso dei centri commerciali, dei musei, degli alberghi o come in passato si è verificato in età neoclassica o, appunto, nell'eclatante caso delle gallerie ottocentesche quando l'architettura è entrata più direttamente in contatto con l'idea di consumo, rappresentandola e al tempo stesso innovandosi.

Paola Gallo

SETTINGS FOR SENTIMENTS

A wide range of projects is treated in this volume, which investigates the theme of the restaurant in Italy, expanding both the survey started some time ago with this series on interior design – including that of public buildings – and the reflections on these establishments already contained in the book entitled *New Restaurants in the USA & East Asia* in the *International Architecture & Interiors* series. Just as, in the nineteenth century, shopping arcades celebrated the new rites of middle-class consumption in an architectural setting that was both striking and stylistically and technologically "modern", today, curiously enough, it is possible to identify various types of interiors as the places where the new consumeristic and behavioral rituals take place. These are favored or even actively encouraged by architectural forms that have distinctive – and, at the same time, variable – characteristics. This is the case with many establishments devoted to entertainment and the consumption of food and drink, and so also of restaurants.

In fact, until a few decades ago, Italian restaurants tended to be either the exclusive haunts of the well-to-do or down-market eateries – the osterie and trattorie – but, in recent years they have undergone a radical change, so that they are now frequented by all levels of society. More precisely, different kinds of restaurant have evolved, reflecting the different types of clients and the amount of money they have to spend. On the one hand, this transformation is the obvious result of the new social order in which goods and services of all kinds are readily available; on the other hand, especially thanks to greater prosperity, it is now widely recognized that food has a cultural value, so that "eating out" is regarded, first and foremost, as an intellectual pleasure having a ritual element rather like other cultural activities. In the case of gastronomy, this has caused the abandonment of the traditional categories and stimulated the proliferation of an almost limitless variety of offers – among which there is room also for much exoticism – as is demonstrated by the success of many publications that aim to guide the consumer on the basis of the most diverse and bizarre classifications.

However, with regard to the more specific field of interior design, these factors of a sociological nature have produced results that, to a considerable extent, have both undermined and renewed the conventional and apparently well-established design criteria. The categories of deluxe and low-cost, into which, until a few decades ago, restaurants could be divided, appear to be quite inadequate to describe a situation that is much more complex, especially as far as the role of the architectural project is concerned. It is certainly no novelty that architecture is a means of communicating concepts extraneous to itself – but this is, perhaps, a relatively recent phenomenon in the case of establishments serving food and providing entertainment, the design of which was, in the past, rarely entrusted to professional architects.

This book presents a particularly remarkable overview of the complexity and heterogeneous nature of interior design today, highlighting a number of paradigmatic trends. The evident stylistic eclecticism that will be noted when evaluating the projects as a whole not only attests to the state of contemporary architecture but also reflects the interpretation of the restaurant as the setting – which could be regarded as a sort of stage-set – within which a spectacle takes place every day. Thus the multitude of architectural styles is not merely the result of uncertainty about the methodological approach, or even of generic pluralism. It seems rather to derive from the need to create different types of narration to meet the requirements of diverse behavior patterns and modes of socialization and consumption depending on the age, social character, and financial resources of the clients – in any case, with the primary aim of meeting their psychological needs.

There is a general awareness nowadays – unlike in the past – that the setting in which the ritual of consumption of food and the forms of socialization linked to this take place must be satisfying and stimulating from a psychological point of view. In particular, this is because it is a place where a performance is staged in which the clients are the protagonists who can, on each occasion, choose the parts they play. And, just as the theatrical stage-set is often given a deliberately artificial character in order to be easily interpretable, so the setting in which this "role-play" takes place is frequently extravagant in order to be immediately recognizable and allow the public to identify with it. Thus the fundamental question is not so much that of the style used, but rather its capacity to express with immediacy a setting that, more or less directly, represents what people imagine and depicts with great efficacy a special world that is, for some reason, different from everyday life and is often dreamlike and playful as is the case with certain types of theater. This interpretation of the restaurant as a *mis en scène* – a setting for narration – results in the tendency to give the architecture a spectacular character, so that it is conceived as a means of arousing sentiments and sensations in an induced manner. Thanks to this, clients may play the role they prefer and, at the same time, watch the spectacle.

As the projects described here bear witness, the forms are extremely diverse, but all of them – including the most rigorous from a stylistic point of view – tend to create settings that belong to the collective imagination and they sometimes draw on this with the modalities characteristic of the ephemeral world of fashion. Thus the designs appear, to a certain extent, to form the borderland between different professions, displaying the results of their reciprocal influence. Interior design in the strict sense of the term is combined with the tools – and also the stratagems – typical of set design and the temporary decorative schemes of a spectacular type, or those associated with the visual arts, giving rise to what are often very stimulating experiments regarding spatial perception, materials, colors, and visual effects that can rarely be used in other types of interior.

Typical in this respect are the remarkable special effects of such establishments as Shu and Mamamia, the iridescence and evanescent mutability of Nil, and the ironic playfulness of Mario Celin. In other cases, a certain degree of architectural severity appears to serve a scenographic purpose, as, for example, in Betty Page, Il Consolare, or Momah with its severely Minimalist décor. In such restaurants as Olivo and Oliveto in London, Sherazad, and Orsoblu in Milan and Il Trabaccolo on the Adriatic coast it is the ornamentation itself that determines the character of the décor. In other circumstances, represented here by such establishments as the Circolo Ufficiali in Florence, San Giors, Molo Vecchio, Code, and the exclusive La Banque, it is the sophisticated and creative use of materials, combined in a whole variety of manners, that becomes the most outstanding feature of the project. Lastly, the specific location of a number of restaurants – for instance, those overlooking the sea – is an aspect that cannot be ignored, although different interpretations may be given to this; similarly, the type of food served, especially in the case of ethnic restaurants, must also be taken into consideration.

When examining the projects described here, the reader will be aware of another aspect that derives directly from new social attitudes and regards the functional character of cafés, bars, restaurants and so on, which increasingly defy easy categorization. There is a marked tendency of these establishments – especially restaurants – to become multi-purpose spaces in which a wide range of functions may coexist, or they may be converted for different uses according to the time of day or the type of client. Thus the restaurant becomes not a merely a place where food is served, but also a venue for shows, where clients can surf the internet, dance, listen to music, watch videos, and even go shopping or organize conferences. The results are convertible spaces to which it is difficult to give a specific identity: although they are, above all, the fruit of marketing, their architectural and spatial design appears to be particularly stimulating insofar as it requires a project that is not based on tried-and-tested criteria and methods, but rather on ones that have to be invented ad hoc.

Thus in addition to establishments with more traditional characteristics, others offer new functions and provide an opportunity for a more experimental approach to architecture that is intended to facilitate new modes of communication or to make use of existing models in different ways. This has led to the abandonment of the traditional distinction between bars, cafés, restaurants, discotheques, and night clubs, as well as shops and exhibition spaces, for which there were more or less specific architectural styles, and their replacement with the multi-purpose space that has revolutionized the very concept of the building type in this field. From the point of view of the critical analysis, this is a phenomenon that is just getting underway, or is even – in Italy, at least – still in an embryonic form. Nonetheless, in the history of architecture, it frequently happens that the identification of new types leads to the evolution of new styles and techniques – in other words, it encourages new lines of development, as has happened in recent times in the case of shopping malls, museums, and hotels, or, in the past, in the Neoclassical period or in the nineteenth-century shopping arcades, when architecture came into direct contact with the idea of consumption, to which it gave physical form and, at the same time, renewed itself.

Paola Gallo

Enos Ricca

AL MARE
Misano Adriatico - RN

Frutto della radicale ristrutturazione di un vecchio chiosco sulla spiaggia, questo ristorante trasforma in una fonte d'ispirazione formale la suggestione derivante della sua peculiare localizzazione. Il paesaggio marino all'esterno costituisce lo sfondo scenografico dell'allestimento anche grazie alle grandi aperture vetrate che avvolgono l'area a "L" destinata ai tavoli. All'interno i riferimenti ad atmosfere marine sono espliciti o evocati dalla scelta e dal trattamento dei materiali. La cerniera distributiva, che distingue la zona per il pubblico da quella degli ambienti di preparazione, è costituita dal banco bar identificato chiaramente dal soffitto ligneo con mensole sagomate, che sostengono piccole lampade sospese, come si trattasse della chiglia di una nave. Il banco stesso, disegnato come una prua che si protende dal basso verso l'alto, dà ulteriore rilievo a questo spunto. Sul bar insiste una vasta zona soppalcata, anch'essa dedicata ai tavoli, rivestita a pavimento con lunghi listoni di legno e protetta, come fosse il ponte di un'imbarcazione, da una balaustra costituita da sottili cavi e montanti d'acciaio. Da qui si apprezza meglio la spettacolare copertura lignea forata da grandi oblò o da aperture ad arco ribassato che permettono di godere della vista del mare anche da questa posizione sopraelevata. E la vicinanza del mare, la volontà di rintracciare un legame evidente con l'ambiente circostante, ha guidato anche la scelta dei colori adottati per i rivestimenti e tutte le componenti. Un tono chiaro e luminoso contrassegna le pareti e i pavimenti così come l'impiallacciatura in laminato del banco ed è acceso alternativamente da sfumature solari o marine. A pavimento un inserto giallo, dal profilo ondulato, delimita l'area del bar ed è evidenziato dal contrasto con lo zoccolo blu del bancone. Questo disegno sembra rispecchiarsi nell'onda turchese che decora lo spessore del soppalco e prosegue a caratterizzare una porzione del soffitto. Lo stesso colore contrassegna il vetro dei diffusori delle piccole lampade a sospensione. Un'alternanza di azzurro e giallo è utilizzata anche per gli infissi, le leggere sedute e le tovaglie a comporre una scena cromaticamente coerente.

The result of the radical rebuilding of an old kiosk on the beach at Misano Adriatico, a resort on the Adriatic coast south of Rimini, this restaurant transforms the appeal deriving from its special location into a source of inspiration for its forms. The seascape outside constitutes the spectacular background to the décor thanks also to the large glazed openings surrounding the L-shaped area where the tables are situated. Inside, the references to the seaside environment are either explicit or are evoked by the selection and treatment of the materials. The central feature of the distribution, dividing the public area from the kitchens, is the bar counter; this is clearly identified by the wooden ceiling with molded brackets from which small lamps are suspended, as if it were a ship's keel. The counter itself, shaped like a prow sloping outwards from the bottom, gives further emphasis to this idea. Over the bar there is a vast mezzanine, where other tables are located; its floor consists of long wooden boards and it is protected, as if it were a ship's deck, by railings consisting of thin cables and steel stanchions. Here it is possible to admire from close quarters the spectacular wooden ceiling pierced by large portholes, or openings formed by segmental arches, providing an excellent view of the sea also from this raised position. The vicinity of the sea and the desire to highlight the building's links with its setting has guided the choice of colours adopted for the surfaces and all the components. A light, bright tone is used for the walls and floors as well as for the laminate veneered board of the counter, and this is set off alternately by solar or marine hues. On the floor, a yellow inset, with an undulating form, delimits the bar area and is stressed by its contrast with the blue base of the counter. This design appears to be echoed by the turquoise wave adorning the base of the mezzanine floor and continuing onto part of the ceiling. The same color is used for the glass of the diffusers of the small pendant lights. Blue and yellow are used alternately on the fittings, the lightweight chairs, and the tablecloths, and all this helps to create a chromatically coherent décor.

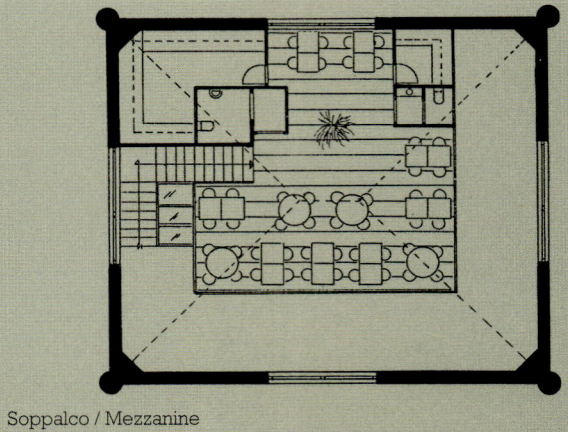

Soppalco / Mezzanine

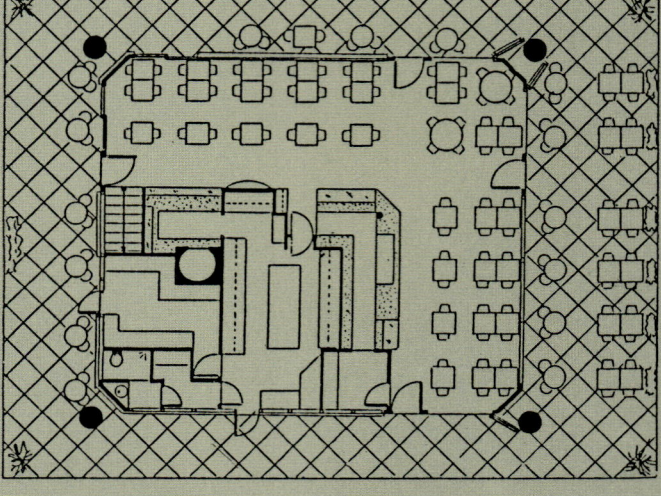

Piano terra / Ground level

Studio Tausani Lucchi & Partners

BETTY PAGE
Rimini

Questo locale riminese, show-restaurant e cocktail lounge, traduce in modo sofisticato l'atmosfera trasgressiva e accattivante che deriva dal volersi riferire a una celebre attrice porno degli anni Cinquanta, il personaggio "Betty Page" appunto. Nella vasta area del bar con la pista da ballo questa fonte d'ispirazione si manifesta con maggiore evidenza: uno spazio avvolgente e conturbante, un involucro apparentemente neutro mostra a sorpresa i pilastri rossi allacciati come *guêpière*, le pareti imbottite "graffiate" da enormi incisioni di luce, le decorazioni con scarpe dal tacco a spillo, frustini come fossero mazzi di fiori. Nell'area dedicata al ristorante, un'appendice appartata rispetto all'ampia sala principale, l'evocazione di componenti erotiche si fa meno evidente per lasciar posto a un'atmosfera ancora seduttiva benché tutta giocata sul piano del rigore compositivo e dell'essenzialità formale. Lo spazio dall'impianto allungato, che si conclude con la zona della cucina, è articolato in due ambiti grazie al semplice utilizzo delle sedute continue in funzione di separazione, cui si aggiunge l'area del soppalco protetta da una balaustra di cristallo trasparente. Una lunga parete scherma la scala che conduce al livello superiore e al tempo stesso occulta l'ingresso all'area dei servizi. Nella scelta dei materiali dominano i toni chiari dagli effetti riposanti in un gioco di corrispondenze con gli arredi: il pavimento in resina color avorio, adottato anche per la scala, si uniforma alle superfici verticali e ai soffitti dello stesso colore e alle fodere in finta pelle delle sedie. Il rivestimento a sottili doghe di legno di pino di Svezia che contrassegna la parete della scala e quella che identifica il locale aperto sulla sala destinato alla preparazione del pesce crudo, trova un accordo cromatico nei tavoli realizzati con lo stesso materiale, uno di essi circolare e di ampie dimensioni a occupare per intero uno degli ambiti della sala. Ma l'apparente neutralità dell'ambiente è inaspettatamente accesa dall'arancio delle panche e dal rosso sensuale che campisce la parete d'ingresso, quella d'appoggio alla scala e lo sfondo sul soppalco alleggerito da un lungo intarsio di luce.

This establishment in Rimini – the largest resort on Italy's Adriatic coast – is both a show-restaurant and a cocktail lounge, interpreting in a sophisticated manner the transgressive and fascinating atmosphere deriving from its main source of inspiration, a famous blue-movie star of the 1950s, Betty Page. In the vast bar area with the dance floor this theme is more evident: in the enveloping and provocative space, an apparently neutral building shell unexpectedly displays red pillars laced up like corsets, padded walls scoured by enormous incisions of light, and decorations consisting of shoes with spike heels and whips like bunches of flowers. In the area devoted to the restaurant, which is separate from the main hall, the use of erotic elements is more subdued, leaving room for an atmosphere that, although still seductive, is based on compositional rigor and uncluttered forms. The space, with its elongated plan concluding in the kitchen, is divided into two areas simply by using the banquettes to form a partition; in addition to this, there is also the area of the mezzanine, which is protected by a transparent glass balustrade. A long wall screens the staircase leading to the upper level and, at the same time, conceals the entrance to the rest rooms. In the choice of materials light tones predominate, with restful effects echoing the colors of the furnishings: the floor in an ivory resin, also used for the staircase, matches the vertical surfaces and the ceilings in the same color and the imitation leather upholstery on the chairs. The color of the cladding with thin slats of pinewood adorning the wall of the staircase – and the one identifying the area opening into the room where raw fish is prepared – is echoed by the tables made in the same material, one of which is round, with a reed decoration in the center, and large enough to occupy the whole of one of the separate areas of the room. But a sharp contrast to the apparent neutrality of the room is unexpectedly provided by the orange of the banquettes and the sensual red covering the entrance wall, the one on which the staircase rests and the background to the mezzanine, which is embellished with a long insert of light.

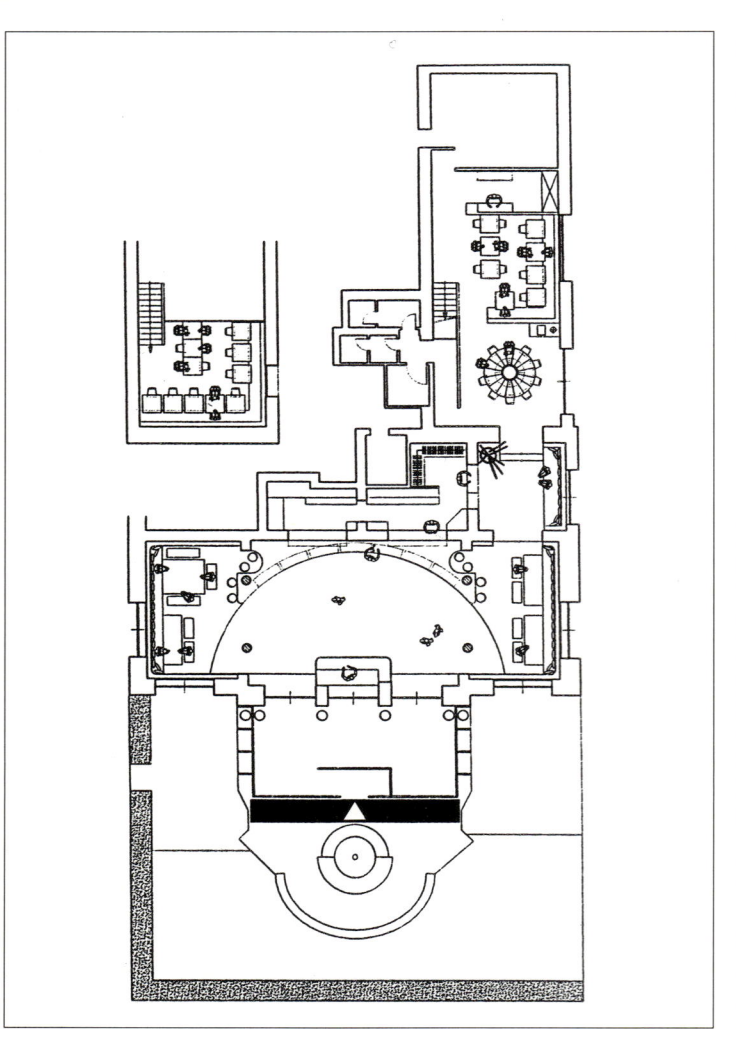

Vista prospettica / Perspective view

Daniela Bianchi
Alessandro Marcattilj

CARPE DIEM
Fiesole - FI

Una preesistente struttura risalente agli anni Sessanta, costituita da diversi corpi di fabbrica dall'impianto irregolare a imitazione di un borgo sorto spontaneamente e realizzata con materiali tipici della tradizione costruttiva toscana, è stata ripensata essenzialmente negli interni. Il buon inserimento dell'edificio, posto sulla collina di Fiesole e affacciato sullo splendido panorama di Firenze, rispetto al paesaggio circostante ha suggerito una valorizzazione del rapporto interno/esterno più che una modifica sostanziale dell'impianto e scelte linguistiche prive di accenti vernacolari: piuttosto il progetto ne ha operato una rilettura in chiave contemporanea benché intenzionalmente armonizzata all'esistente. La pianta di tipo "organicista" è stata mantenuta benché nuova sia la distribuzione delle funzioni che prevede al piano terra, oltre alla zona isolata della cucina, due sale di ristorazione distinte collegate da un corridoio in curva e diversamente caratterizzate per il trattamento delle aperture. Una grande vetrata, completamente apribile durante la bella stagione per permettere di cenare come si fosse all'aperto, identifica uno dei due ambienti e ne favorisce il rapporto privilegiato con il paesaggio mentre per l'altro si è preferito accentuare un'ambientazione più raccolta e intima ridefinendone volume e proporzioni grazie alla controsoffittatura e al rivestimento con pannelli di ciliegio. Al suo interno un corpo semicilindrico rivestito con listelli di ciliegio identifica il blocco dei servizi, così chiaramente leggibile, al tempo stesso articolando lo spazio in modo più complesso. Vi si aggancia la scala che conduce a un vasto locale interrato, destinato al dopocena, dove il vincolo costituito da un pilastro esistente è stato trasformato dal progetto in un elemento di riqualificazione dello spazio: una sorta di "albero" connette e ricompone, mimetizzandoli, gli elementi strutturali di sostegno rigenerando l'intero ambiente dal perimetro irregolare che si raccorda alla zona del banco bar grazie a una lunga parete ondulata attrezzata con una panca continua. Un vasto vano sfonda uno dei lati per ospitare il camino. I materiali scelti si armonizzano cromaticamente ai toni caldi del cotto e dell'intonaco ocra che contrassegna l'involucro esterno ma il loro trattamento non si gli si conforma dal punto di vista stilistico; piuttosto configura nelle sale al piano terra un'atmosfera elegante e raffinata, essenzialmente determinata dalla pavimentazione in pietra arenaria e dalle *boiseries* di ciliegio che rivestono quasi integralmente le pareti, anche nella particolare finitura a listelli orizzontali, nonché dagli arredi leggeri ma dal disegno deciso. La stessa pietra arenaria è utilizzata nell'ambiente interrato ma, posata a opus incertum, lo caratterizza in modo meno formale. Un'illuminazione accurata e morbida si accorda discretamente alle scelte compositive e a tratti ne enfatizza particolari porzioni come il percorso del corridoio di collegamento tra le due sale, dove teche contengono bottiglie di vino pregiato, o sottolinea aree speciali ovvero, ancora, illumina ogni singolo tavolo grazie a minuscole lampade a sospensione con diffusori di porcellana.

A pre-existing complex dating back to the 1960s and consisting of various blocks laid out on an irregular plan – resembling a village that has grown up spontaneously, using traditional Tuscan building materials – has been redesigned, although mainly with regard to its interior. The excellent integration of the building – located on the hill where the small town of Fiesole is sited, with magnificent views of Florence and the Arno Valley – into the surrounding landscape suggested that the relationship between the interior and the exterior should be used to advantage rather than substantially modifying the structure and that the new stylistic features should be devoid of vernacular accents. In fact, the project involves a reinterpretation of the building in a contemporary key, although the new elements are intentionally harmonized with the existing structures. The plan with its "organic" overtones has been retained, although the distribution of the functions is new; on the ground floor it provides for, in addition to the isolated kitchen area, two separate dining rooms linked by a curved corridor, but with the openings treated in a different manner. A large window, which may be opened completely in the warmer months, allowing clients to dine as if they were in the open air, is the most outstanding feature of one of the two rooms, favoring a direct relationship with the landscape. By contrast, in the other room preference was given to a cozier décor, with volumes and proportions being redefined thanks to the false ceiling and wallcovering made of cherry-wood panels. In this room a semicylindrical block clad with cherry-wood slats houses the rest rooms, thus making it clearly identifiable and helping to divide up the space. From here a staircase leads down to a vast basement room reserved for after-dinner use, where the obstacle constituted by a pre-existing pillar has been transformed into an element serving to enhance the space – a sort of tree-like structure that links and recomposes the pre-existing structural elements by camouflaging them with shaped boards, regenerating the whole room with its irregular perimeter linked to the bar area by a long undulating wall fitted with a continuous banquette, while a large space penetrating one of the walls contains the fireplace. The colors of the materials chosen match the warm tones of the tiles and ocher stucco on the exterior, but they are treated differently from a stylistic point of view. In the ground floor rooms there is an elegant atmosphere determined principally by the sandstone flooring and cherry-wood paneling – covering almost all of the walls, this has a special finish with horizontal slats – as well as the lightweight furnishings, which, however, have a very clear-cut design. Sandstone is also used for the floor of the basement room, but is laid irregularly, lending it a more informal appearance.

The carefully designed, soft lighting harmonizes discreetly with the compositional choices, giving emphasis to particular portions – such as the corridor linking the two rooms, where showcases contain bottles of vintage wine – and picking out special areas, or even illuminating each table thanks to minute pendant lights with porcelain diffusers.

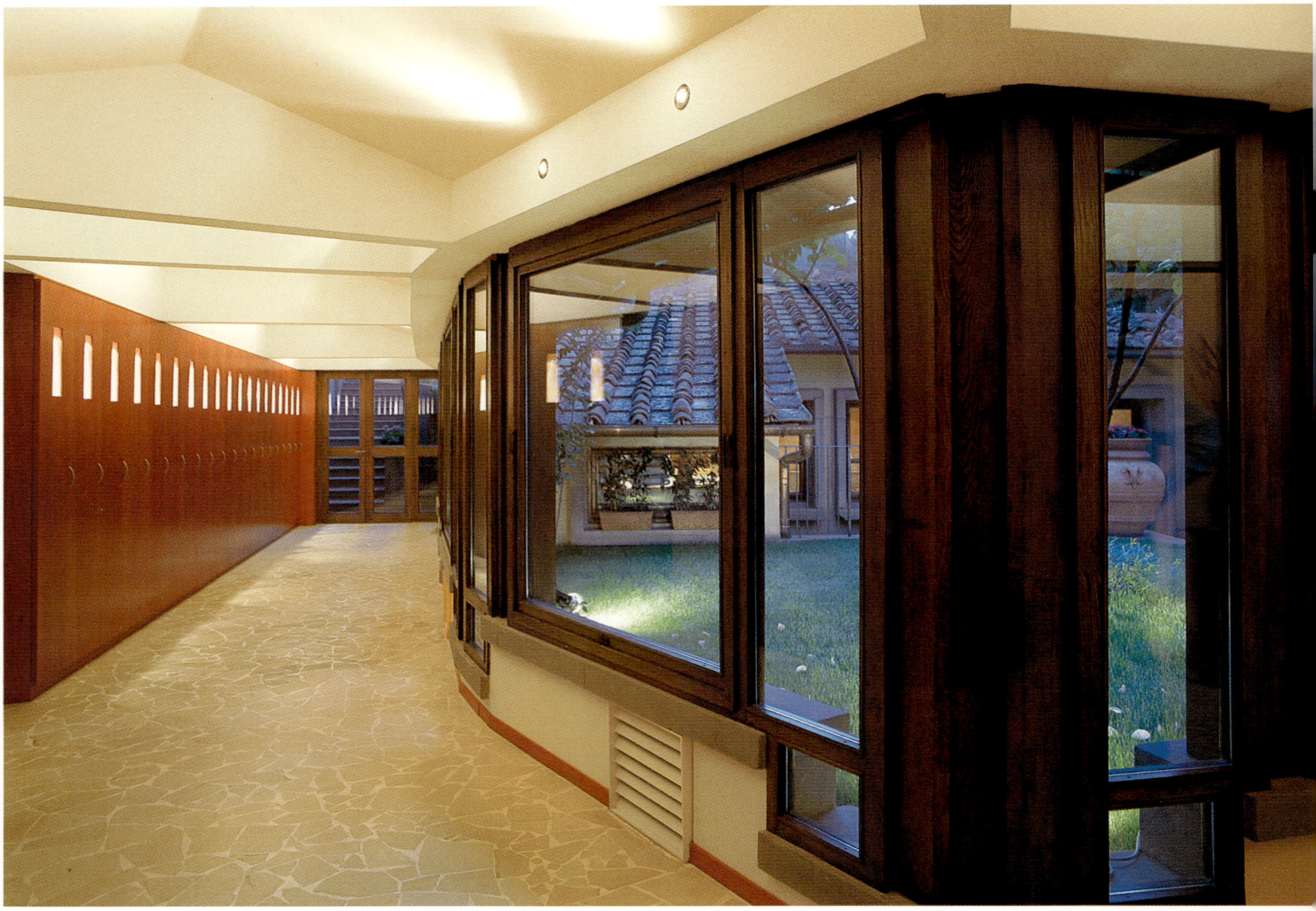

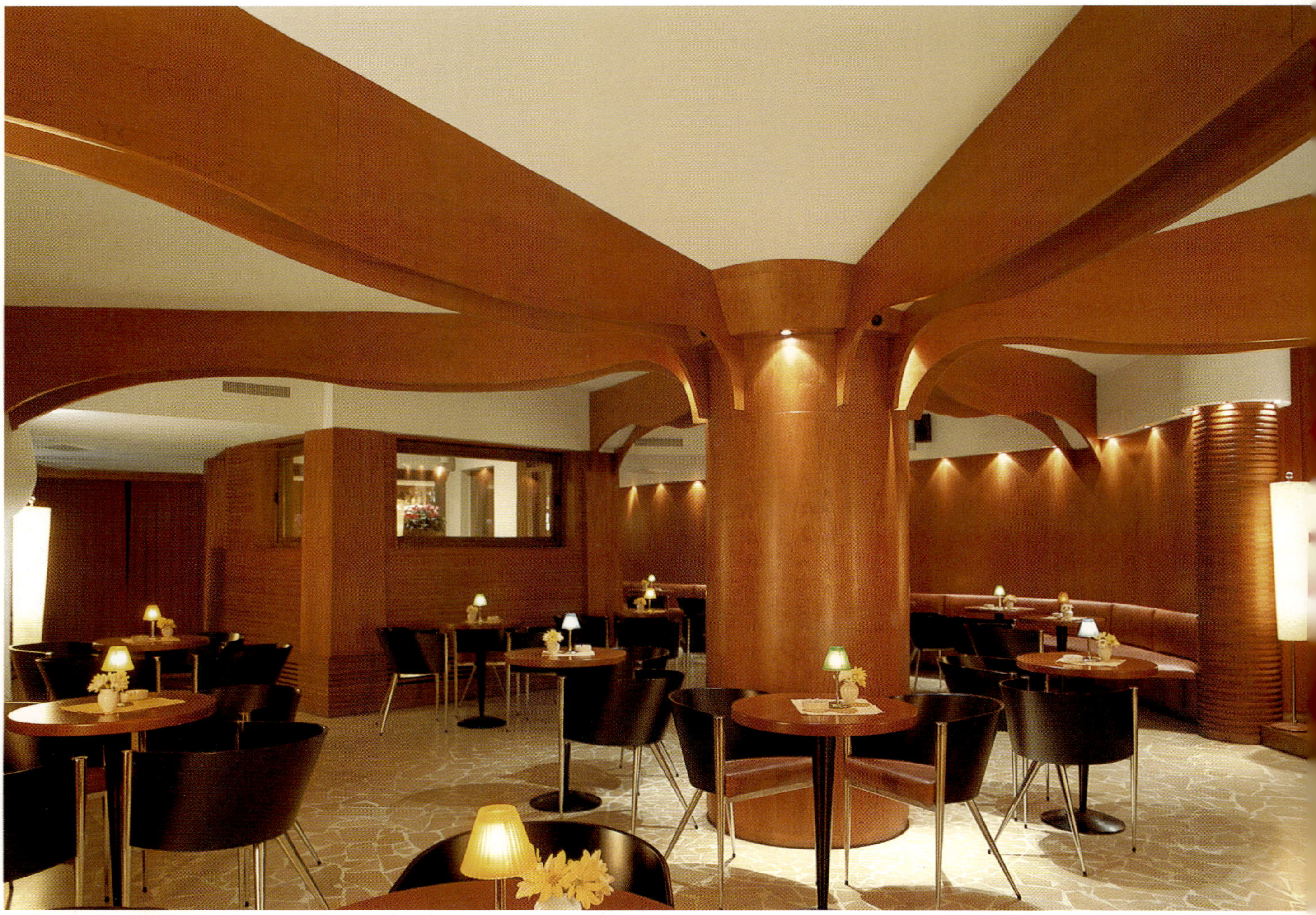

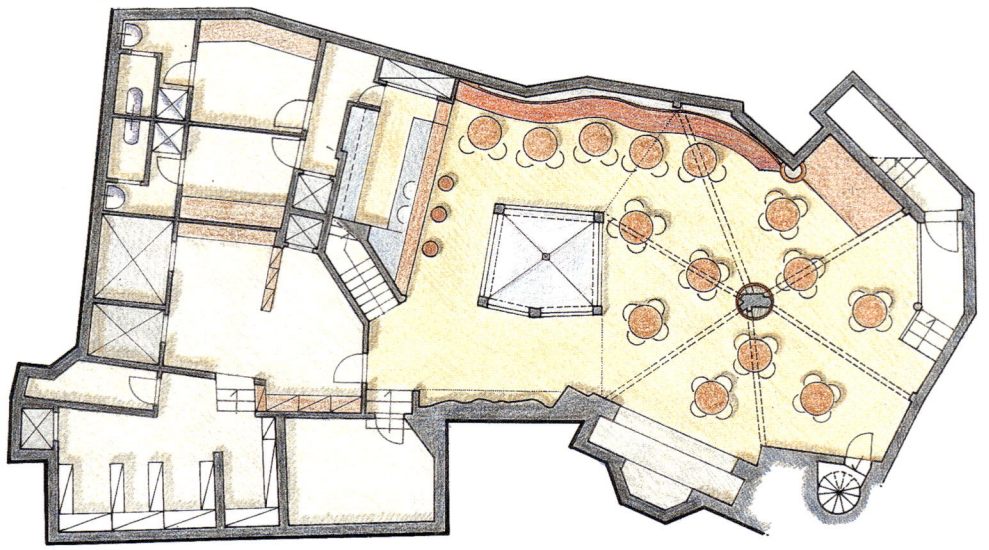

Interrato / Basement floor

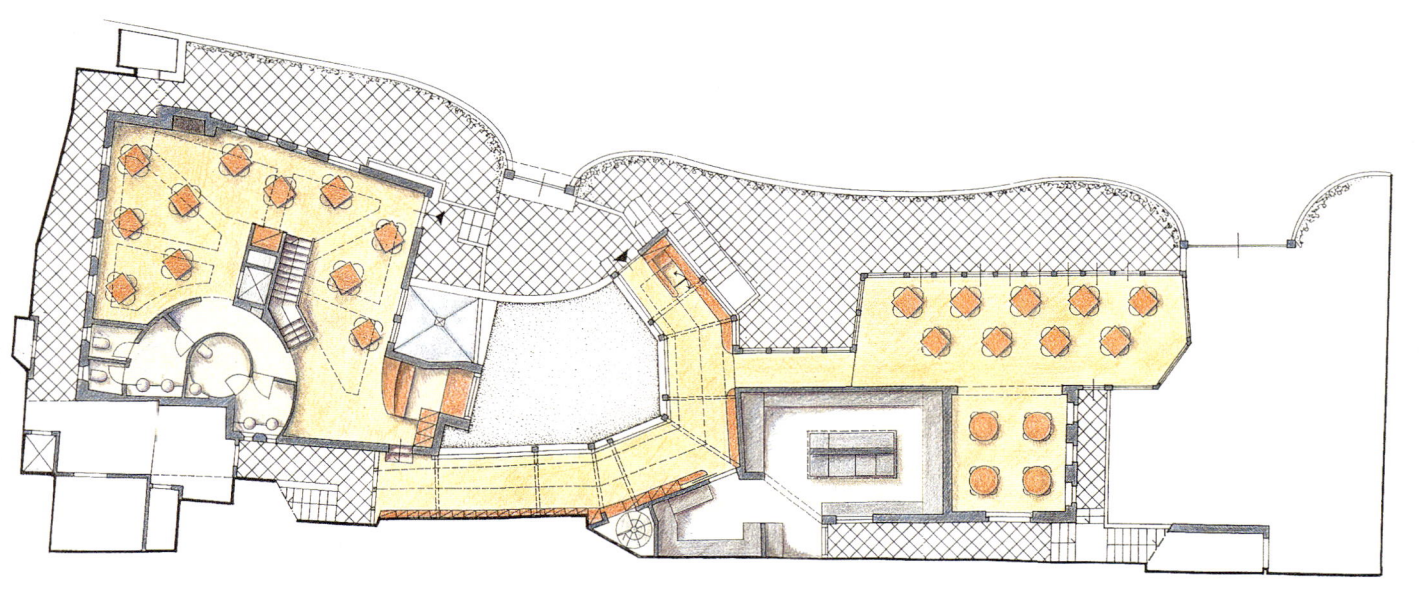

Piano terra / Ground level

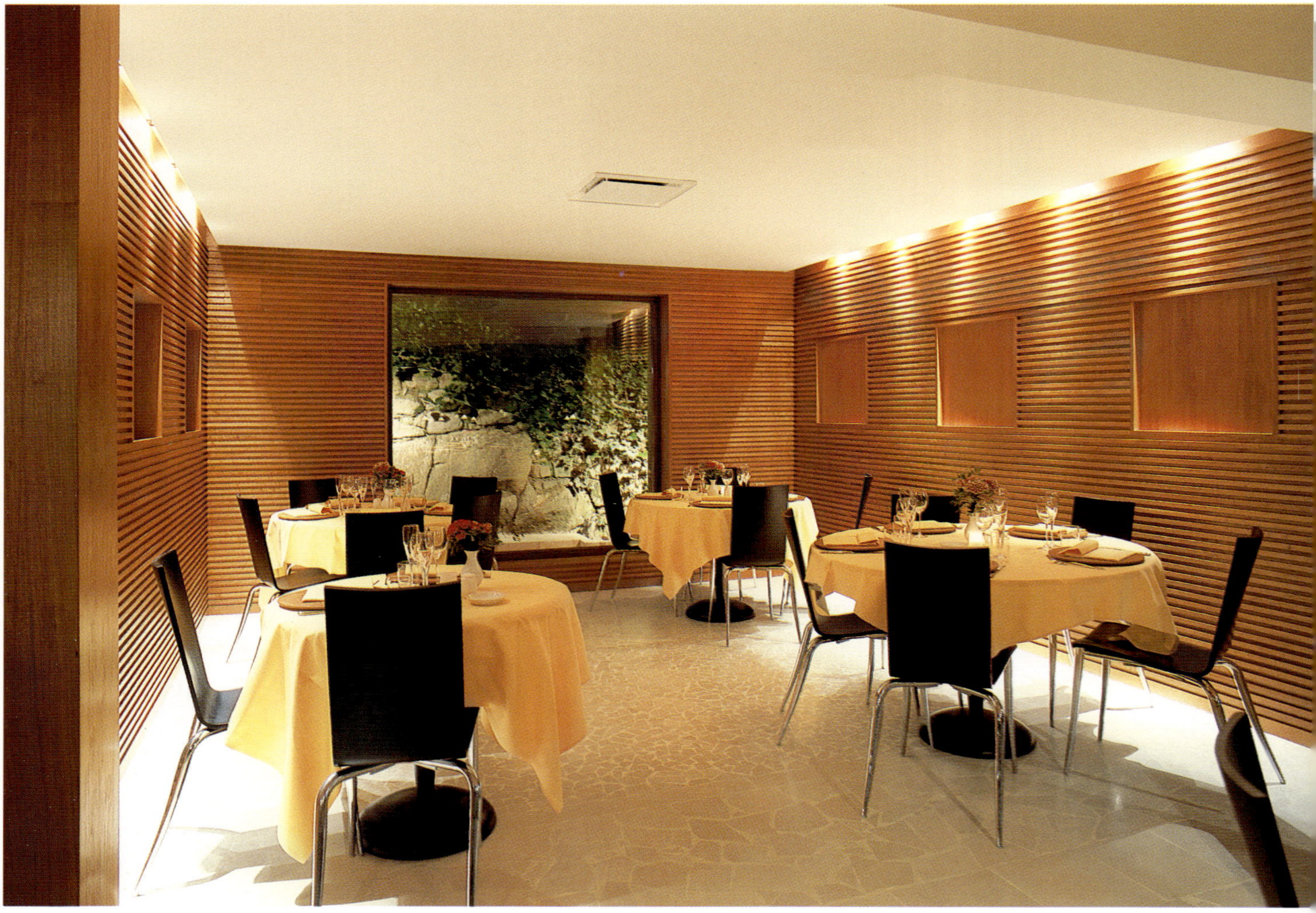

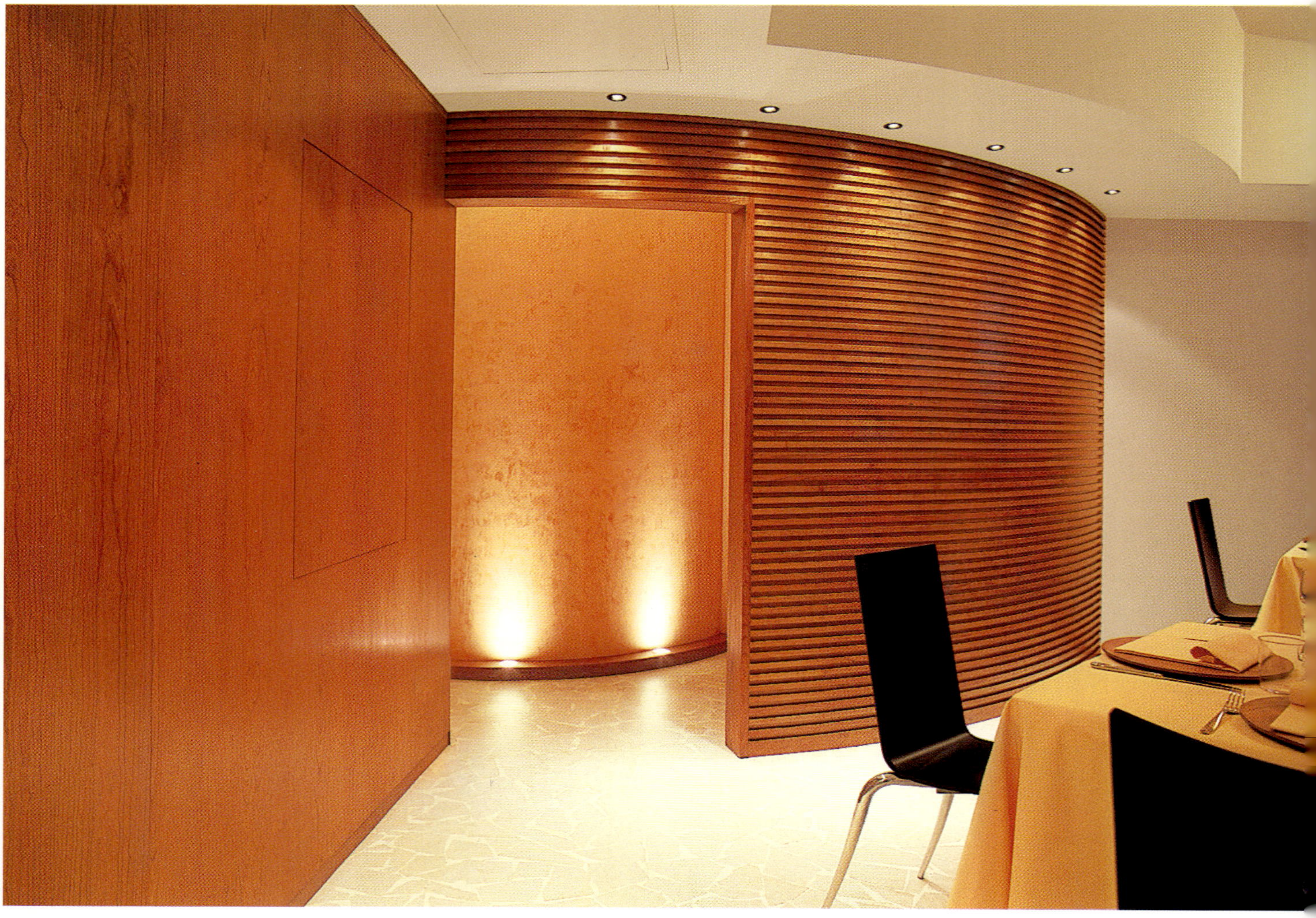

Marco Gabellini

CAVALLUCCIO MARINO
Riccione - RN

Situato sul porto-canale di Riccione, questo locale di antica tradizione è stato interamente ridisegnato a partire dalla sua originaria struttura risalente agli anni Sessanta. Il progetto ha anzitutto ripensato le componenti strutturali dell'impianto preesistente. Così il fronte esterno è stato ricomposto dalle massicce paraste lignee, dotate di capitelli modanati, che ritmano le vaste aperture e, all'interno, è stato riattribuito senso compositivo alla maglia dei pilastri e delle travi in cemento armato: trasformando i primi in importanti colonne ovalizzate e impreziosendo le seconde con ulteriori travi di legno biondo a sezione circolare. Un *escamotage* che ha permesso di celare a soffitto un'illuminazione indiretta coadiuvata dai fari a incasso posti a pavimento. La ristrutturazione ha assegnato allo spazio una nuova distribuzione che identifica aree distinte. All'esterno una sequenza di gazebi agganciati al corpo principale compone la zona destinata al ristorante all'aperto per i mesi estivi e all'interno il bancone del bar e la cassa fungono da limite tra l'area destinata al personale e quella per il pubblico che gode della vista sul porto. Un soppalco identifica poi una piccola zona dedicata a consumazioni più esclusive. Le scelte compositive e linguistiche trovano un evidente riferimento nel paesaggio circostante, animato dalle barche in ormeggio, ma con tocchi lievi, al livello del dettaglio, a comporre un involucro fresco e luminoso. Il tono chiaro del rivestimento delle pareti si armonizza al colore caldo della pavimentazione composita e al legno delle travi, degli arredi fissi e della superficie scura che contrassegna l'area più esclusiva posta su una pedana ed evidenziata da uno zoccolo di luce blu. Un grande acquario la separa dalla veranda che può essere completamente aperta durante la bella stagione. Oblò di varie dimensioni punteggiano le pareti della scala rivestita in graniglia bianca con inserti di vetro blu.

Located on the canal port of Riccione, this restaurant with a long-standing tradition has been entirely redesigned, starting with its original structure dating from the 1960s. In the first place the project has modified the structural components of the preexisting building. Thus the façade has been reconstructed with massive wooden pilasters, surmounted by molded capitals, which divide the huge windows. In the interior a sense of order has been restored to the forest of pillars and reinforced concrete beams by converting the former into imposing oval columns and embellishing the latter with additional round beams in light wood. This is a ploy that has permitted the installation in the ceiling of indirect lighting supplemented by uplighters recessed in the floor. The rebuilding has changed the distribution of the spaces, identifying distinct areas. On the exterior a series of gazebos linked to the main building constitute the area used as an open-air restaurant in the summer months. In the interior the bar counter and the cash desk form the dividing line between the area reserved for the staff and that for the public, which enjoys a view towards the exterior. On a dais is a small area where clients are offered exclusive menus with superlative service. The compositional and stylistic choices evidently echo the restaurant's surroundings, characterized by numerous moored boats, but the details include light touches, so they help to form a fresh well-lit building shell. The light tone of the wall coverings harmonizes with the warm color of the composite tile flooring and the wood of the beams, the fixtures and the dark surface distinguishing the raised dining area, the base of which is stressed by a strip of blue light. A large aquarium separates this from the verandah, which may be completely opened during the warmer months. Portholes of various sizes pierce the walls of the staircase; this is faced with white terrazzo having insets of blue glass.

33

Prospetto principale / Main elevation

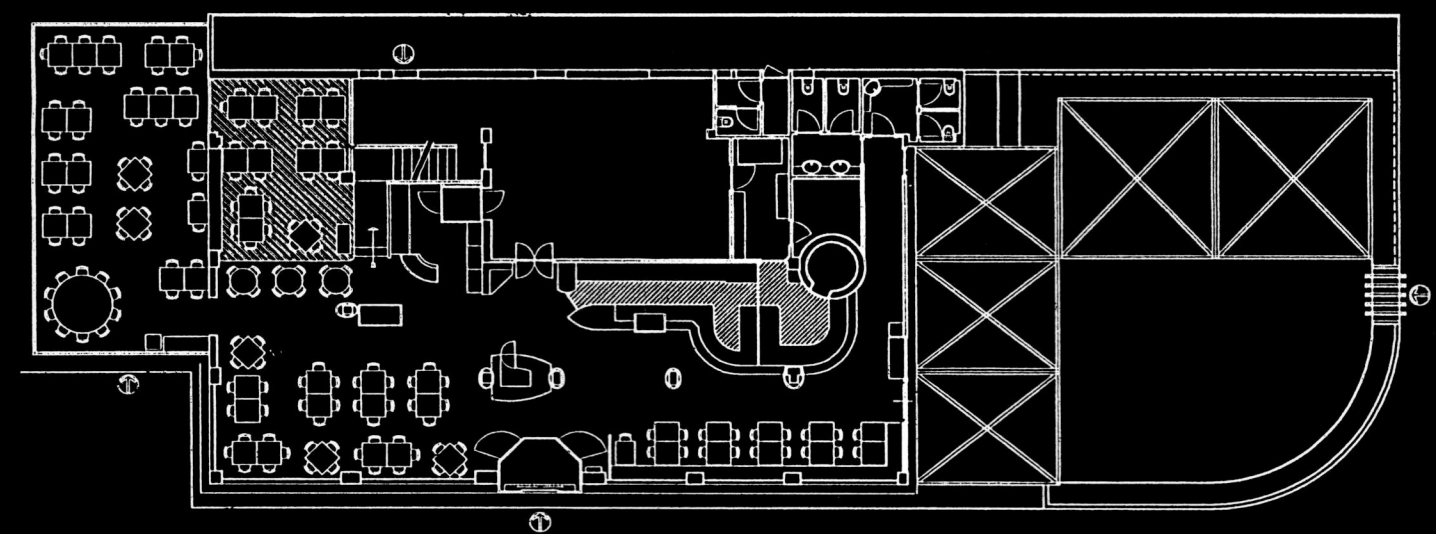
Vista assonometrica / Axonometric view

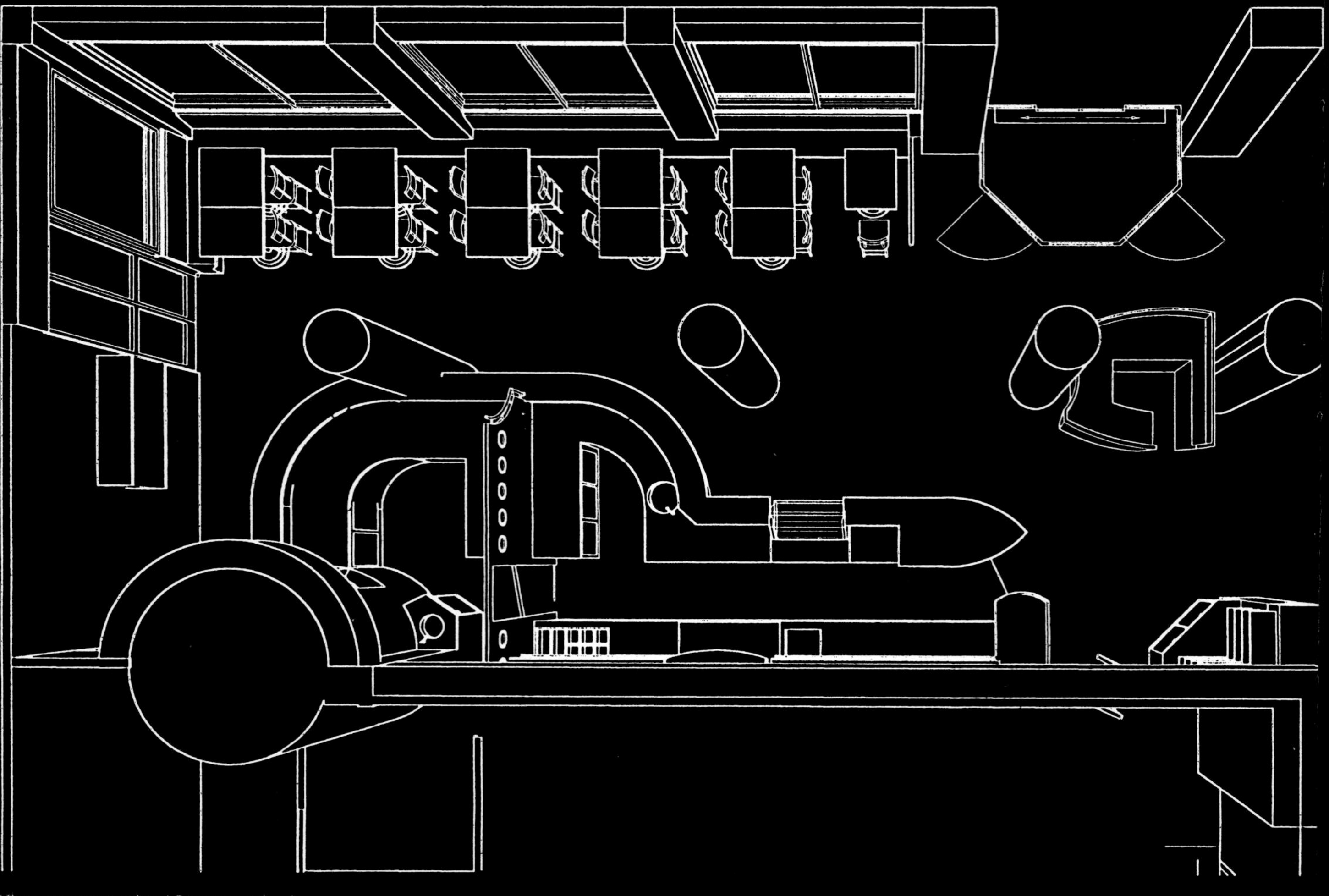

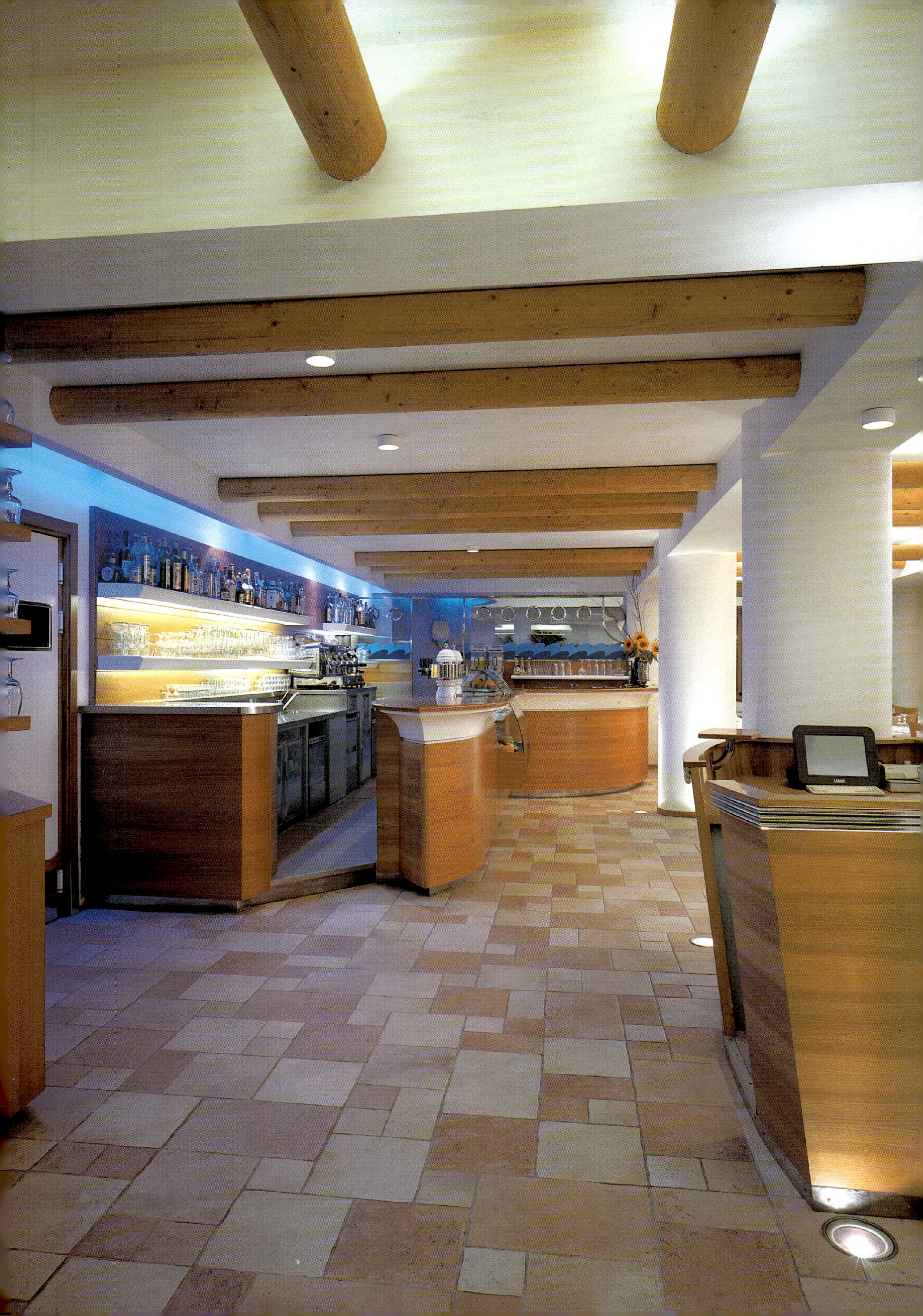

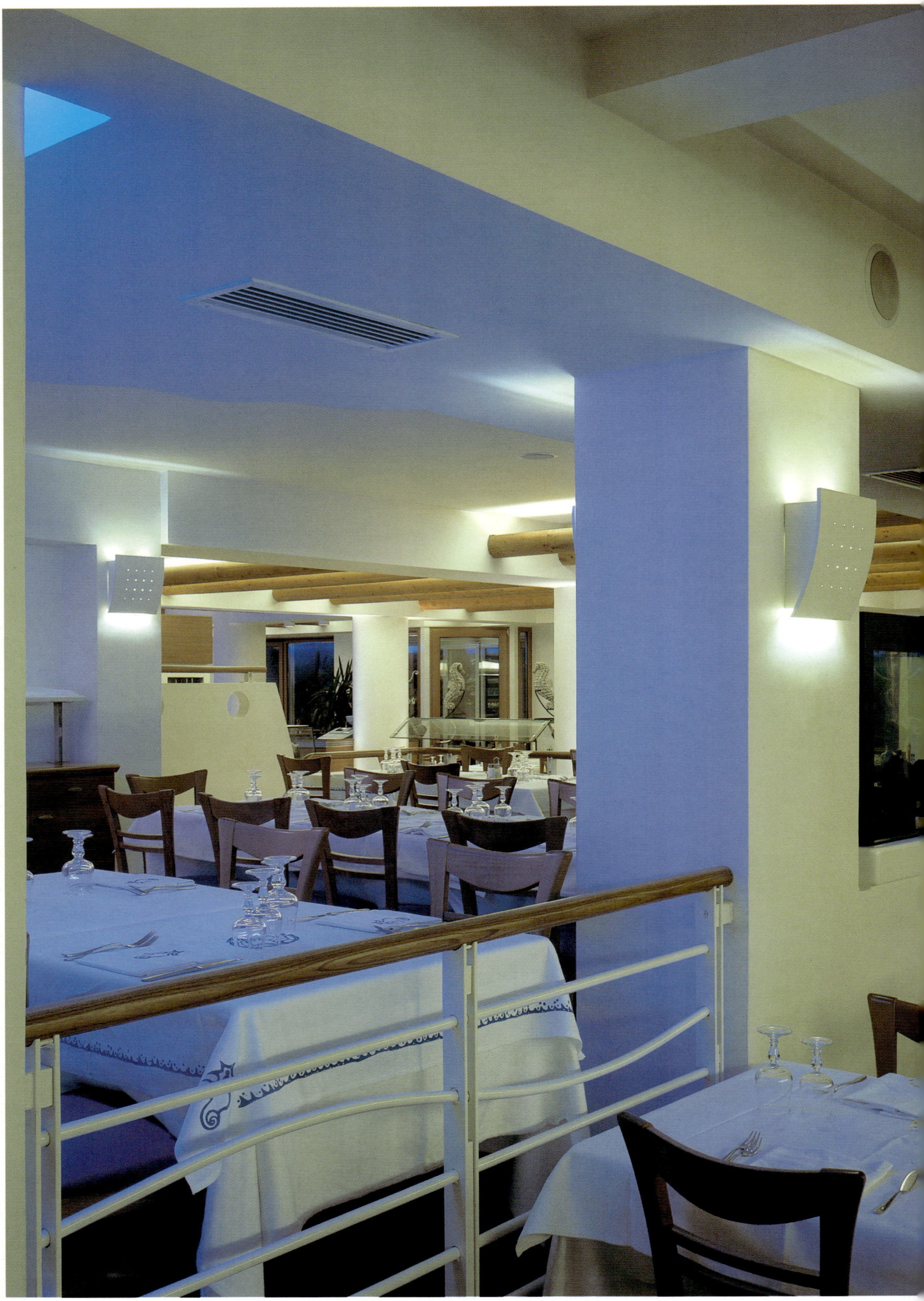

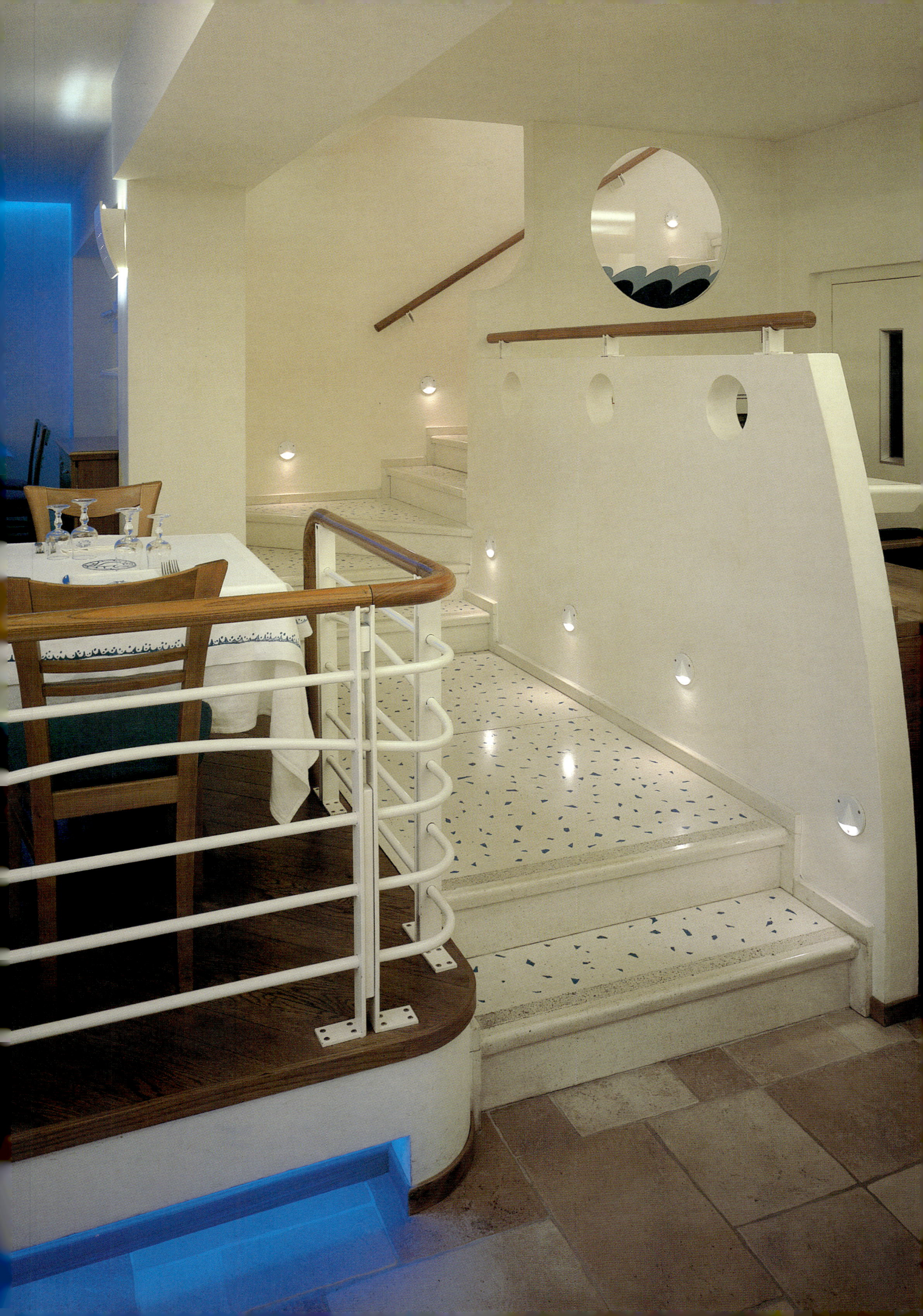

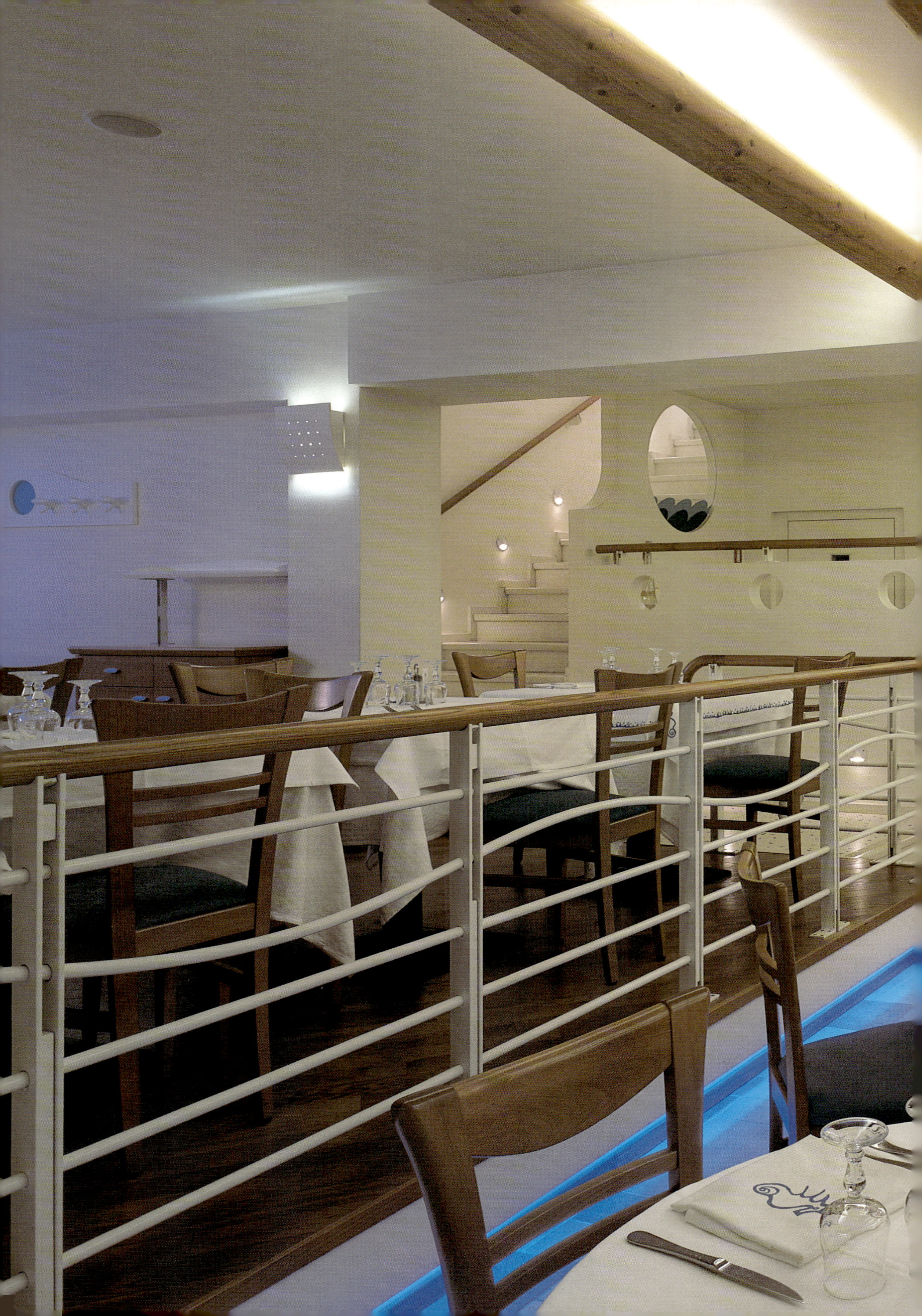

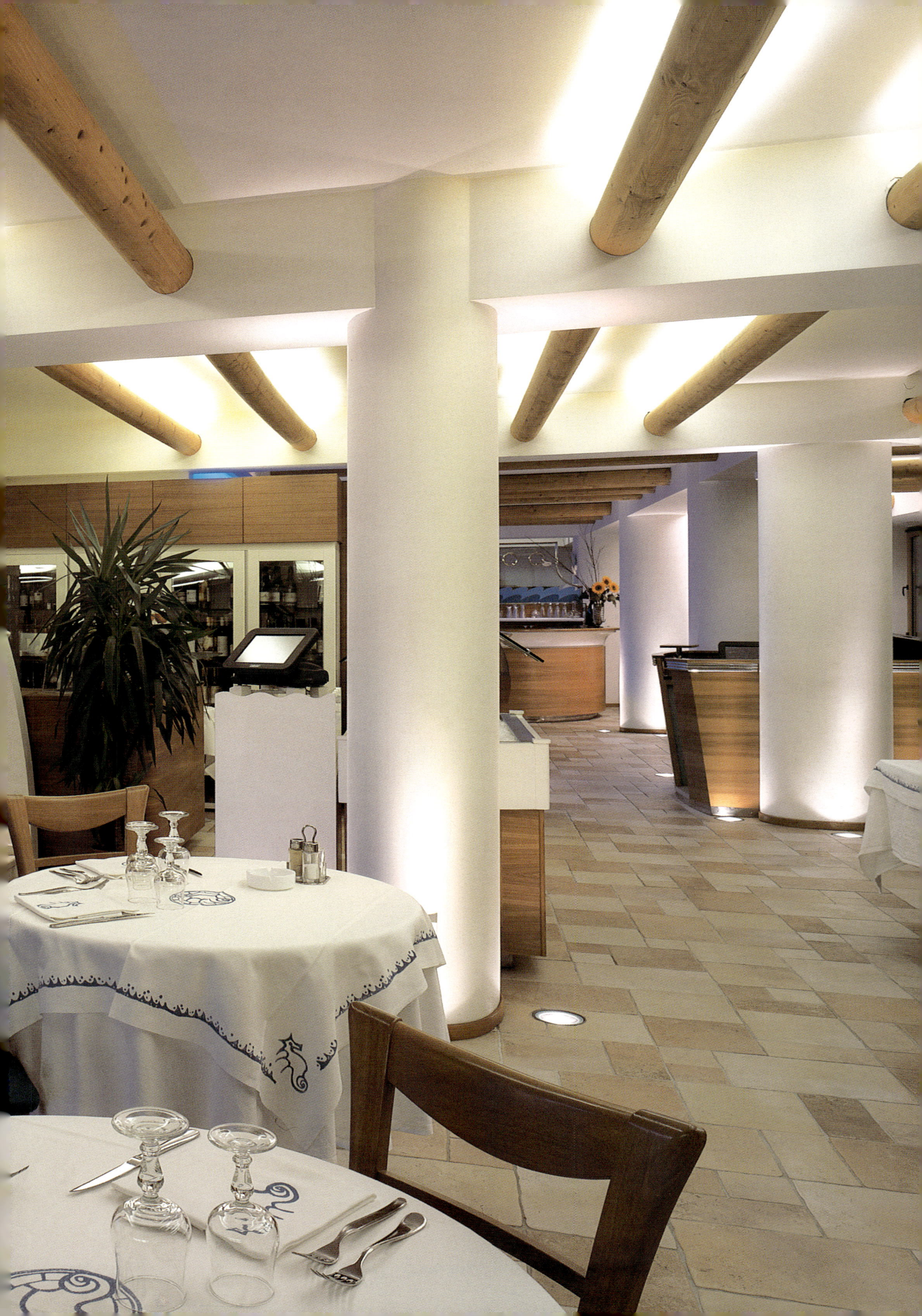

Achille Michelizzi
Fabrizio Fabietti

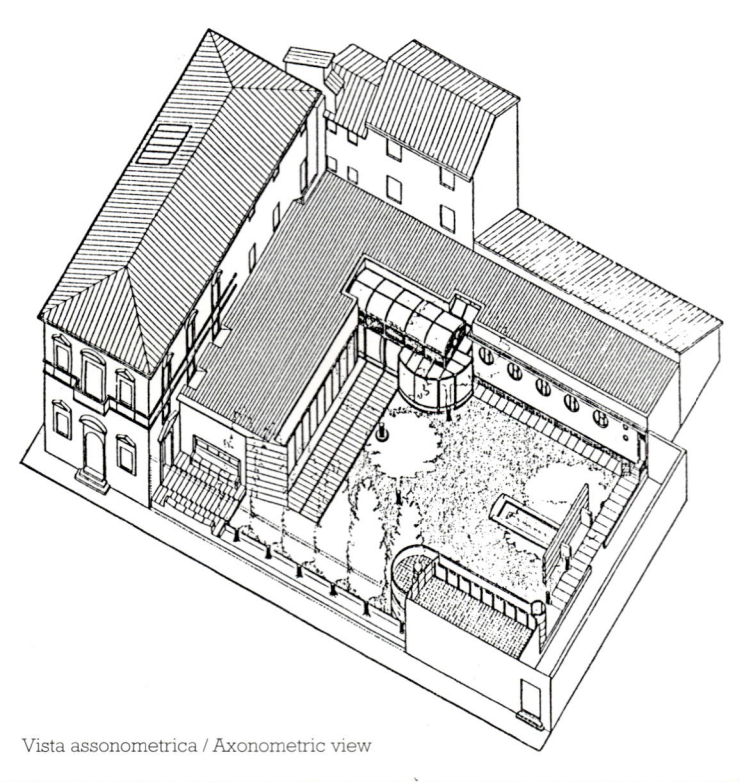

CIRCOLO UFFICIALI DI PRESIDIO
Firenze

Vista assonometrica / Axonometric view

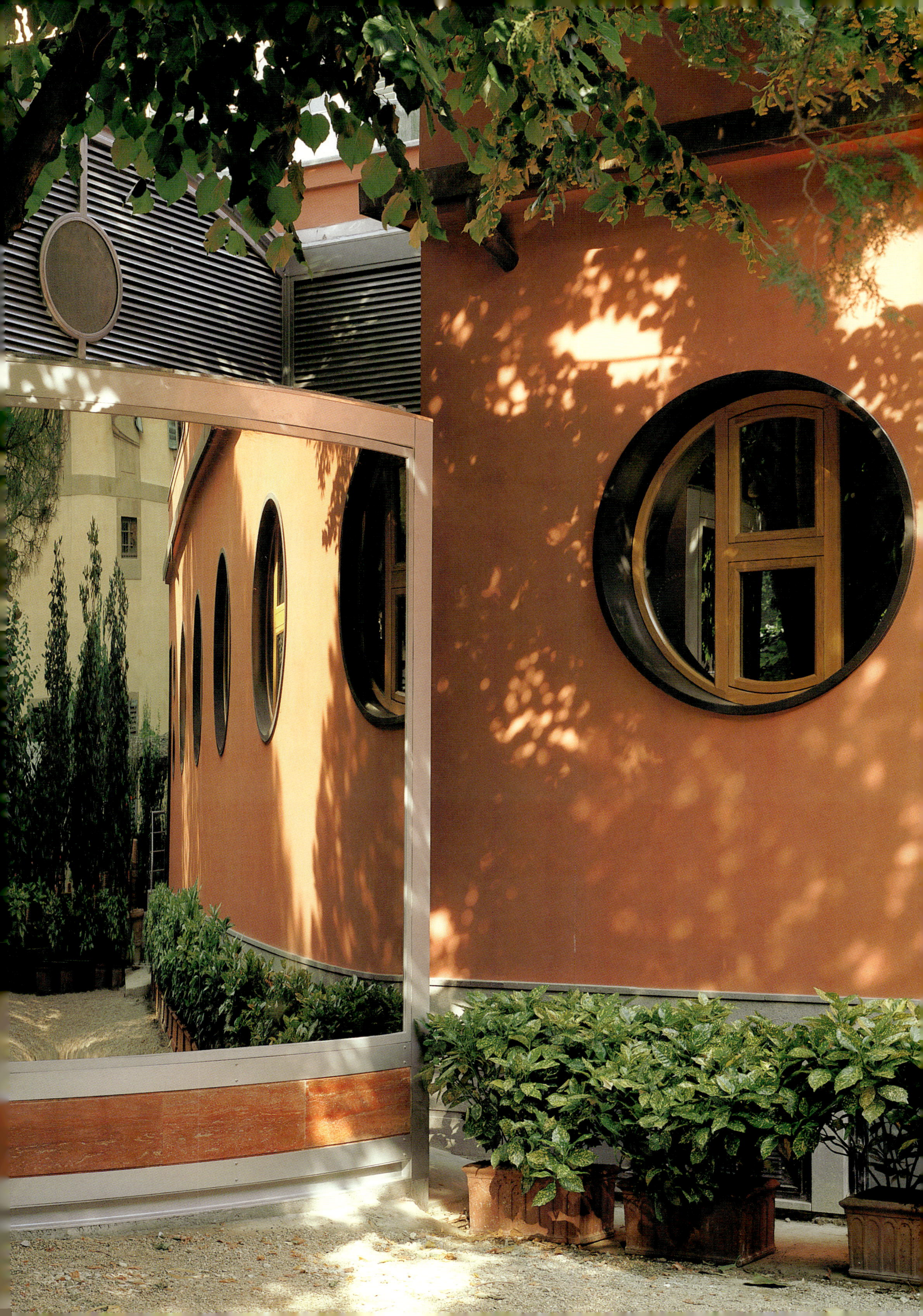

L'adeguamento tecnologico e funzionale della sede del Circolo Ufficiali di Firenze ha rappresentato l'occasione per elaborare un progetto di ricomposizione unitaria di quest'importante complesso aggregatosi nel tempo, in modo non coordinato, intorno al nucleo originario della settecentesca Palazzina Livia e del suo giardino, nel centro storico della città. L'edificio principale è stato integralmente ristrutturato e le funzioni riposizionate: il ristorante, il bar, il salone per le feste, le sale di rappresentanza, le sale da gioco insieme agli uffici trovano nuove e più adeguate collocazioni grazie a una sapiente regia dei volumi, dei rapporti proporzionali, dei percorsi. La necessità di attribuire anche una valenza di rappresentatività a questi spazi, quale interfaccia dell'istituzione esercito nella relazione fisica e sociale con la città, è stata risolta rintracciando un legame con certa architettura fiorentina degli anni Venti e Trenta. Questo riferimento ideale è evidente, per esempio, nel piccolo fabbricato di servizio, costruito ex-novo nel giardino, con il piano di calpestio ribassato per contenerne l'altezza e dotato di un solarium sulla copertura piana, dove l'uso del rosso per il rivestimento esterno pare esplicita citazione di alcune soluzioni di Adalberto Libera. A stabilire una connessione percettiva tra la preesistenza e il nuovo e in funzione di raccordo tra i due blocchi edilizi a "L" dell'edificio principale è stato posto un nuovo giardino d'inverno, una discreta architettura in ferro e vetro che ospita il bar e si connette al fronte della sala delle feste con una sorta di galleria coperta completamente trasparente. All'interno la vasta area dedicata al ristorante e alle sale a esso annesse declina il riferimento all'architettura modernista secondo un programma di grande raffinatezza compositiva e di notevole accuratezza realizzativa alla scala dei volumi e dei dettagli che rimanda dichiaratamente alla metafora del transatlantico come immagine di riferimento. La ricomposizione degli ambienti tende a una globale unitarietà che deriva tuttavia dal disegno scrupoloso e dall'identificazione di un preciso carattere spaziale per ciascuno. Ciò si realizza anzitutto grazie allo studio dei pavimenti e delle controsoffittature che tendono a definire congiuntamente l'unità ambientale in ogni locale utilizzando un lessico chiaramente identificato e al tempo stesso continuamente variato: nel disegno dei pavimenti e dei soffitti l'utilizzo di marmi e modanature non prevede alcuna ripetitività; piuttosto l'omogeneità dei materiali, preziosi e raffinati, genera di volta in volta varianti che si accordano alle dimensioni e all'interazione di ogni ambiente con la luce artificiale o naturale. La specificità di ogni spazio non induce tuttavia a una negazione delle relazioni percettive tra i diversi ambiti che piuttosto sono continuamente promosse giocando, anche in questo caso, con la variabilità compositiva di materiali ricorrenti. Così la grande sala da pranzo, la cui maestosità è enfatizzata dalle grandi colonne scure arricchite da "capitelli" dorati poligonali, si raccorda visivamente alla prospettiva verso il giardino d'inverno e da qui al fronte esterno della sala delle feste attraverso un ambiente intermedio, una cerniera spaziale sulla quale si apre da un lato il salotto e dall'altro s'innesta il collegamento con la cucina opportunamente mascherato da un importante volume ligneo. E proprio i rivestimenti lignei delle pareti, nell'alternanza di essenze e finiture diverse, denunciano l'applicazione di un codice lessicale che vuol essere un tributo a certo modernismo e al tempo stesso risulta adeguato nel rappresentare l'immagine in qualche misura austera e rigorosa dell'istituzione qui ospitata. Il continuo sfalsamento e l'articolazione raffinata delle superfici assegnano un ritmo architettonico agli ambienti dando origine a un'atmosfera dall'eleganza atemporale, sospesa, raffinatissima nell'accuratezza esecutiva dei dettagli. Sul fondo della sala da pranzo, un piccolo locale interamente rivestito di legno costituisce un'appendice appartata, impreziosita da importanti vetrate. Alla ricercatezza dei materiali e del loro accostamento non si rinuncia neppure nell'area dei servizi ricavati al piano interrato dove marmi e pietre sono affiancati a un materiale dal sapore più contemporaneo come l'acciaio inox scelto per le porte, controsoffitti e le finiture.

The technological and functional adaptation of the Circolo Ufficiali (Officers' Club) in Florence offered an opportunity to devise a project for the harmonious recomposition of this important complex that grew up in an uncoordinated manner around the original nucleus of the eighteenth-century Palazzina Livia and its garden, in the historic center of the city. The main building has been wholly renovated and its functions rearranged: the restaurant, bar, ballroom, reception rooms, and card room, together with the offices, have now all been housed more adequately thanks to the skillful organization of the volumes, proportions and circulation areas. The need to make these buildings suitable for their task – which is that of serving as the interface for the physical and social relations between the army and the city – has been resolved by giving prominence to the links with Florentine architecture of the 1920s and 1930s. This allusion is evident, for example, in the small service building – constructed from scratch in the garden, with the floor level lowered to limit its overall height and, on its flat roof, a solarium – in which the use of red for the external walls seems to be an explicit reference to a number of works by the Rationalist architect Adalberto Libera. In order to establish a perceptual link between the pre-existing structures and the new ones, and also to form a connection between the two L-shaped blocks of the main building, a new conservatory has been constructed, a discreet architectural form in iron and glass housing the bar and linked to the front of the ballroom by a completely transparent covered walkway. In the interior, the vast area devoted to the restaurant and the adjacent rooms reveals the reference to Modernist architecture by adhering to a program of notable compositional refinement and great precision in its realization, especially with regard to the scale of the volumes and details referring openly to the concept of the ocean liner that has inspired the building. The rearrangement of the rooms tends towards an overall unity, which derives, however, from the scrupulous design and the identification of a precise spatial character for each one. This is achieved, first and foremost, thanks to the careful choice of the floors and false ceilings, which together tend to determine the environmental unity of each room by using a style that is clearly distinguishable and, at the same time, varies continually. In the design of the floors and the ceilings the use of marble and moldings is anything but repetitive; rather the homogeneity of the refined materials generates variants that accord with the dimensions and the interaction of each room with the natural or artificial light. The specificity of each space does not, however, lead to the negation of the perceptual relationships between the different areas, which, on the contrary, are continuously fostered by bringing into play – as in this case – the compositional variability of the recurring materials. Thus the large dining hall, the majesty of which is stressed by the huge dark columns embellished with polygonal gilded capitals, is visibly linked to the view towards the conservatory and from here to the façade of the ballroom through an intermediate room, a spatial fulcrum onto which, on one side, the drawing-room opens and, on the other, the link with the kitchen, suitably masked by a large wooden structure, is grafted. And the wooden paneling of the walls, with its alternation of different woods and finishings, reveals the application of a vocabulary that seeks to be a tribute to a certain type of Modernism and, at the same time, to adequately represent the somewhat severe image of the institution housed here. The continuous staggering and sophisticated articulation of the surfaces confers an architectural rhythm on the rooms, producing a atmosphere with a timeless elegance that is particularly refined in the precise way the details have been executed. At the back of the dining hall, a small room entirely paneled in wood constitutes a secluded appendage, and is adorned with imposing stained-glass windows. Refined materials with interesting juxtapositions have even been used in the basement service area, where marble and other types of stone have been used together with materials having a more contemporary flavor, such as the stainless steel chosen for the doors, false ceilings, and finishings.

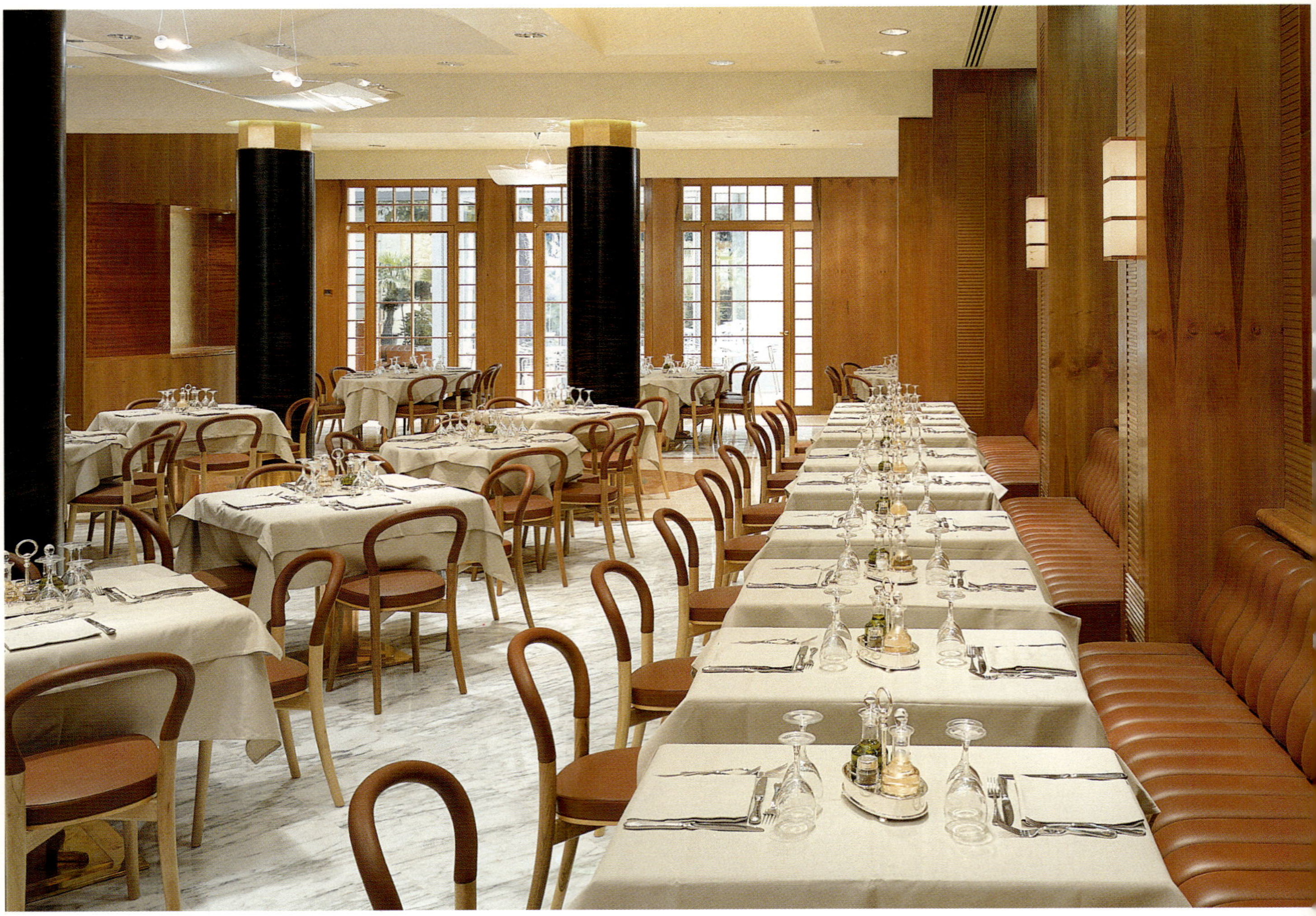

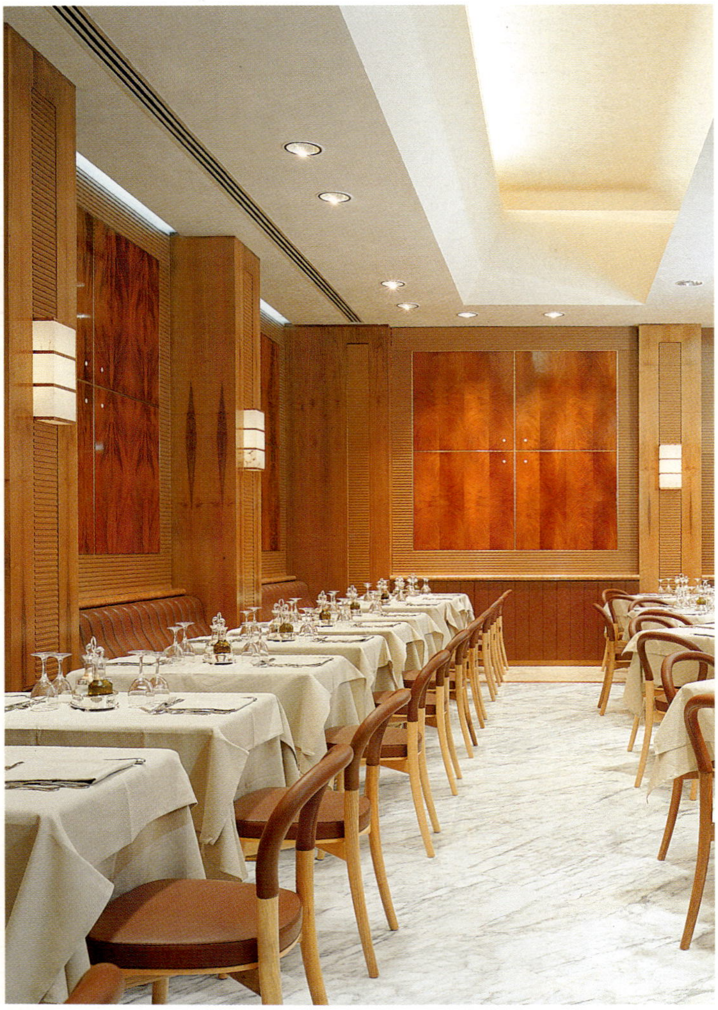

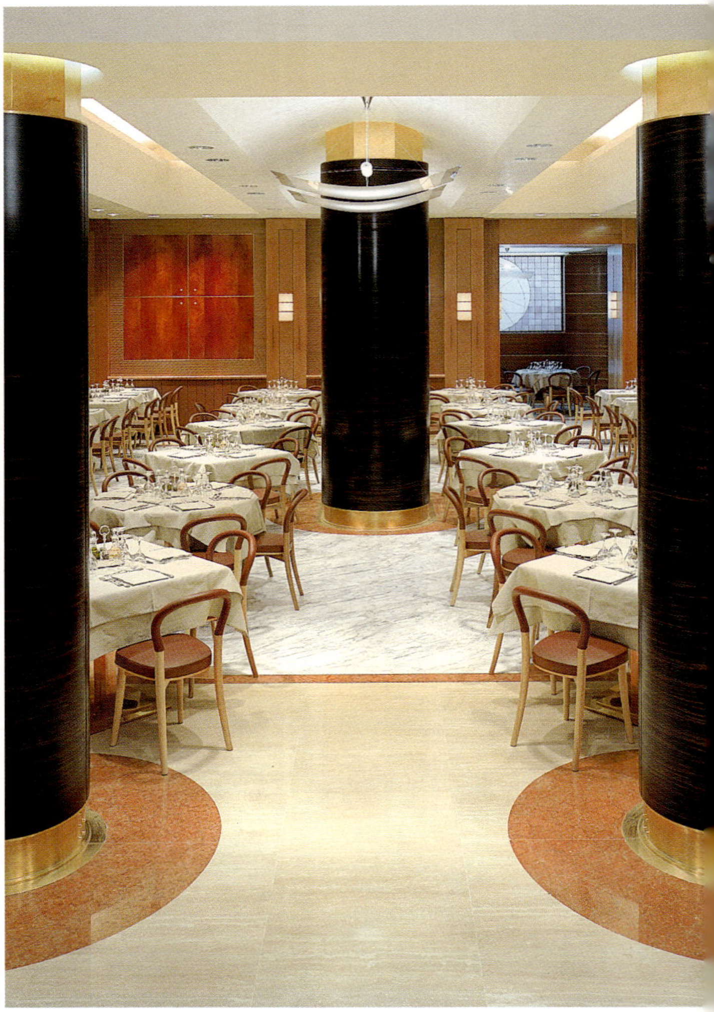

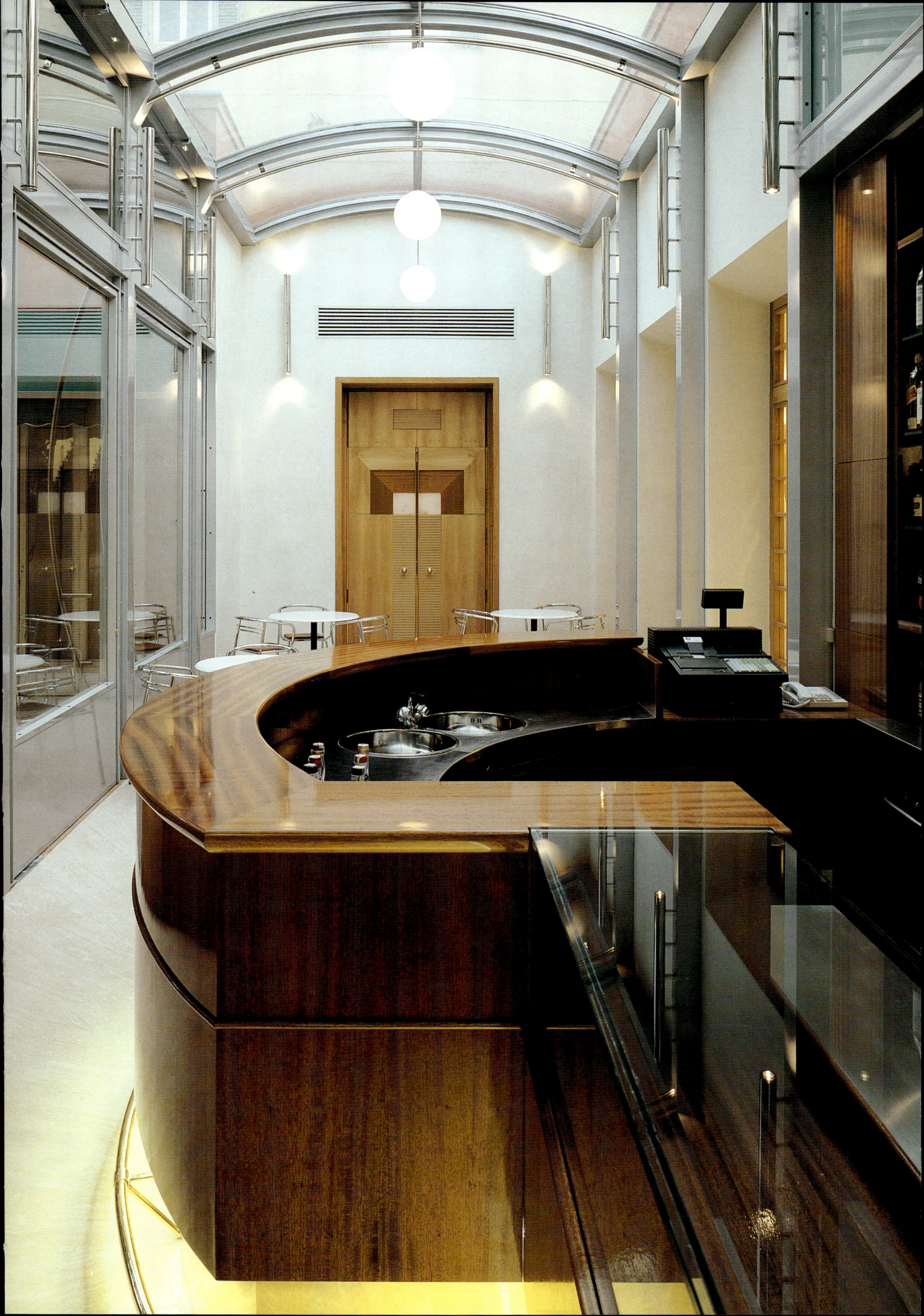

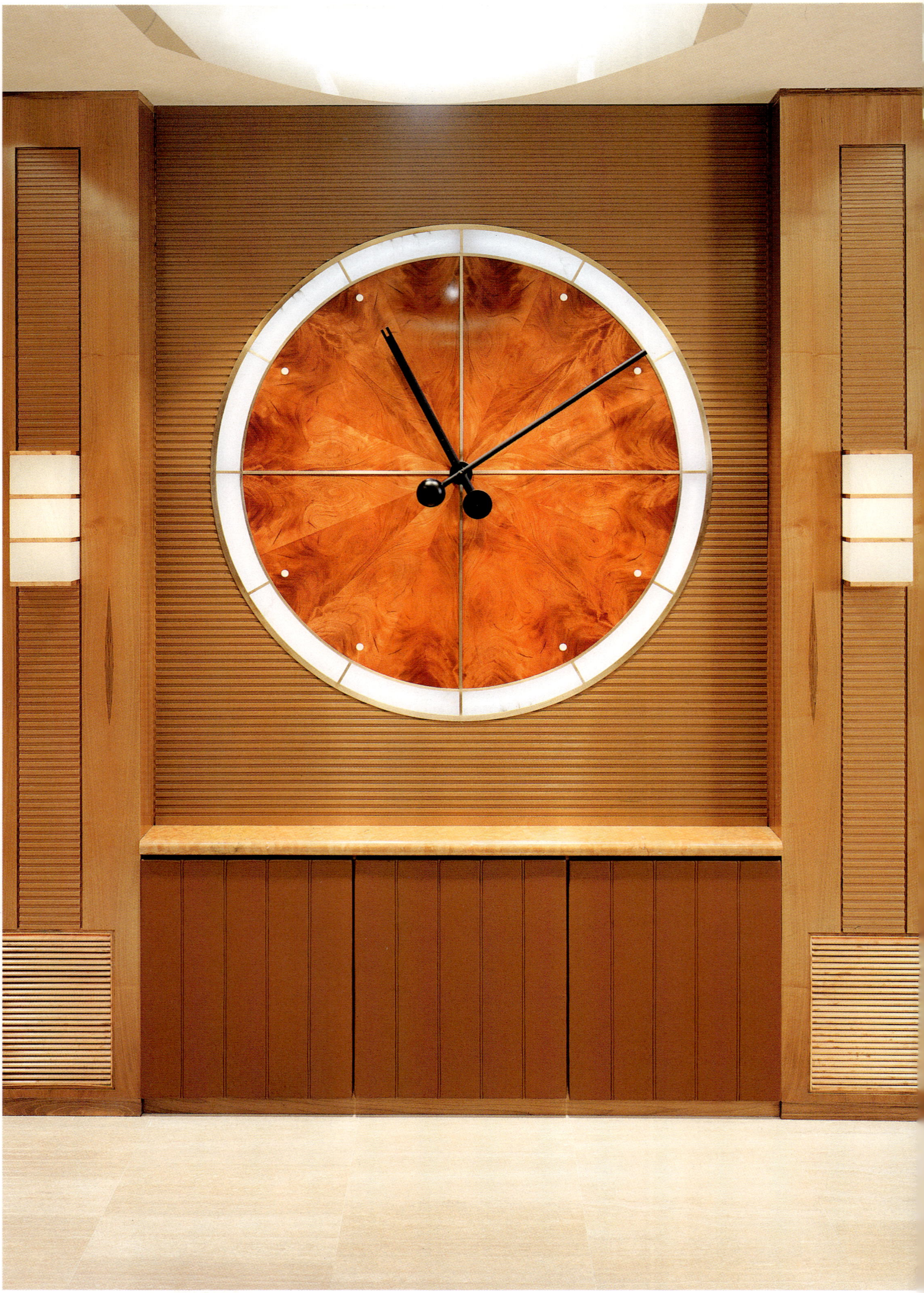

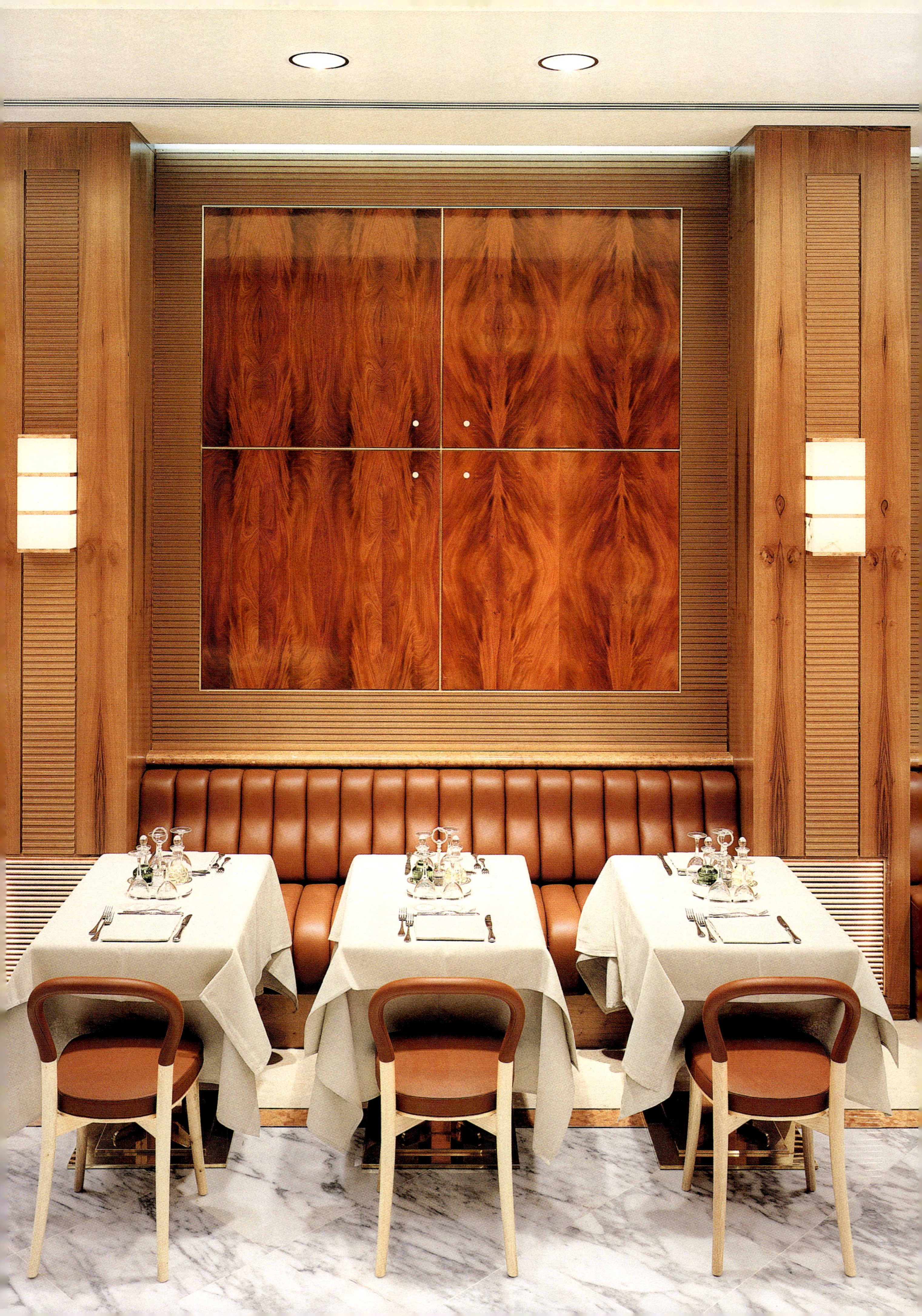

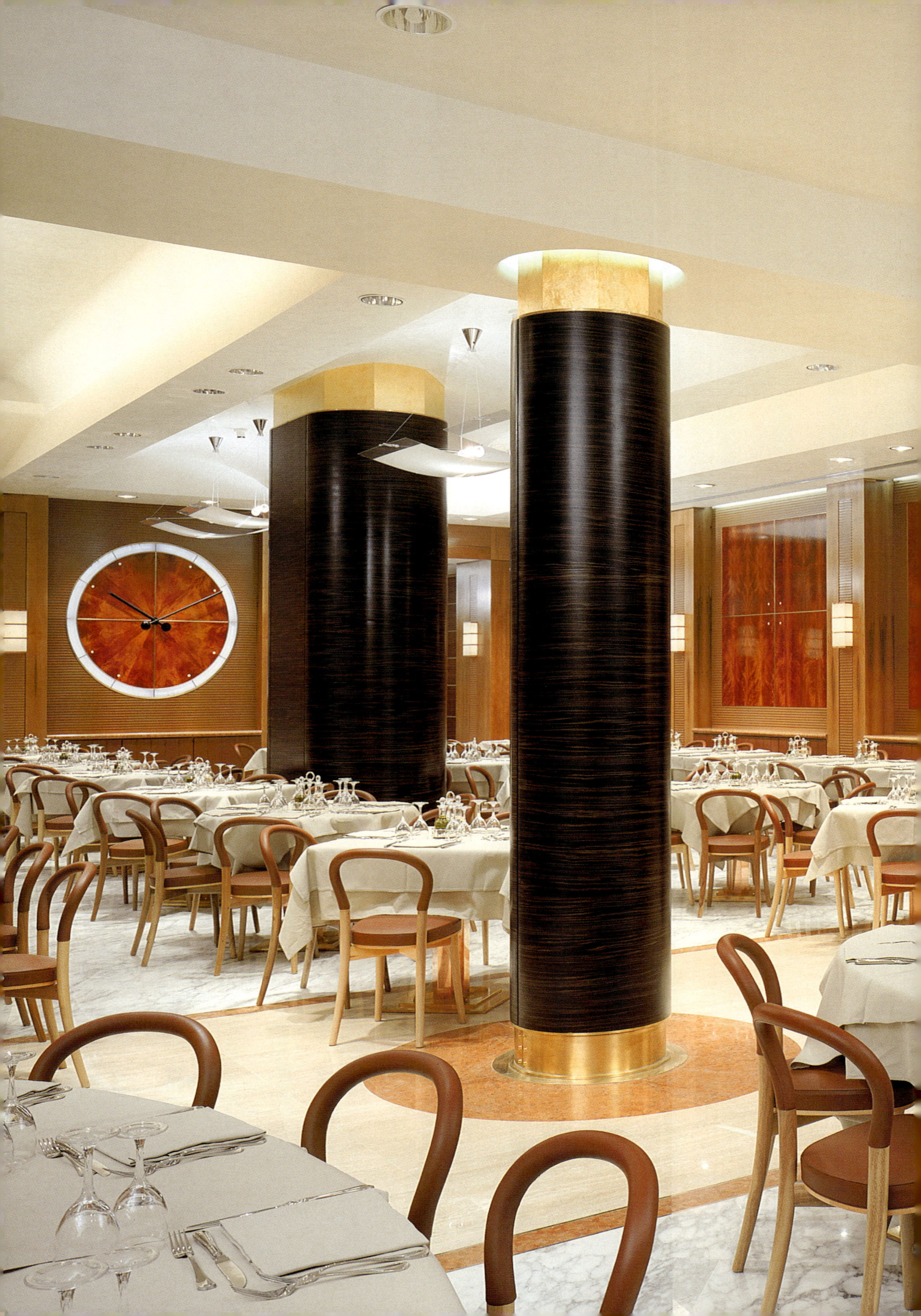

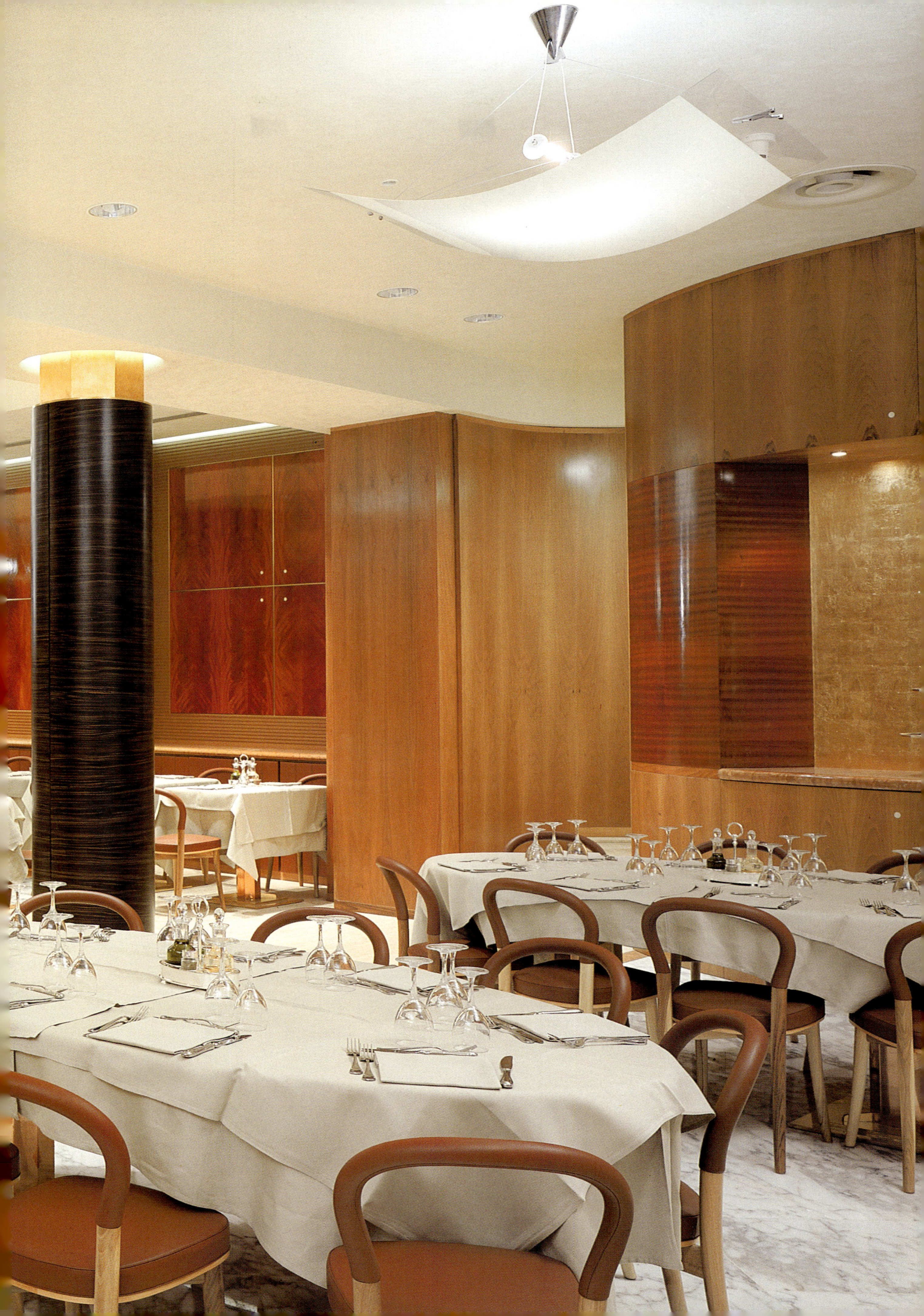

Planimetria / Plan

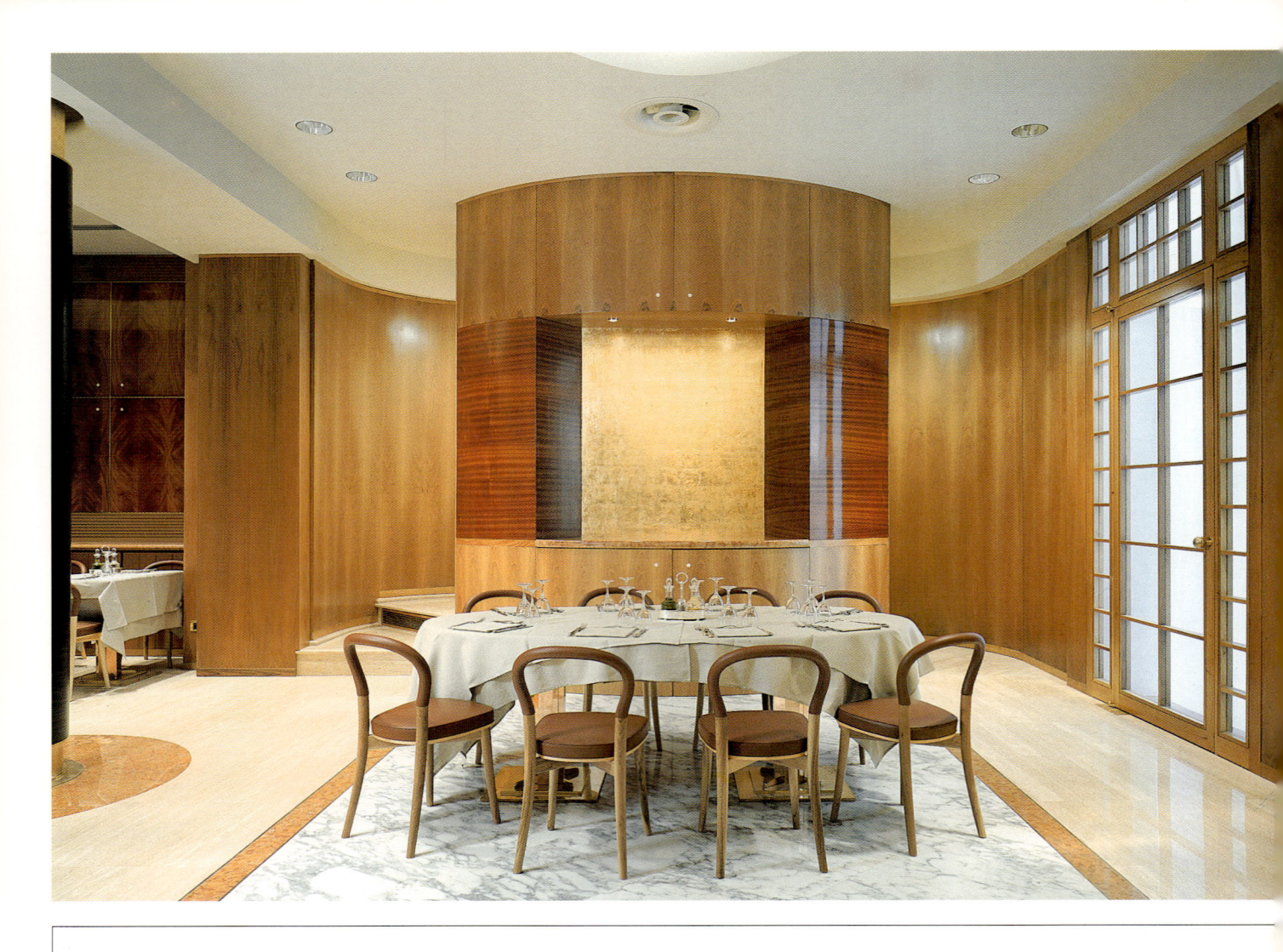

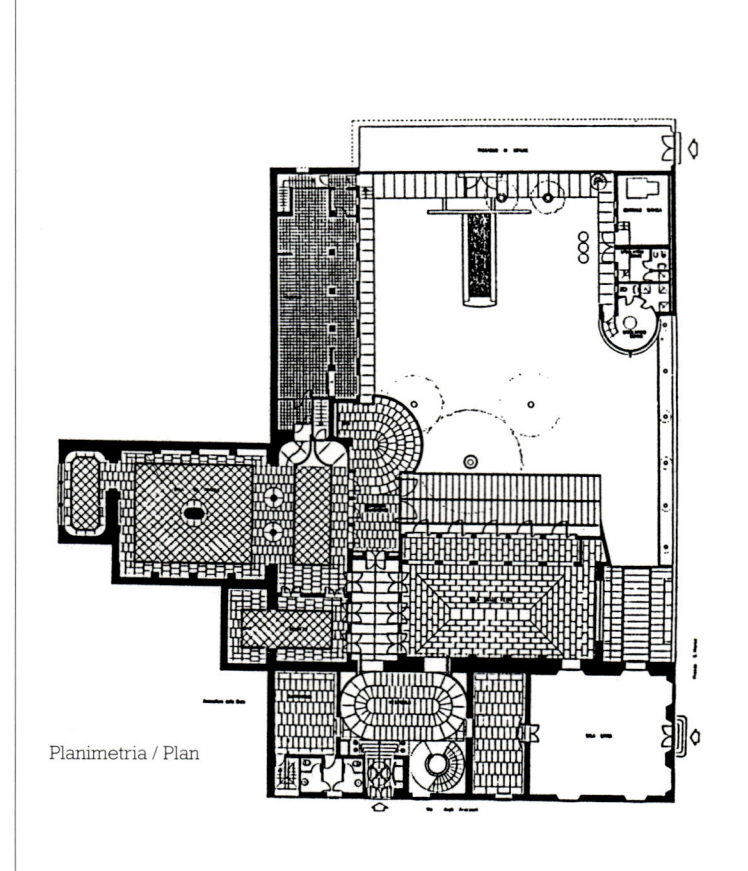

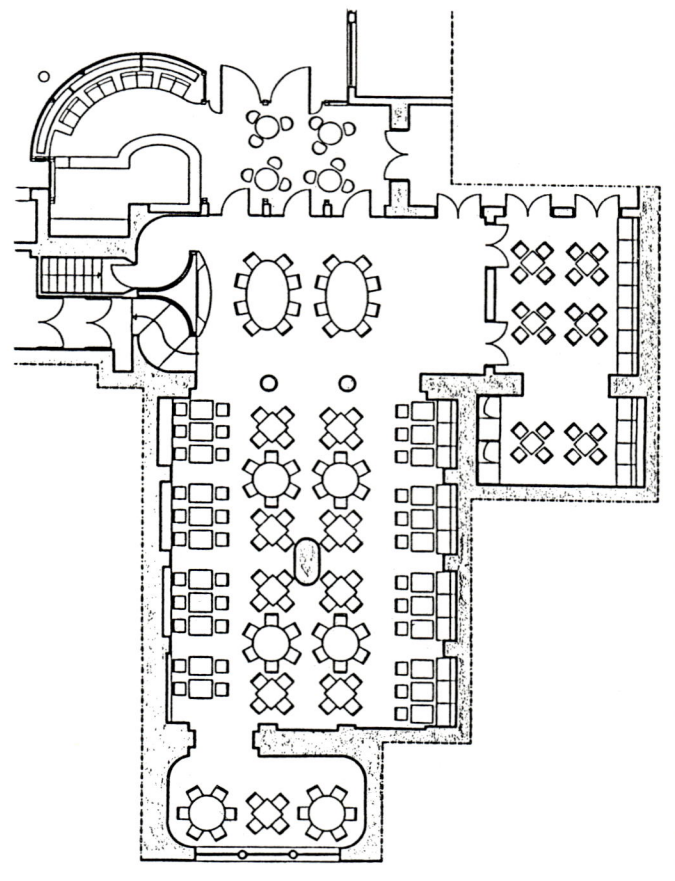

Pianta della zona ristorante / Plan of restaurant area

51

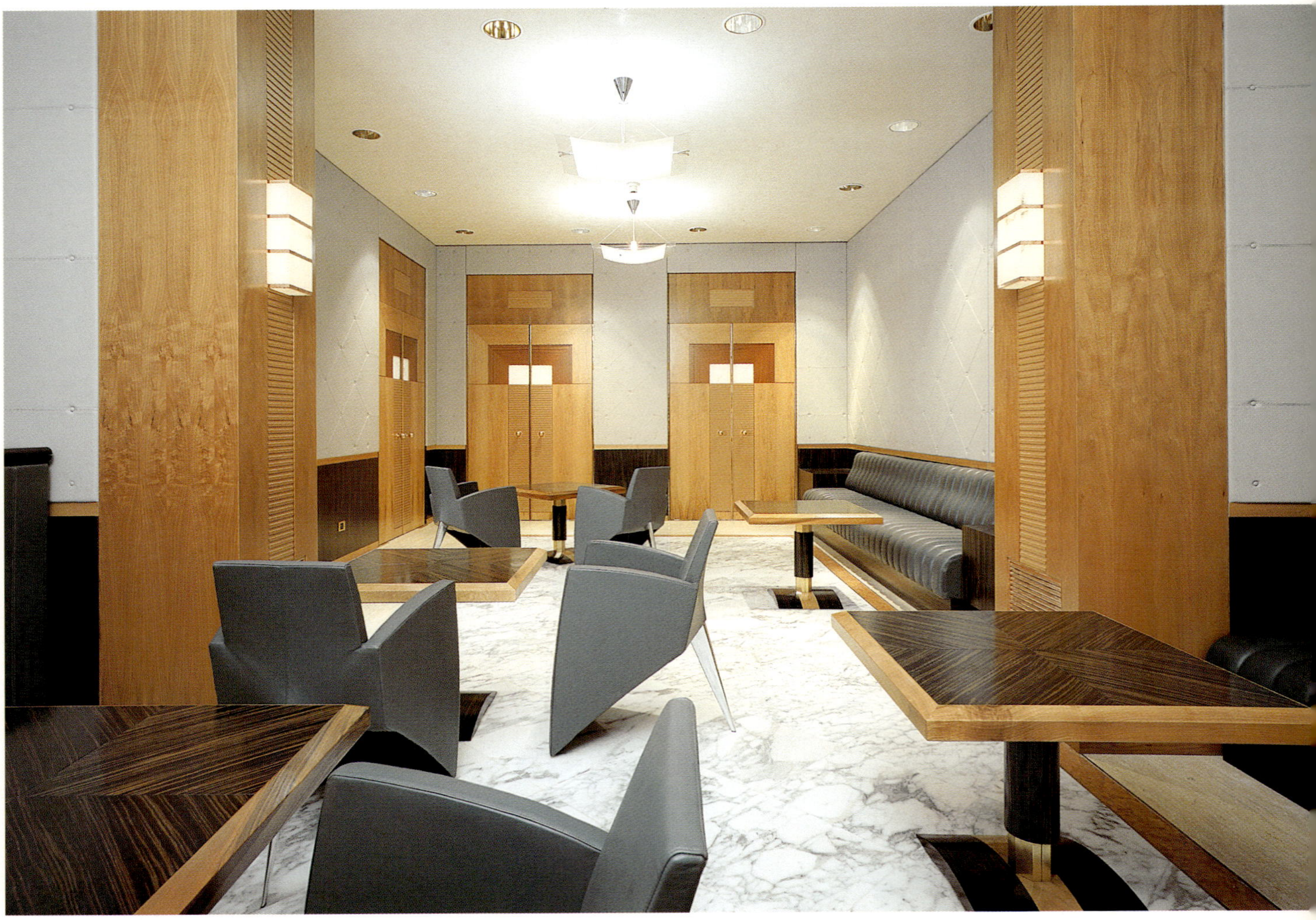

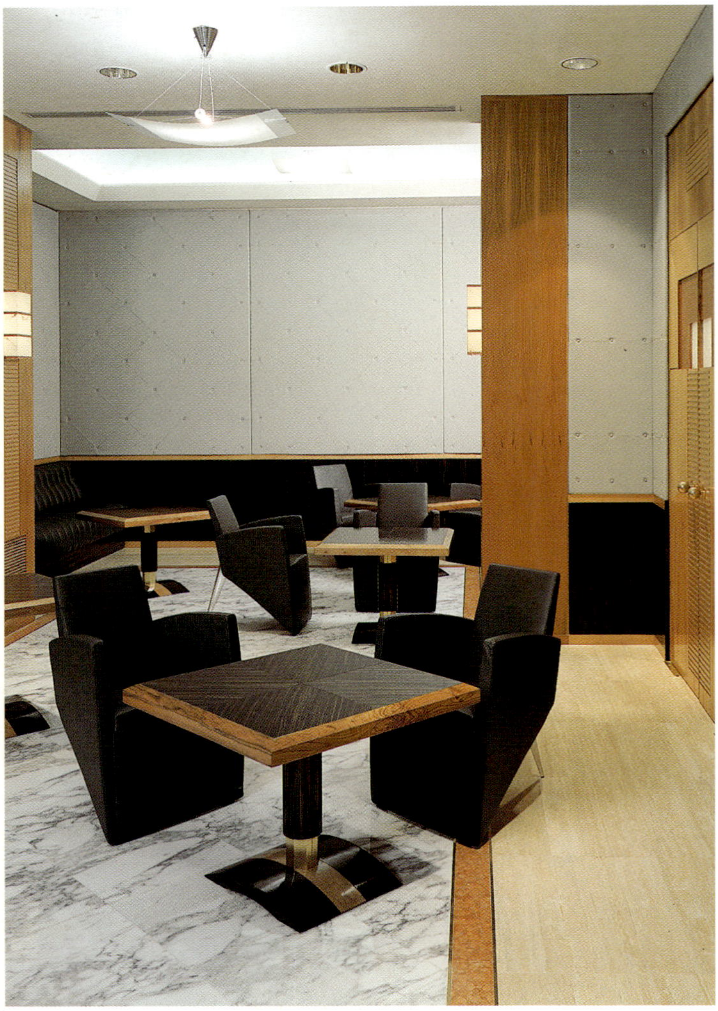

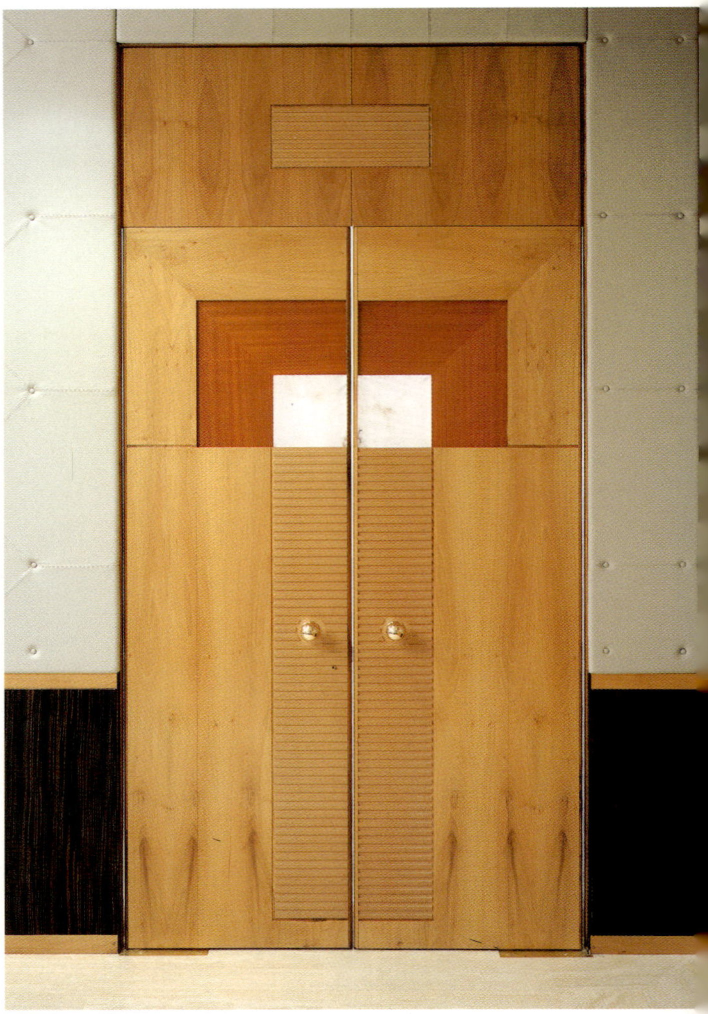

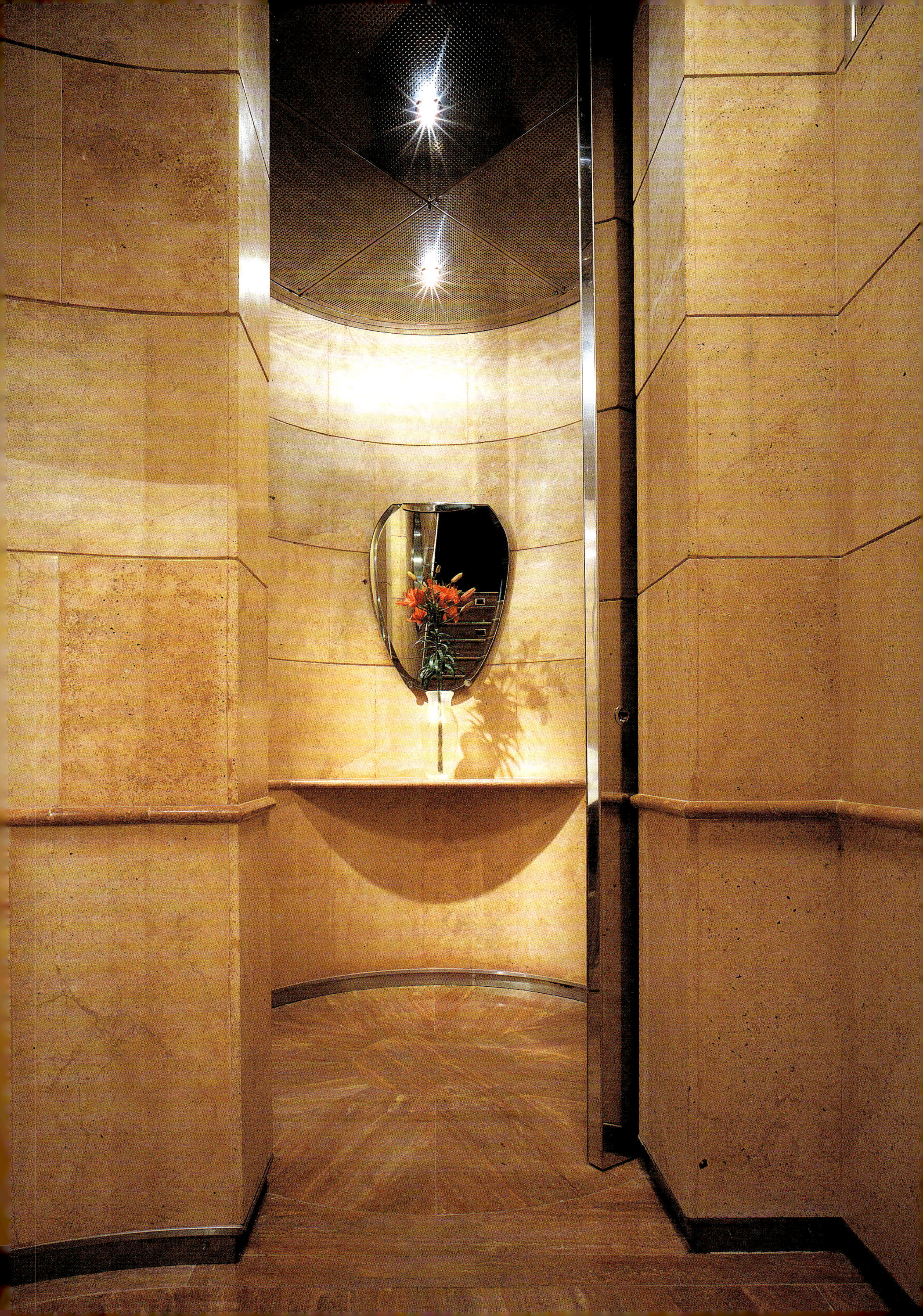

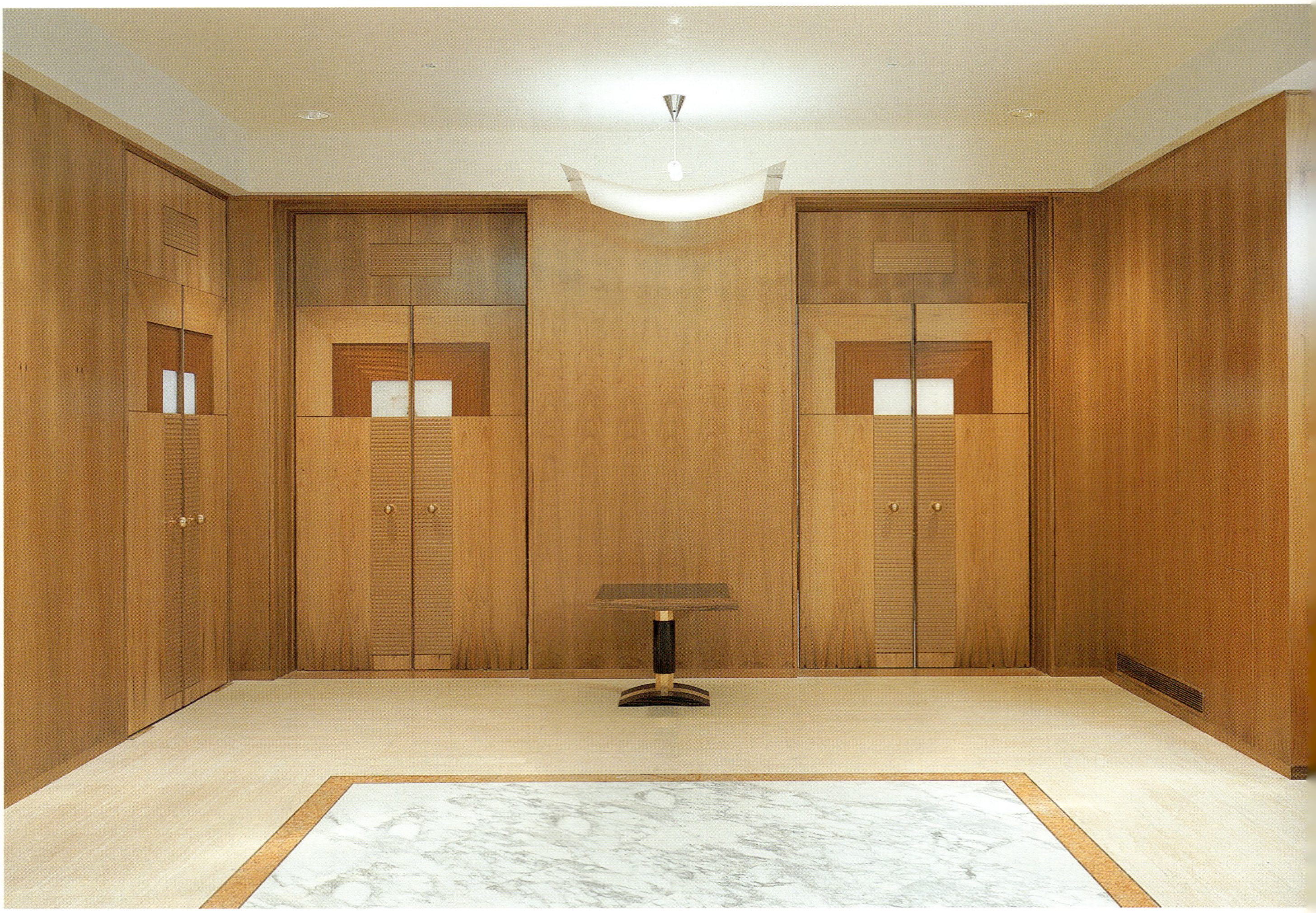

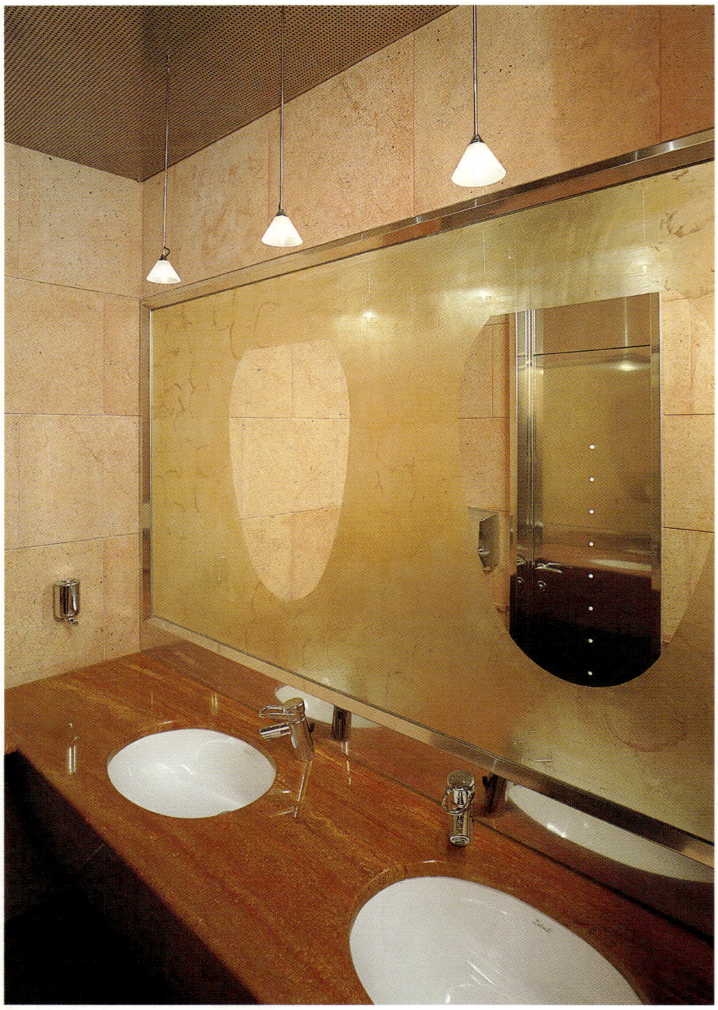

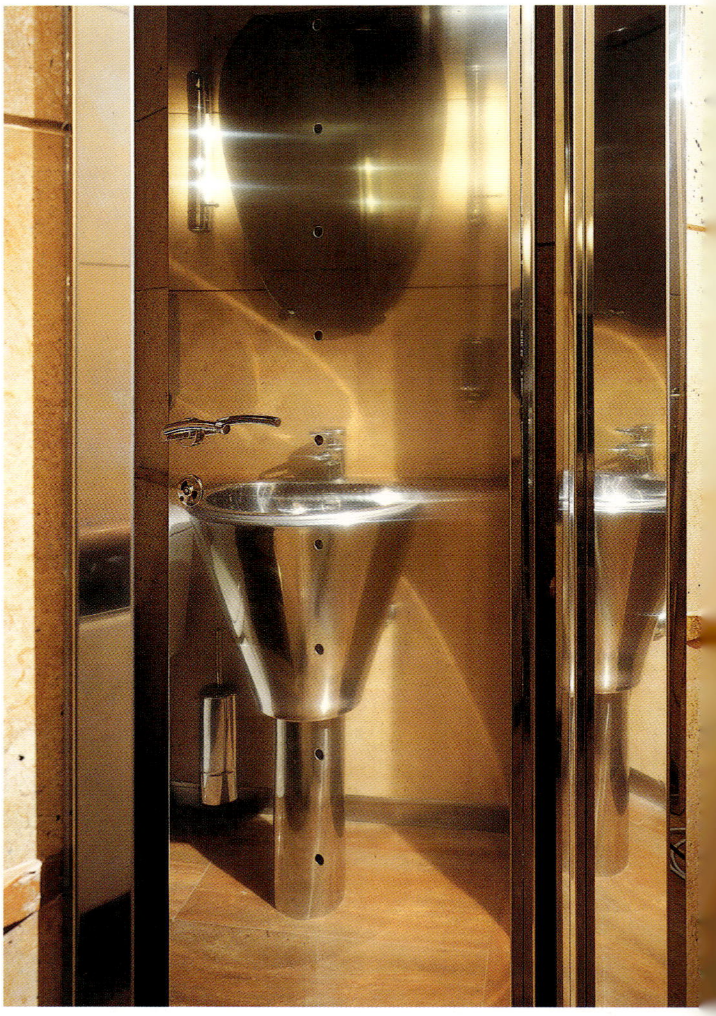

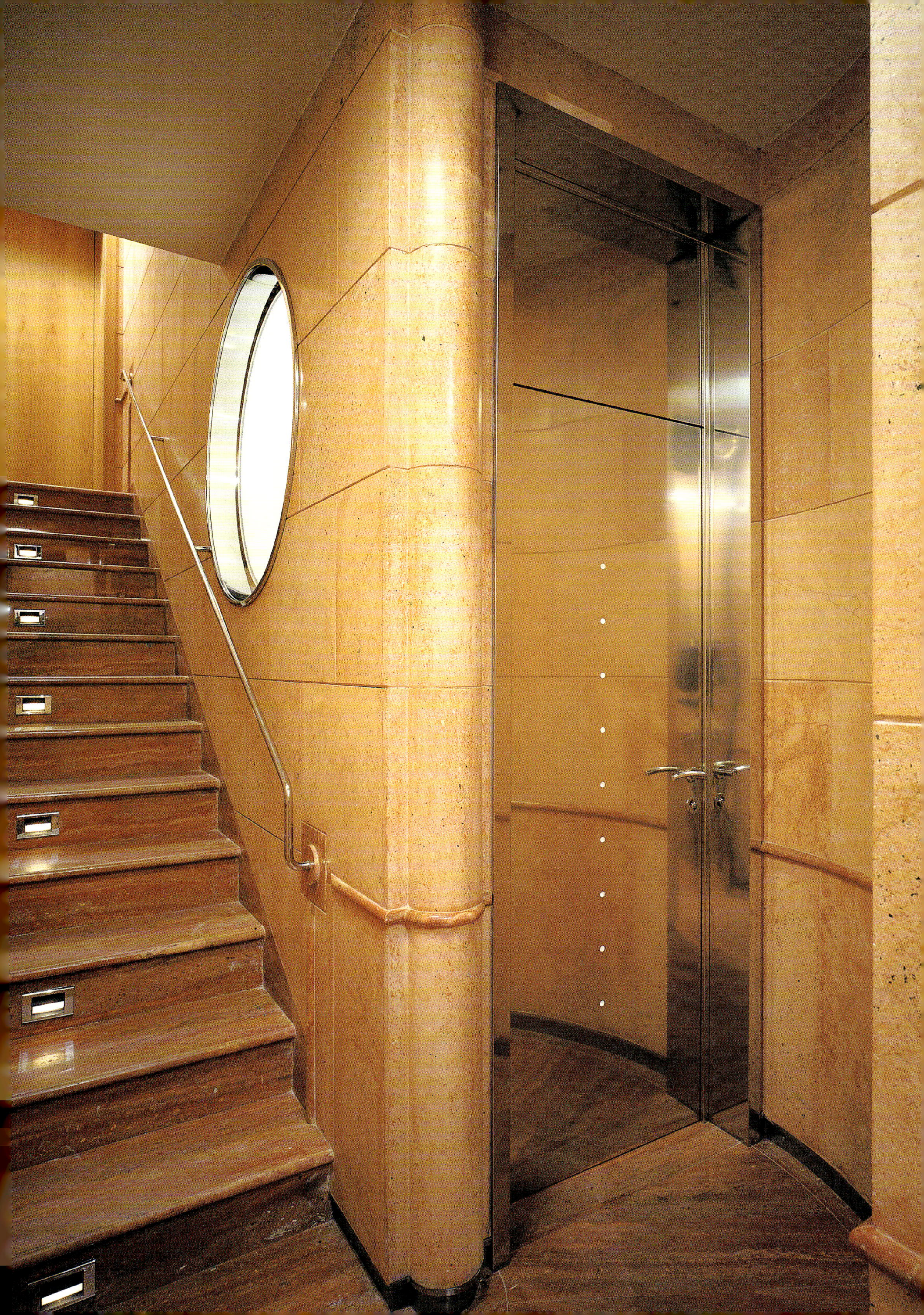

Stefano Severi

CODE - FOOD & WINE
Carpi - MO

La luce, in questo locale in un piccolo centro della provincia modenese, è uno strumento strategico utilizzato per valorizzare le strutture preesistenti, di carattere marcatamente tradizionale, e allo stesso tempo per configurare un'ambientazione di gusto chiaramente contemporaneo, per delineare un'immagine aggiornata e accattivante. La necessità e la volontà di salvaguardare gli elementi costruttivamente salienti dell'edificio esistente – massicce murature portanti e soffitti talvolta a travi lignee con tavelle di cotto – ha indotto un progetto dove le nuove componenti non occultano le vecchie strutture ma vi si giustappongono rispettosamente, benché nella più totale autonomia formale. Ricomposta una nuova scansione distributiva dello spazio, razionale e funzionale, e risanate le murature finite a marmorino bianco, è principalmente al livello dei soffitti che si esprimono i contenuti dell'intervento: travi elettrificate d'alluminio a supporto dei neon elettronici a luce indiretta che fanno risaltare i materiali tradizionali dei solai, sono così affiancate alle tradizionali travi di legno a vista ma sostengono anche corpi illuminanti a fascio stretto direzionati sui tavoli. Nella sala di dimensioni maggiori, lunga e stretta, un curioso controsoffitto, una piastra sospesa distaccata dalle pareti, bordata di luce bianca, è forata da cassettoni, dagli spigoli arrotondati, illuminati internamente da neon arancio, colore simile a quello delle *appliques* circolari poste quasi come insolite decorazioni nella saletta più piccola, adiacente. Gli arredi, a rafforzare il senso scenografico e compositivo degli apparati luminosi, sono volutamente essenziali e cromaticamente neutri: in legno laccato bianco e acciaio, fatta eccezione per il rivestimento in pelle rossa delle panche continue in aggiunta alle sedute, si armonizzano all'involucro murario. Anche il banco bar, nell'ambiente d'ingresso, è studiato con criteri analoghi: il suo volume, integralmente bianco, è vivacizzato dal frontale di vetro acidato, retroilluminato con neon colorati, così come i contenitori di servizio che lo fronteggiano riprendono il disegno con spigoli stondati dei varchi luminosi che alleggeriscono il controsoffitto.

In this restaurant in Carpi, an attractive town in the province of Modena, light is a strategic device used to show the pre-existing structures – which are noticeably traditional in character – to best advantage, and, at the same time, to create an ambience that is clearly contemporary in taste, with the use of up-to-date, eye-catching stylistic features. The need to preserve the most outstanding structural elements of the existing building – massive load-bearing walls and ceilings with wooden beams interspersed with terra-cotta tiles – has given rise to a project in which the new components do not conceal the old structures, but are respectfully juxtaposed with them, although their forms are totally independent. After a new rational and functional distribution of the space had been established and the walls finished with white stucco made with pulverized marble, the main focuses of attention of the project were the ceilings: electronic neon lamps casting the indirect light that enhances the traditional materials of the ceilings are attached to aluminum bars that flank the wooden beams and also support the downlights with narrow beams directed at the tables. In the larger dining-room, which is long and narrow, a highly original false ceiling formed by a suspended slab, detached from the walls and bordered by white light, is pierced by sunken panels with rounded edges and illuminated internally by orange neon lights, a color that is similar to that of the circular appliqués used as unusual decorations in the adjacent smaller dining-room. In order to reinforce the theatrical and compositive sense of the lighting fixtures, the furnishings have intentionally been kept simple and painted with neutral colors; in white and steel-gray lacquered wood – except for the red leather upholstery of the banquettes that supplement the chairs – they harmonize with the surrounding walls. The white bar, in the lobby, has been designed with similar criteria: its wholly white volume is enlivened by its front in acid-etched glass. This is lit from behind with colored neon lamps, as are the service cabinets facing it, the rounded edges of which echo those of the sunken panels embellishing the false ceiling.

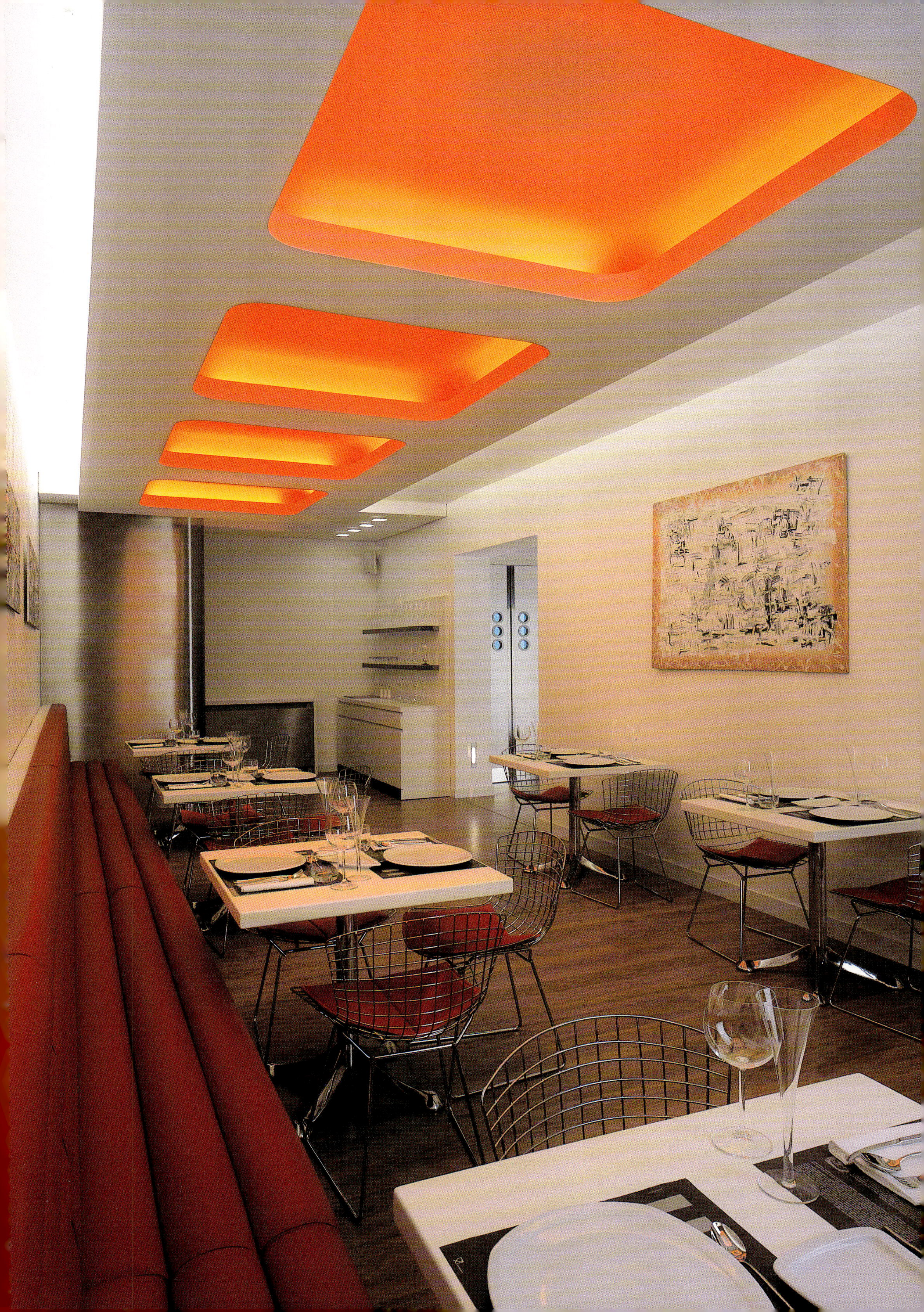

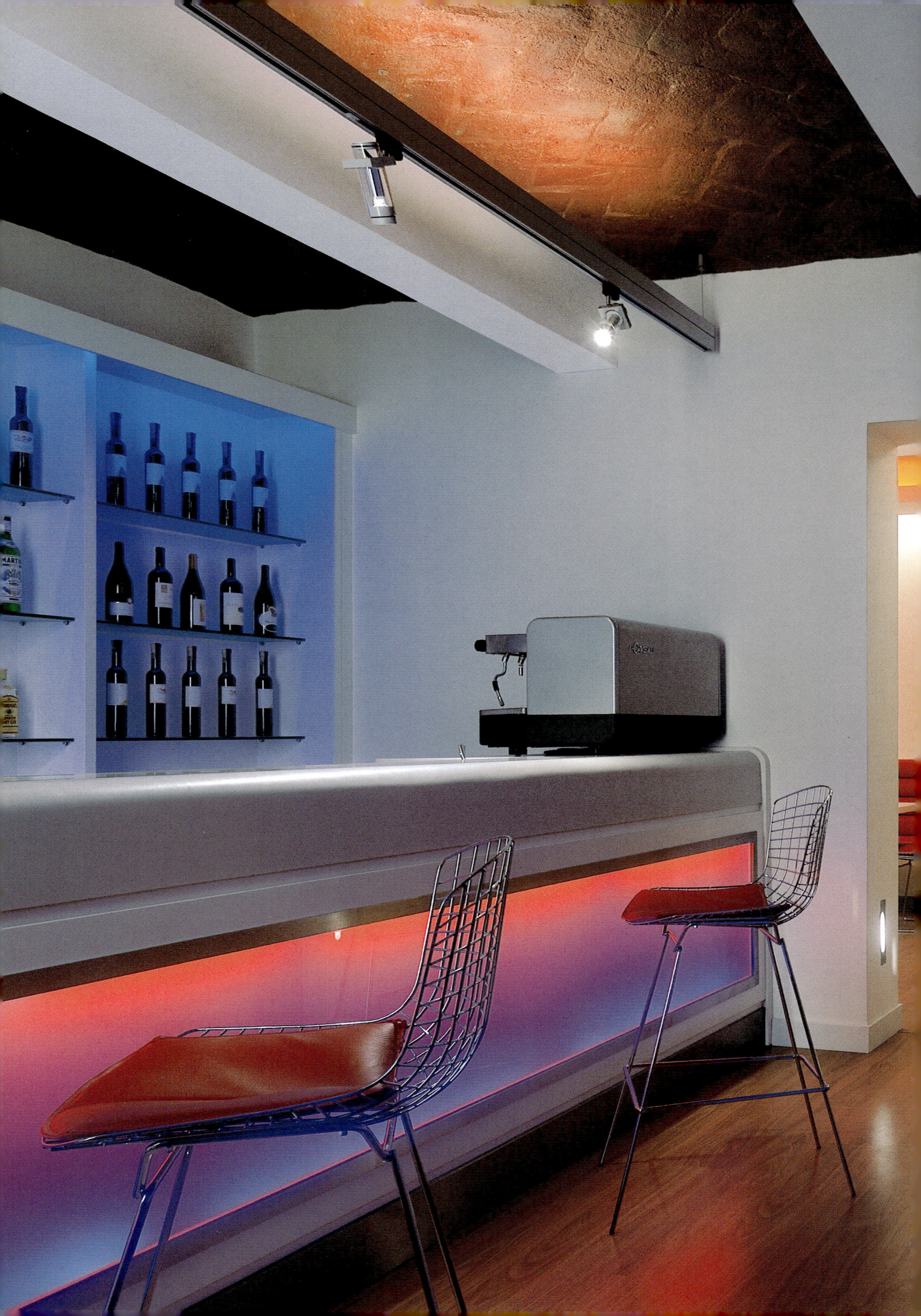

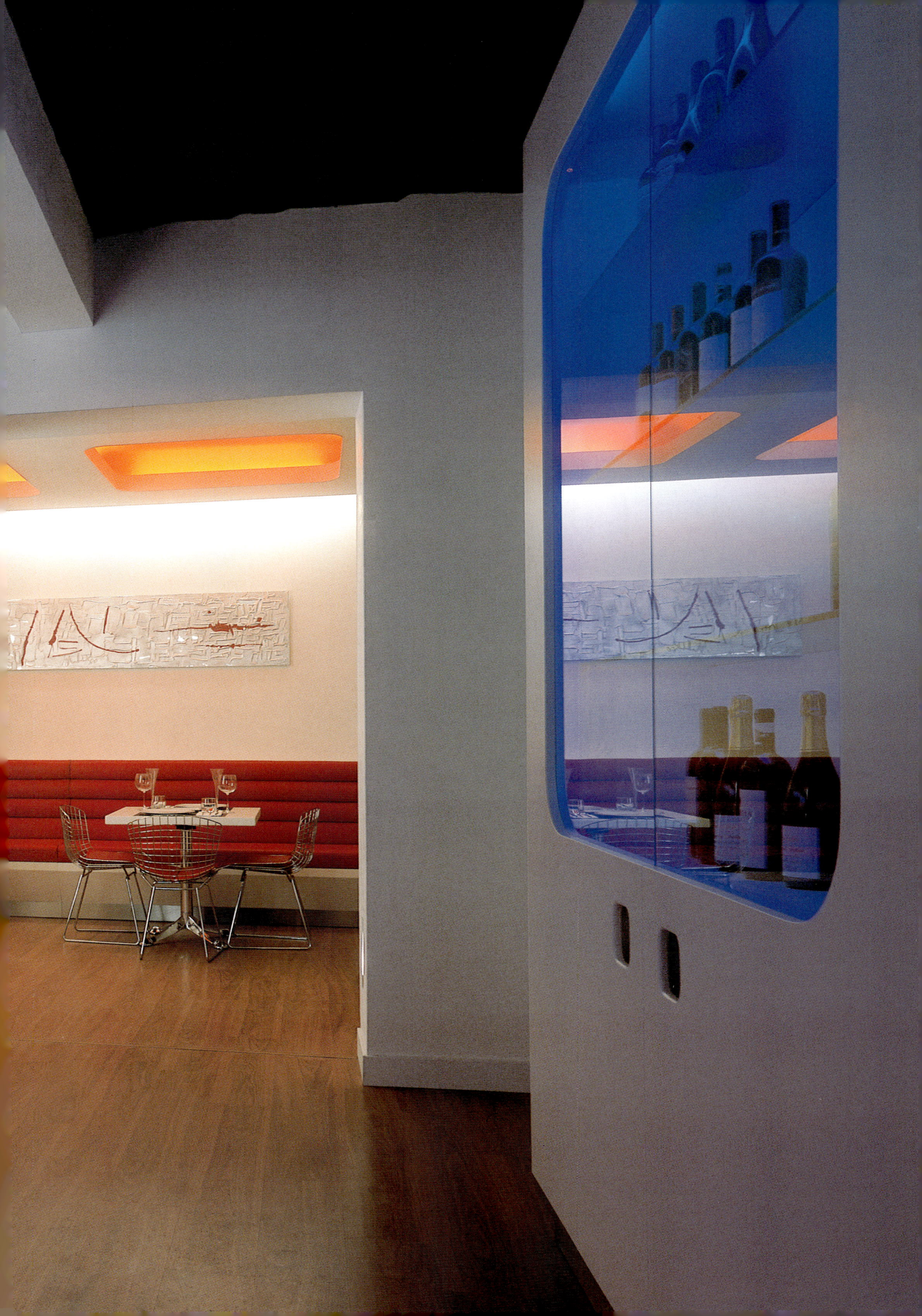

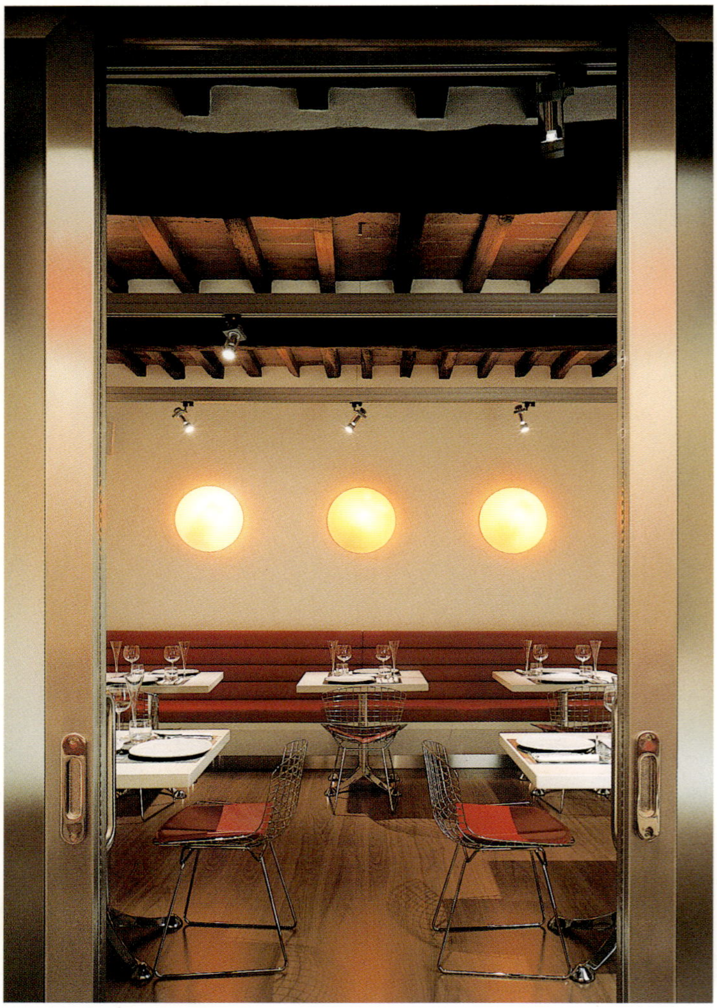

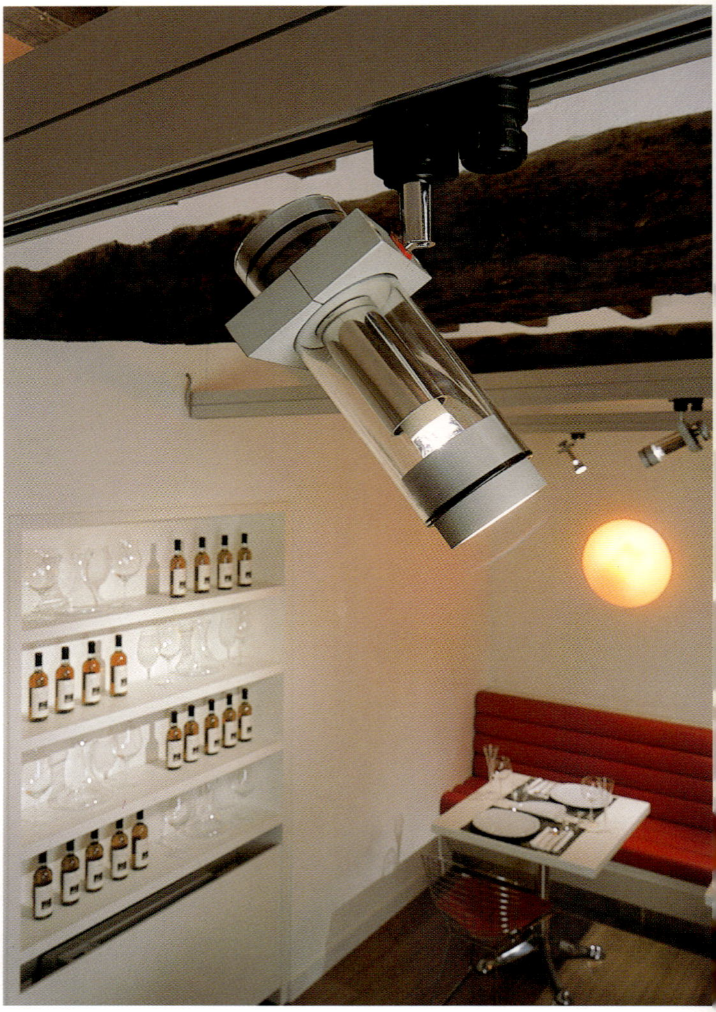

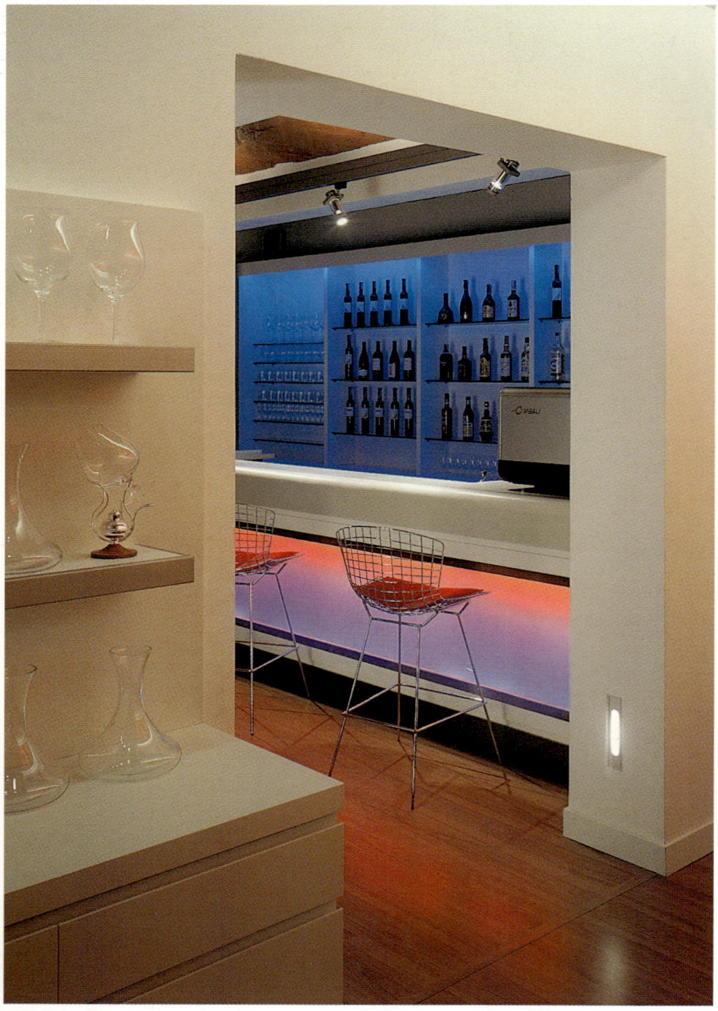

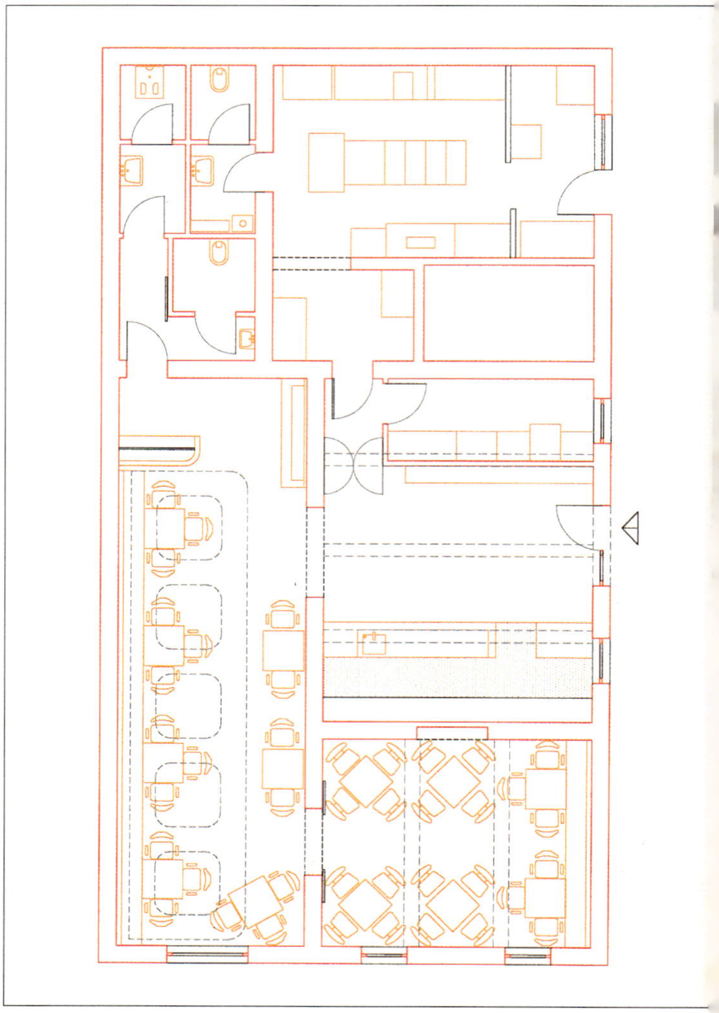

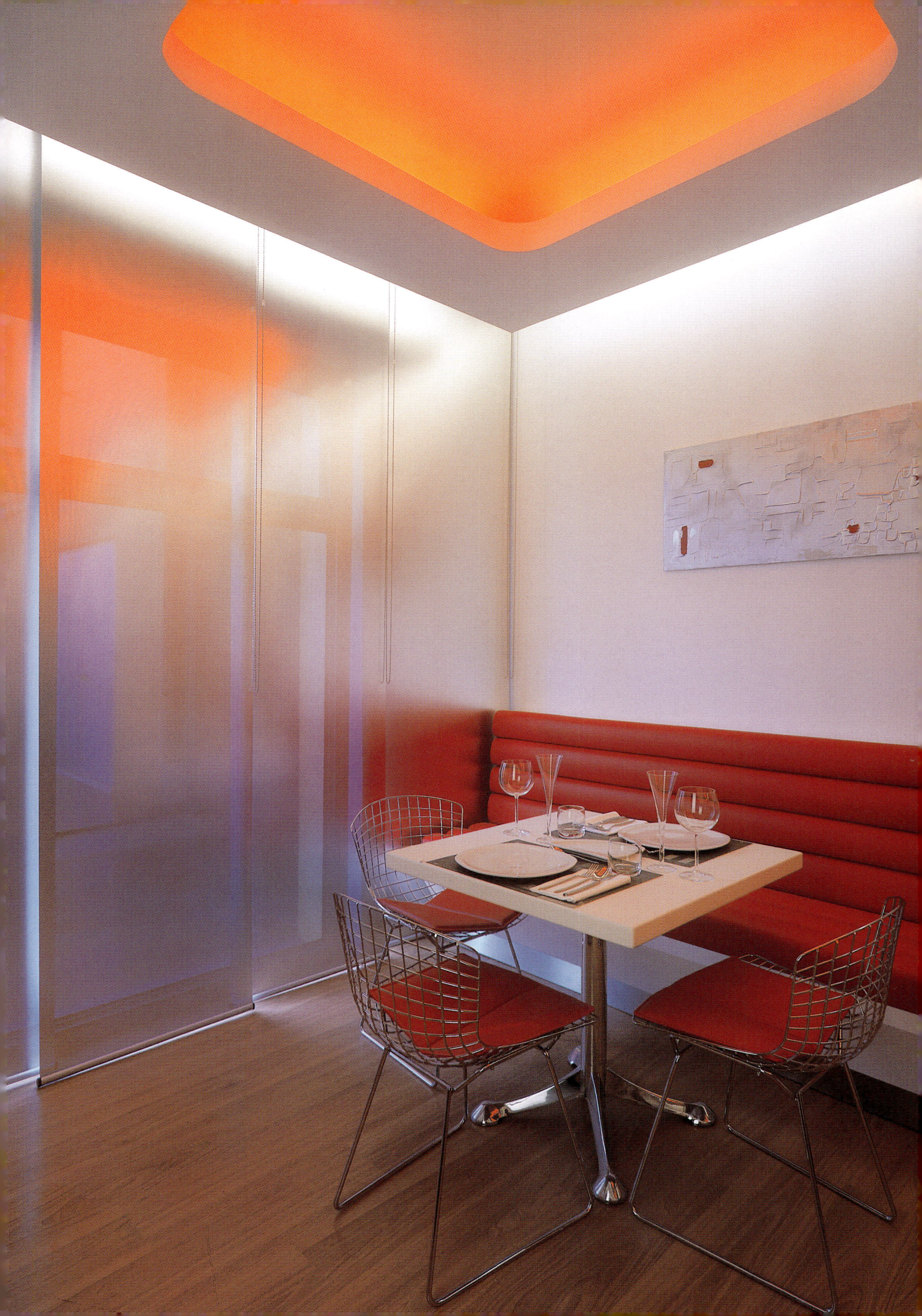

Marina Pluda

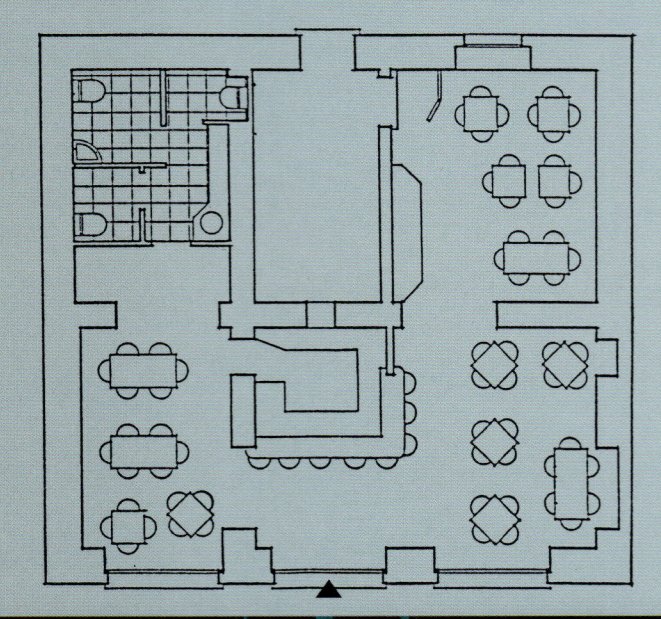

FONDA MAYA
Milano

Il rifiuto di un consolidato cliché in base al quale l'allestimento di un ristorante etnico non possa che risultare dall'utilizzo di elementi che identifichino unicamente per luoghi comuni il paese cui si riferisce è stata una scelta precisa della progettista di questo locale che ha preferito elaborare la nuova scena sulla base di riferimenti più propriamente architettonici, legati al ruolo ordinatore della geometria e all'idea del recupero dei materiali.

Le componenti strutturali originarie di questo spazio, come i passaggi segnati da archi in mattoni o i soffitti lignei, ove possibile sono state ripristinate o riportate alla luce. Da un lato è stata così conservata l'articolazione esistente ma dall'altro è stata individuata una nuova distribuzione a ferro di cavallo attorno al nucleo centrale costituito dalla cucina e dell'importante banco del bar che assume una posizione baricentrica. La pavimentazione in ciottoli di marmo botticino anticato, una sorta di tappeto che chiarisce dall'ingresso il ruolo anche visivamente preponderante del bancone, crea una separazione visiva di questo dalle aree destinate ai tavoli senza che vi siano reali barriere. L'enfasi in qualche misura attribuita al massiccio volume del bar, che diviene momento ordinatore dello spazio, è ulteriormente precisata dal disegno particolarissimo delle luci costituite da bracci di rame piegati in sinuose volute corredati da paralumi in carta di riso e soprattutto degli alti sgabelli che lo completano. Con un procedimento analogo a quello adottato per le specchiature del fronte del banco bar, fasce di legno di recupero affiancate in diagonale ne compongono gli schienali sostenuti da basi circolari, con un esito di grande efficacia anche decorativa. La preziosità morbida di queste componenti, che valorizzano la consistenza materica e cromatica del legno, è coerentemente replicata anche nel trattamento delle pareti risolte con la finitura a spatola dell'intonaco da esterni steso grossolanamente nei colori panna e nocciola non miscelati.

E un effetto carezzevole è assegnato anche alla pavimentazione composta da listoni di larice anticato e trattato a cera, a configurare globalmente un involucro pacato che si armonizza alla struttura architettonica esistente senza forzarla eppure rinnovandola. Un'ulteriore applicazione dell'idea del recupero di componenti che generano forme e funzioni nuove, diverse da quelle originarie, si rintraccia nell'ideazione dei corpi illuminati degli ambienti dove trovano posto i semplici tavoli di legno: rami spiaggiati, cocci di vetro, residui di resine sono stati assemblati a comporre sculture luminose tutte diverse.

The rejection of the widely held view that the décor of an ethnic restaurant can only be the result of the use of stereotypical elements associated with the country in question has been a deliberate choice on the part of the architect of this establishment, who has preferred to design its renovated interior on the basis of principles that are more strictly architectural, linked as they are to the regulatory role of geometry and the reuse of materials.

Where possible, the original structural components of this space, such as the passageways marked by brick arches or the wooden ceilings, have been restored or brought to light. Thus, on the one hand, the existing structure has been preserved, but, on the other, there is now a new distribution forming a horseshoe around the main nucleus constituted by the kitchen and the imposing bar counter, which assumes a central position. The flooring in pebbles of antiqued Botticino marble creates what might be described as a carpet effect that stresses, right from the entrance, the predominant role of the bar counter, especially from a visual point of view, separating it from the dining area without there being any real barriers. The important function given to the massive volume of the bar, which becomes the main regulating feature of the space, is further emphasized by the very distinctive design of the lights, consisting of long copper tubes bent into spirals topped by lampshades in rice paper, and, above all, by the high stools flanking it. With a procedure similar to that adopted for the panels on the bar front, planks of reused wood are placed diagonally to form the backs of these stools supported by circular bases, producing a very effective result that is surprisingly decorative. The soft refinement of these components, which show the texture and color of the wood to good advantage, is coherently repeated also in the treatment of the walls, with the stucco for exteriors laid on roughly with a trowel finish, its cream and hazel colors unmixed.

A pleasant effect is also provided by the flooring composed of boards of antiquated larch polished with beeswax. Overall, the result is a subdued building shell that harmonizes with the existing architectural structure without disrupting it, yet renewing it. Another application of the idea of reusing components that generate new forms and functions, different from their original ones, may be found in the design of the lights in the areas where the simple wooden tables are located: branches found on beaches, broken glass, and remains of resin have been assembled to compose fantastic sculptures of light, each different from the other.

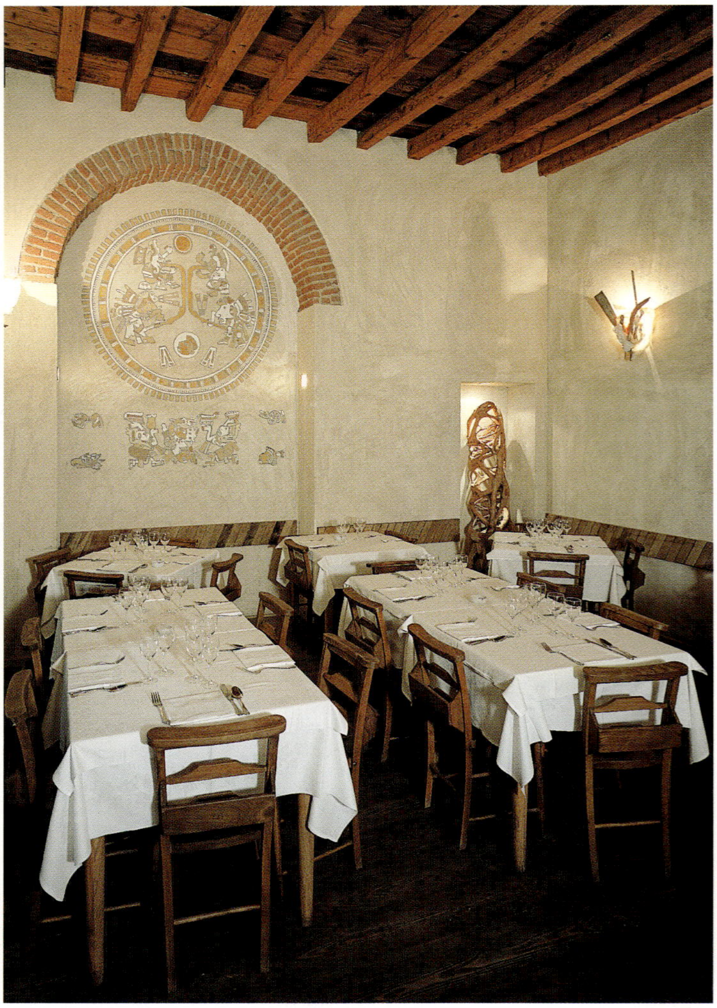

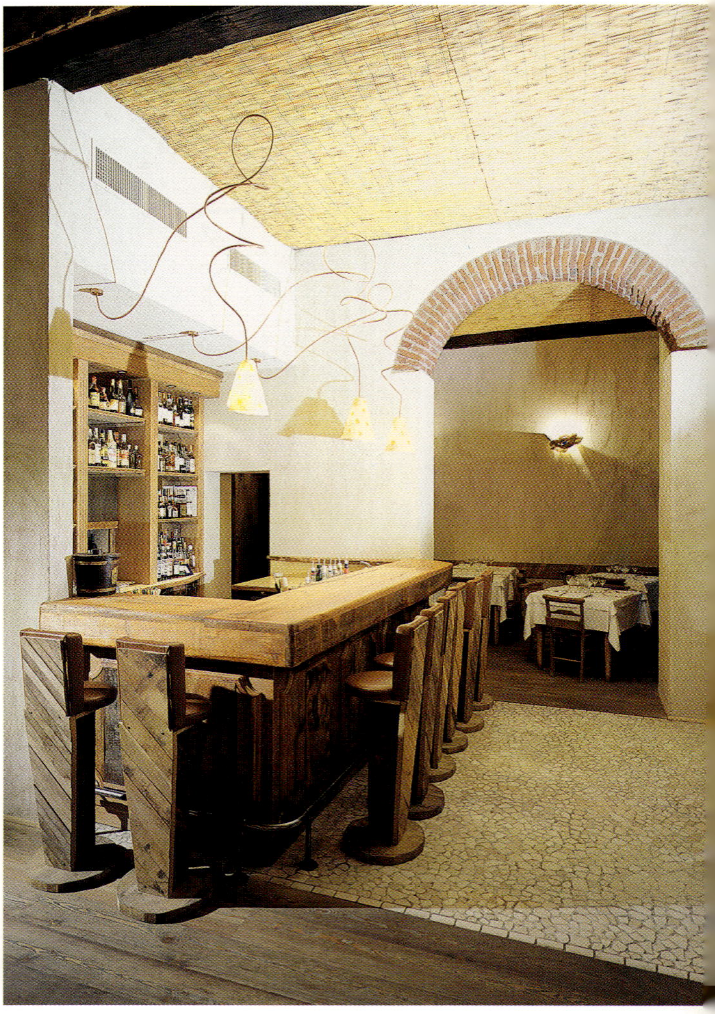

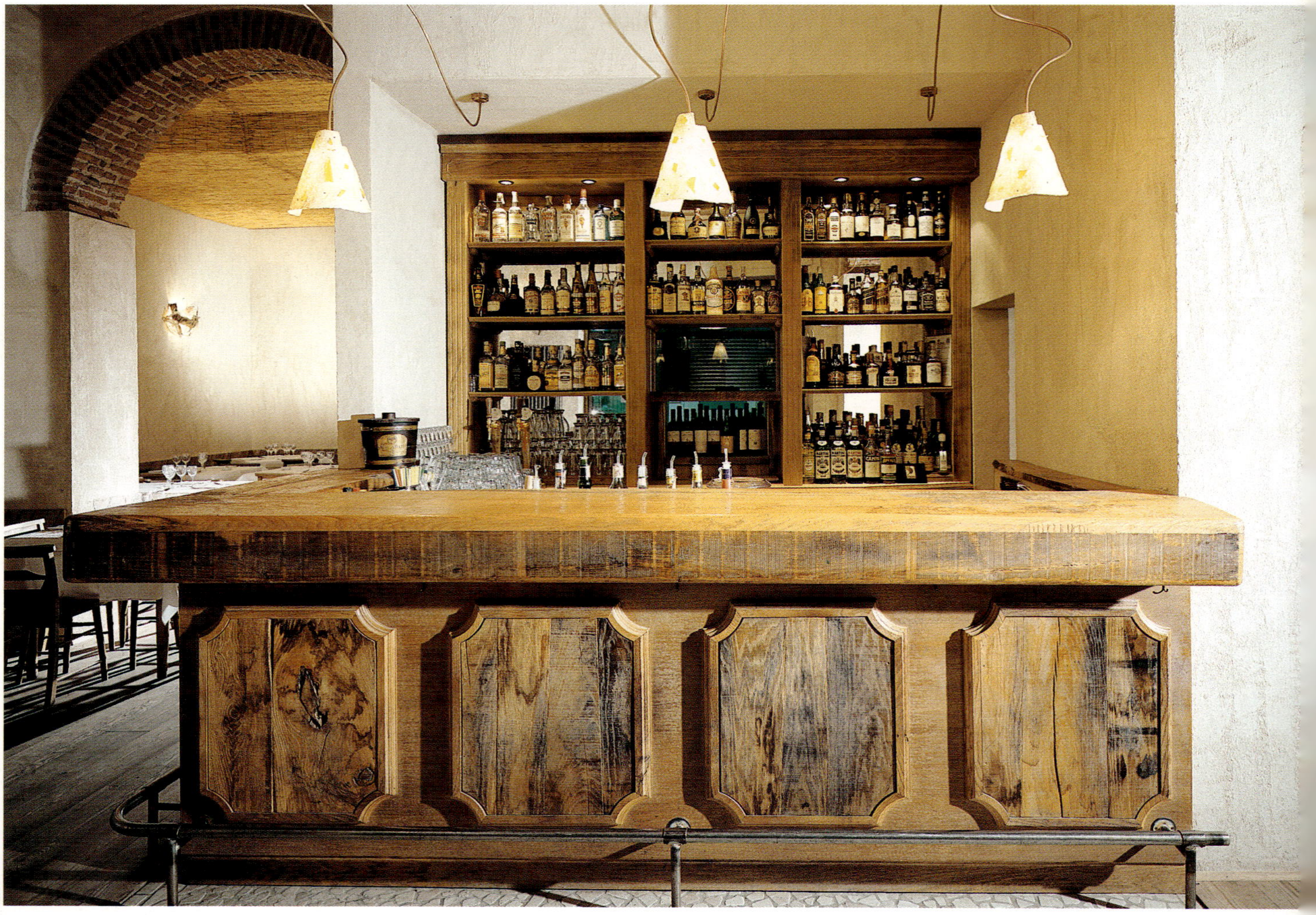

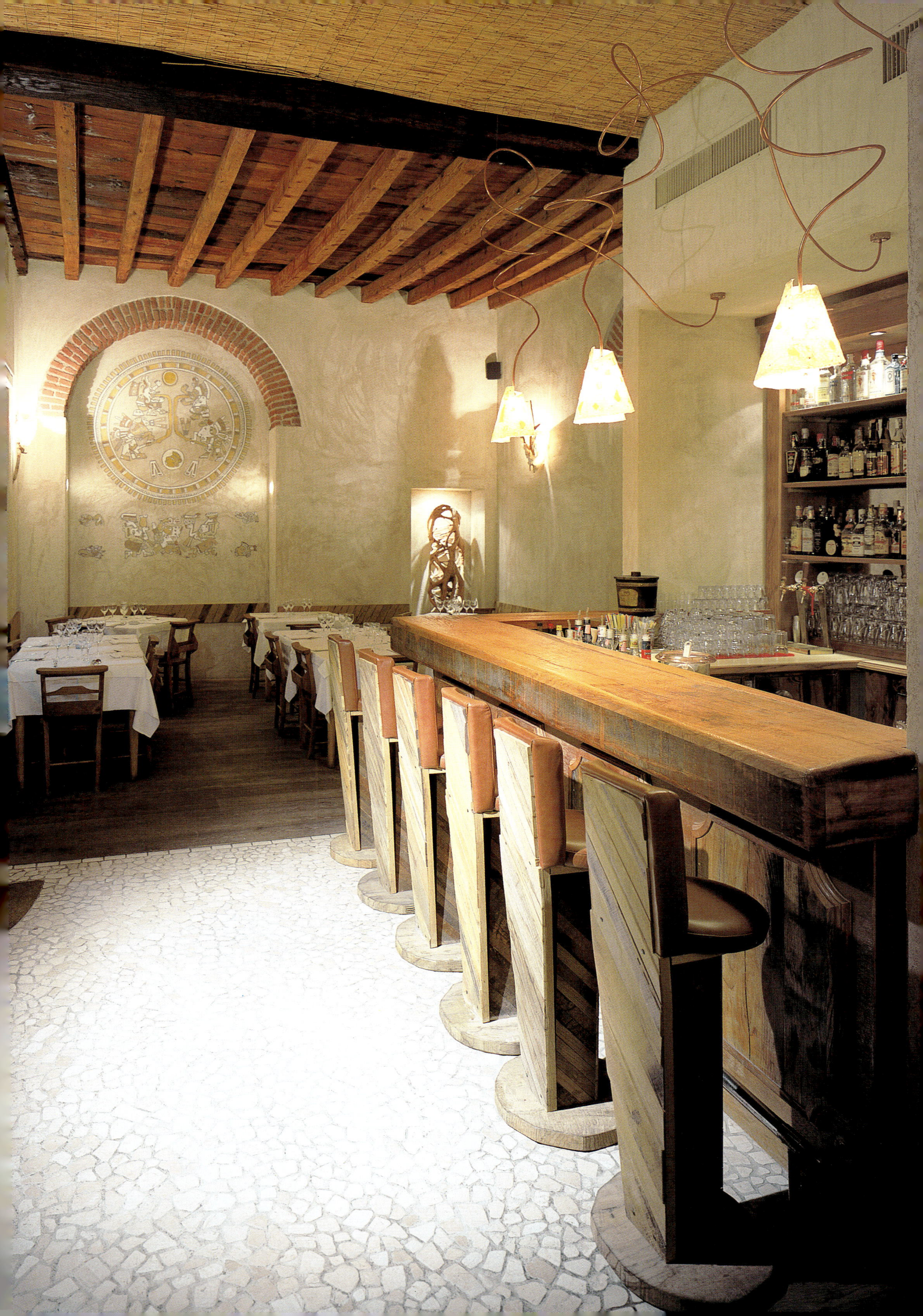

Piero Polato

IL CONSOLARE
Milano

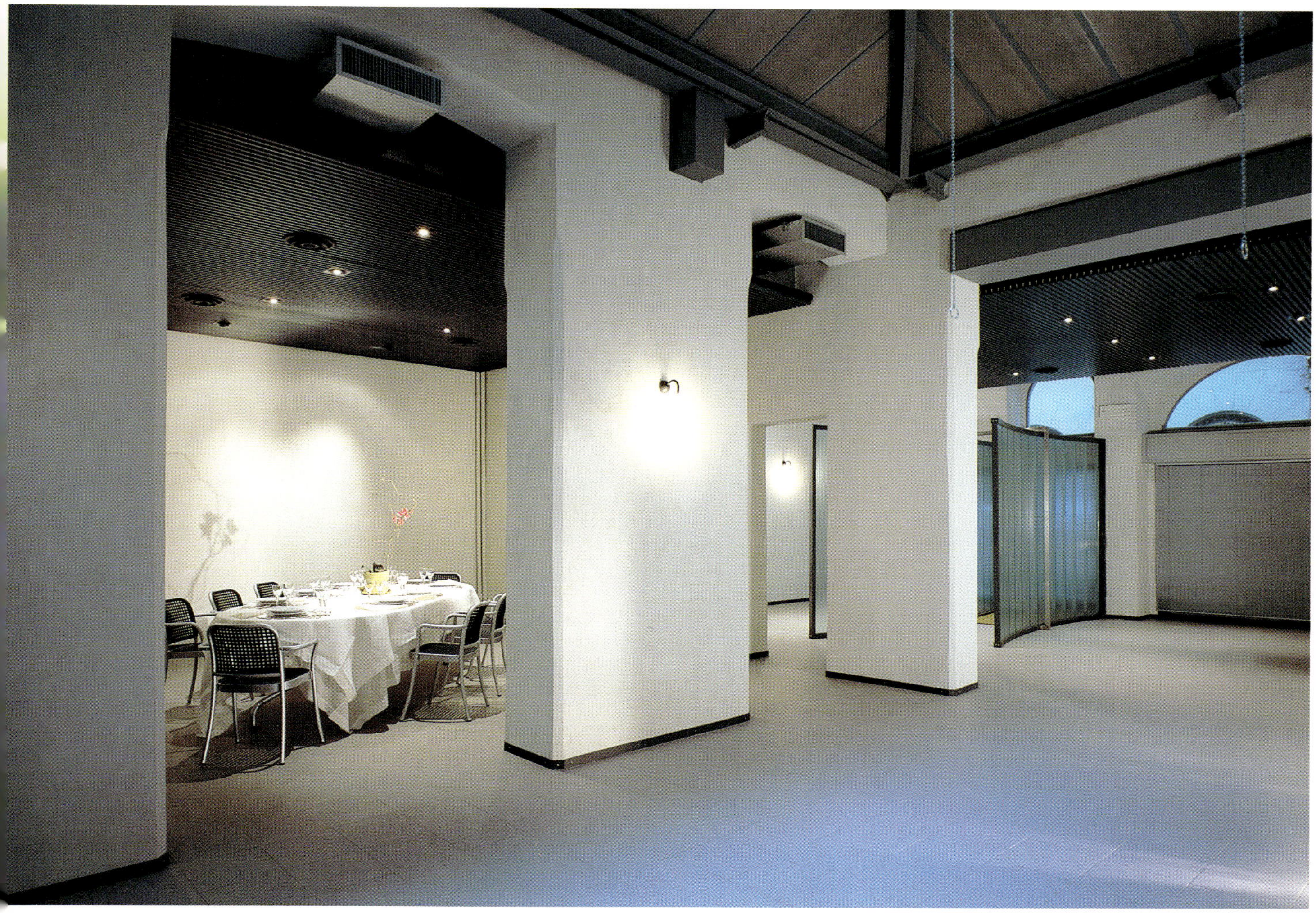

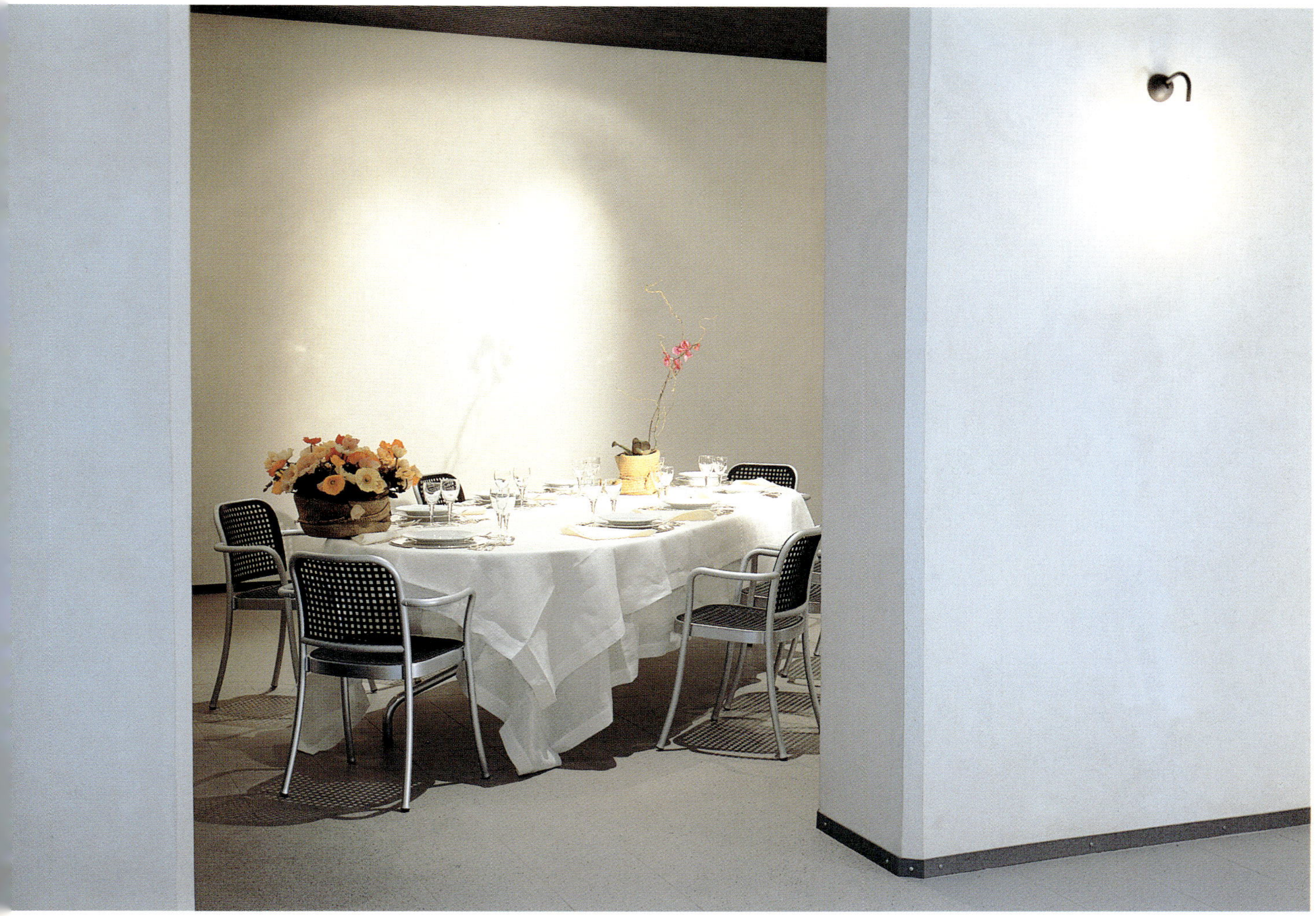

Uno storico locale di Brera, a Milano, è stato ridisegnato da un progetto di limpida essenzialità che soddisfa con immediatezza esigenze funzionali e d'ambientazione secondo un programma compositivo chiaramente leggibile. I disagi che di frequente caratterizzano gli ambienti d'ingresso dei ristoranti sono stati annullati da una soluzione efficace e di grande effetto visivo: due quinte curve, semitrasparenti, tracciano un segno scultoreo nello spazio costituendo una sorta di galleria di accesso al locale e al tempo stesso fungono da schermi per le aree destinate ai tavoli che esse stesse generano. Si tratta dell'unico elemento fortemente caratterizzato di questi ambienti insieme al muro composto da cubi di cemento che separa dalle sale la vasta zona di preparazione dei cibi. Per il resto il nuovo allestimento mantiene invariata la scansione degli spazi derivante dall'originaria architettura che viene modulata da sofisticati toni di grigio, a comporre un'atmosfera rarefatta, intenzionalmente neutra, nella quale sono bandite scenografie e decorazioni. Così il pavimento chiaro, in gres porcellanato, unifica tutti i locali, sia quelli per il pubblico sia quelli di servizio, e si contrappone al controsoffitto di colore grigio scuro, che occulta gli impianti elettrico e di condizionamento, sfondato nella sala più grande da un grande lucernario che ne ribadisce l'impianto longitudinale. E grigie, con una finitura ad affresco, ruvida (per la fonoassorbenza) e modulata, sono anche le pareti. Il trattamento dei rivestimenti dà così origine a un involucro unitario, una sorta di fondale per i rigorosi arredi, modellato da un'illuminazione flessibile e variabile composta da faretti incassati orientabili e da *appliques*.

This old-established restaurant in the Brera district of Milan has been redesigned with a project of great simplicity that meets its requirements with regard to the function and setting by adhering to a clearly legible compositional program. The problems that frequently characterize restaurant entrances have been resolved by an effective and visually very striking solution: two curved, semitransparent partitions, composing a sculptural form in space, constitute an access passage to the restaurant; at the same time, they serve as screens for the dining areas that they themselves generate. This is the only really distinctive feature of this establishment, together with the wall composed of concrete blocks separating the dining areas from the vast food preparation area. Otherwise the new décor maintains unvaried the distribution of the spaces deriving from the original architecture, which is modulated by refined tones of gray, creating a rarefied intentionally neutral atmosphere where scenographic effects and decoration are dispensed with. Thus the light floor, in vitrified stoneware tiles, unifies all the rooms, both those for the public and the service areas and contrasts with the dark gray false ceiling, which conceals cables and air conditioning ducts and is interrupted in the biggest room by a large skylight stressing the longitudinal layout. The walls, too, are gray, with the paint being applied to the wet plaster to produce a rough, mottled finish (for acoustic reasons). Hence the treatment of the surfaces gives rise to a unified structure, a sort of backdrop to the severe furnishings modeled by a flexible and variable lighting system consisting of swiveling recessed spotlights and wall lamps.

69

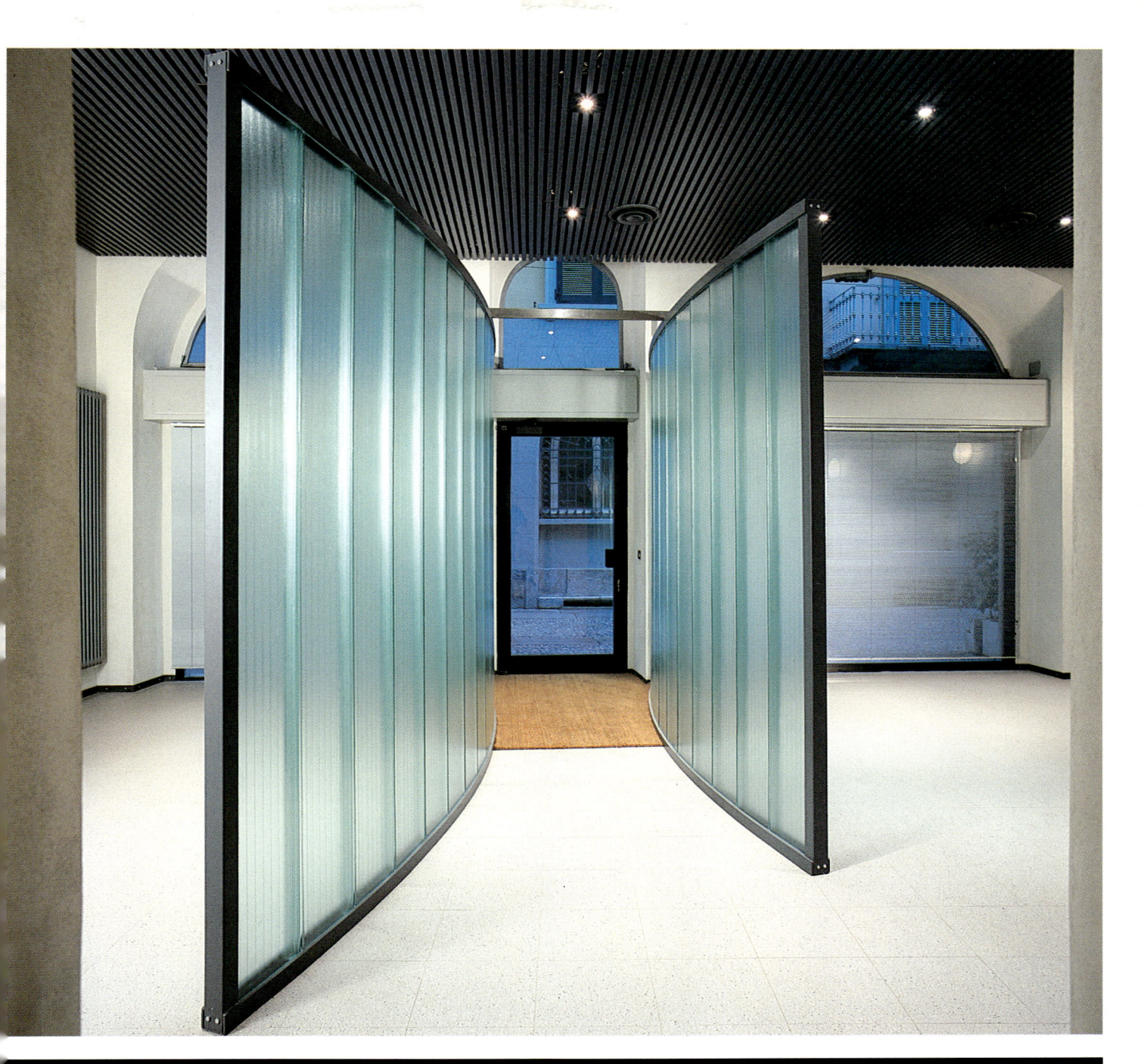

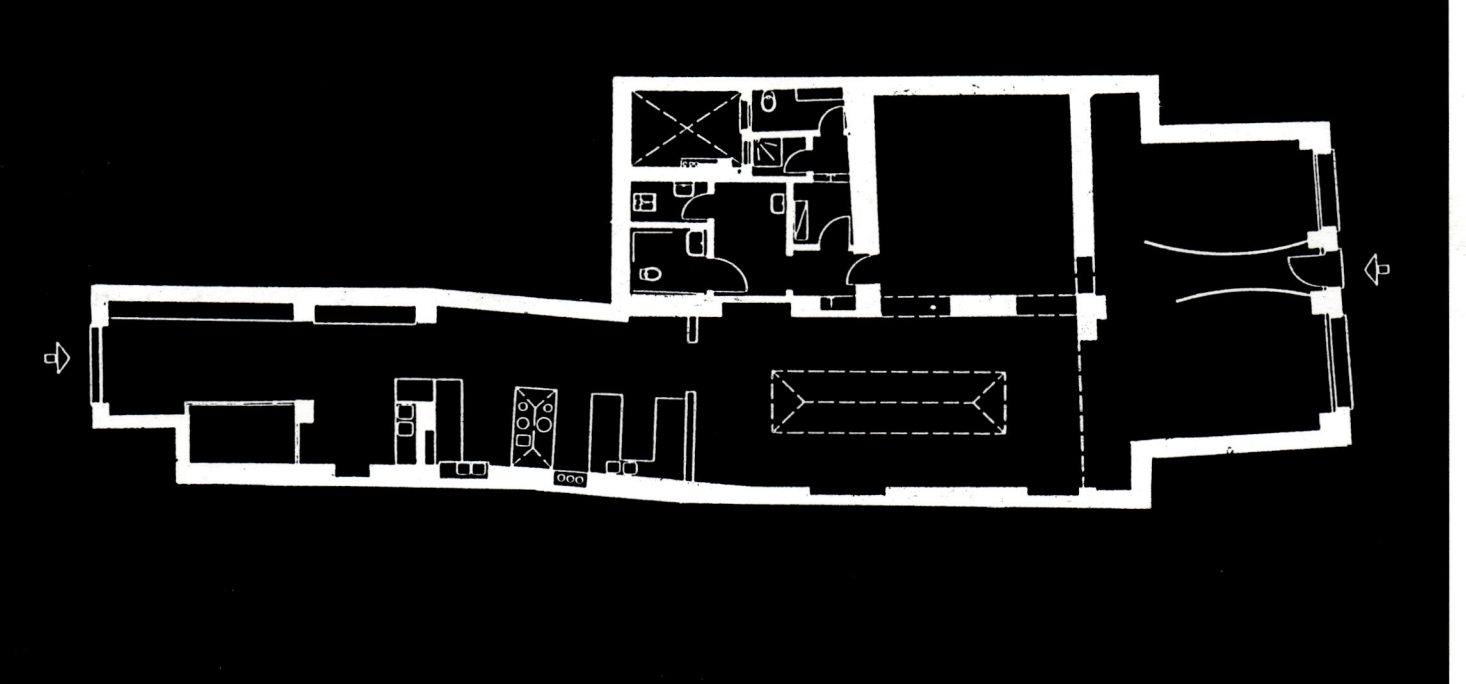

Maria Grazia Del Moro

IL TRABACCOLO
Portoverde, Misano Adriatico - RN

Una scenografia, quella ideata per questo locale sulla riviera adriatica, in cui la scelta dell'ambientazione marinara oscilla tra realismo e immaginazione con un esito di particolare suggestione. Fonte d'ispirazione originaria è il "trabaccolo", imbarcazione da pesca e da trasporto tipica dei cantieri romagnoli che, oltre a suggerire la denominazione del ristorante, diviene concreto protagonista della scena nella forma di modello all'ingresso e nella sua evocazione quasi surreale costituita dal banco bar illuminato da una curiosa plafoniera a forma di timone. Ma l'intenzione di costruire un allestimento con echi marinareschi coerente, benché tutt'affatto filologico e piuttosto immaginifico, si sostanzia di una grande competenza artigianale nel trattamento dei materiali e nell'accurata selezione degli arredi e dei complementi raccolti con passione. Le finiture dei rivestimenti divengono essenziali nel ricreare un'atmosfera sognante e al tempo stesso accogliente, costantemente in bilico tra riferimenti stilistici d'oltreoceano e propri della tradizione costiera. Così l'involucro chiaro e luminoso, quasi come si fosse in una villa della Florida del sud, deriva dalla scelta di un pavimento in parquet verniciato nei toni del bianco, crema, grigio chiarissimo cui corrisponde il soffitto, anch'esso bianco latte, composto da tavole irregolari d'abete sostenute da sottili travetti che si prolungano a rivestire i pilastri di sostegno delle grandi aperture ad archi ribassati che suddividono gli ambienti. Una tonalità più calda è utilizzata per gli infissi delle grandi vetrate affacciate sul mare in accordo con i tavoli di forme e dimensioni diverse, in un assemblaggio apparentemente casuale, composti da piani di legno vecchio trattato a cera e da basi in ferro battuto. Li corredano poltroncine, sedie o sgabelli in legno o paglia di Vienna. Madie o vetrine di recupero, tipiche della tradizione romagnola, completano l'arredamento insieme a mobili appositamente realizzati e opportunamente invecchiati. I corpi illuminanti – tutte vecchie lampade provenienti da navi in disarmo – sono essenziali nel precisare con coerenza stilistica quest'atmosfera insieme ai tendaggi grezzi che sembrano vele a riposo.

The seaside setting that is the theme of the décor for this establishment on the Adriatic coast combines realism and fantasy to produce a particularly charming result. The original source of inspiration is the trabaccolo, a fishing and cargo vessel that was formerly built in the Romagnol shipyards and, besides providing the restaurant's name, has become a prominent feature of the interior in the form of a model at the entrance and in its almost surreal evocation constituted by the bar counter illuminated by a curious downlight in the form of a ship's wheel. But the intention of creating a décor with a strong maritime flavor – albeit not always true-to-life and allowing the designer's imagination to have free rein – is backed up by a notable display of craftsmanship in the treatment of the materials and the careful choice of the furnishings and the decorative objects collected with evident enthusiasm. The finishes of the surfaces play a major role in the creation of an atmosphere that is both dreamlike and welcoming, constantly hovering between stylistic references having American overtones and those typical of the Adriatic coast. Thus the light, bright building shell, reminiscent of a villa in southern Florida, derives from the choice of a floor made of wooden boards painted in white, cream and light gray, and the milk-white ceiling composed of irregular deal boards supported by thin beams; these boards also form a covering over the pillars flanking the large openings surmounted by segmental arches that divide up the rooms. Warmer colors are used for the frames of the large windows facing the sea; these match the tables – the shapes and sizes of these vary to form an apparently casual assemblage – which are composed of table-tops in old wood polished with beeswax on wrought-iron bases. They are accompanied by small armchairs, chairs, or stools in wood with woven cane backs and seats. Restored bread chests and cabinets, typical of the Romagnol tradition, complete the furnishings together with specially made antiquated furniture. The lights – all old lamps from decommissioned ships – are well suited to the restaurant's atmosphere, as are the drapes in coarse cloth that appear to be drooping sails.

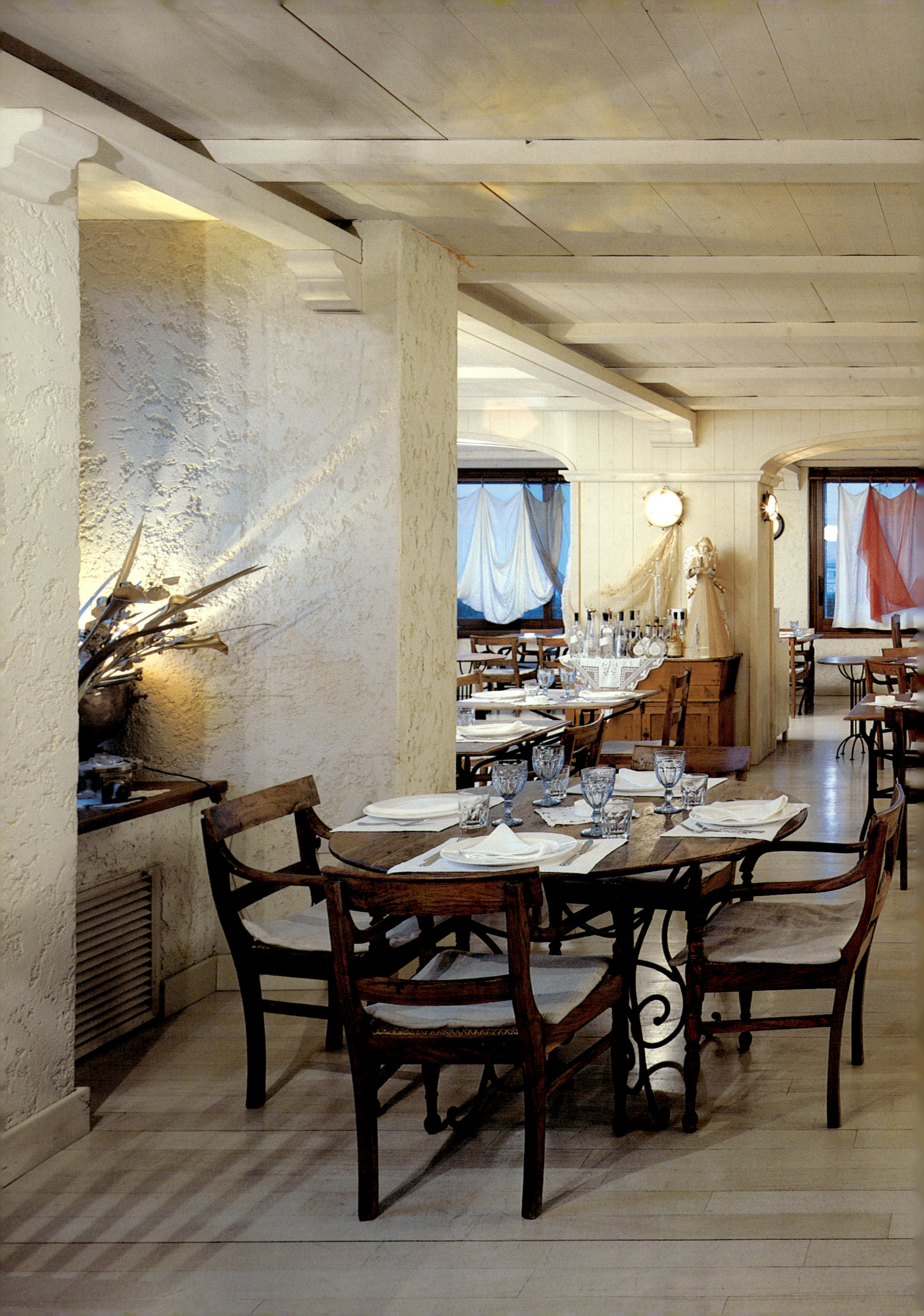

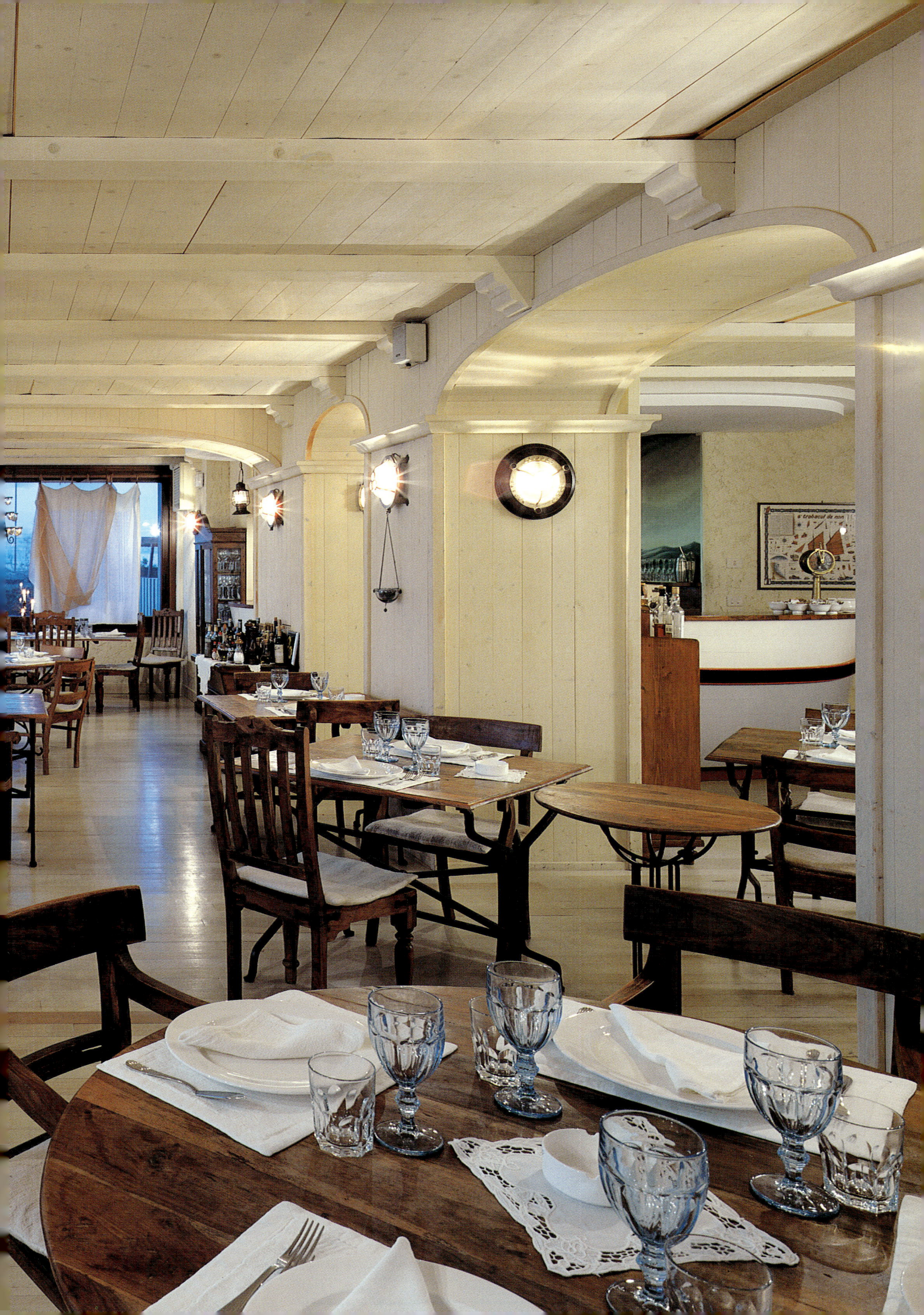

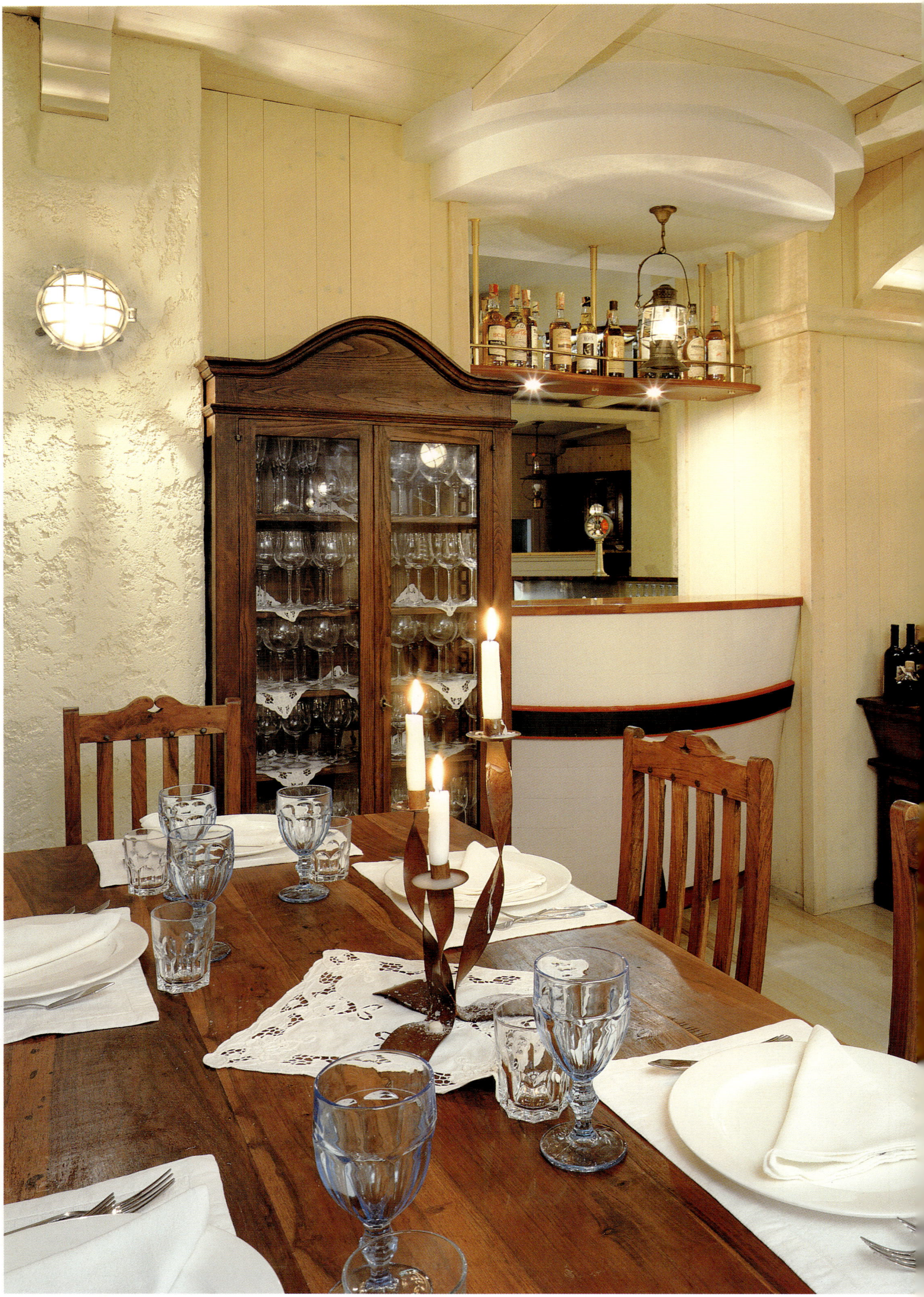

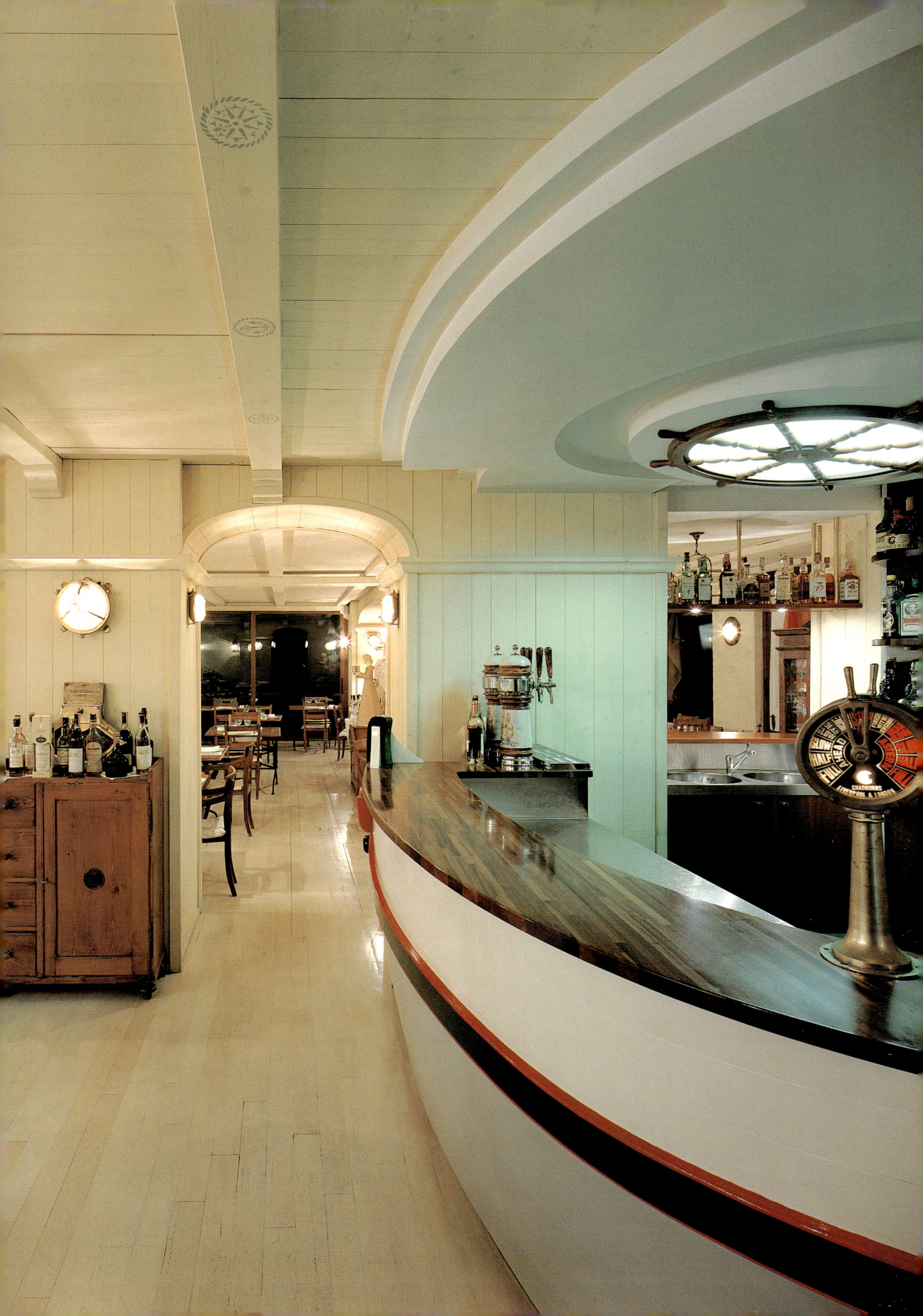

Antonello Boschi

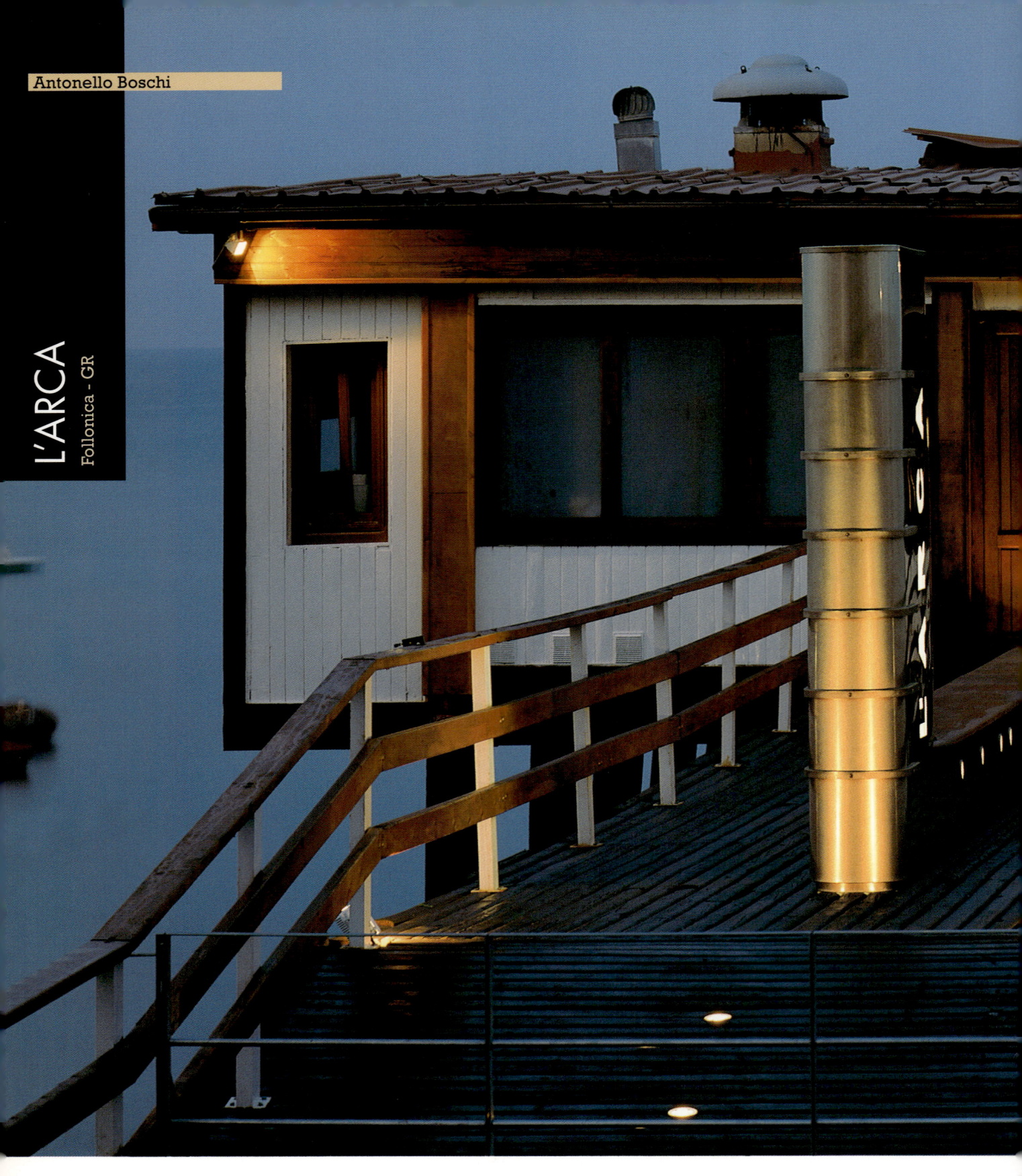

L'ARCA
Follonica - GR

Frutto di una serie di trasformazioni succedutesi dal dopoguerra a oggi questa costruzione a palafitta posta sull'acqua, in legno, è stata trasformata in un bar-ristorante con un progetto che ha aderito pienamente al carattere della tipologia originaria. Questa, di matrice anglosassone, poco frequente nel Mediterraneo, è rivitalizzata da soluzioni che tendono a enfatizzarne il senso grazie a un linguaggio limpido e misurato che vuol essere un tributo a quell'architettura razionalista proprio applicata alle prime navi moderne. Così, superato un breve tratto del pontile, una sorta di lama d'acciaio è un elemento scultoreo che segnala la presenza del locale anche da lontano; a essa si aggancia una lunga panca di teak che consente si sostare all'esterno nelle serate estive. L'ingresso di legno, forato da piccoli oblò, introduce all'interno articolato in ambiti differenti: il bar, una zona per ascoltare musica e il ristorante affacciato sul prolungamento del pontile proteso verso il mare. I materiali evocano quelli tradizionali dei *piers* o degli interni delle grandi navi – come nel caso del pavimento ligneo posato a correre o della *boiserie* – ma l'acciaio che riveste integralmente le pareti dei bagni o i pilastri rastremati verso l'alto ancora le griglie metalliche del frontale del banco bar ne danno una versione aggiornata. Nel precisare l'atmosfera così determinata è essenziale l'illuminazione: faretti incassati a soffitto e a pavimento nell'area del bar si alternano alle lampade sospese della zona musica e alla grande plafoniera a "nuvole" del ristorante o, ancora, al "cielo stellato" dei servizi.

The result of a series of transformations carried out since the postwar period, this wooden construction, built on piles over water, was converted into a restaurant and bar with a project that maintained the character of the original building-type. The latter, of Anglo-American origin and uncommon in the Mediterranean area, was reinvigorated by alterations tending to emphasize its purpose thanks to the use of a limpid, restrained style paying homage to Rationalist architecture as it was applied to the first modern ships. Thus, after a short stretch of the pier, a blade of steel is a sculptural element signaling the presence of the establishment from afar; to this is attached a long teak bench where people can sit on summer evenings. The wooden entrance, pierced by small portholes, leads into an interior that is divided up into different spaces: the bar, an area for listening to music, and the restaurant facing the portion of pier extending into the sea. The materials are reminiscent of those traditionally used for pier pavilions or the interiors of ocean liners – such as, for example, the wooden floor or the wood paneling – but the steel covering the whole of the rest-room walls, the pillars tapered downwards or the metal grilles on the front of the bar counter give the building a contemporary appearance. The atmosphere that has thus been created is further emphasized by the illumination: spotlights recessed in the ceiling and floor in the bar area alternate with the pendant lamps in the music area and the large cloud-shaped ceiling light in the restaurant or the "starry sky" effect in the rest rooms.

Vista assonometrica / Axonometric view

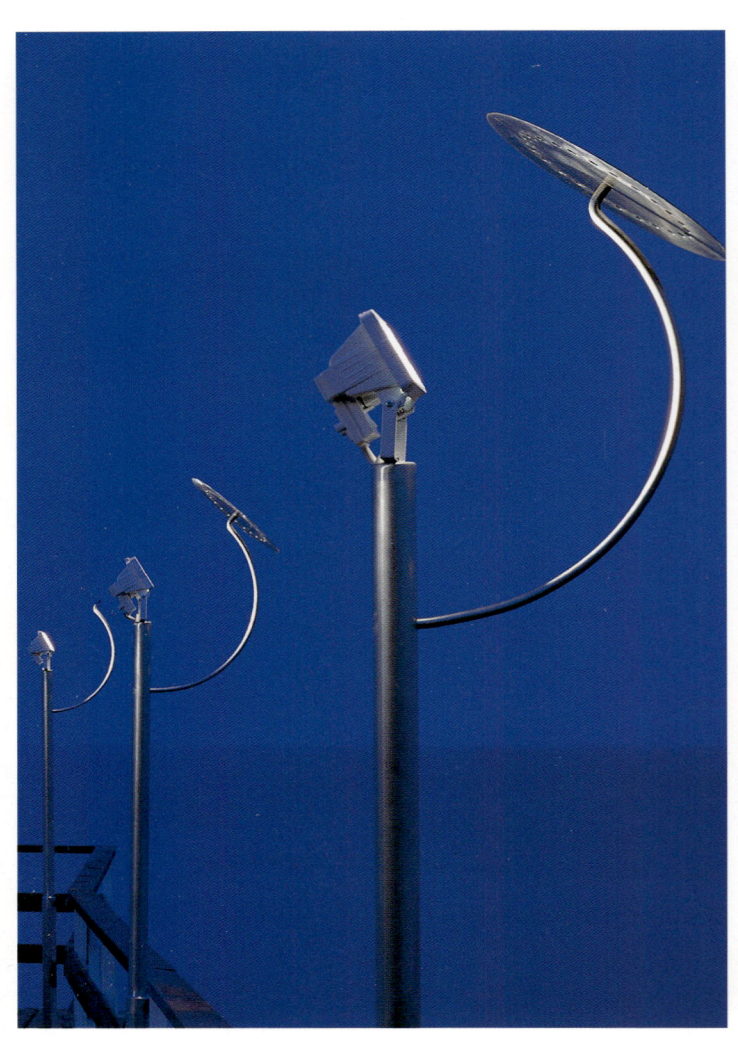

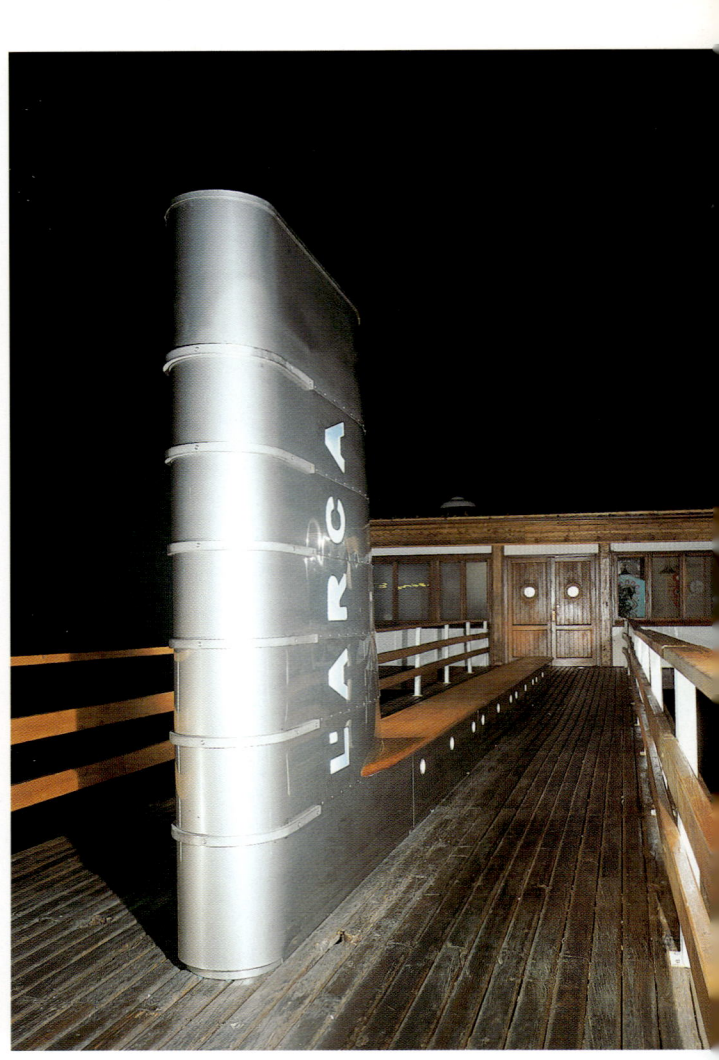

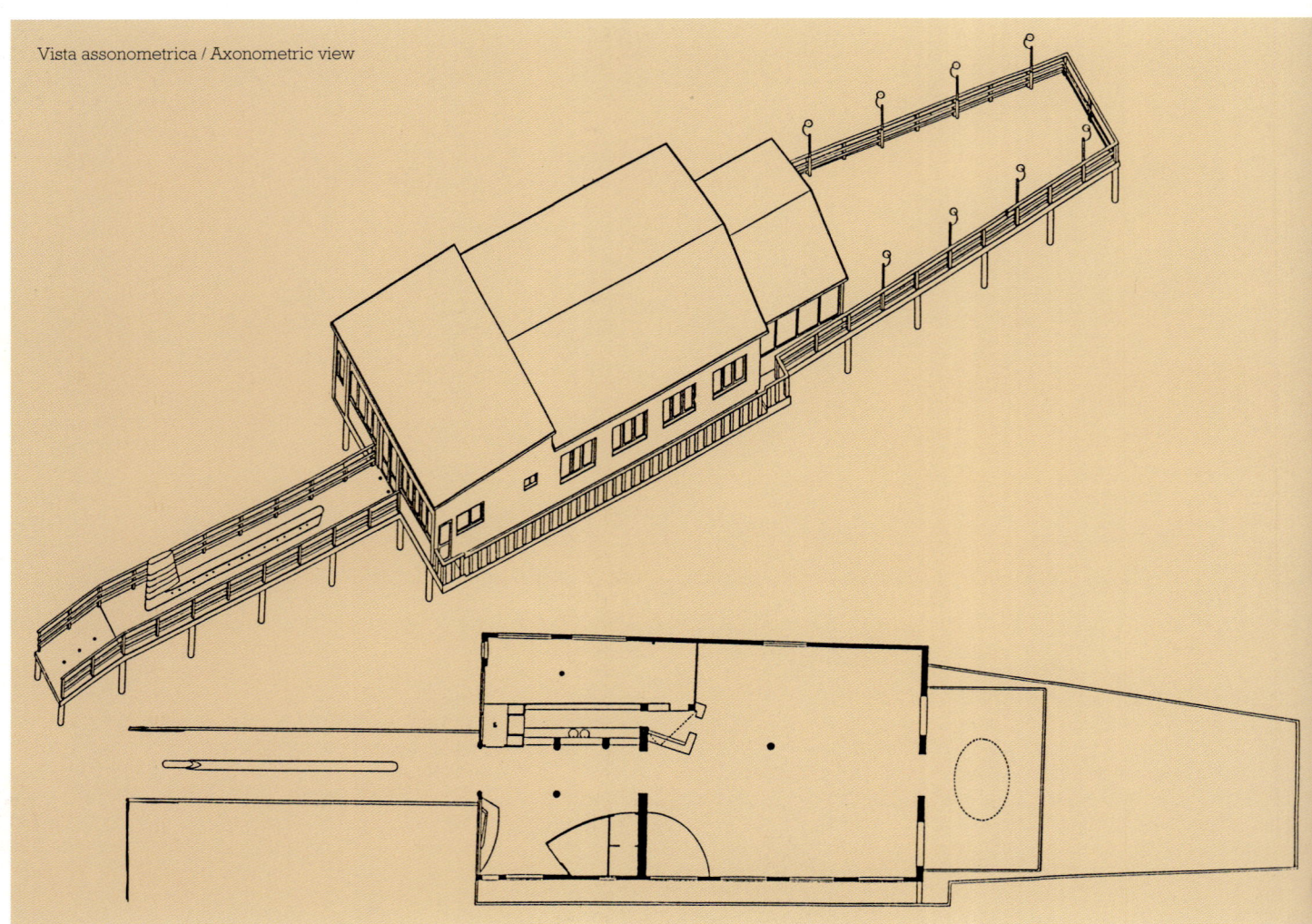

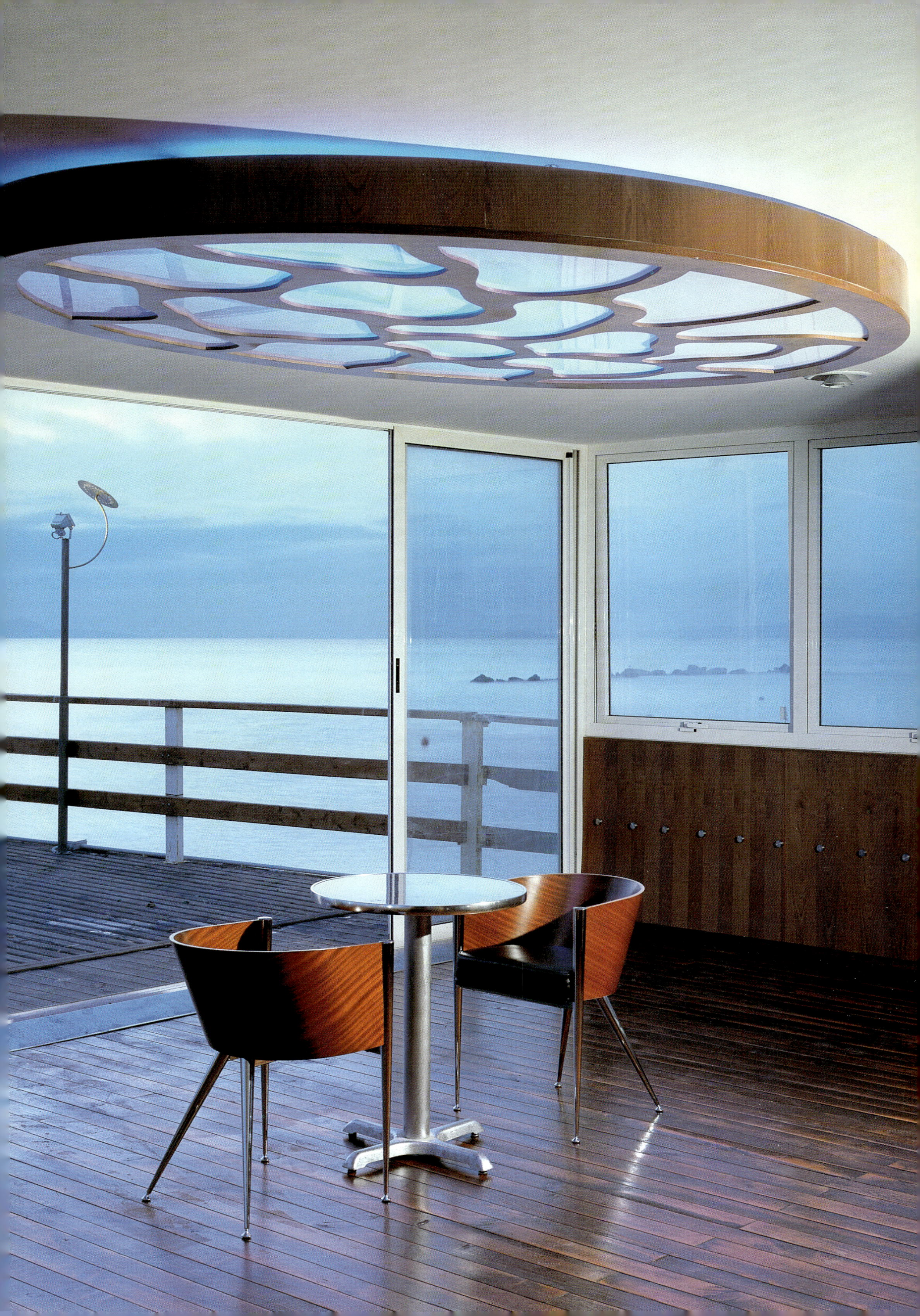

80

Women

Daniele Beretta
Claudio La Viola
Enrica La Viola

LA BANQUE
Milano

Nel cuore della Milano della finanza un istituto bancario d'inizio Novecento è stato riutilizzato per ospitare un nuovo, esclusivo locale notturno che accoglie un ristorante, due bar, una discoteca. La struttura architettonica originaria, caratterizzata da volumi ampi, soffitti altissimi, colonne marmoree, pavimenti preziosi garantisce, di per sé, un'ambientazione prestigiosa, elegante, lussuosa entro la quale le nuove funzioni sono collocate in modo da potenziarne gli aspetti più scenografici. Nel progetto la maestosa architettura novecentesca viene mantenuta pressoché intatta ma al tempo stesso è interpretata come fondale scenico per i nuovi interventi che si realizzano essenzialmente alla scala dei rivestimenti, delle finiture, dei dettagli adottando un lessico di gusto contemporaneo, plastico, scultoreo, che trova continue relazioni spaziali con l'esistente nella reciproca valorizzazione. Cristallo, legno, ferro acidato e cerato sono, pur nei variati utilizzi, i materiali che contrassegnano le nuove componenti di progetto distinguendole inequivocabilmente da quelle preesistenti e al tempo stesso riconfigurando un'atmosfera accogliente grazie all'utilizzo di toni morbidi e caldi, dal marrone all'arancio. L'unitarietà lessicale e materica del progetto è annunciata dal grande volume in ferro della *reception* all'ingresso: una sorta di scultura collocata in asse tra due importanti colonne tra le quali è drappeggiato un tendaggio che scherma il vasto ambiente retrostante. Questo, fortemente connotato da uno spazio poligonale circoscritto da colonne e pilastri e coperto da una spettacolare cupola di vetro, ospita il volume del bar, anch'esso disegnato come un poligono irregolare scenograficamente illuminato dal basso, e i rigorosi tavoli del ristorante posti sia all'interno dell'ottagono sia nell'area a ferro di cavallo che l'avvolge, leggermente sopraelevata e caratterizzata dalla nuova pavimentazione di ferro nonché dalla *boiserie* pressoché continua in mogano biondo lucidato. Al piano sottostante un'analoga configurazione architettonica ospita la discoteca che può trasformarsi per feste, meetings o convegni grazie a due televisori al plasma e a un aggiornato impianto audio e video.

Located in one of the narrow streets forming the heart of Milan's financial district, a bank dating from the beginning of the twentieth century has been converted into a new, exclusive nightspot comprising a restaurant, two bars and a discotheque. The original architectural structure, with its large volumes, very high ceilings, marble columns, and elegant floors, provides a luxurious setting in which the new functions are magnificently located. In the project for the design of the establishment's interior, the imposing early-twentieth-century architecture has been preserved almost intact, but, at the same time, it has been used as a backdrop for the new décor in which the accent is mainly on the surfaces, finishings, and details. These all adopt a contemporary style with strong sculptural overtones that help to create a continuous spatial relationship with the pre-existing structures, to their mutual benefit. Glass, wood and metal, treated with acid and polished, are the principal materials used for the components of the new décor; not only does this distinguish them clearly from the pre-existing ones, but it also creates a welcoming atmosphere thanks to the use of soft, warm tones ranging from brown to orange. The project's coherence of style and materials is heralded by the large iron structure in the foyer at the entrance: this is, in effect, a sculpture flanked by two large columns, between which a drape is hung, screening of the large space behind, the main feature of which is an octagonal area surrounded by columns and pillars, and covered by an impressive glass dome. This space houses the bar, which is also designed in the form of an irregular octagon and is spectacularly illuminated from below, and the austere tables of the restaurant placed both within the octagon and in the horseshoe area surrounding it. Slightly raised, the latter is enhanced by new metal flooring and almost continuous paneling in polished light mohogany. On the floor below, a similar architectural configuration houses the discotheque, which may also be used for receptions, meetings, or conferences and is equipped with two huge television screens and state-of-the-art sound and video equipment.

Piano terra / Ground level

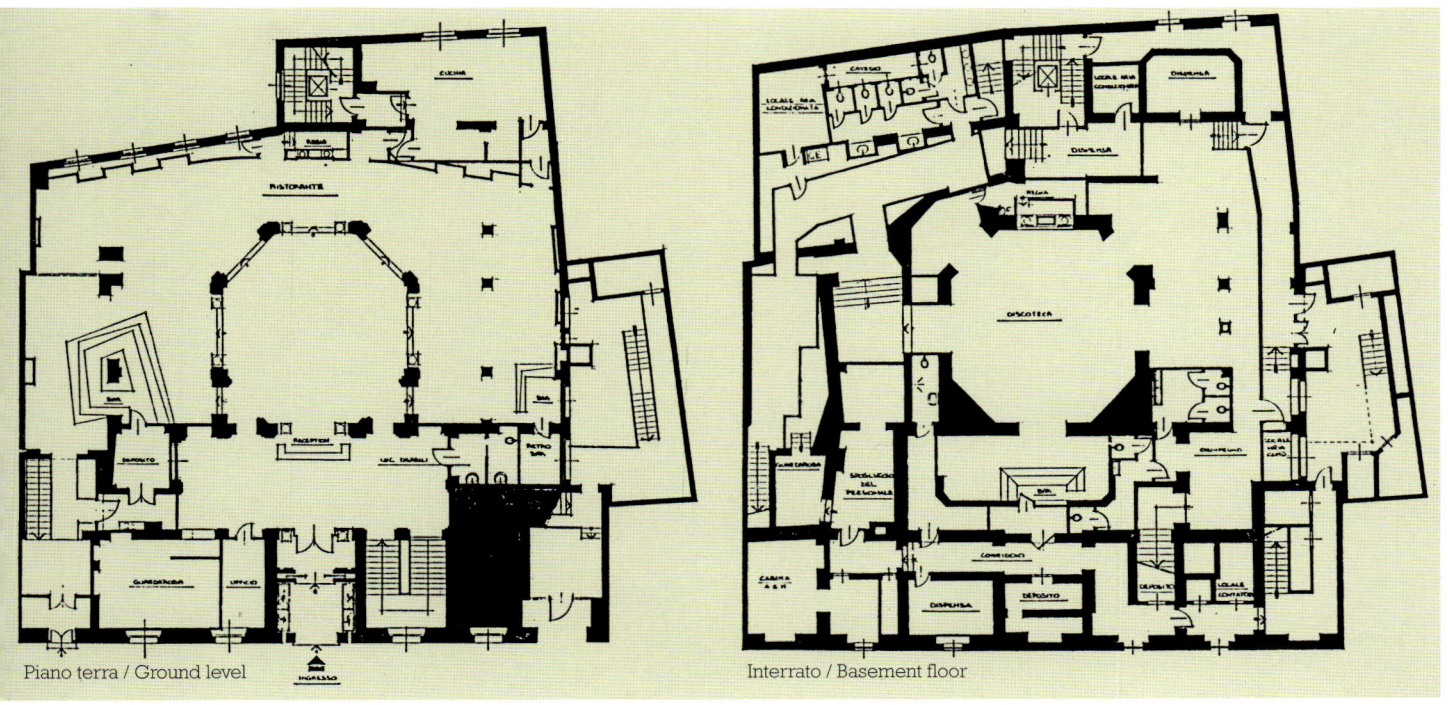

Interrato / Basement floor

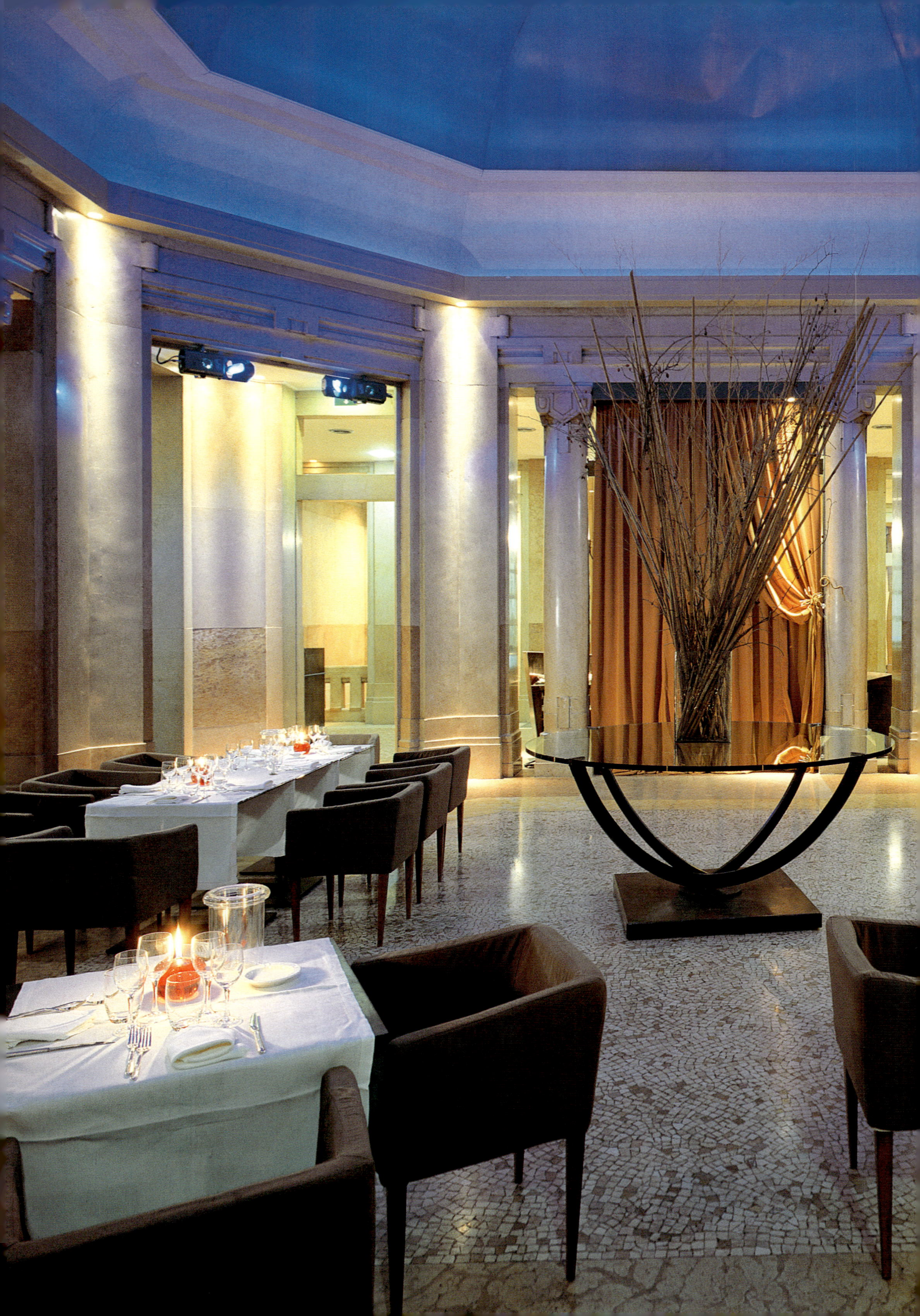

85

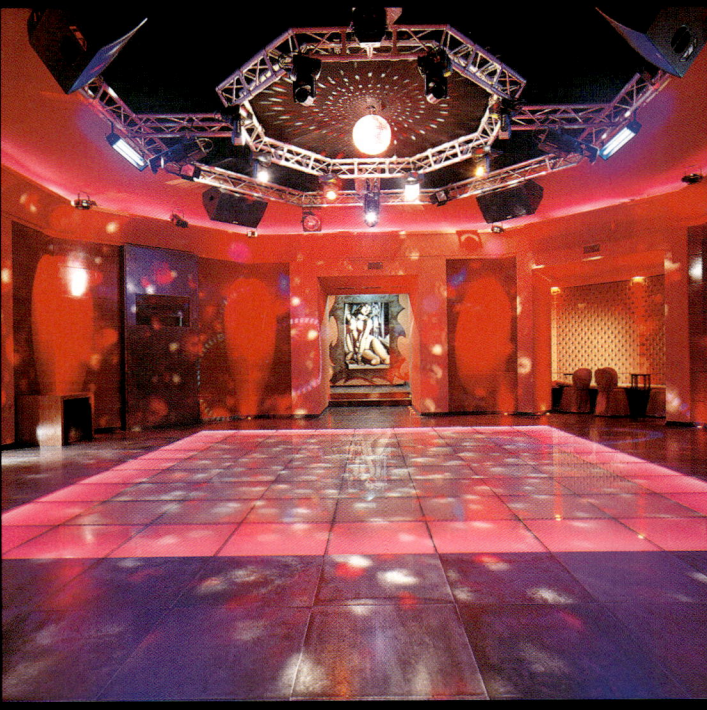

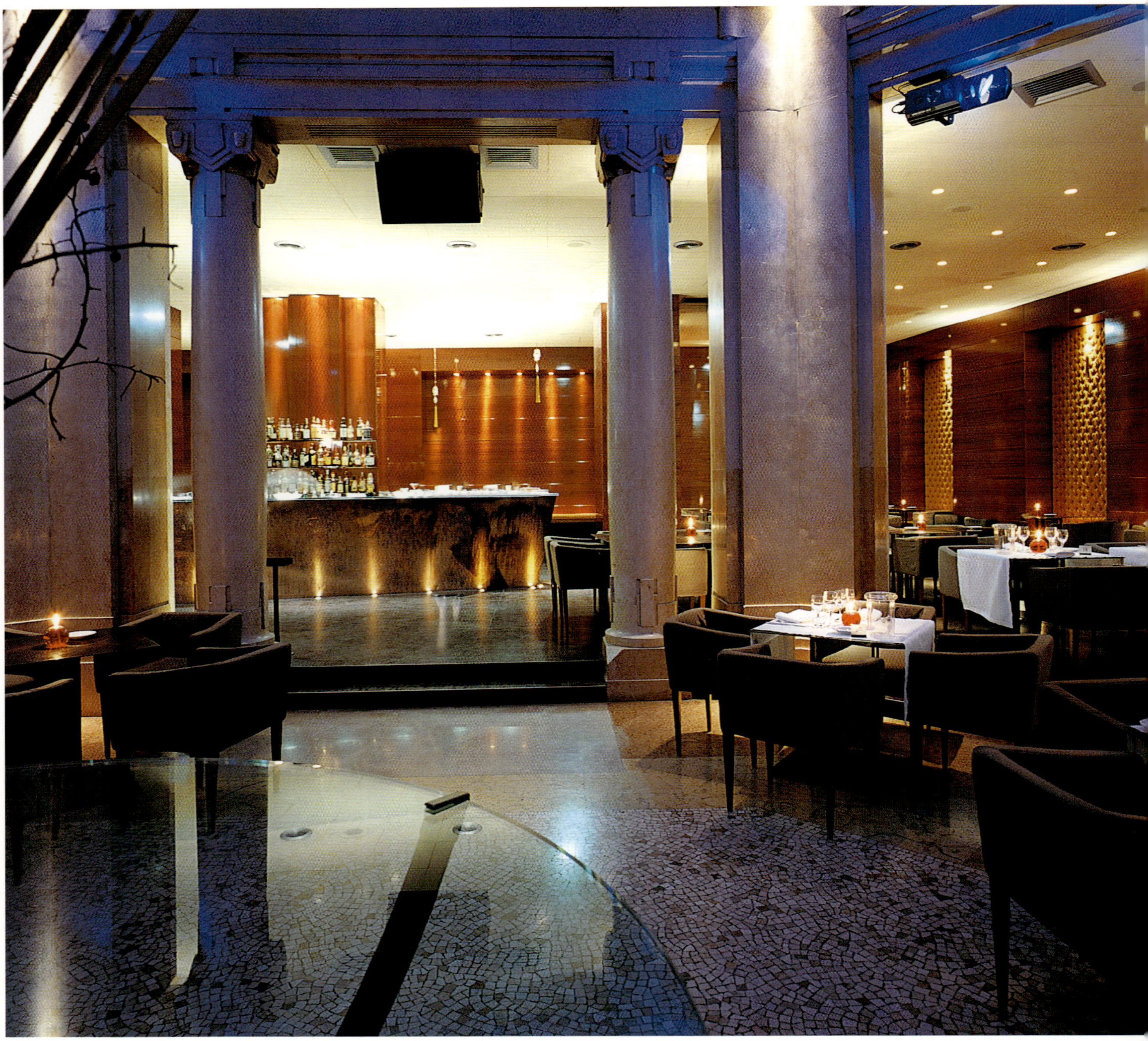

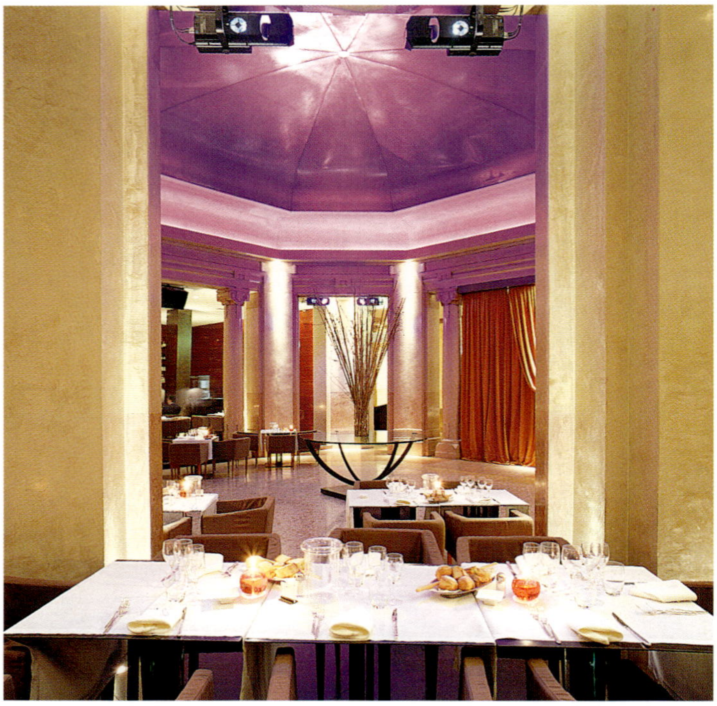

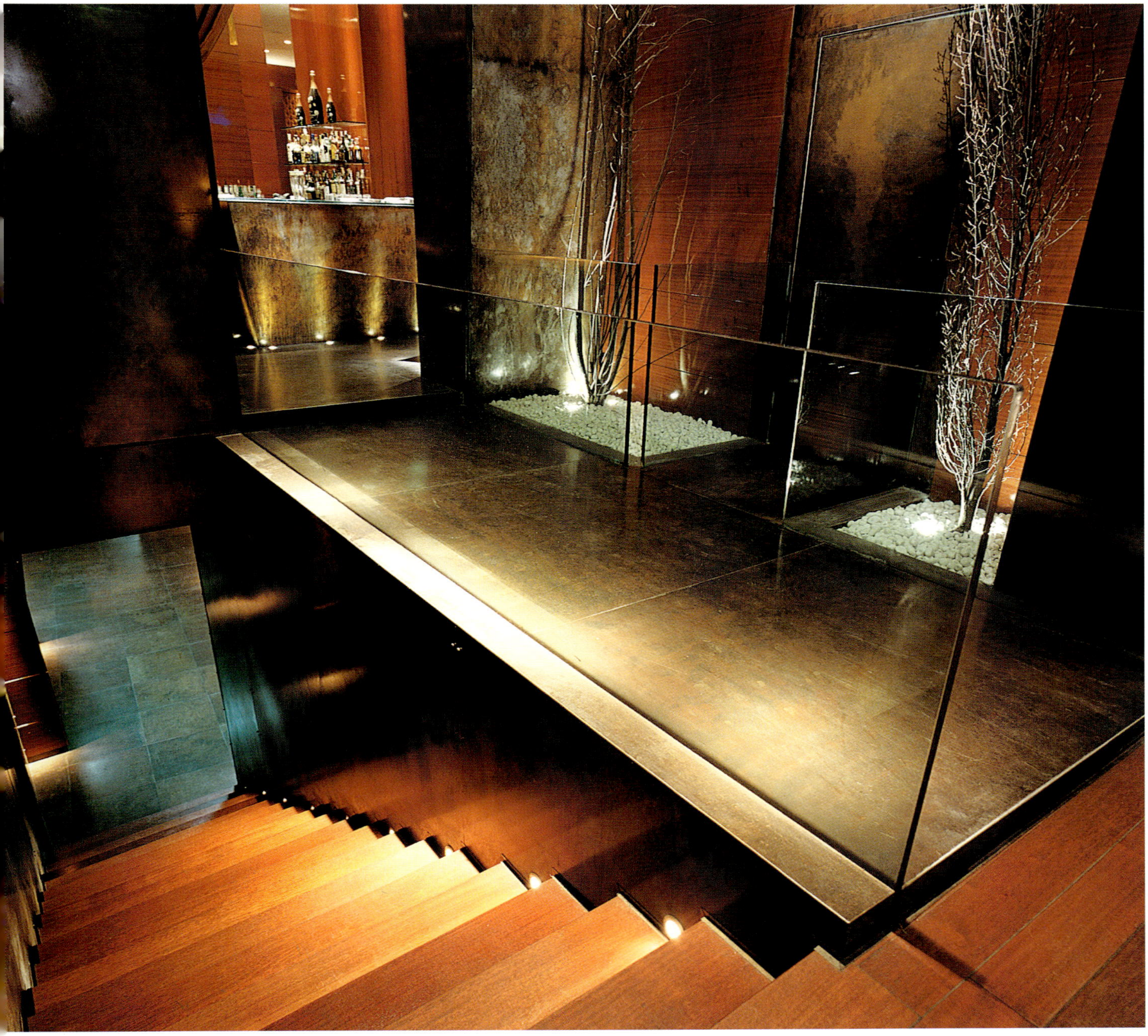

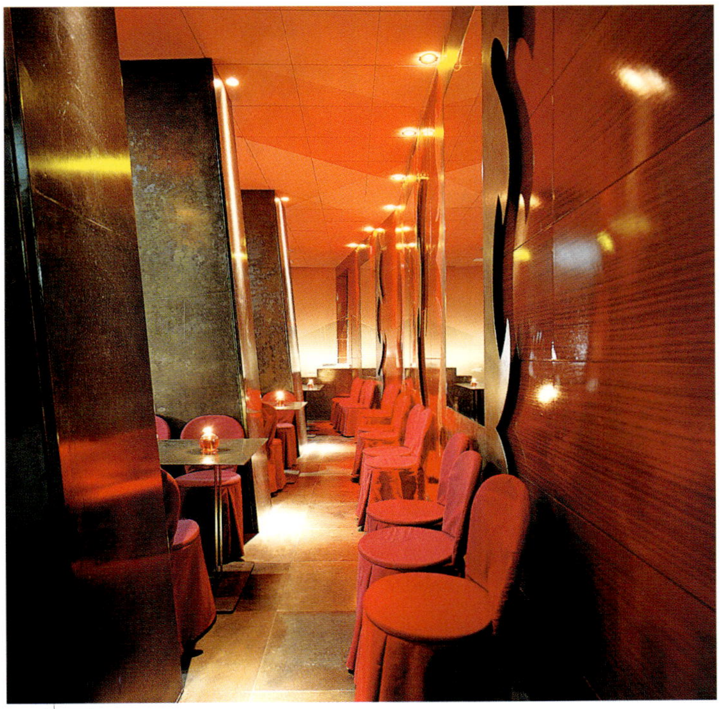

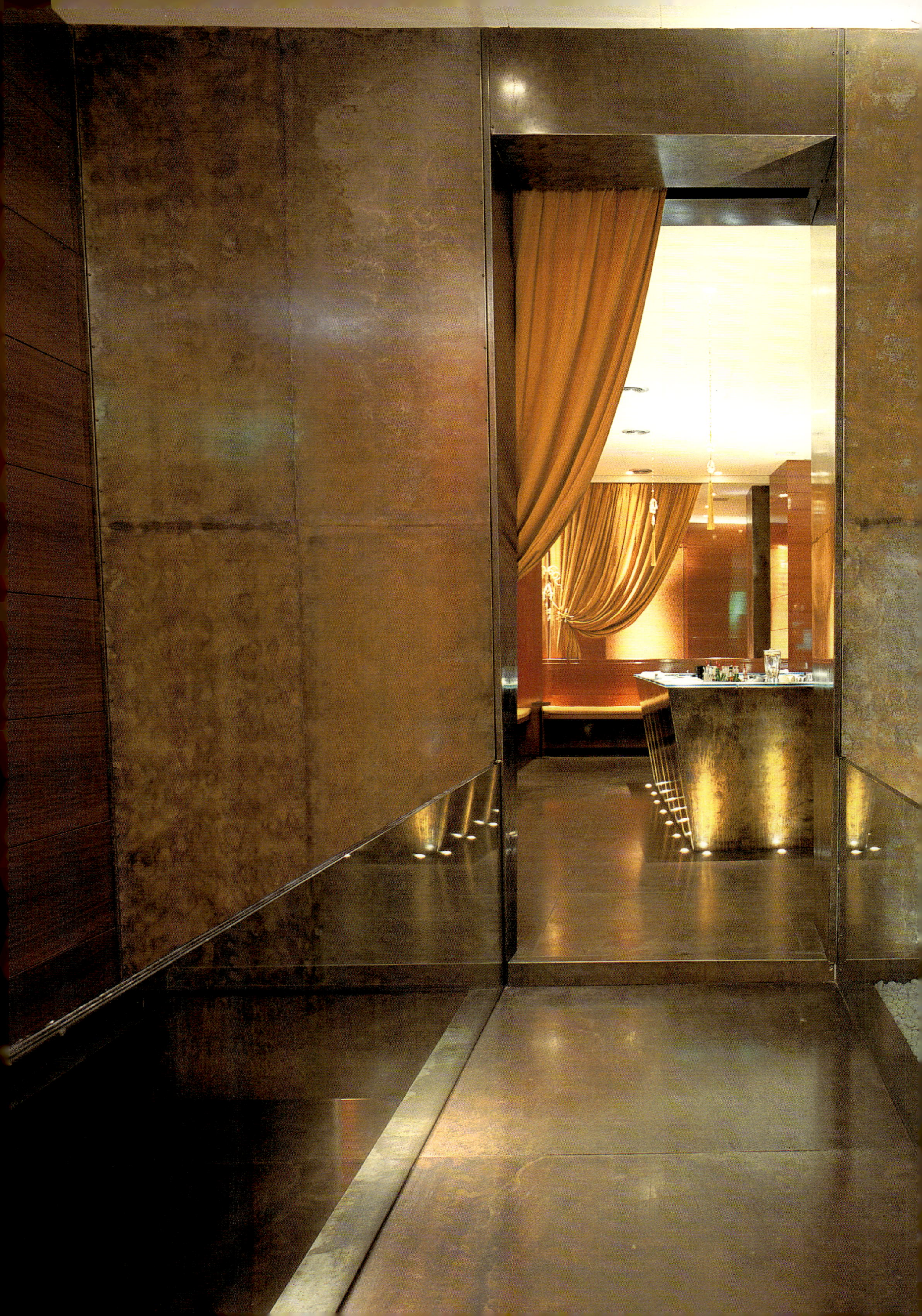

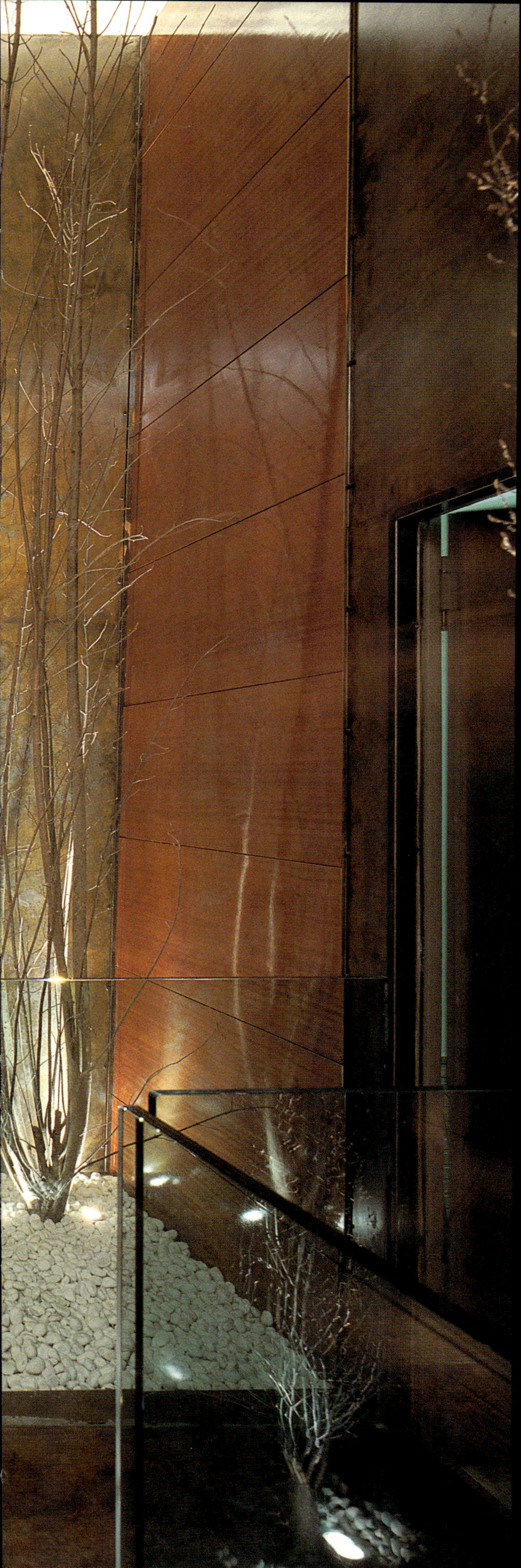

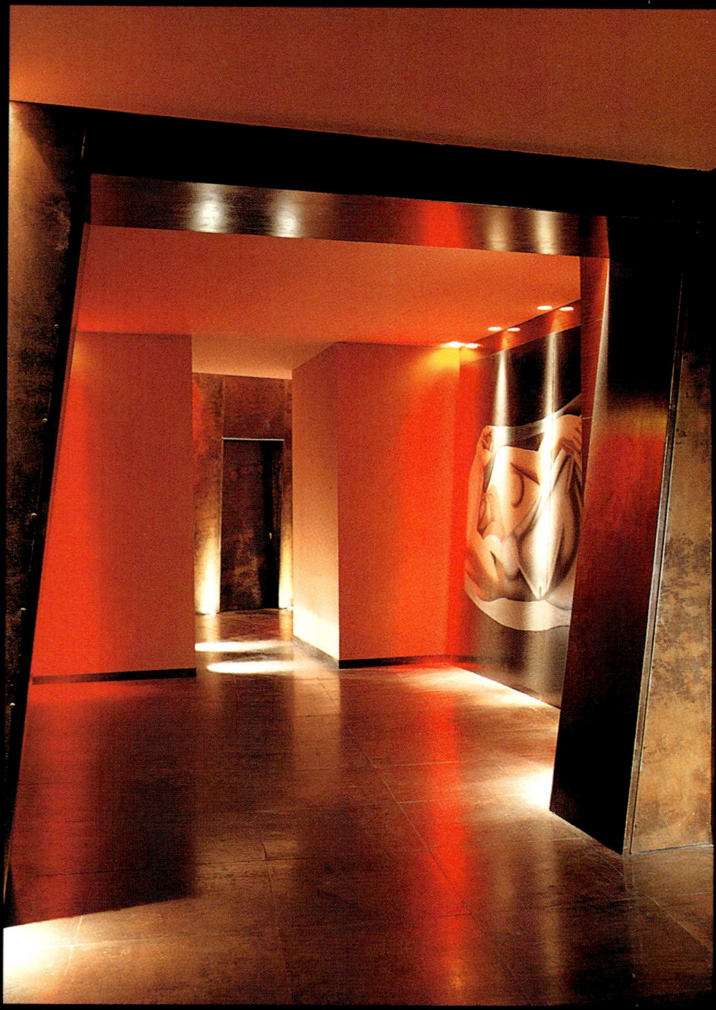

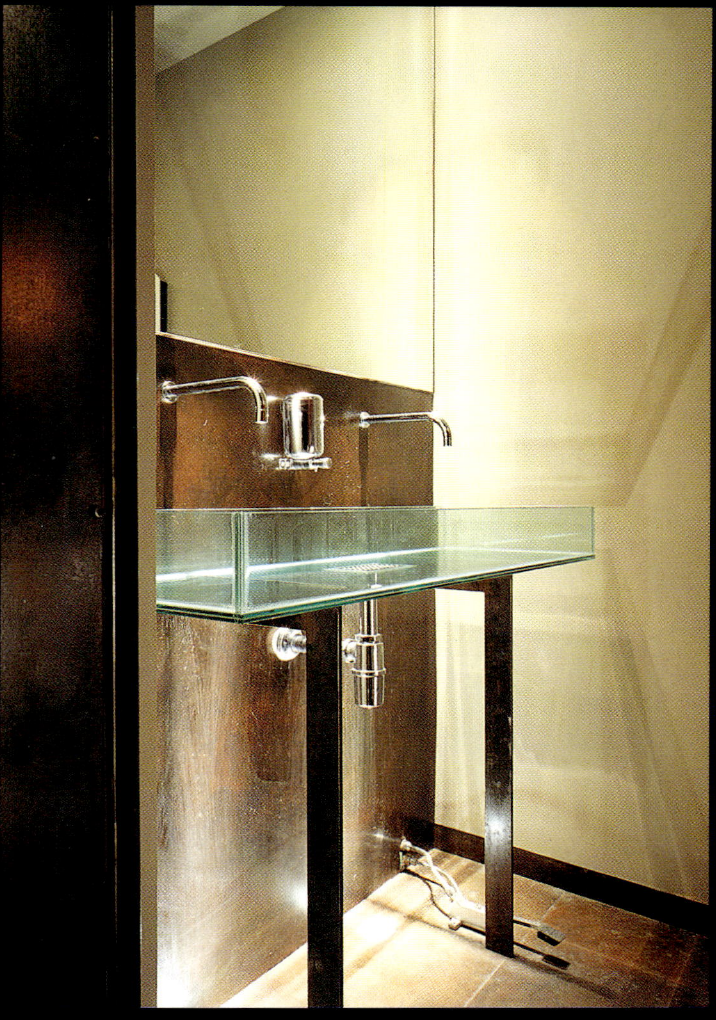

Paolo Frello
Carlo Taglioretti

LIGURIA RESTAURANT
Solva, Alassio - SV

Sulle alture della cittadina di Alassio una vecchia officina è stata integralmente trasformata per ospitare questo ristorante: il primo di una serie di locali, tutti caratterizzati da un privilegiato rapporto con il paesaggio naturale o urbano, che verranno dedicati nel mondo alla gastronomia ligure. Così la straordinaria posizione del vecchio edificio, che domina il golfo, è ovviamente divenuta la chiave per definire le scelte compositive.

L'orientamento spiccatamente longitudinale dell'impianto è stato oggetto di una ridistribuzione sequenziale delle funzioni: alla cucina segue la sala interna e senza soluzione di continuità il grande terrazzo anch'esso destinato ai tavoli durante i mesi estivi. Dall'ambiente centrale una scala conduce al livello sottostante dove è stata ricavata un'ampia zona servizi. Per l'intera lunghezza della sala ristorante ampie vetrate permettono di godere da tutti i tavoli del magnifico panorama sul mare ma il disegno degli interni non tende a enfatizzare suggestioni marinaresche per delineare piuttosto un'ambientazione sofisticata. Così la parete che fronteggia le vetrate è interamente rivestita con lastre di ardesia africana, un materiale capace di assumere tonalità diverse al variare della luce naturale o artificiale, e alleggerita da piccole feritoie luminose: una soluzione che intende contrapporre "pesi" visivi diversi alle pareti che si fronteggiano valorizzandole reciprocamente. Sullo stesso lato anche la porta d'ingresso si uniforma al tono scuro della parete di pietra: realizzata in lamiera di ferro con una finitura arrugginita e un effetto *capitonné* è seguita da una serie di gradini contenuti da parapetti pieni e, così risolta, funge anche da schermo tra l'area destinata ai tavoli e il bancone del bar, anch'esso d'ardesia, posto, insieme al corpo scala, come elemento di cerniera tra l'interno e l'esterno. La pavimentazione a doghe di wengé, contribuisce a rafforzare l'elegante e limpida composizione di questo interno che sembra prolungarsi verso la terrazza, dalla quale è separato solo da porte scorrevoli di cristallo, anch'essa interamente rivestita di legno di Ajobé massiccio, un materiale di solito utilizzato per le banchine dei porti turistici. I toni scuri e preziosi dei rivestimenti sono accesi da due contenitori simmetrici rossi, separati dalla porta d'accesso alla cucina, e illuminati dal tono chiaro della tinteggiatura delle pareti e della copertura per la quale sono state ripristinate le originarie capriate lignee. Alla selezione accurata dei corpi illuminanti fa riscontro quelle delle sedute che corredano i tavoli realizzati su disegno. Puntuale e raffinato è anche il progetto dei locali di servizio dove i contrasti si fanno più accesi grazie all'utilizzo di rivestimenti marmorei chiari accostati al rosso delle pareti e al legno delle attrezzature.

An old workshop perched high up on the hills rising steeply behind Alassio, a well-known resort on the Ligurian coast, has been entirely rebuilt in order to house this establishment. This is the first of a series of restaurants that are to be devoted to the Ligurian cuisine; located all over the world, each of these will be closely related to its setting, whether this be rural or urban. Thus the splendid position of the old building, which overlooks the bay, has obviously heavily influenced the choices made in relation to its renovation. The distinctly longitudinal orientation of the layout has led to the functions being redistributed sequentially: the kitchen is followed by the dining-room and then the large terrace, where food is also served in the summer months. A staircase leads from the central room to the lower level, where a large service area has been built. Although, along the whole length of the dining-room, large windows provide a magnificent view of the sea from all tables, the interior design tends to eschew the seaside theme in favor of a more sophisticated setting. Hence the wall opposite the windows is entirely clad with slabs of African slate, a material capable of assuming different tonalities as the natural or artificial light varies, its severity mitigated by small slits serving as windows. This device is intended to give different visual weight to the walls facing each other, showing them both to best advantage. On the same side, the entrance door also matches the dark tone of the stone wall. Constructed in sheet-iron with a rusty finish that has been given a *capitonné* effect, it is reached by a series of steps flanked by curved, solid parapets. These function as a screen between the dining area and the bar counter, which is also made of slate and, together with the staircase, forms a link between exterior and interior. The flooring in wenge boards helps to reinforce the elegant, uncluttered décor of this interior that seems to extend towards the terrace, from which it is only separated by sliding glass doors. The terrace floor is entirely clad with solid Ajobe wood, a material generally used for the quays of marinas. The dark, refined colors of the surfaces are brightened by two small red sideboards placed symmetrically on either side of the door giving access to the kitchen, and they are illuminated by the reflection from the light tone of the walls and ceiling, where the original wooden roof trusses, which have now been restored, are a prominent feature. The careful selection of the lights is matched by that of the chairs accompanying the custom-made tables. Also worthy of attention is the design of the rest rooms, where the contrasts are more evident thanks to the use of light marble surfaces juxtaposed with the red walls and the wood with which the furnishings are made.

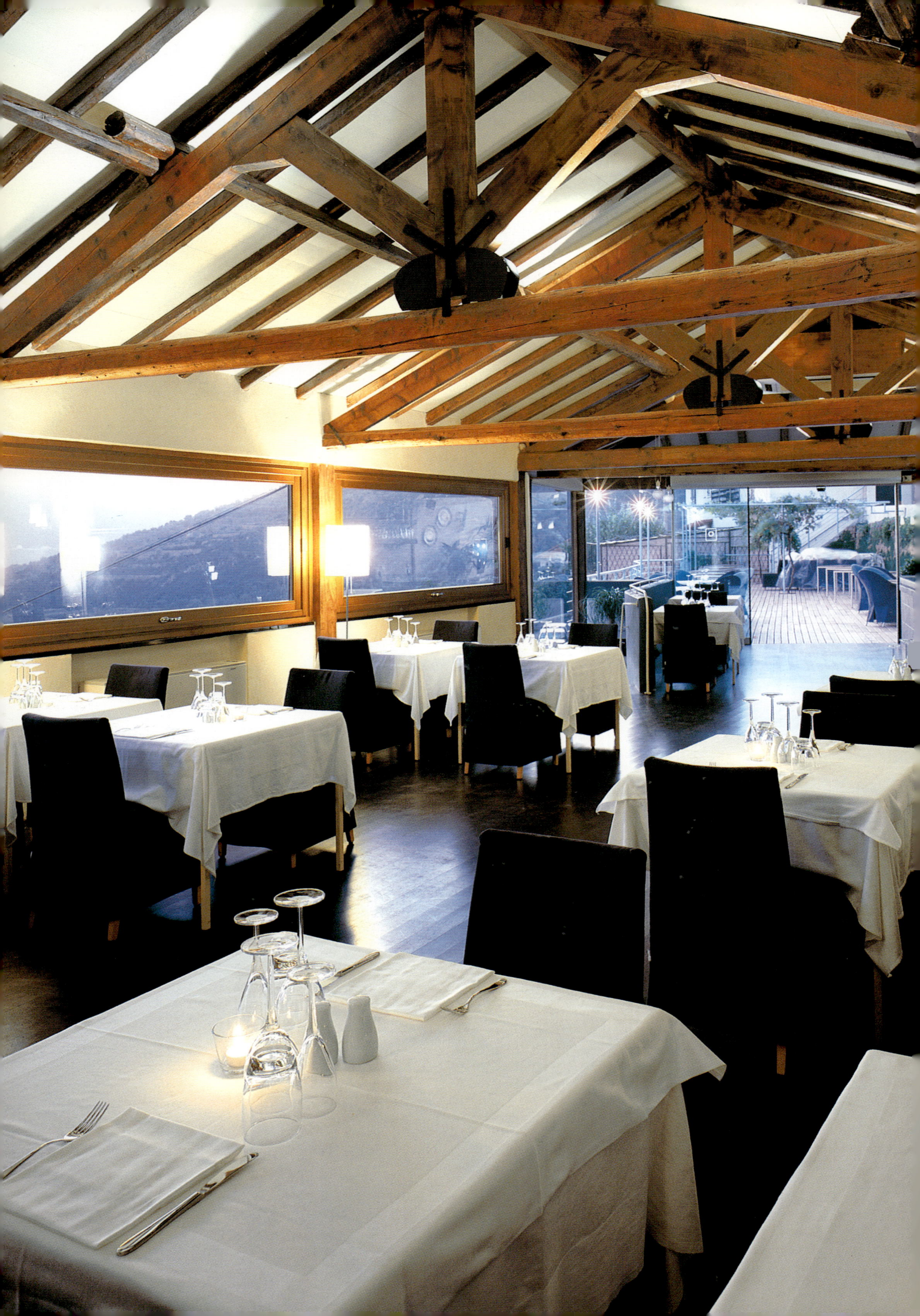

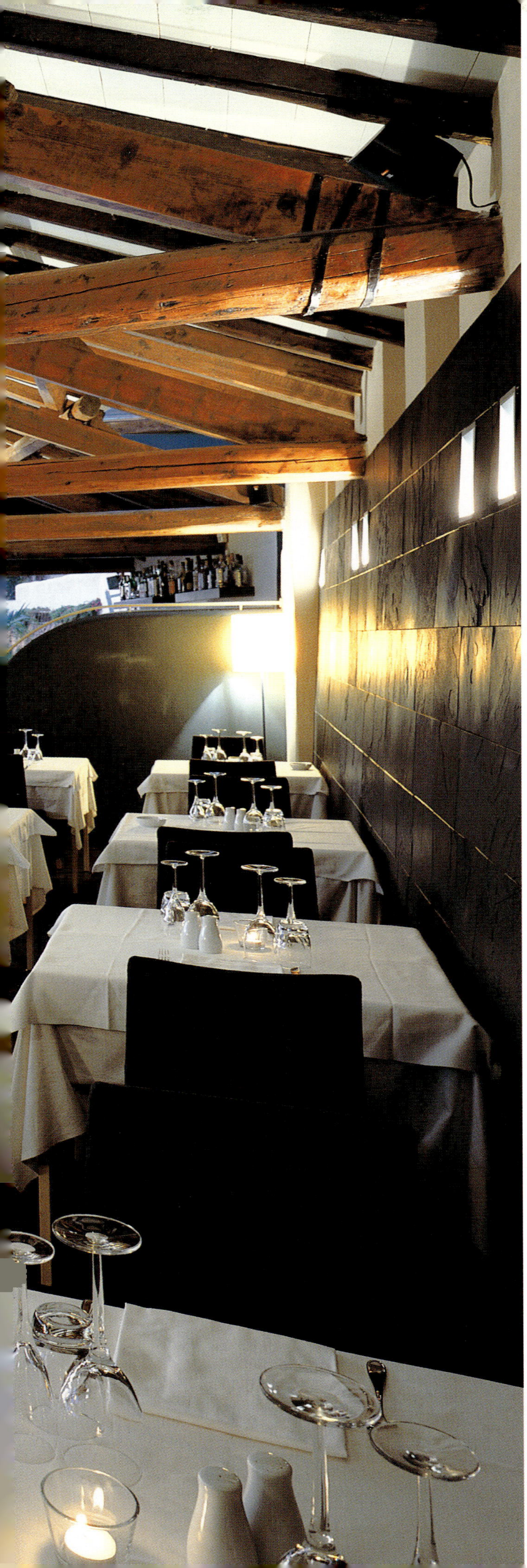
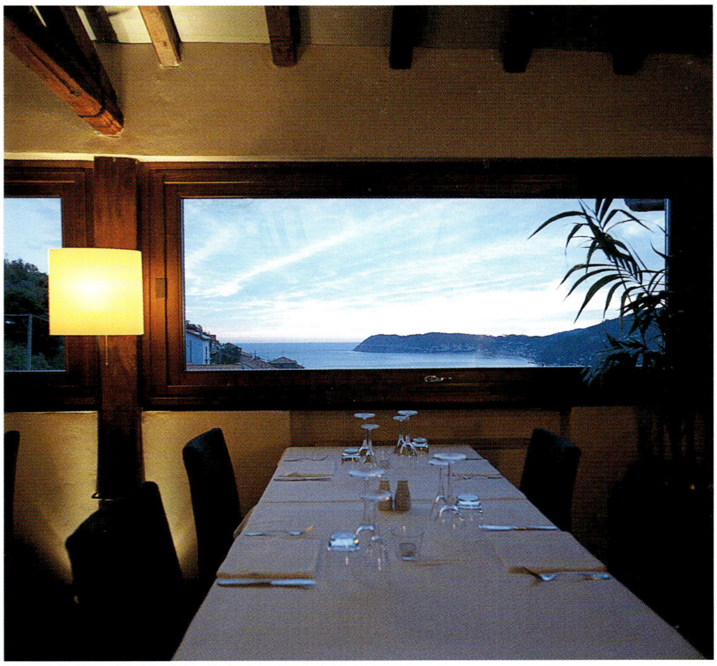
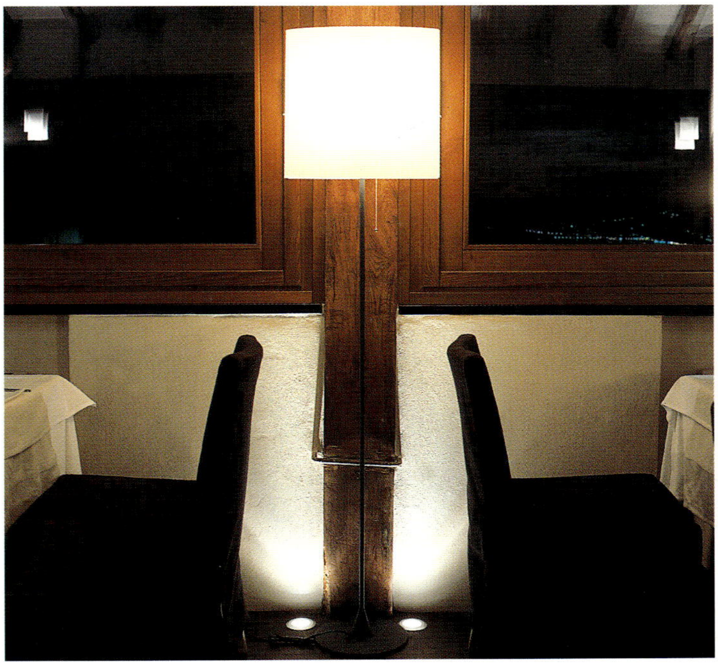
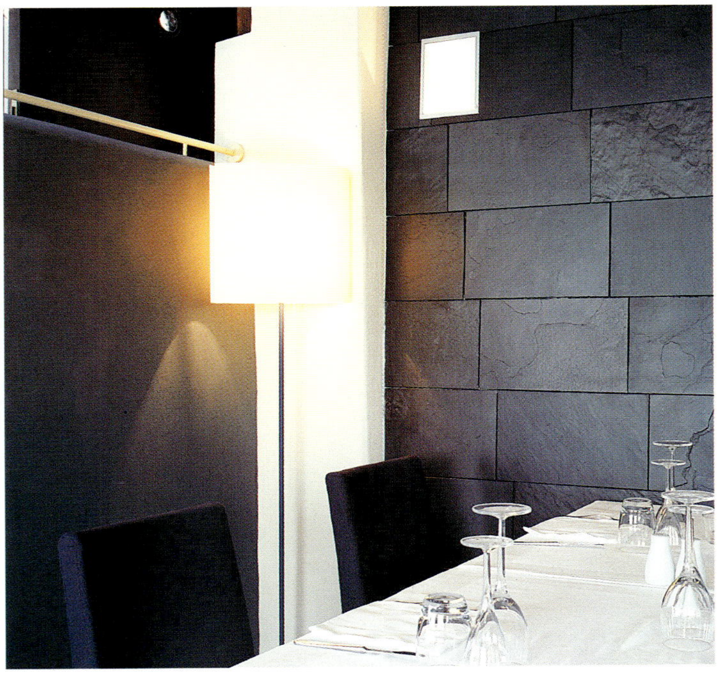

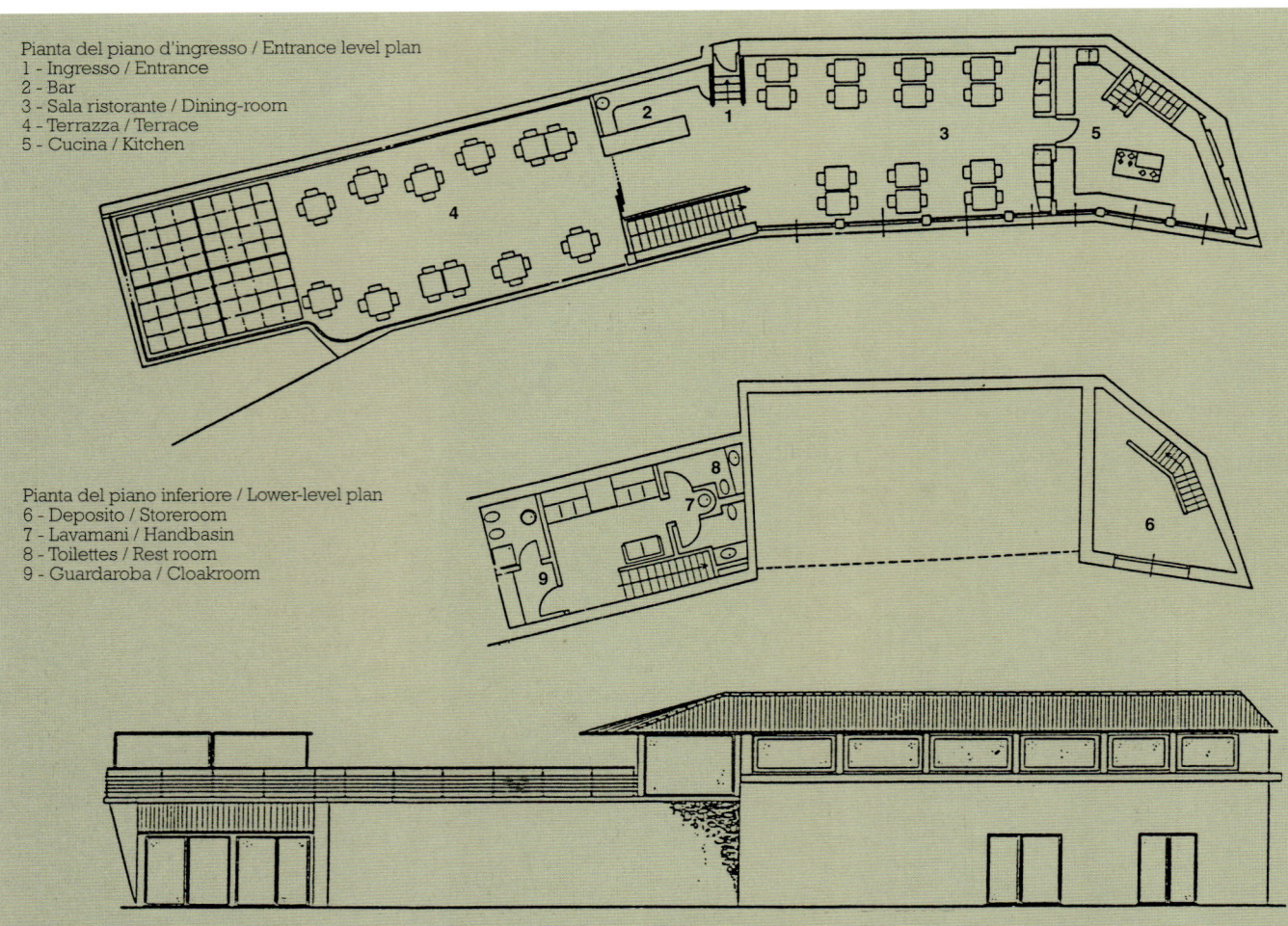

Pianta del piano d'ingresso / Entrance level plan
1 - Ingresso / Entrance
2 - Bar
3 - Sala ristorante / Dining-room
4 - Terrazza / Terrace
5 - Cucina / Kitchen

Pianta del piano inferiore / Lower-level plan
6 - Deposito / Storeroom
7 - Lavamani / Handbasin
8 - Toilettes / Rest room
9 - Guardaroba / Cloakroom

Prospetto sud / South elevation

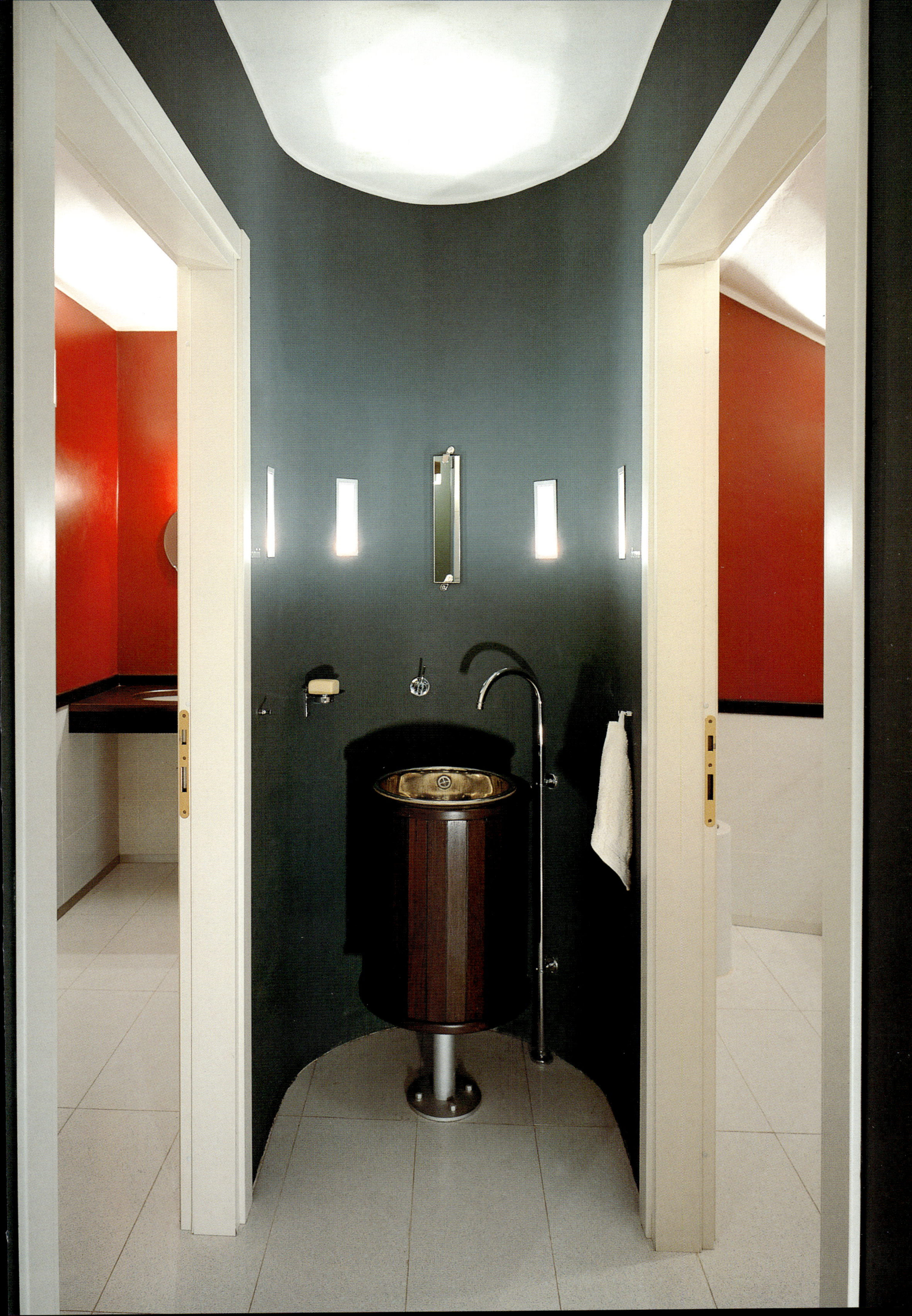

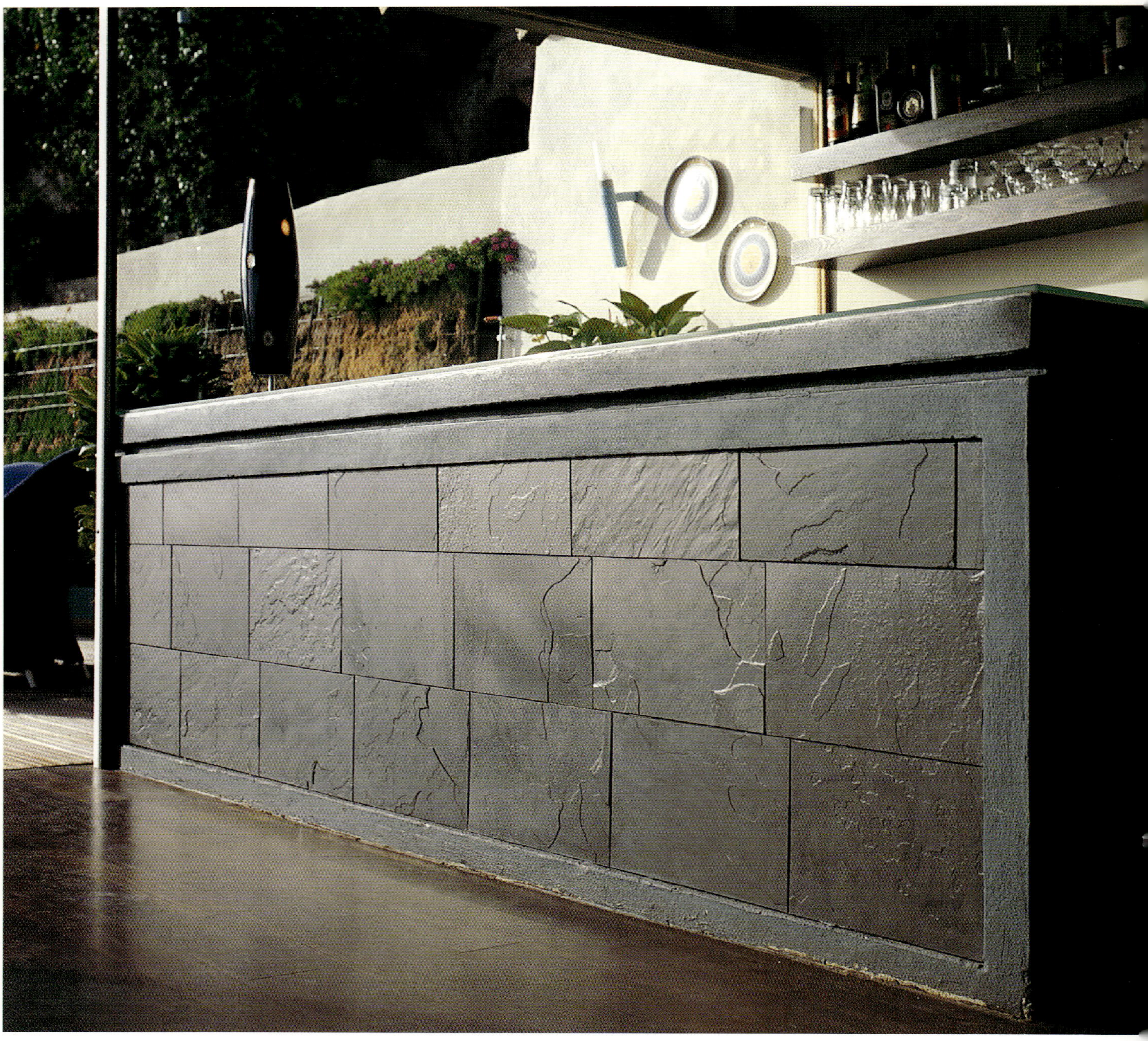

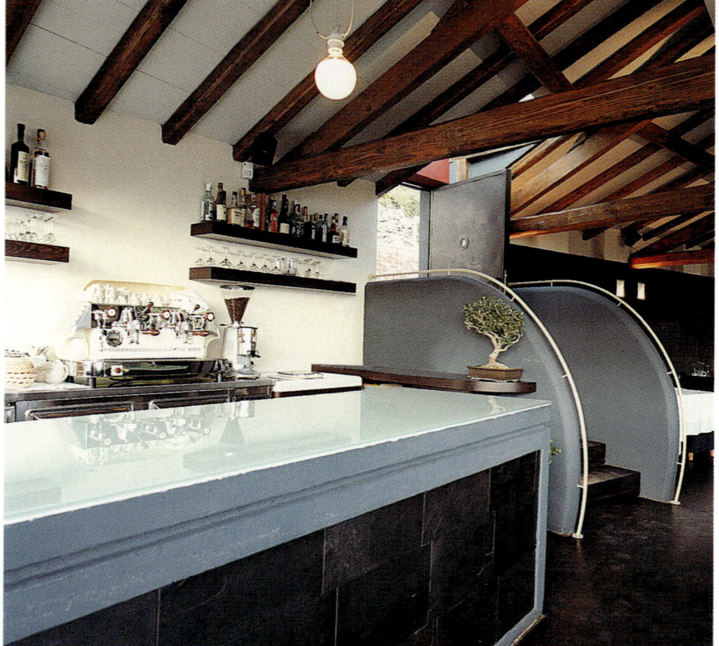

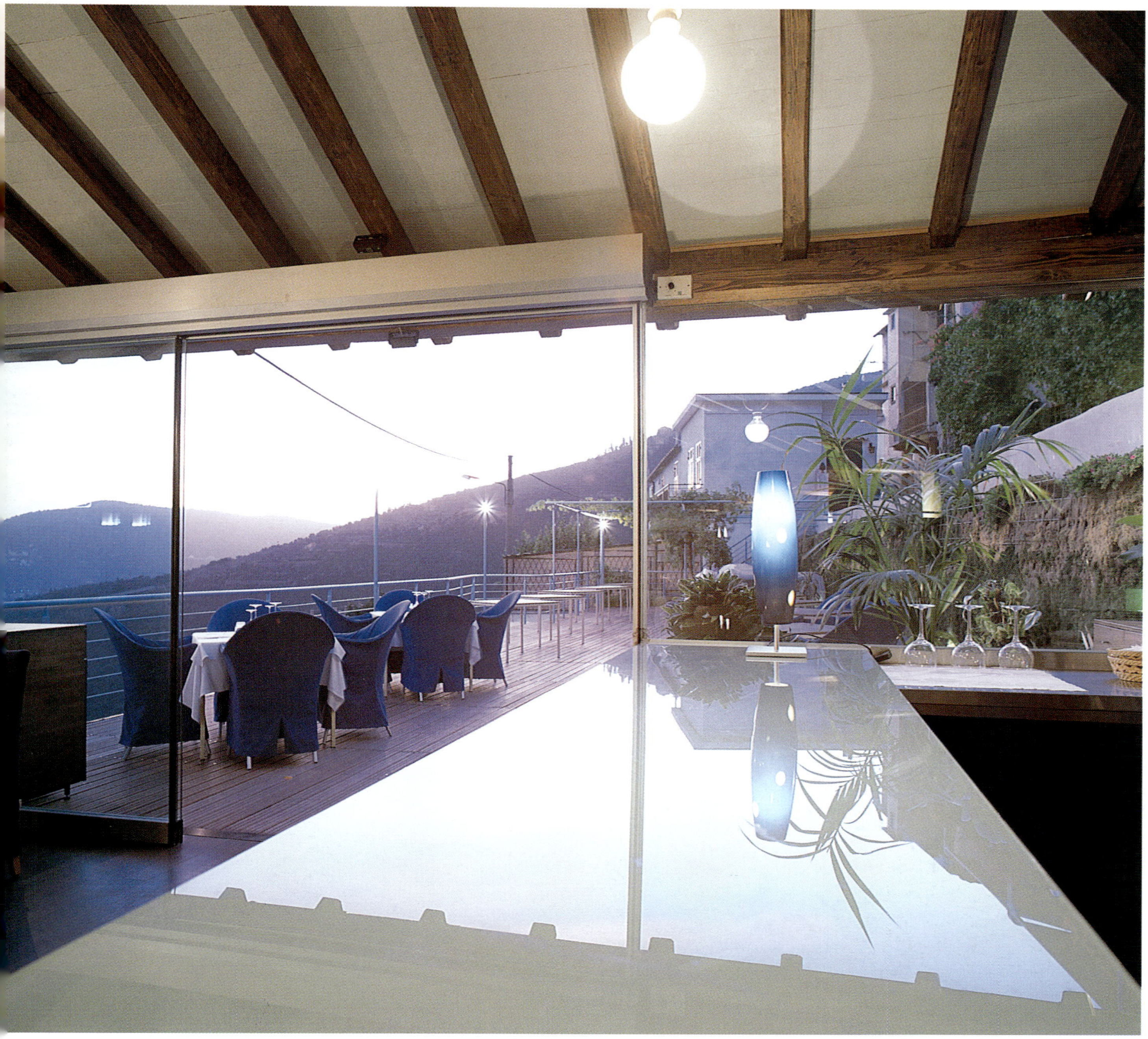

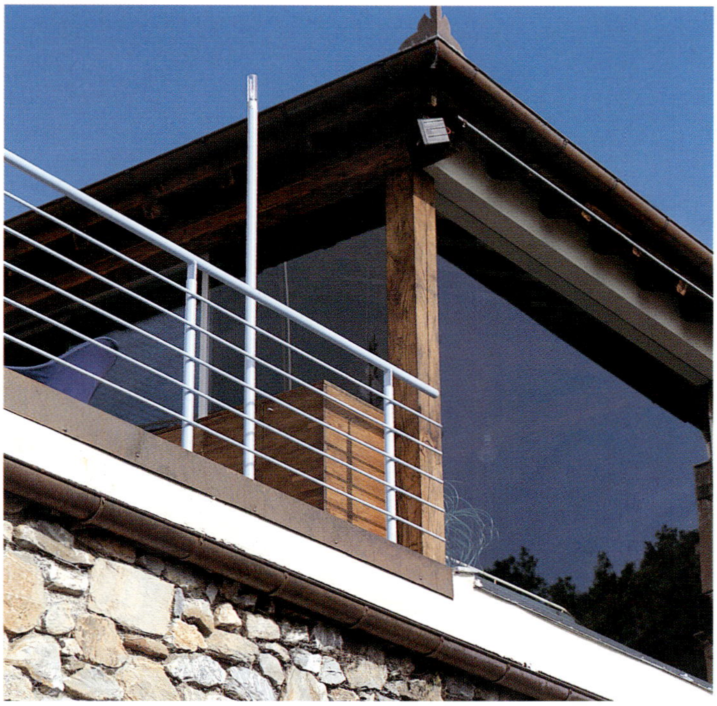

Gilberto Mancini

MAMAMIA
Senigallia - AN

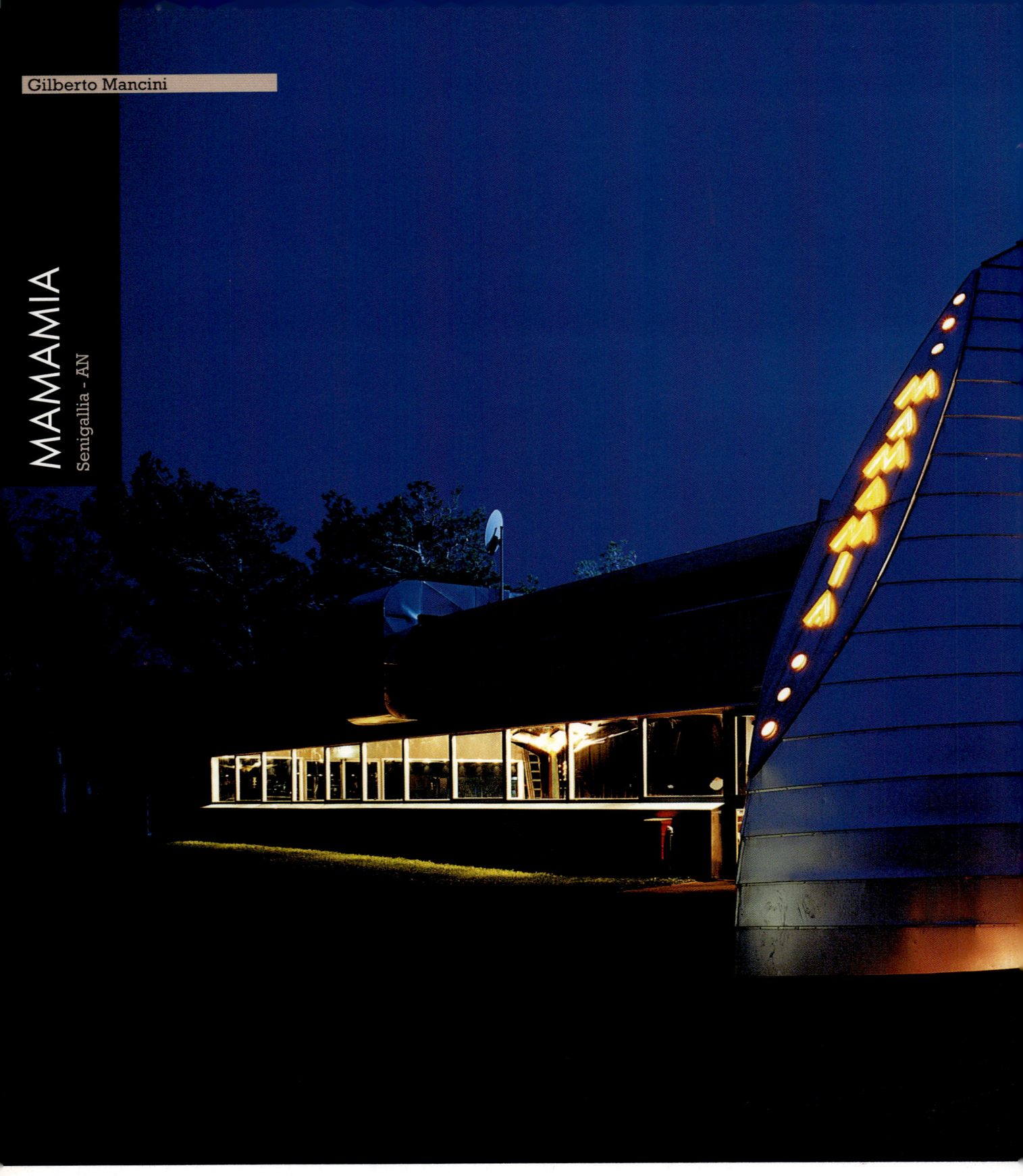

In questo locale sulla costa adriatica la crescente tendenza in base alla quale i luoghi dell'intrattenimento e della ristorazione sono concepiti come ambiti polivalenti e compositi, è interpretata con creatività e spirito innovativo. Così accanto alla funzione del ristorante il Mamamia offre, all'interno di uno spazio di notevoli dimensioni che d'estate si prolunga nell'ampio giardino, la possibilità di frequentare due bar, un'enoteca, uno shopping center fornito di libri, riviste, video, cd-rom e gadget, una serie di postazioni per navigare in rete e, ovviamente, una grande sala non solo utilizzata come discoteca ma anche per concerti dal vivo, spettacoli, performance di vario genere. L'eclettismo funzionale di questi spazi, la necessità di caratterizzare in modo variato le diverse aree dal punto di vista tecnico ma anche dell'immagine si traduce sul piano compositivo e forma le in un analogo eclettismo tuttavia fondato su un accurato stu dio degli spazi, dei volumi, dei rapporti proporzionali esser zialmente elaborati su un'idea di fluidità. Certo nella comples siva definizione delle atmosfere e del carattere di ques ambienti lo spirito avveniristico che ne improntà la concezion d'utilizzo trova un riscontro nelle scelte lessicali tendenti all' dentificazione di un'immagine comunque sorprendente e inu sitata per forme, materiali, colori a partire dalla giustapposizio ne di volumi complessi e variabili che caratterizza l'aspett esterno dell'edificio. In quest'ottica trova una propria motiva zione la copertura dorata a piramide rovesciata che insiste su l'area del bar e sembra generata da surreali foglie nere ch

In this establishment located in Senigallia – a popular resort in the Marches, on Italy's Adriatic coast – the growing tendency for places of entertainment and catering to be conceived as multi-purpose complexes is interpreted with creativity and an innovative spirit. Thus, in addition to its restaurant function, Mamamia offers, in a sizable space that in the summer may be extended into the large garden, two bars, an enoteca (in other words, a wine bar and store), a shop selling books, magazines, videotapes, CDs and gadgets, a series of booths fitted with computers for surfing on the internet and, obviously, a large hall used not only as a discotheque but also for live concerts and shows of various kinds. The functional eclecticism of these spaces and the need to characterize the different areas in various ways from a technical point of view and also from that of their image has led to a similar compositional and formal eclecticism based, however, on a careful study of the spaces, volumes, and proportional ratios that is essentially an elaboration of the concept of fluidity. In the overall definition of the atmosphere and character of this establishment, the futuristic spirit distinguishing the conception of its use is confirmed by the stylistic choices tending to create an image that is both surprising and unusual because of the selection of forms, materials, and colors, starting with the juxtaposition of complex and variable volumes that is a feature of the building's exterior. This helps to explain the gilded roof in the form of an inverted pyramid that surmounts the bar area and seems to be generated by surreal

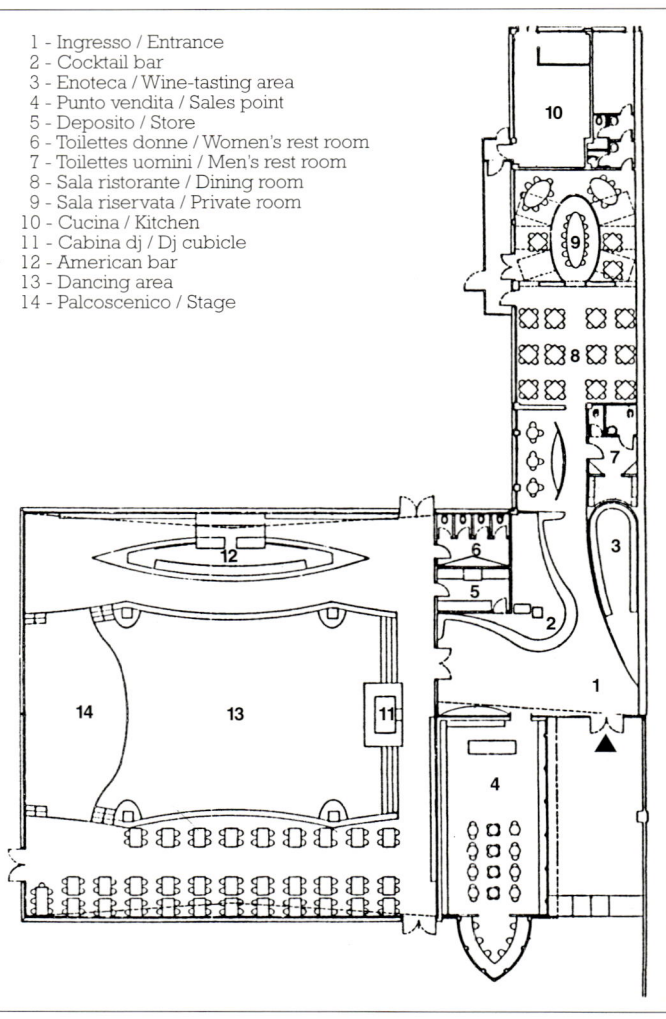

1 - Ingresso / Entrance
2 - Cocktail bar
3 - Enoteca / Wine-tasting area
4 - Punto vendita / Sales point
5 - Deposito / Store
6 - Toilettes donne / Women's rest room
7 - Toilettes uomini / Men's rest room
8 - Sala ristorante / Dining room
9 - Sala riservata / Private room
10 - Cucina / Kitchen
11 - Cabina dj / Dj cubicle
12 - American bar
13 - Dancing area
14 - Palcoscenico / Stage

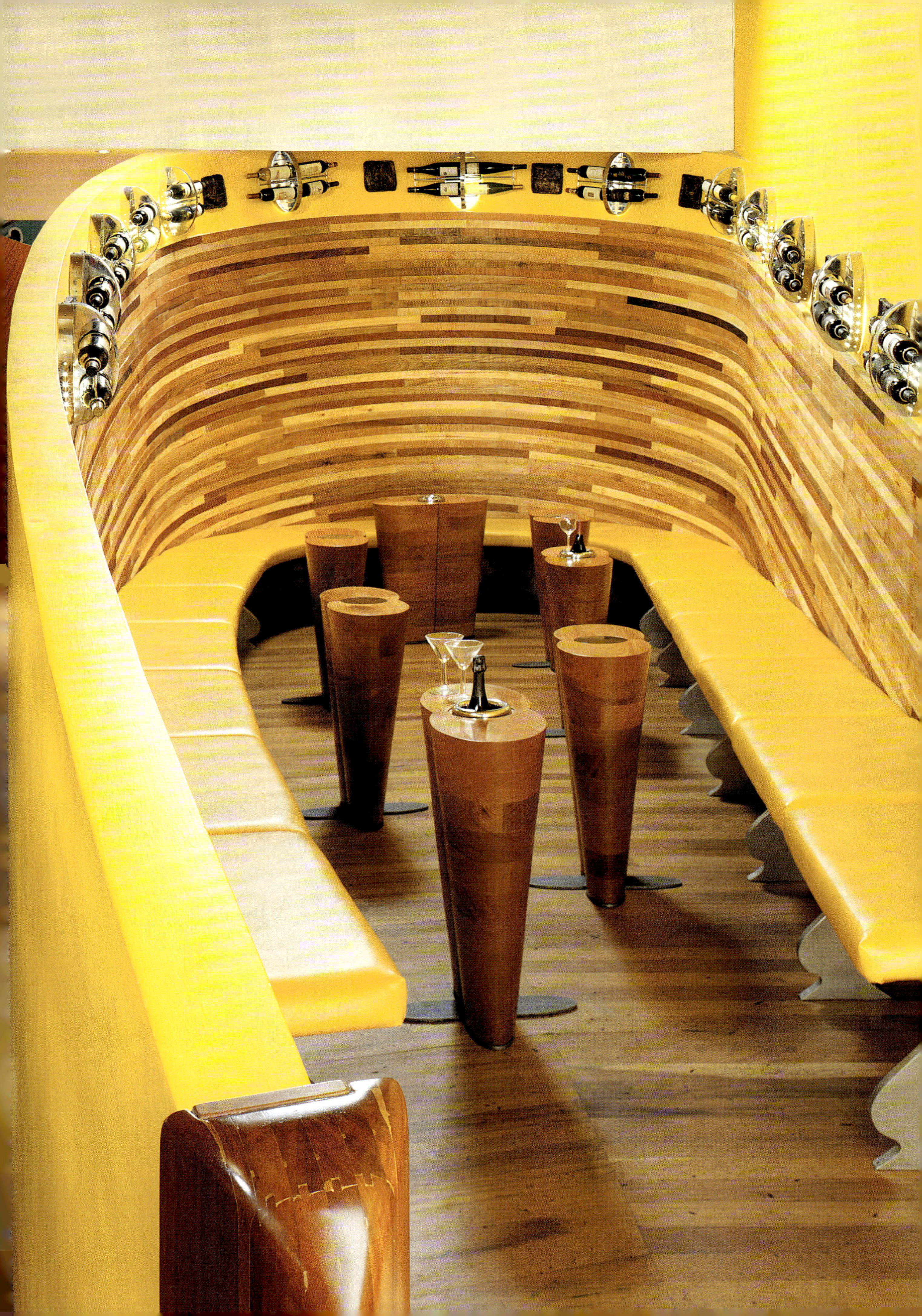

trasformano un pilastro; così si spiega lo spazio avvolgente, come un baccello, della piccola enoteca; così il colore giallo pieno che riveste alcune delle pareti. Da questo coreografico ingresso ci s'inoltra verso il ristorante vero e proprio ricavato all'interno di un'area dall'impianto allungato. Un trattamento diverso contrassegna le due sale di cui si compone. La prima, a pianta quadrangolare, prevede una disposizione piuttosto classica dei tavoli quadrati. Tre varchi ripartiscono la parete, ulteriormente alleggerita da fori circolari attrezzati con mensole di cristallo, che la separa dalla seconda sala. Qui una spettacolare e sofisticata struttura lignea disegna l'area ellissoidale della saletta *privée*. Ma con una soluzione sorprendente e tecnicamente ardita queste quinte curve possono essere comple-

tamente aperte, sollevandole verso l'alto, per inglobare nell'ambiente il tavolo centrale anch'esso a ellisse. Le pareti chiare e, a pavimento, le lunghe doghe di legno di mogano separate da fughe di gomma nere configurano un involucro riposante tuttavia trasformato in modo affatto convenzionale dal disegno tecnico dei tavoli composti da strutture in titanio e piani d'acero, dalle curiose sedie in ferro verniciato con cuscini gialli e in particolare dalle lampade: "dischi volanti" dorati a soffitto e a parete che generano ampie ombre circolari. Soluzioni inaspettate e imprevedibili sono studiate anche nei servizi, differenziati per uomini e donne, dove mosaici artistici sembrano colate di colore o compongono una sorta di gioiosa scultura femminea con profilattici come portafiori.

black leaves sprouting from a pillar; or the enveloping space, like a pod, of the small enoteca; or why some of the walls are bright yellow. From this eye-catching entrance one may proceed towards the restaurant itself, located inside an area with an elongated layout. The two rooms comprising it have been treated somewhat differently. In the first, which has a square plan, the square tables are disposed in a fairly classical manner. Three openings divide the wall – which is further penetrated by circular holes fitted with glass shelves – separating it from the second room. Here a spectacular and sophisticated wooden structure encloses the ellipsoidal area of the private room. But, thanks to a technically audacious mechanism, these curved screens can be completely opened by raising them to the ceiling, thus incorporating the central table – also elliptic – into the room. The light walls and, on the floor, the long mohogany boards separated by strips of black rubber form a pleasant building shell that is, nevertheless, transformed in a way that is anything but conventional by the high-tech design of the tables composed of sycamore tops on titanium structures, curious chairs in painted iron with yellow cushions and, in particular, by the lights – gilded "flying saucers" attached to the ceiling and walls creating large circular shadows. Even the décor of the separate men's and women's rest rooms is surprising; here the artistic mosaics seem to be a deluge of color or form a festive sculpture of a buxom woman flanked by condoms functioning as somewhat unconventional flower-vases.

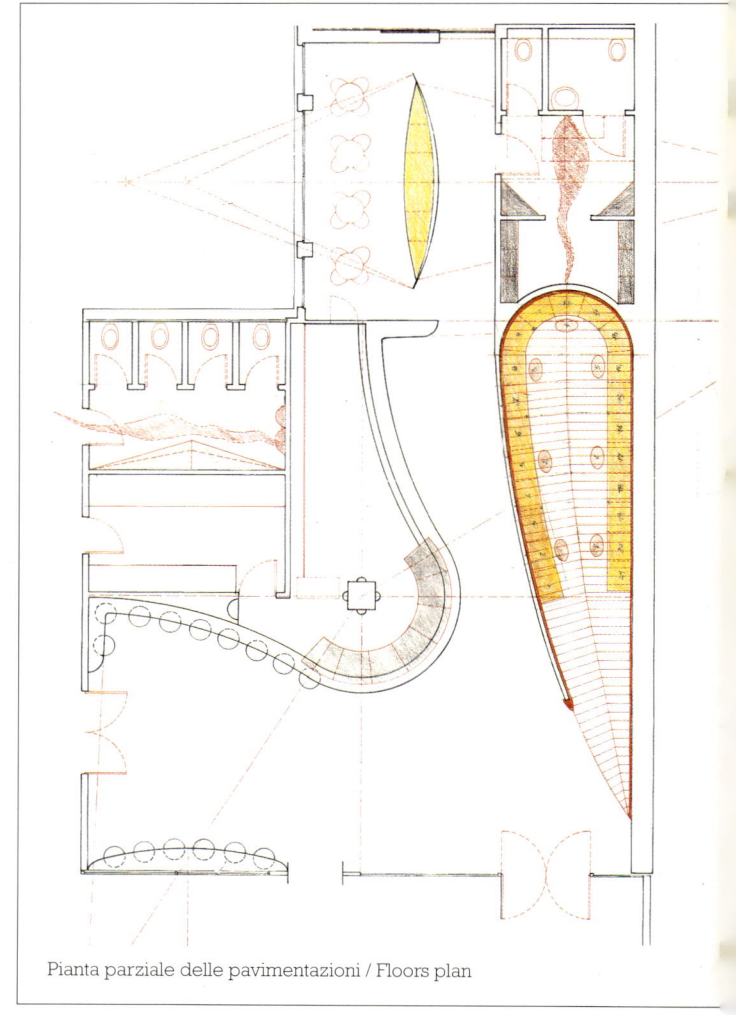

Pianta parziale delle pavimentazioni / Floors plan

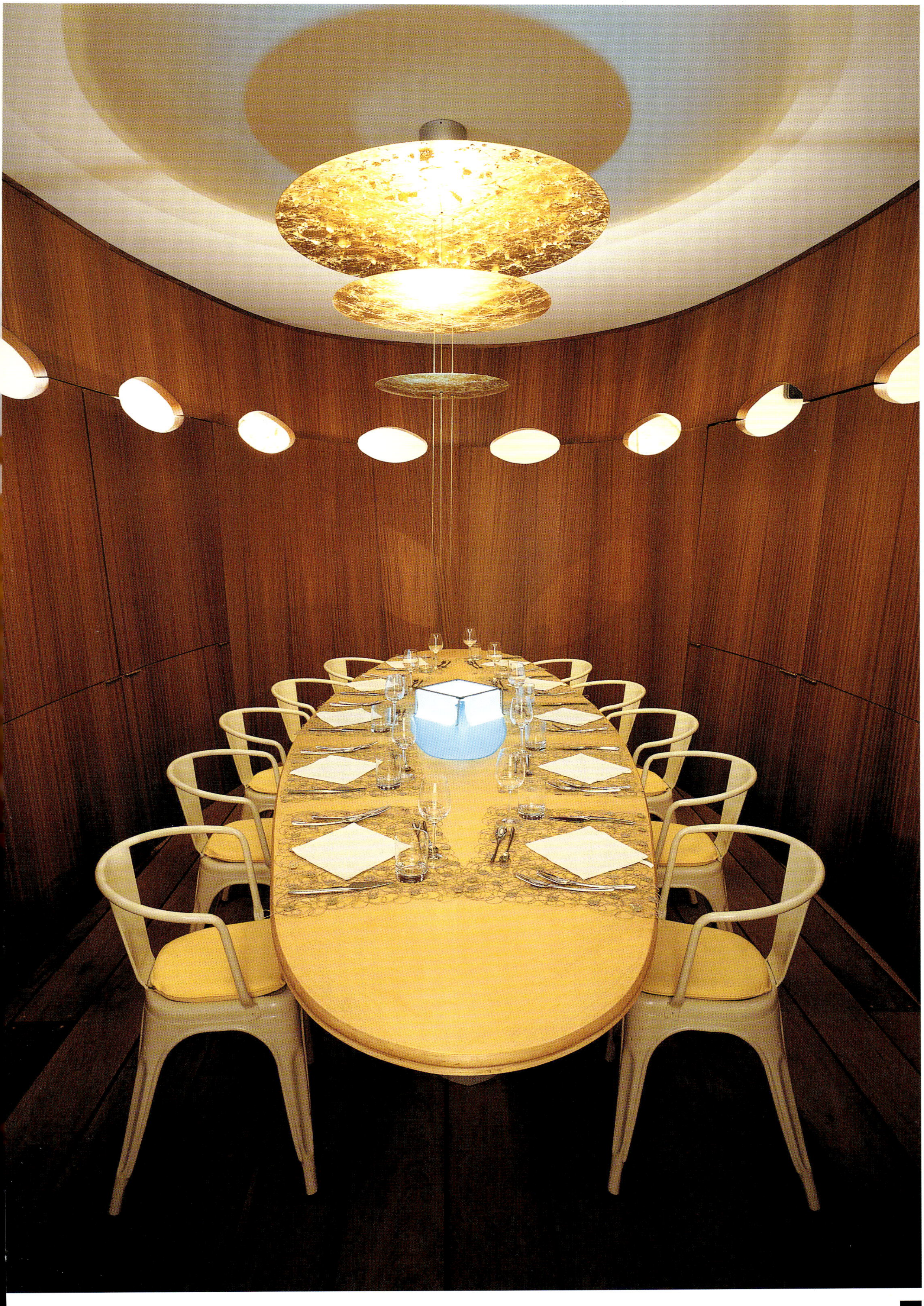

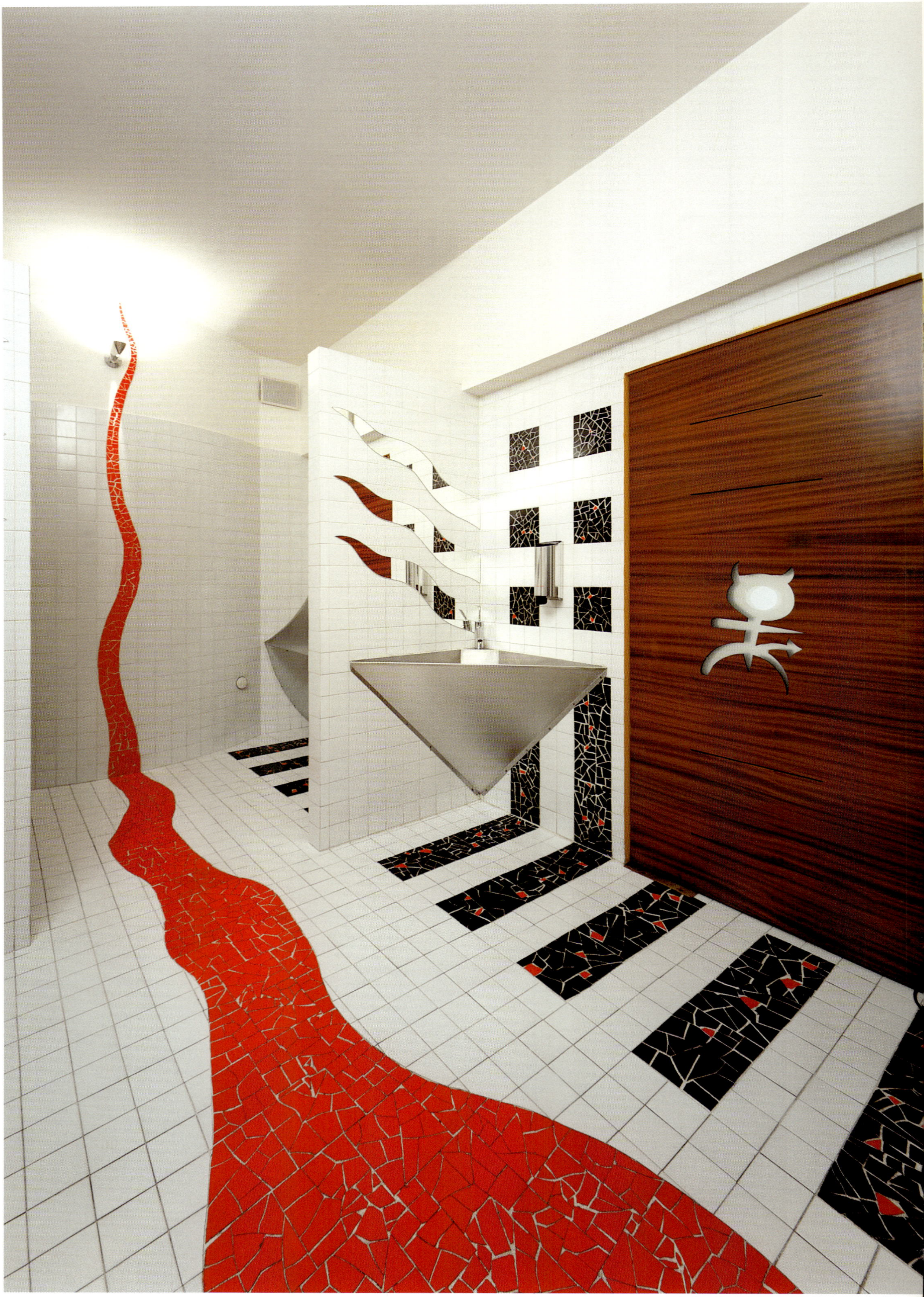

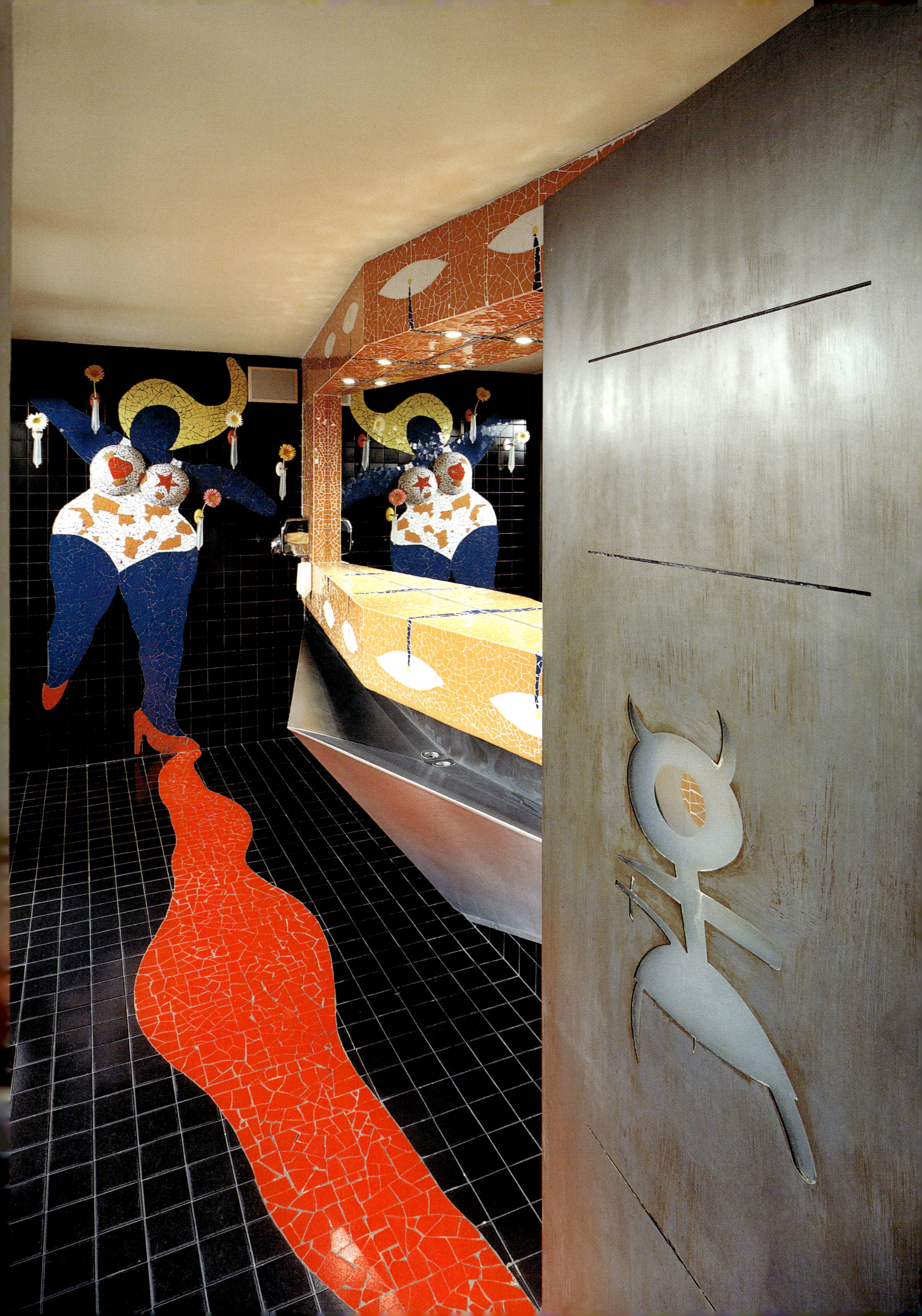

Claudio Palmi Caramel

MARIO CELIN
Stra - VE

Un degradato palazzetto anni Trenta derivante dalle successive trasformazioni di un impianto ottocentesco, è stato oggetto di un radicale intervento di ristrutturazione e risanamento che ha condotto anche a una parziale rivisitazione della struttura architettonica per ospitare le nuove funzioni di bar, ristorante, paninoteca. L'eliminazione dei setti preesistenti ha permesso di razionalizzare la distribuzione e di ottenere, sia al piano rialzato sia al primo, due sale che, per dimensioni, possono essere utilizzate anche per attività diverse quali mostre, feste, piccoli convegni. Una nuova valenza architettonica è stata poi attribuita al vano scala in posizione baricentrica, ora integralmente a vista per evidenziare la doppia altezza dell'atrio. Dal punto di vista lessicale il progetto oscilla tra l'ironia e la rivisitazione della tradizione in modo sofisticato, per segni discreti, con un risultato informale e accattivante. Al piano d'ingresso l'ambiente contrassegnato dal soffitto con travi di legno a vista e arredato con mobili tradizionali sembra riproporre in toto la caratteristica atmosfera delle osterie venete ma le pareti variamente colorate e soprattutto le piccole lampade a sfera bianche, blu e rosse costituiscono un elemento straniante, difforme, smitizzante. Con una modalità analoga, che prevede l'utilizzo dei colori per i rivestimenti delle pareti e delle sfere sospese, è trattato anche il corpo scala dove la classica balaustra di ferro battuto a volute diviene un segno di colore quasi surreale insieme ai piccoli cerchi e alla mezzaluna di specchio applicati alle pareti. Al piano superiore una certa divertita austerità caratterizza l'allestimento di un'altra sala denominata "refettorio" secondo un'ispirazione che si riferisce deliberatamente ad atmosfere "parrocchiali" con tavoli realizzati su disegno e le immancabili e gioiose lampade policrome. L'accostamento poi di piccoli tavoli ottocenteschi a coloratissime sedie di design contemporaneo rafforza ulteriormente lo spirito giocoso di questo allestimento.

Located at Stra, on the Brenta canal between Padua and Venice, a dilapidated edifice in 1930s style, deriving from successive transformations of a nineteenth-century building, has been radically renovated, with a partial modification of the architectural structure in order to house the new functions of bar, restaurant and sandwich bar. The elimination of the pre-existing partition-walls has allowed the distribution to be rationalized and to obtain, both on the ground floor and on the first floor, two rooms that, because of their dimensions, can be used for a variety of activities, such as exhibitions, receptions, and small conferences. A new architectural form has been given to the stair shaft in a central position, now wholly visible in order to stress the double height of the foyer. From a stylistic point of view, the project hovers between irony and a sophisticated reappraisal of tradition, using discreet symbols, with a charmingly informal result. On the entrance floor, the traditionally furnished room in which the ceiling is supported by wooden beams seems to be reviving the typical atmosphere of the osterie of the Veneto, but the walls of various colors and, above all, the small lamps with white, blue and red globes constitute a contrasting, ironic element. The stair shaft is treated in a similar way, with the use of colors for the wall-coverings and suspended globes; the classic baluster in wrought iron with volutes adds an almost surreal note of color together with the small circles and half moon of mirror applied to the walls. On the upper floor, what might be described as light-hearted austerity characterizes the décor of another room designated "refectory", which appears to have drawn deliberately on the atmosphere typical of the rooms adjacent to parish churches that Italians frequent when young, with custom-made tables and the inevitable festive polychrome lamps. The juxtaposition of small nineteenth-century tables with colorful modern chairs further reinforces the playful spirit of this décor.

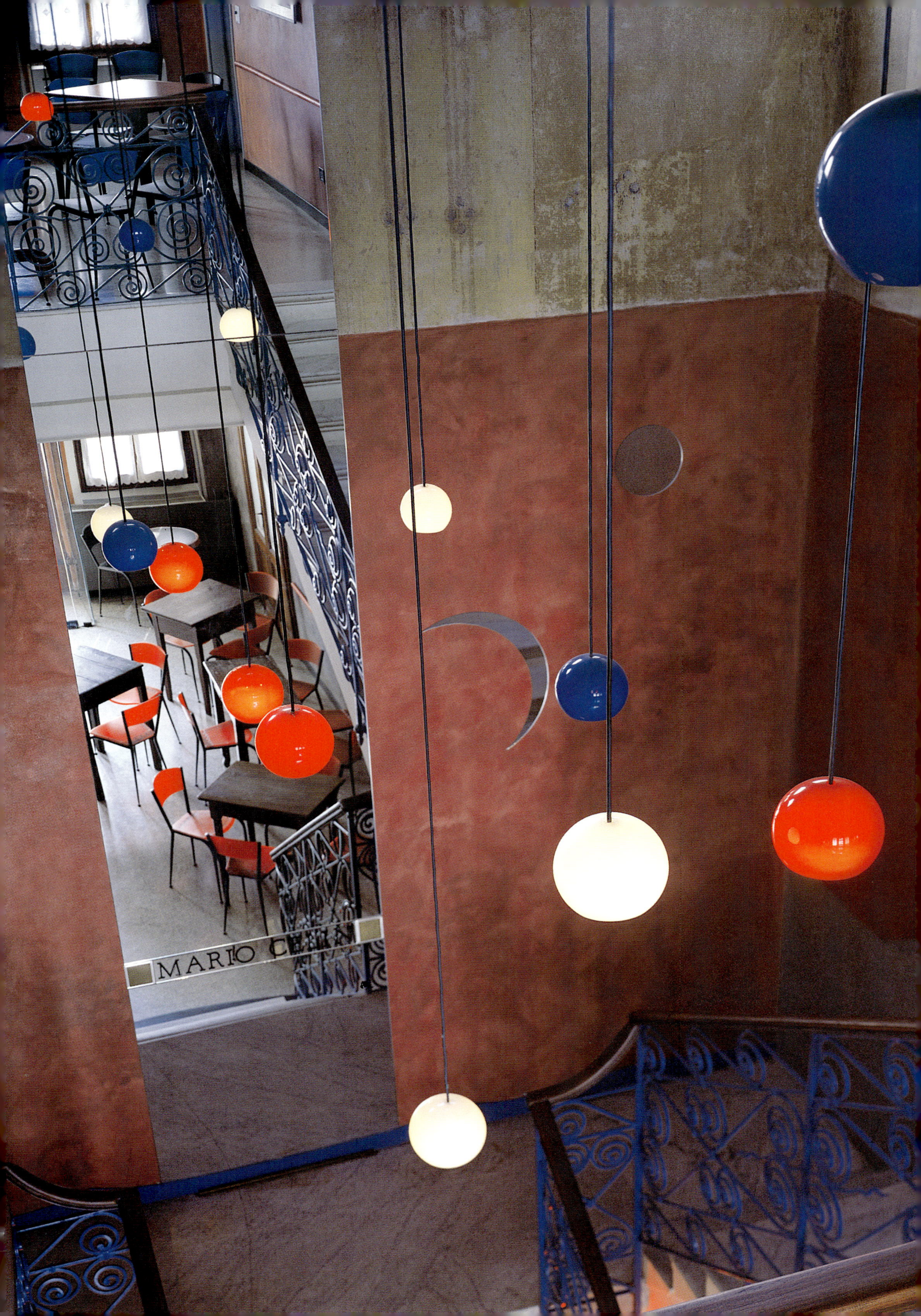
MARIO

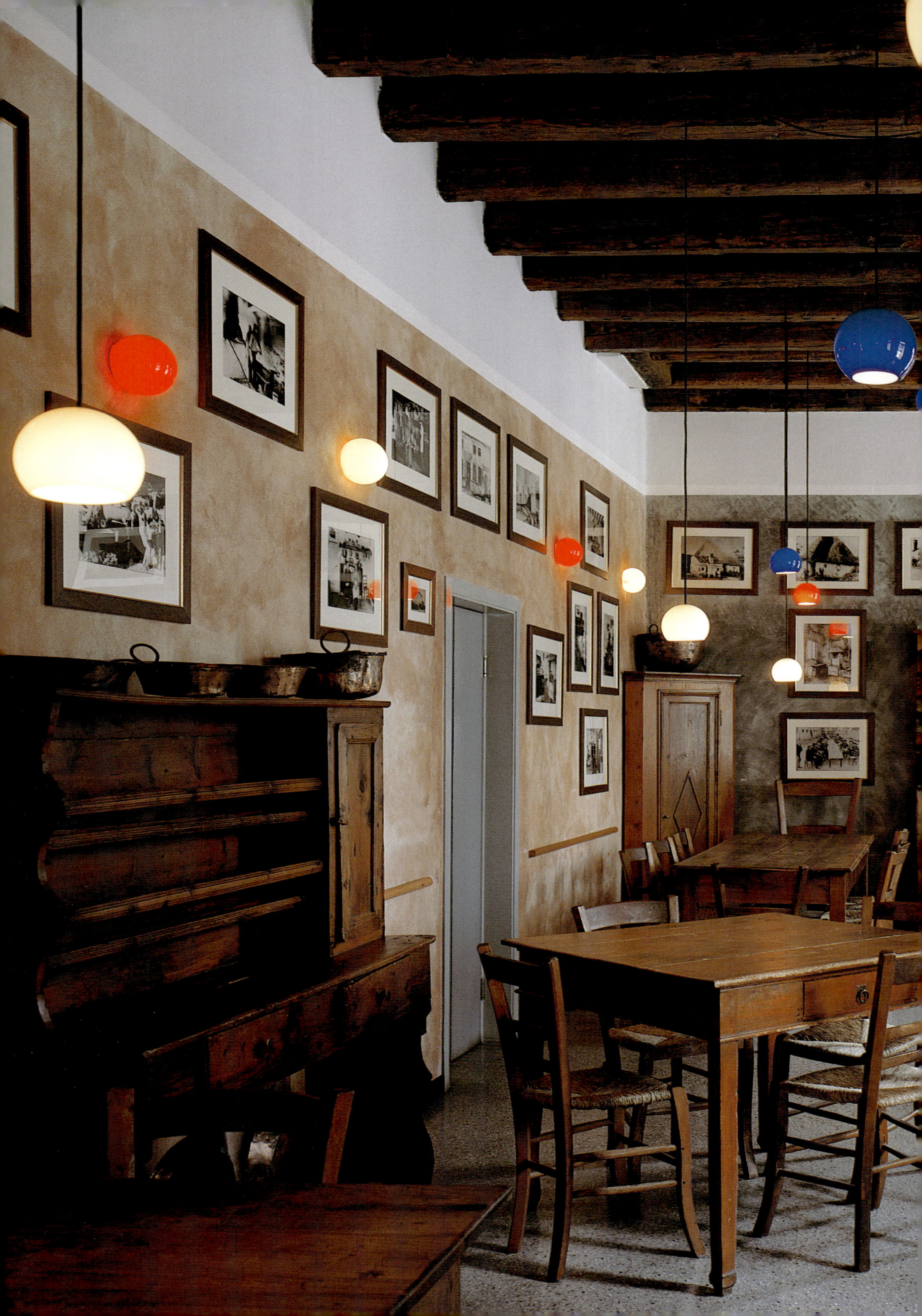

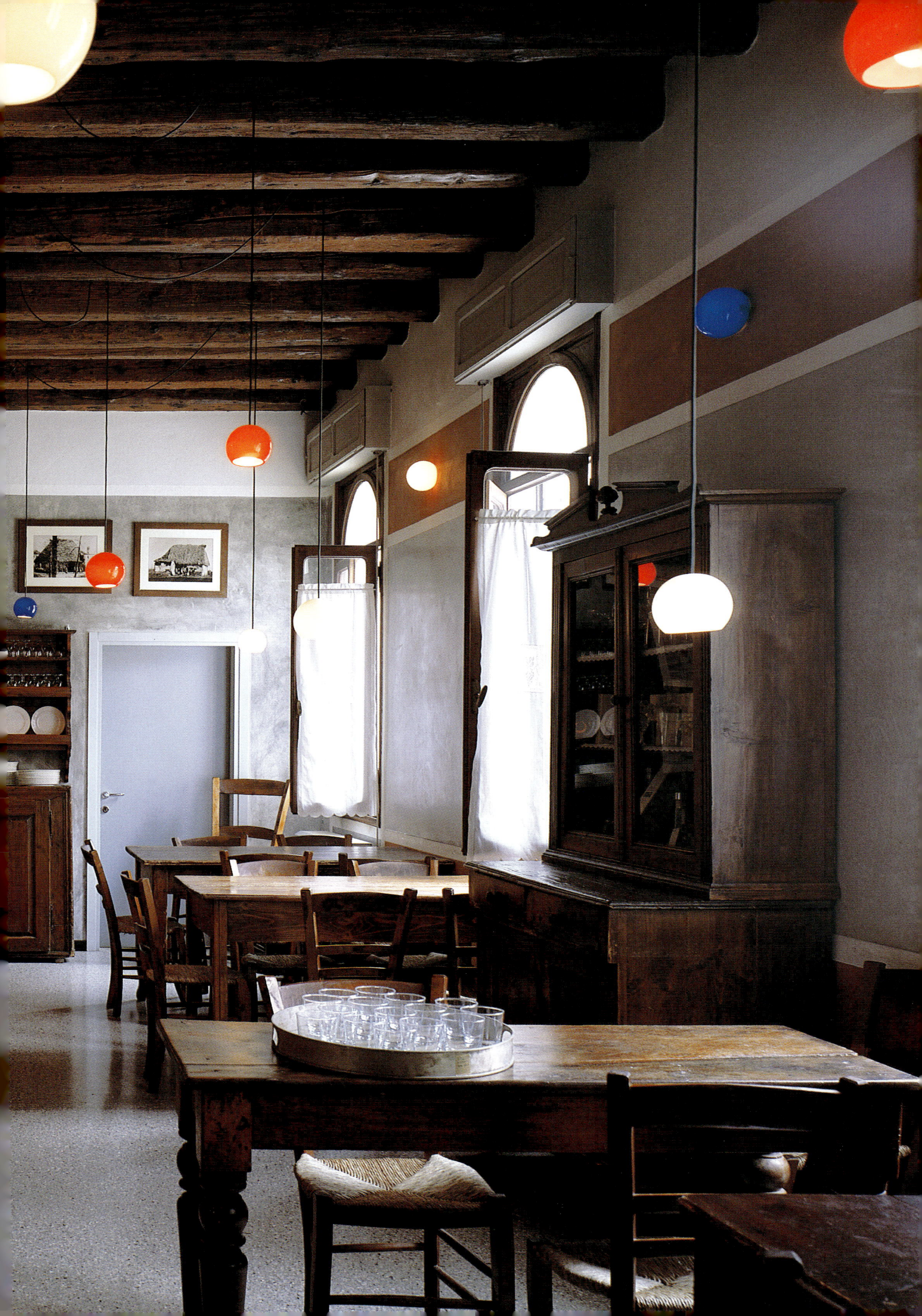

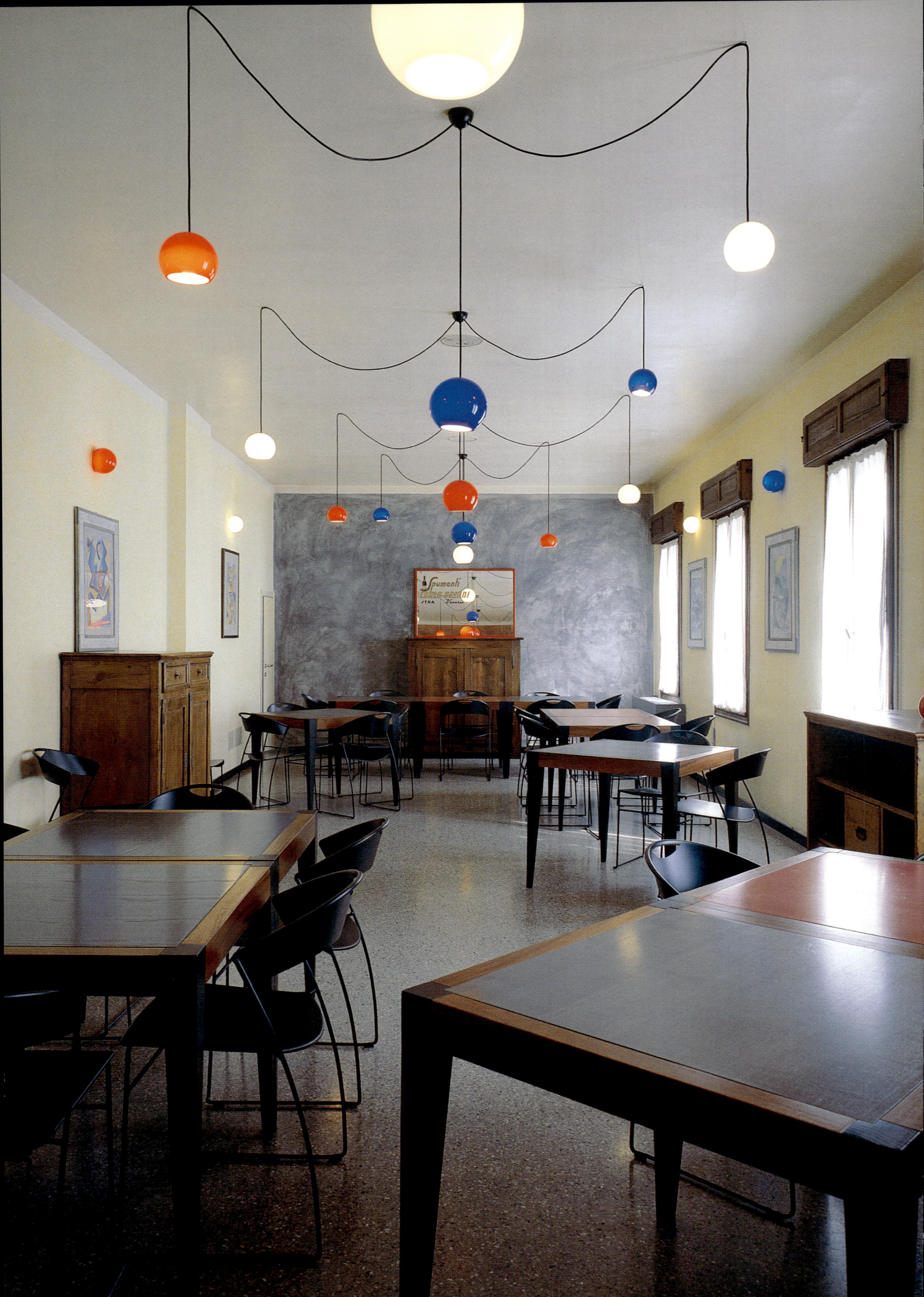
Spumanti
STRA

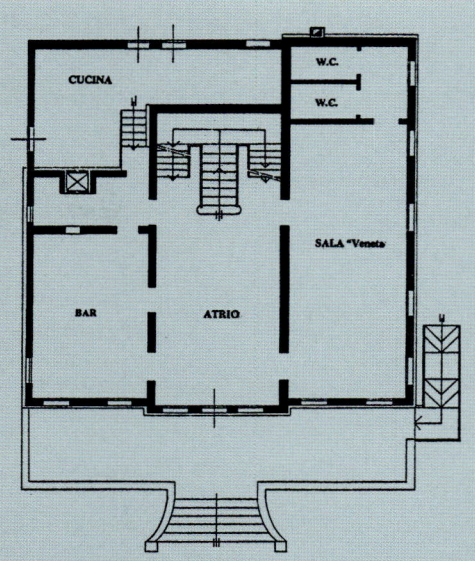

Ammezzato / Resed ground floor

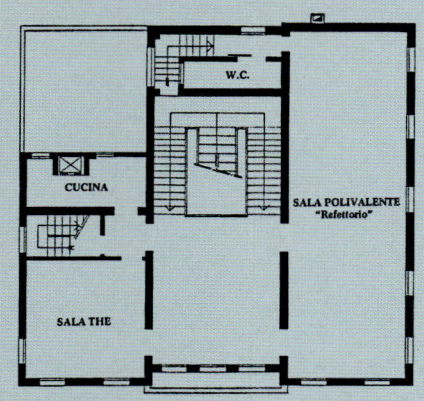

Primo piano / First floor

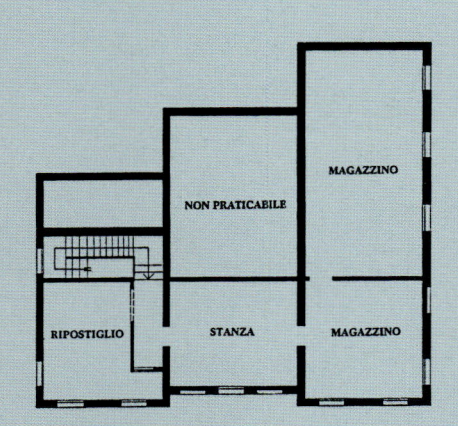

Sottotetto / Attic floor

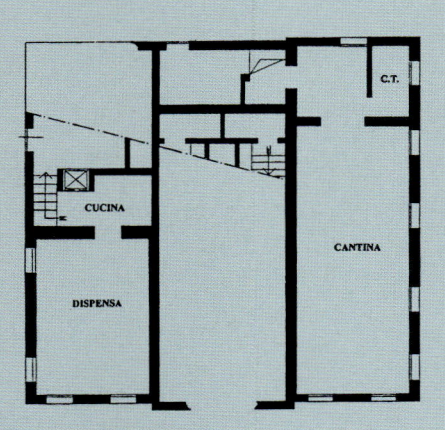

Interrato / Basement floor

113

MARI

CELIN

MARIO CELIN

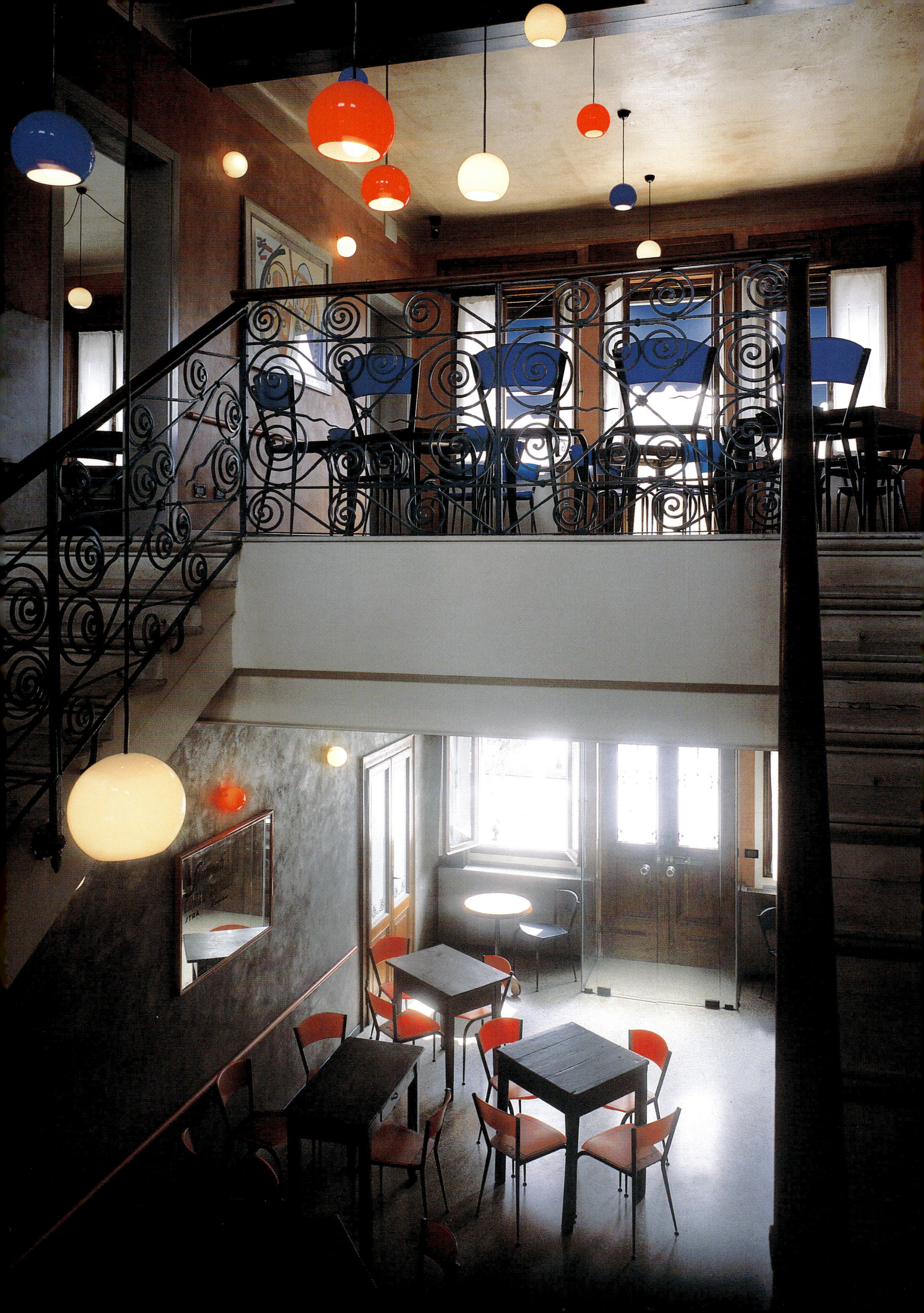

Andrea Meirana

MOLO VECCHIO
Savona

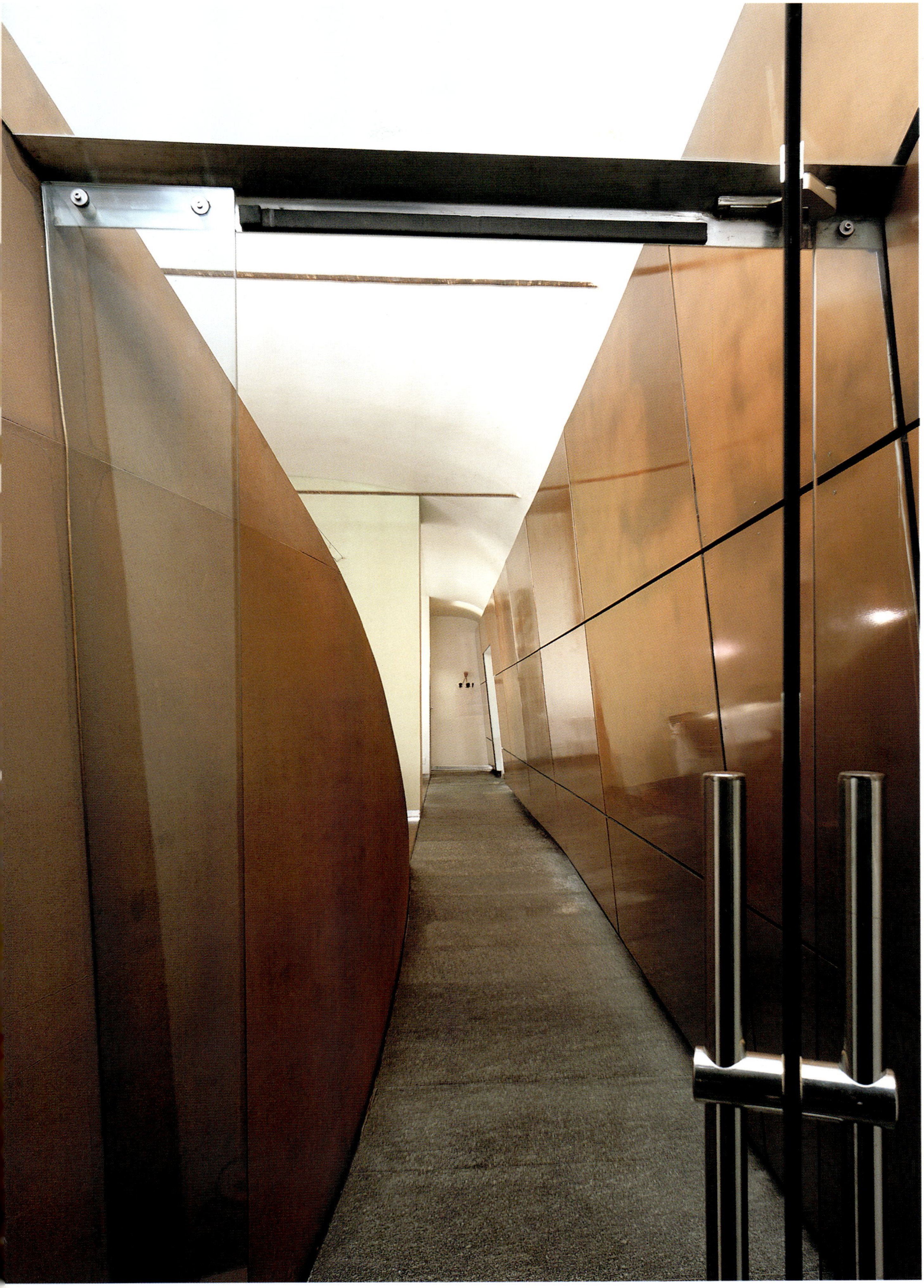

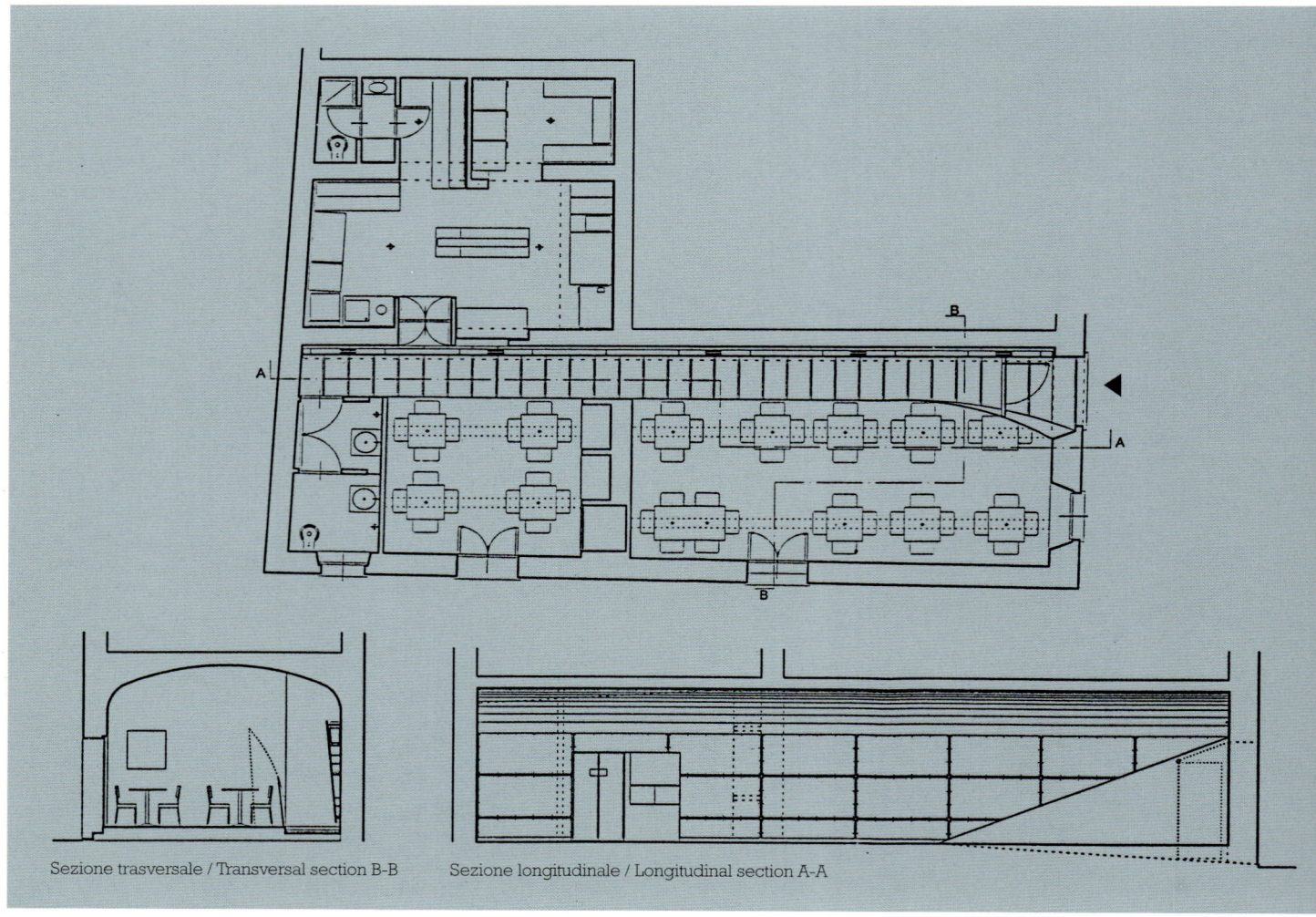

Sezione trasversale / Transversal section B-B   Sezione longitudinale / Longitudinal section A-A

Un legame con il mare, in questo ristorante situato nel porto della cittadina ligure di Savona, rintracciato con un procedimento d'astrazione e reinterpretazione di forme, materiali e colori associati nella memoria comune alle imbarcazioni e al contesto portuale. La richiesta della committenza di trovare una relazione con il mare, così vicino, non è stata risolta con un intervento di rivisitazione stilistica ma operando una sofisticata evocazione del *genius loci* condotta adottando un linguaggio che delinea superfici e volumi inclinati, elementi autonomi nello spazio, effetti percettivi variabili. La distribuzione degli ambienti è affidata a una sorta di passerella delimitata da un lato da una lunga parete rivestita con grandi lastre di rame inclinate – anche a occultare gli impianti – che ricorda il fasciame del brigantino per anni adagiato sulla piazza antistante il locale, e, dall'altro, da una "vela" d'acciaio che nasconde dall'ingresso, per garantirne la privacy, la sala ove trovano posto i tavoli. Si determina così un asse "viario", suggestivo e funzionale, che sposta il vero e proprio ingresso del locale oltre la bussola, solo dopo la vela d'acciaio, introducendo a questi ambienti in modo quasi teatrale. Soluzione, questa, che permette anche di distinguere con evidenza e funzionalità gli ambiti dedicati alla consumazione da quelli destinati alla preparazione dei cibi, indicati da un volume bianco che s'innesta sulla parete di rame con un'inclinazione a essa opposta. Questa separazione, funzionale e concettuale, è ulteriormente precisata dalla pavimentazione di pietra che differenzia il percorso d'accesso dall'area dei tavoli rivestita con parquet industriale. Qui l'ambiente dall'impianto longitudinale è decisamente scomposto in due sale dalla profonda muratura attrezzata con mensole. Inseguendo l'idea di una trasposizione astratta di sensazioni legate agli ambienti navali anche le pareti che delimitano sul fondo del locale i servizi igienici sono incise da sottili fessure trasparenti che rimandano ai tagli visuali tipici delle imbarcazioni. Più che a riprodurre stilemi evidenti il progetto tende così ad attivare per sensazioni visive, percezioni e assonanze la memoria individuale.

The link with the sea of this restaurant located by the harbor of the Ligurian city of Savona may be found in the process of abstraction and reinterpretation of the forms, materials, and colors generally associated with boats and port installations. The clients' request to give prominence to the relationship with the sea was not resolved merely through a stylistic rehash, but rather by bringing into play a sophisticated evocation of the *genius loci* by means of the adoption of an architectural language that has produced inclined surfaces and volumes, independent elements in space, and variable perceptual effects. The distribution of the internal spaces is entrusted to a walkway delimited on one side by a long wall covered with large inclined copper plates – which also serve to conceal the services – recalling the planking of the brig that stood for years in the square in front of the restaurant, and, on the other side, by a sort of steel sail that screens off the room containing the tables from the entrance in order to safeguard the diners' privacy. Thus a functional and attractive main circulation axis has been created that shifts the restaurant's real entrance beyond the inner door, after the steel sail, with what is practically a theatrical effect. This arrangement has also allowed the dining areas to be clearly distinguished from those devoted to the preparation of food, which are signaled by a white volume grafted onto the copper wall, but sloping in the opposite direction. This functional and conceptual separation is further stressed by the stone flooring that distinguishes the access area from that of the tables, which is surfaced with heavy-duty boards. Here, too, the longitudinal layout is clearly divided into two rooms by a thick wall with openings fitted with shelving. Also reflecting the idea of the transposition of sensations associated with the maritime setting, the walls at the back of the restaurant enclosing the rest rooms are penetrated by thin slits reminiscent of the openings found in boats. Thus, rather than reproducing evident stylistic features, the project tends to stimulate the observer's memory through visual sensations, perceptions, and assonance.

Stefano Severi

MOMAH
Carpi - MO

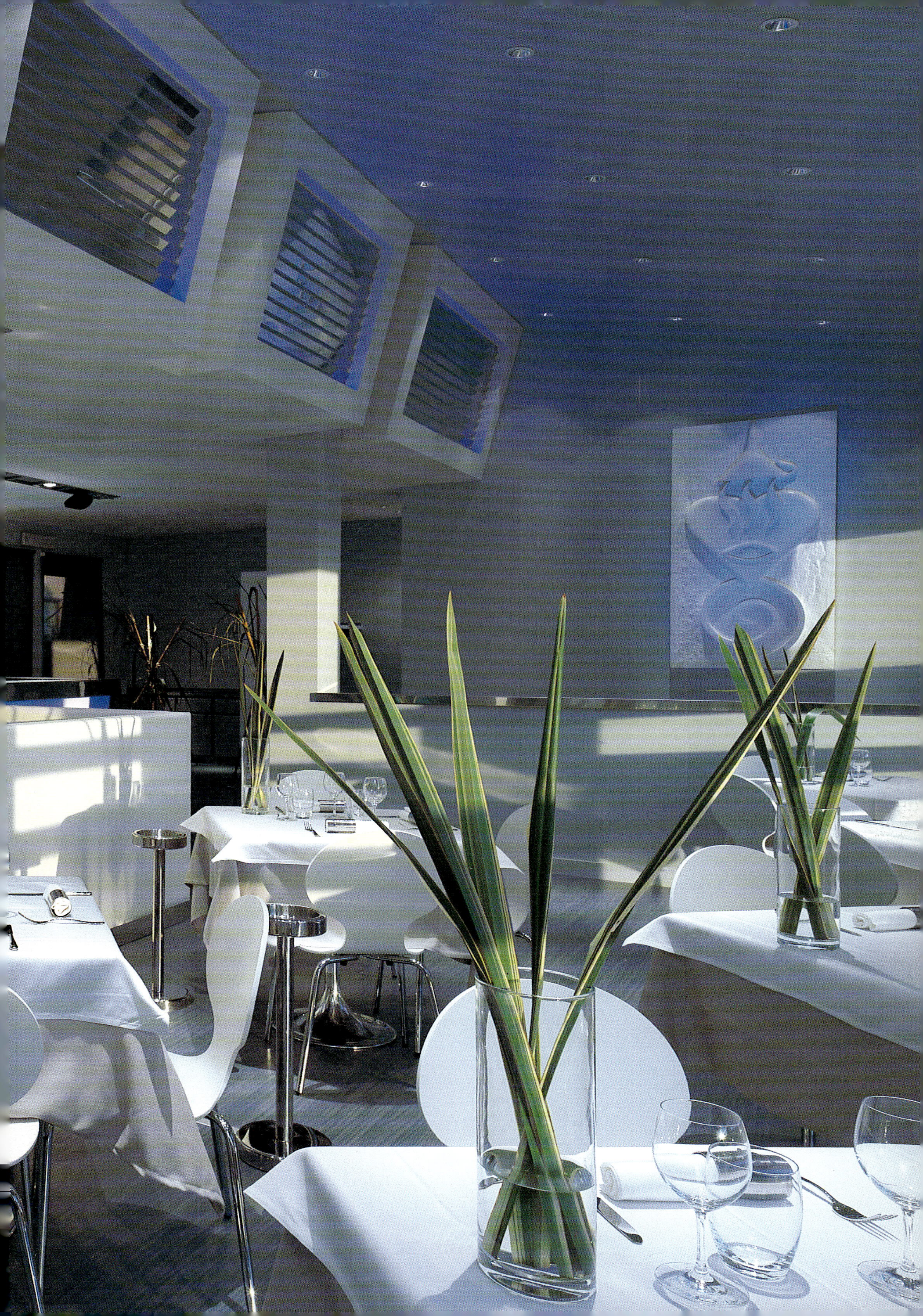

In accordo con una tendenza che si va sempre più affermando, anche questo locale in un centro della provincia modenese, non è concepito solo come ristorante ma anche come spazio polivalente nel quale coesistono funzioni espositive (mostre fotografiche e artistiche) e componenti tipiche dell'intrattenimento notturno (musica e concerti) con un'offerta varia e diversificata che induce la frequentazione durante l'intero arco della giornata. Music-bar, coffee-shop, snack bar, paninoteca, sono destinazioni che si fondono in questo spazio con quella della ristorazione, a sua volta proposta come fusione di tradizione e sapori orientali. Lo spirito innovativo che improntala concezione del Momah si traduce in una soluzione architettonica accuratamente studiata dal punto di vista volumetrico e declinata sul piano formale secondo un lessico minimalista, raffinato ed essenziale. Geometrie evidenti disegnano la distribuzione scomponendo lo spazio in ambienti diversificati per dimensioni e utilizzi: al piano terra si trovano i locali deputati alla cucina, una zona bar con snak e paninoteca e una saletta per pranzi rapidi o feste private; al piano superiore la sala ristorante per le cene con il bar notturno e il palco per musica dal vivo. Qui un sistema ritmico di basse quinte permette di accogliere, come all'interno di nicchie, alcuni dei tavoli e al tempo stesso articola il vasto ambiente. L'involucro neutro ma precisamente caratterizzato per l'accuratezza delle finiture, deriva dall'impiego di materiali luminosi e freddi: il bianco e il grigio che contrassegnano gli elementi strutturali, i tramezzi, i controsoffitti sono impreziositi da una finitura a smalto lucido e

illuminati dai bagliori dell'acciaio inox, anch'esso lucidato, dei telai delle porte costituite da vetri acidati, dei corrimano, delle fasce frontali che segnano le panche, delle griglie a vista dell'impianto di condizionamento che divengono segni grafici modellati da profonde incisioni che alleggeriscono l'alto ribassamento del controsoffitto sul banco bar al primo piano. Anche gli arredi fissi sono di legno laccato bianco come le sedie e i tavoli sostenuti da strutture d'alluminio lucidato. La pelle, ancora bianca, riveste invece le sedute continue che contribuiscono a ribadire la geometria rigorosa che articola gli spazi, gli sgabelli e l'alzata del banco bar nella finitura *capitonné* cui si raccorda il piano di vetro stratificato bianco latte. Un tono freddo e sofisticato contraddistingue anche il colore della pavimentazione a doghe d'acero tinto d'azzurro. Il progetto d'illuminazione assume un ruolo decisivo nel precisare la sofisticata limpidezza del disegno architettonico: a soffitto piastre attrezzate con fari da incasso direzionabili, a fascio stretto, ribadiscono la distribuzione degli ambienti e illuminano le pietanze, servite su piatti bianchi o neri, con un'impostazione di tipo museale che enfatizza la posizione degli arredi. Li integrano piccoli faretti incastonati nei controsoffitti. Ne risultano ambienti di rarefatta eleganza dove l'architettura tende alla valorizzazione delle funzioni negli aspetti spaziali e percettivi ma al tempo stesso vuol essere uno sfondo non prevaricante il ruolo da protagonista comunque assegnato all'offerta culinaria.

In accordance with an increasingly popular tendency, this establishment located in Carpi, an important town in the province of Modena, is not only a restaurant but is also a multi-purpose space in which there are facilities for exhibitions (of paintings, sculptures, photographs etc.) and typical night-time entertainments (music and concerts), with a whole host of attractions that mean it is bustling with activity at all hours of the day and night. Thus it comprises a music-bar, coffee-shop, snack bar and sandwich bar as well as the restaurant, itself offering an interesting combination of the local culinary tradition and oriental cuisine. The innovatory spirit that characterizes Momah is reflected by its architectural design, with its carefully planned volumes and the use of a refined and uncluttered Minimalist style. Evidently based on geometrical patterns, the distribution divides up the interior space into rooms of different sizes serving a variety of purposes: on the ground floor are the rooms set apart for the kitchens, a bar area, with snack and sandwich bars and a room for quick meals or private parties; on the upper floor is the main dining-room with the bar for night-time use and a stage for live music. Here a cadenced series of low partitions allows some of the tables to be placed in what appear to be niches and, at the same time, divides up the vast space. This neutral effect of the building shell – which is, however, very precisely characterized by the care taken over the finishes – derives from the use of light-colored, "cold" materials: the white and gray paint used on the structural elements, the partitions, and the false ceilings is enhanced by a glossy finish and illuminated by the light reflected by the polished stainless steel, the frames of the doors made of acid-treated glass, the handrails, the fronts of the banquettes, and the grills in front of the air-conditioning ducts, which become graphic signs modeled by the deep incisions that lighten the lowered volume of the false ceiling over the bar counter on the first floor. The fitted furnishings are in white-lacquered wood – for instance, the chairs and tables supported by polished aluminum structures. Leather, once again white, is used to cover the banquettes – which help to stress the severe geometry that divides up the spaces – the stools, and the front of the bar counter with its *capitonné* finish, which is surmounted by a sheet of milk-white layered glass. A cold and sophisticated tone is also used for the floor made with boards of sycamore tinted light blue. The sophisticated limpidity of the architectural design is shown to best advantage by the lighting system: on the ceiling, suspended units in which the recessed swiveling downlights have narrow beams stress the distribution of the spaces and illuminate the food served on black or white plates. Their museum-like arrangement emphasizes the position of the furnishings and they are supplemented by small spot-lights set in the false ceiling. All this helps to produce spaces of rarefied elegance where the architecture is intended to enhance the functions spatially and perceptually, but, at the same time, constitutes a backdrop that carefully avoids obscuring the primary role assigned to the restaurant's cuisine.

bancone bar P.1.

sala grande

bancone alimenti

sala grande paninoteca

saletta

bar piano terra

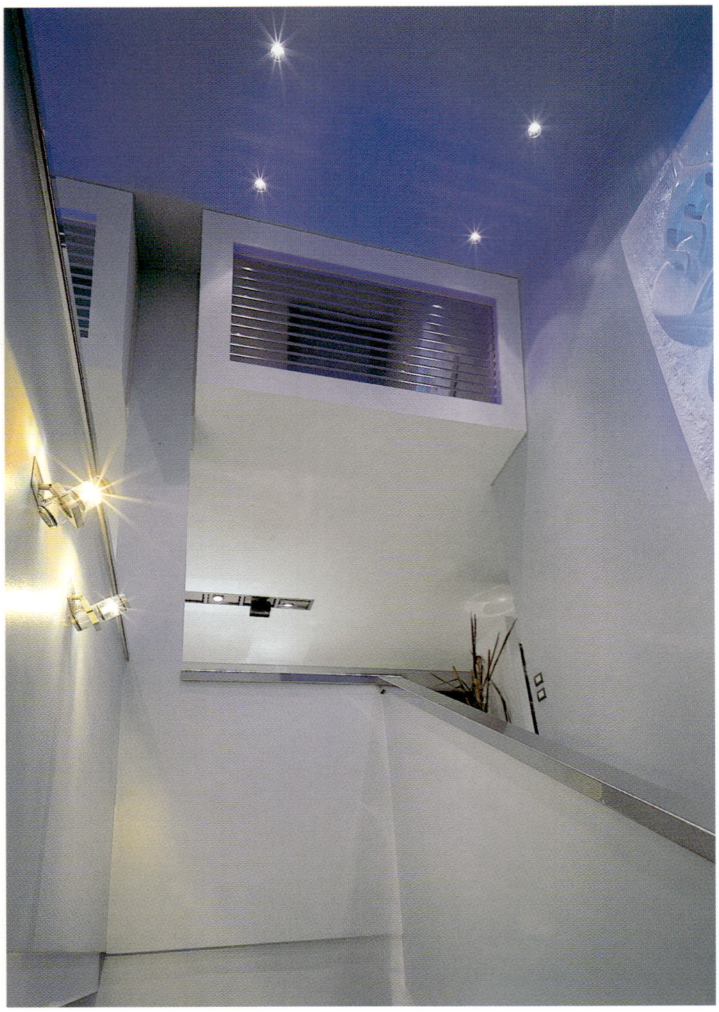
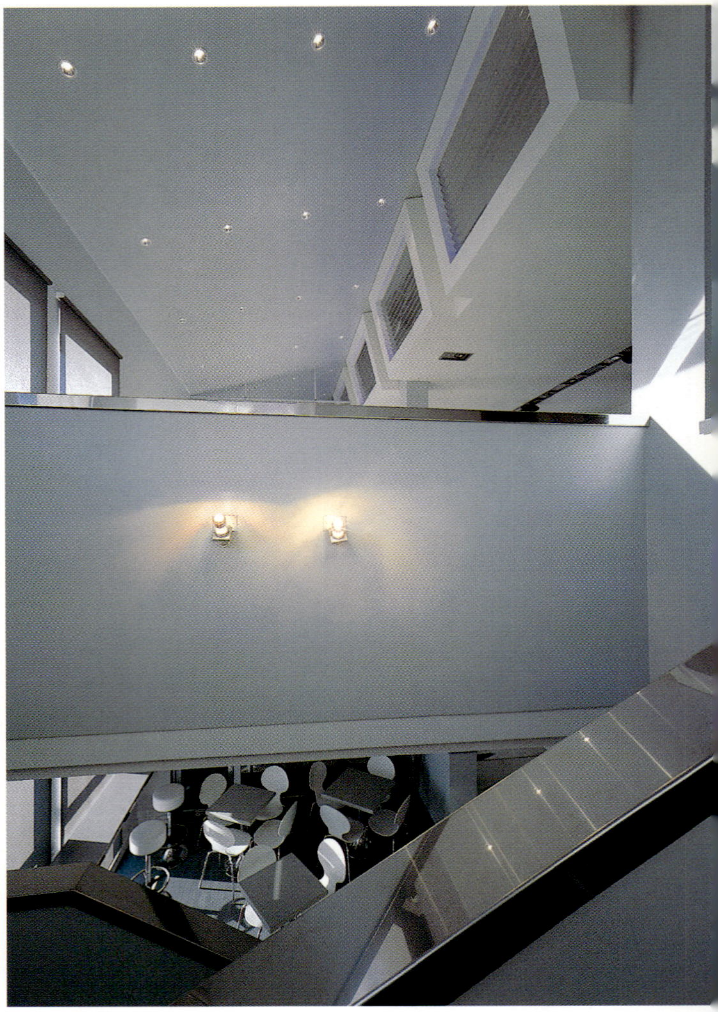
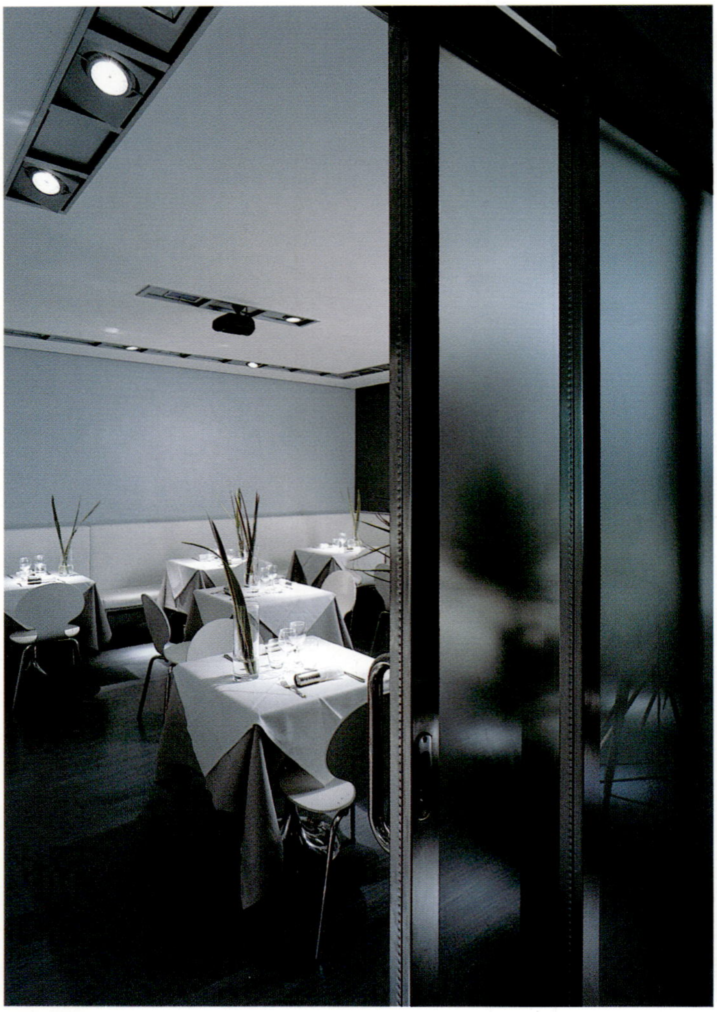
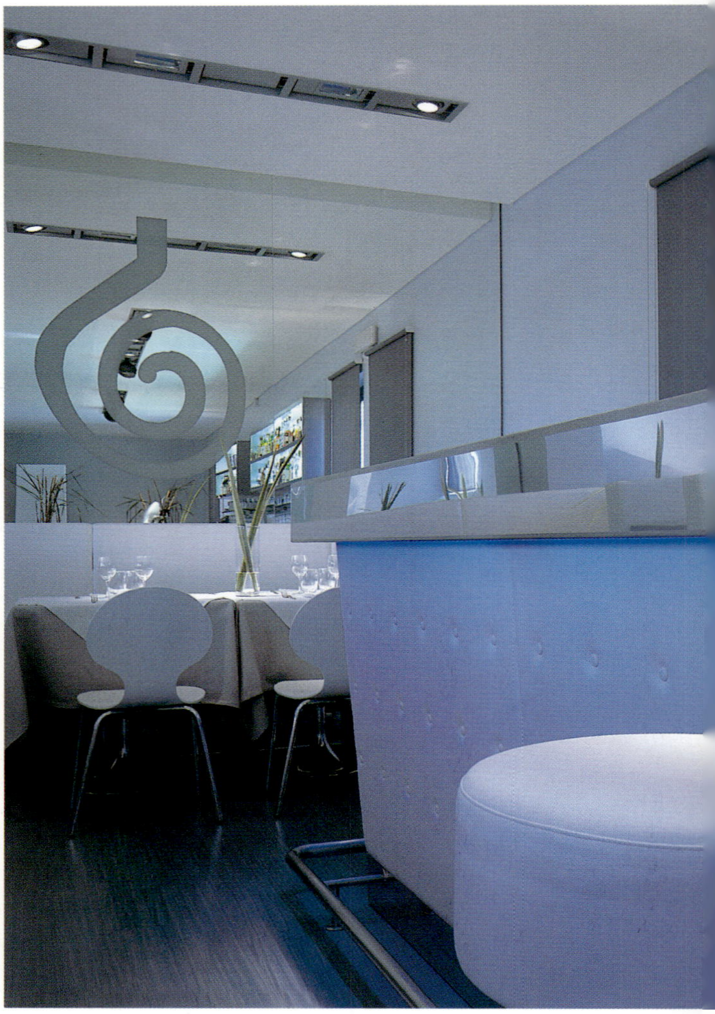

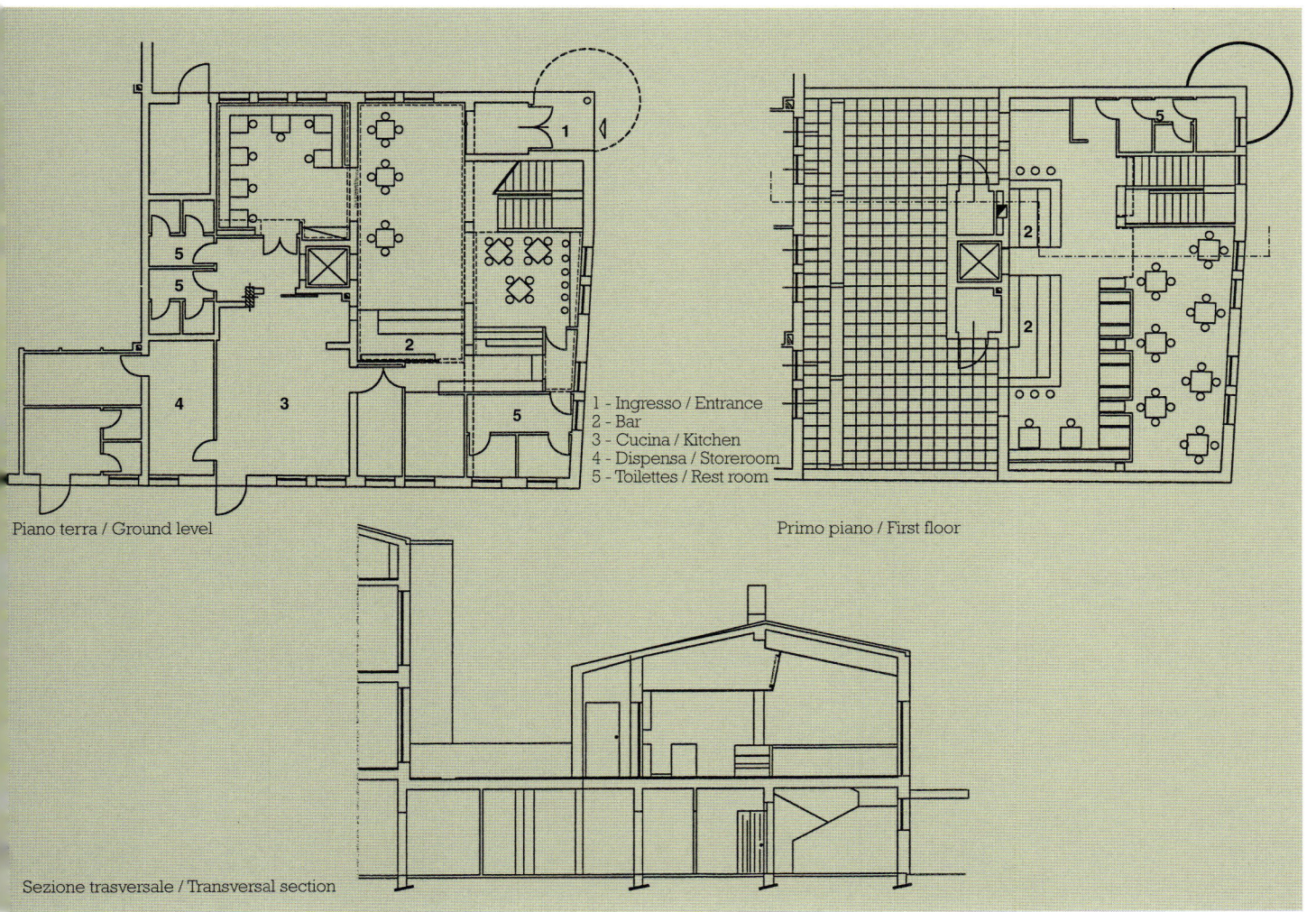

1 - Ingresso / Entrance
2 - Bar
3 - Cucina / Kitchen
4 - Dispensa / Storeroom
5 - Toilettes / Rest room

Piano terra / Ground level

Primo piano / First floor

Sezione trasversale / Transversal section

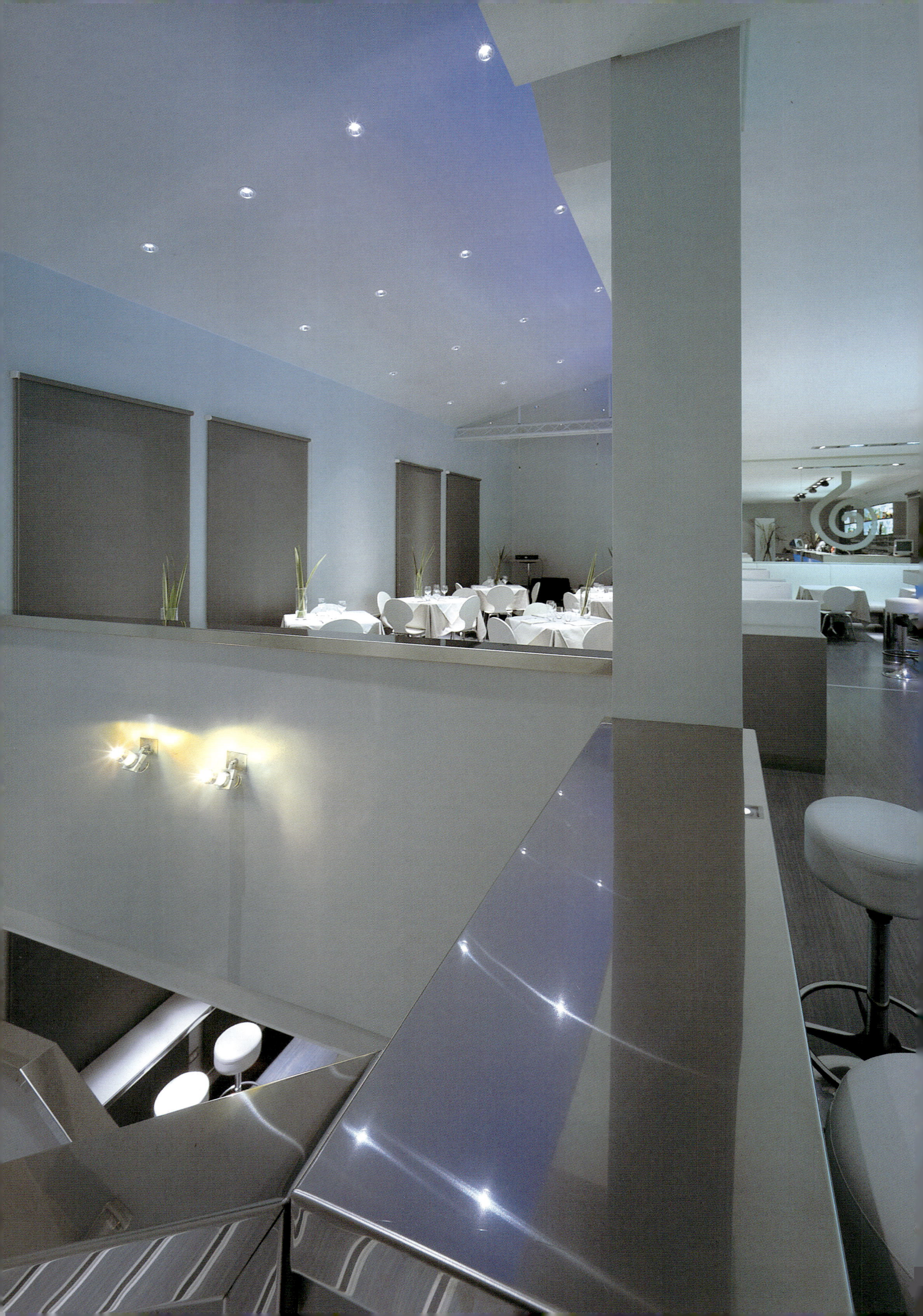

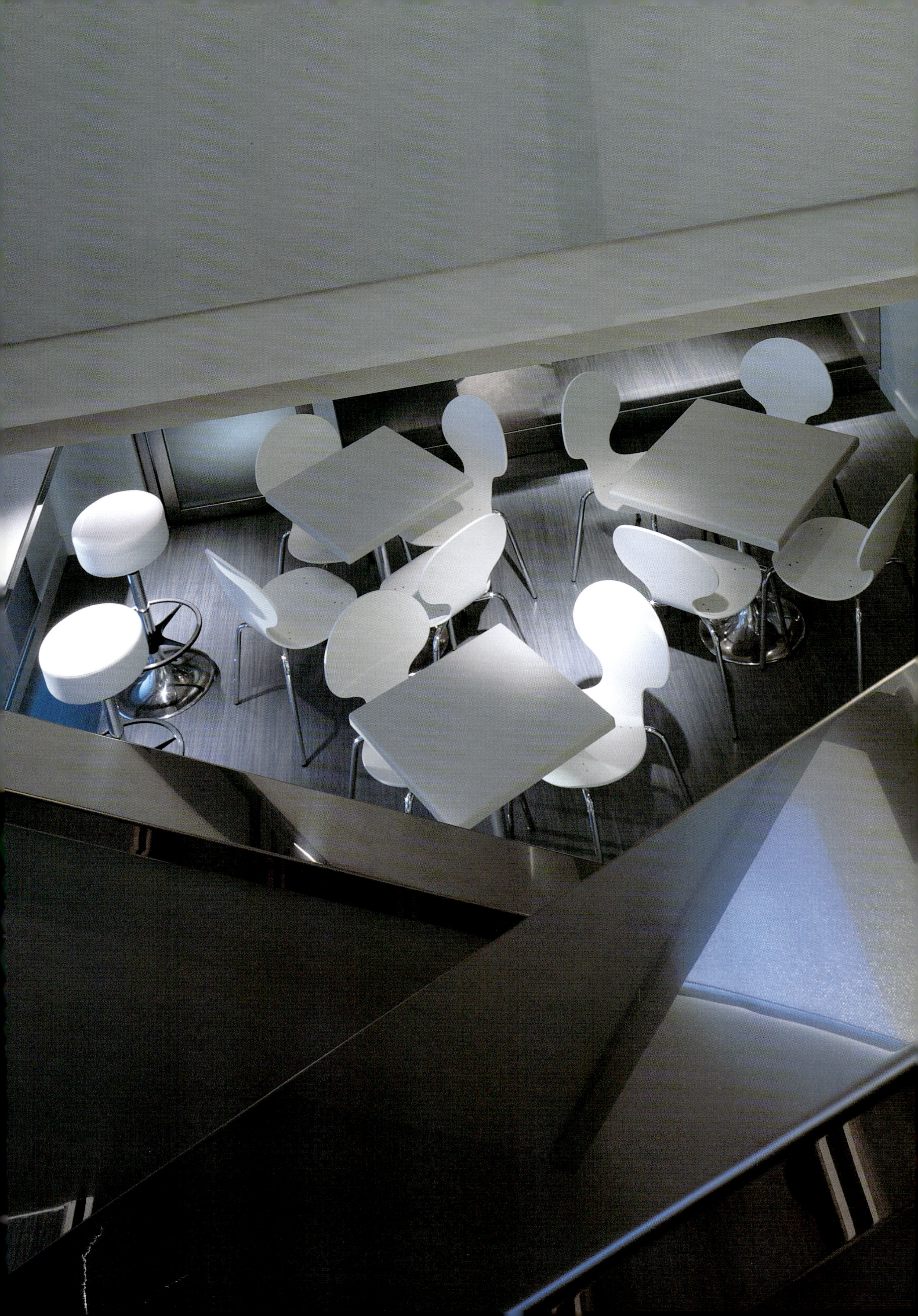

Daniela Bianchi
Alessandro Marcattilj

MOVIDA
Firenze

L'esigenza della committenza di un intervento a basso costo per un locale rivolto a una clientela giovane è stata tradotta da questo progetto sul piano dell'architettura in senso proprio. Lo spazio originario, dall'impianto piuttosto difficile, è stato trasformato in un involucro plastico, modellato per definire ambiti e funzioni. Dall'ingresso studiato come una vetrina dalla forma leggermente curvata, con due ingressi laterali, simmetrici, si vede l'atrio dove campeggia la massa scultorea, rossa, dell'ormai celebre divano "Tatlin". Immagine di richiamo ma anche espressione dichiarata dell'impostazione compositiva assegnata a questo locale che prevede l'incessante utilizzo di linee sinuose, morbide, spiraliformi, come annuncia anche una delle lettere dell'insegna esterna. Questa scelta formale si chiarisce nella soluzione attribuita alla lunga parete interna opposta all'ingresso a separare la zona pubblica da quella, retrostante, dei servizi e dei locali accessori. Brevi pause interrompono la fluidità di un'onda che disegna il banco bar, la *reception* e i lunghi tavoli, corredati da sgabelli rossi, così studiati per promuovere la socializzazione casuale. Sul lato opposto, lungo la parete esterna illuminata da grandi aperture con serramenti scomposti in rettangoli, la pianta allungata è scandita da una serie di setti minori, suddividendola in spazi minori, tendono ad annullare l'effetto di vacuità tipico degli ambienti di grandi dimensioni. L'atmosfera più intima delle porzioni così ottenute è potenziata dal colore grigio e dalla superficie irregolare delle massicce quinte composte da blocchi di calcestruzzo e, soprattutto, dall'andamento sinusoidale dei controsoffitti che si abbassano in corrispondenza dei tavoli, creando, insieme all'illuminazione, giochi di luce e ombra in ciascuna area, con un andamento ritmico determinato dalle fessure che interrompono trasversalmente la continuità del ribassamento. Si delinea così una doppia percezione dello spazio: dall'ingresso i controsoffitti sembrando generare una sorta di galleria che tuttavia rivela, durante il percorso, ambiti più definiti e raccolti. La lunga prospettiva comunque originata dall'andamento longitudinale della pianta è conclusa da un lato dalla grande porta dell'uscita di sicurezza, evidenziata da un volume aggettante, e, dall'altro, da una parete trattata come un espositore dotato di profonde nicchie luminose all'interno delle quali compaiono "oggetti alimentari". La cura applicata allo studio dei volumi plasma così lo spazio in modo articolato e funzionale mentre gli arredi appaiono stilisticamente coerenti con l'immagine attribuita al locale destinato a un pubblico prevalentemente giovane. Il parquet di tipo industriale crea continuità ed è scelto in un'essenza cromaticamente omogenea a quella dei piani dei tavoli sostenuti da strutture di ferro verniciato color argento. Lo stesso colore, anche nella variante alluminio, identifica le sedute, il rivestimento dei banchi di servizio e le lampade a sospensione che integrano spot e faretti incassati.

The client's requirement for the economical renovation of an establishment in Florence intended for young people is reflected in the architectural design of this project. The original space, with a somewhat difficult layout, has been transformed into a sculptural shell modeled in order to determine the division of the spaces and the functions. From the entrance, comprising a large window, curving slightly outwards and flanked symmetrically by two doors, it is possible to see the lobby dominated by the red sculptural bulk of the now famous Tatlin divan. This is intended both to attract the public's attention and to be an explicit expression of the architectural composition of this restaurant, which involves the continuous use of sinuous, soft, spiraliform lines, as is also heralded by one of the letters in the sign on the exterior. This formal choice is evident in the design of the long internal wall placed opposite the entrance in order to separate the public area from the one lying behind with the service rooms. Small gaps interrupt the flow of a wave encompassing the bar counter, reception desk, and long tables flanked by red stools intended to encourage casual socializing. On the opposite side, along the external wall illuminated by large windows divided into rectangular panes, the elongated plan is divided by a series of partitions, which, by subdividing it into smaller spaces, tend to nullify the effect of emptiness typical of large rooms. The more intimate atmosphere of the portions thus obtained is augmented by the use of gray and the irregular surfaces of the massive screens composed of concrete blocks and, above all, by the sinusoidal form of the false ceilings, which are lowered above the tables, creating – together with the lighting – contrasts of light and shade in each area, with a rhythmic pattern determined by the slits interrupting their continuity transversely. This gives rise to a dual perception of space: seen from the entrance the false ceilings seem to form a sort of tunnel that, however, reveals, as one proceeds along it, more clearly defined, cozier spaces. The extended perspective deriving from the longitudinal layout of the restaurant terminates, on the one hand, with the large door of the emergency exit, stressed by a projecting volume, and, on the other, by a wall treated like a display stand, with deep illuminated niches in which items of food are displayed. The care taken over the form of the volumes thus models the space in an articulated and functional manner, while the furnishings appear to be in keeping stylistically with the image that has been devised for this restaurant intended for a mainly youthful clientele. The heavy-duty plank flooring creates continuity and the color of the wood which has been chosen matches that of the table-tops supported by iron structures painted silver. The same color, in its aluminum variant, has been used on the chairs, the surfaces of the service counters, and the suspended lights supplementing the spotlights, some of which are recessed.

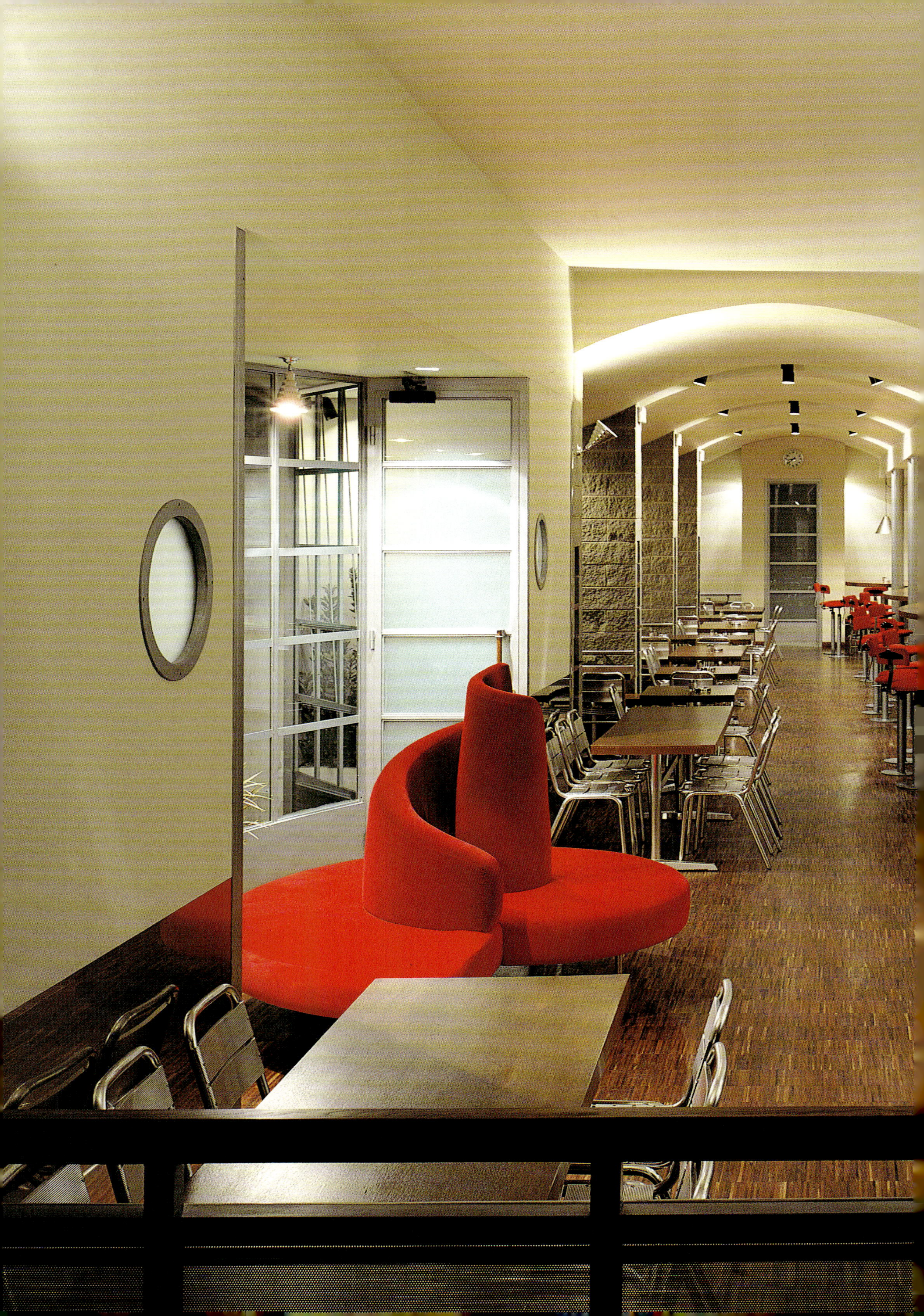

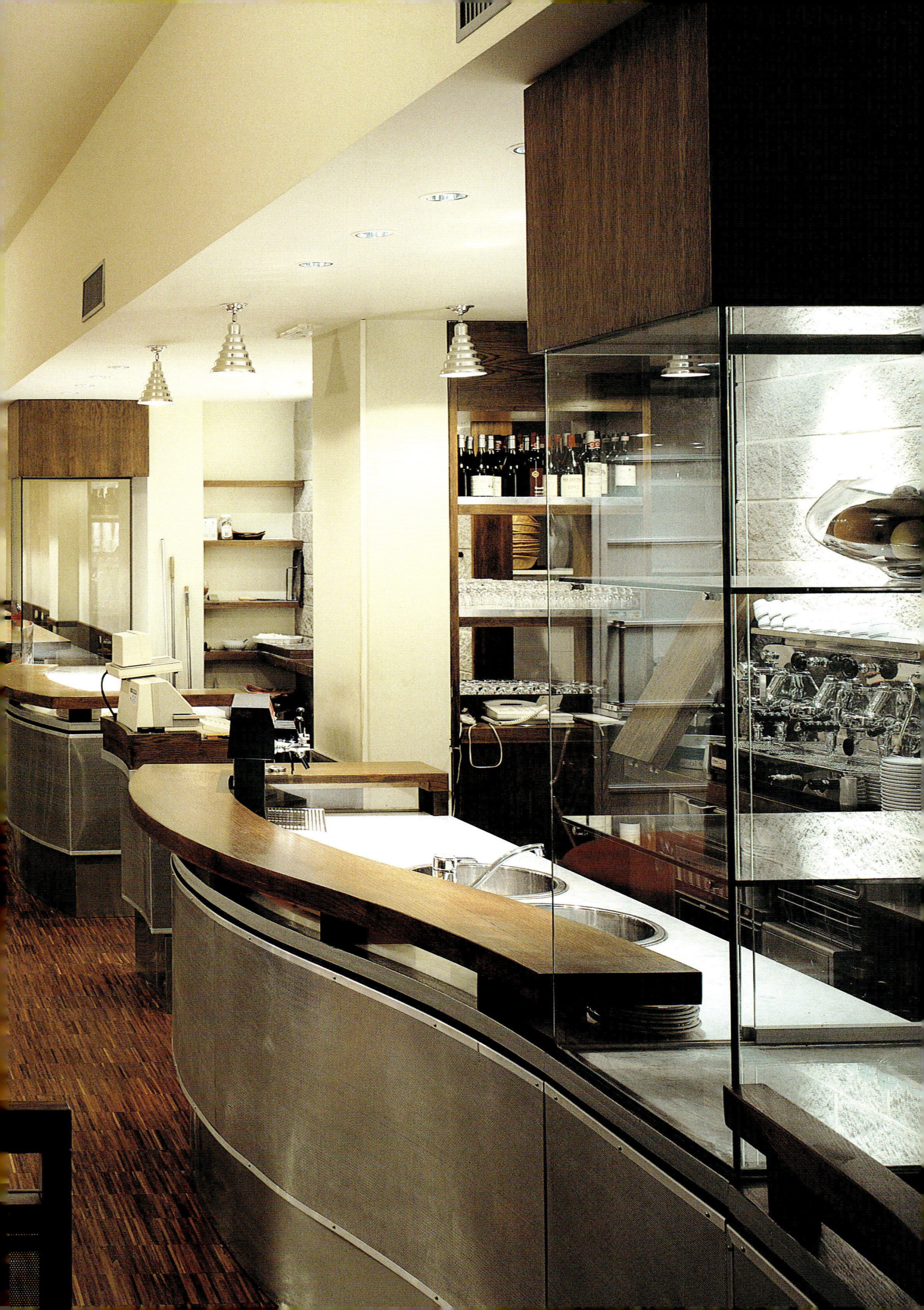

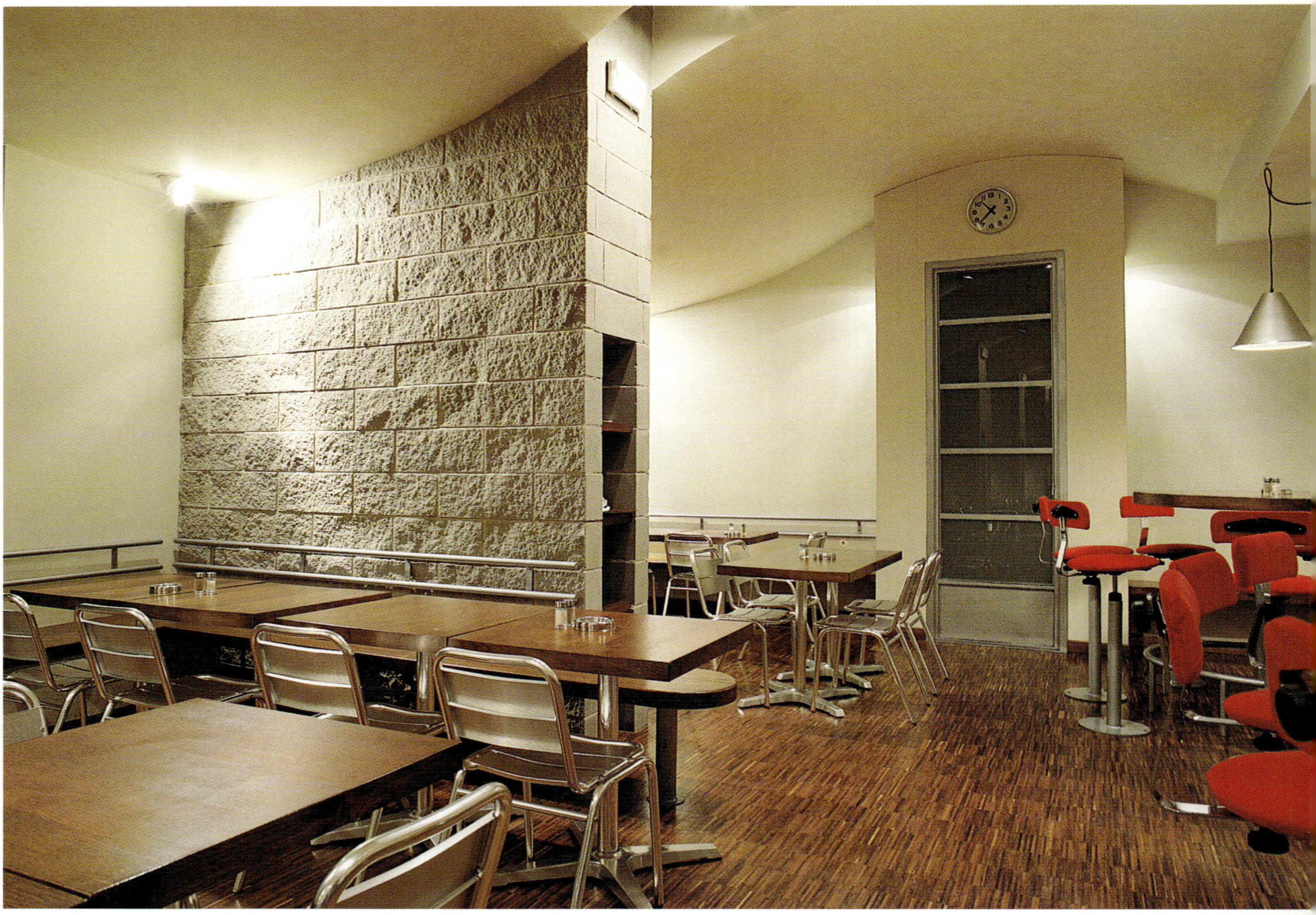

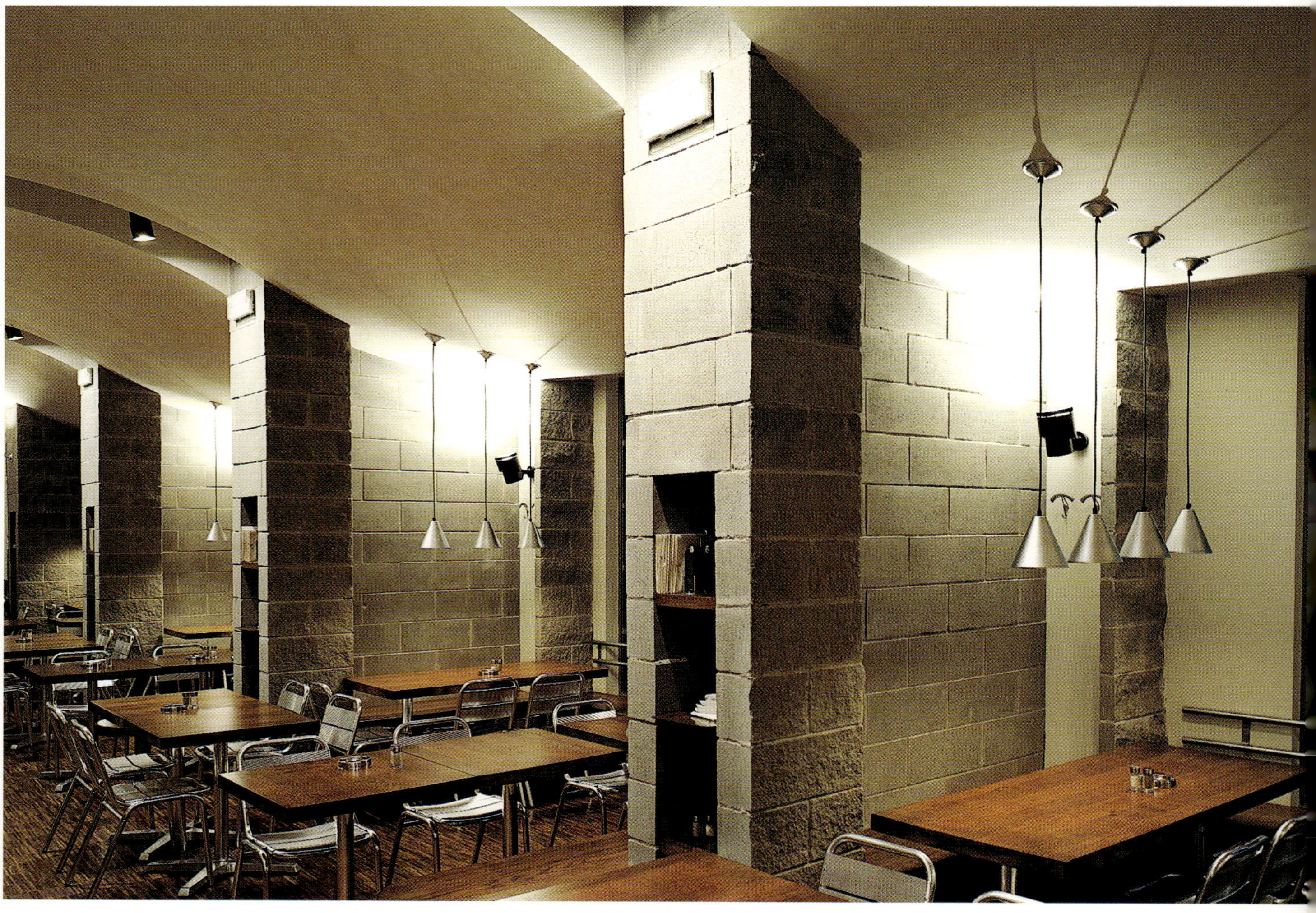

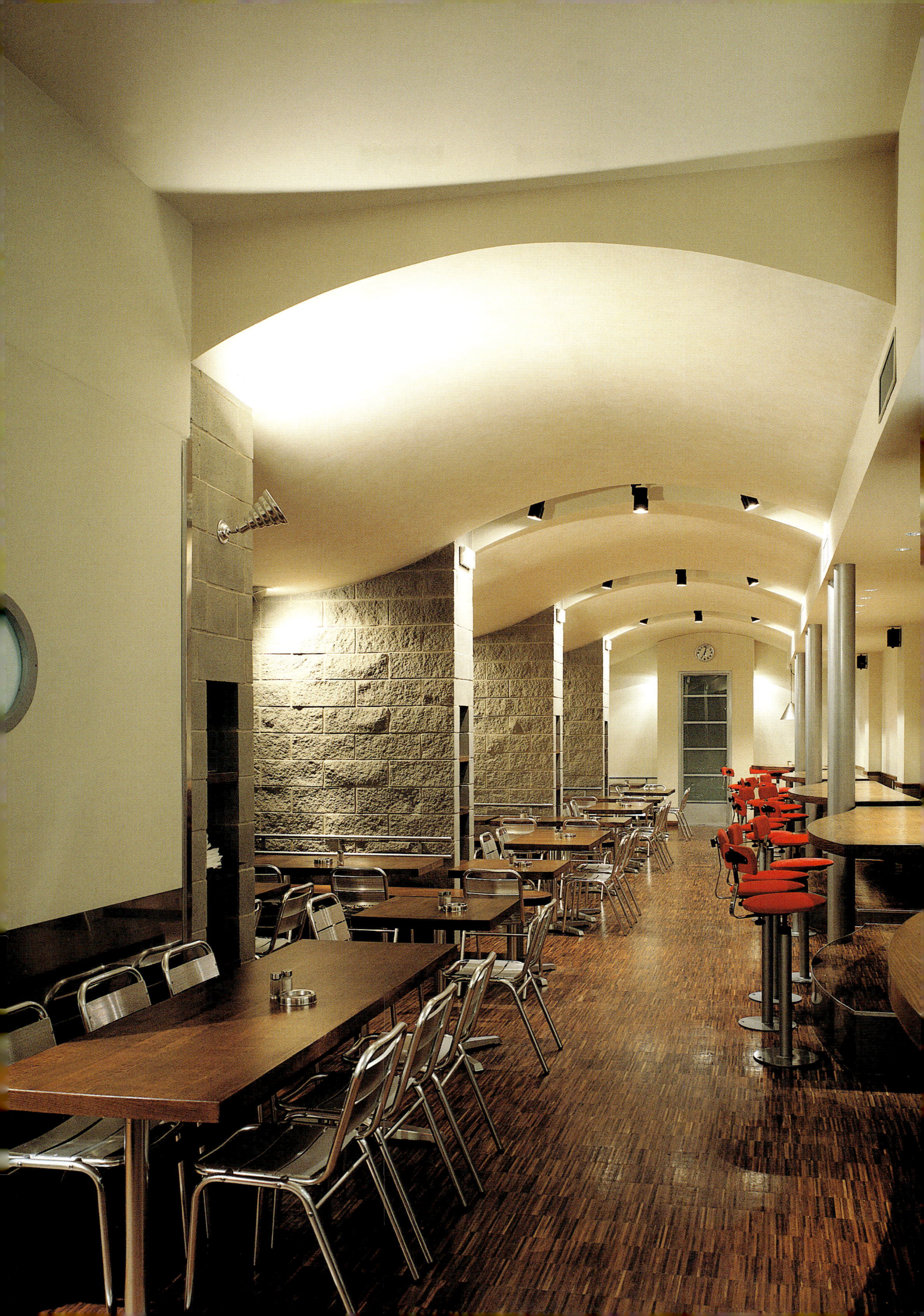

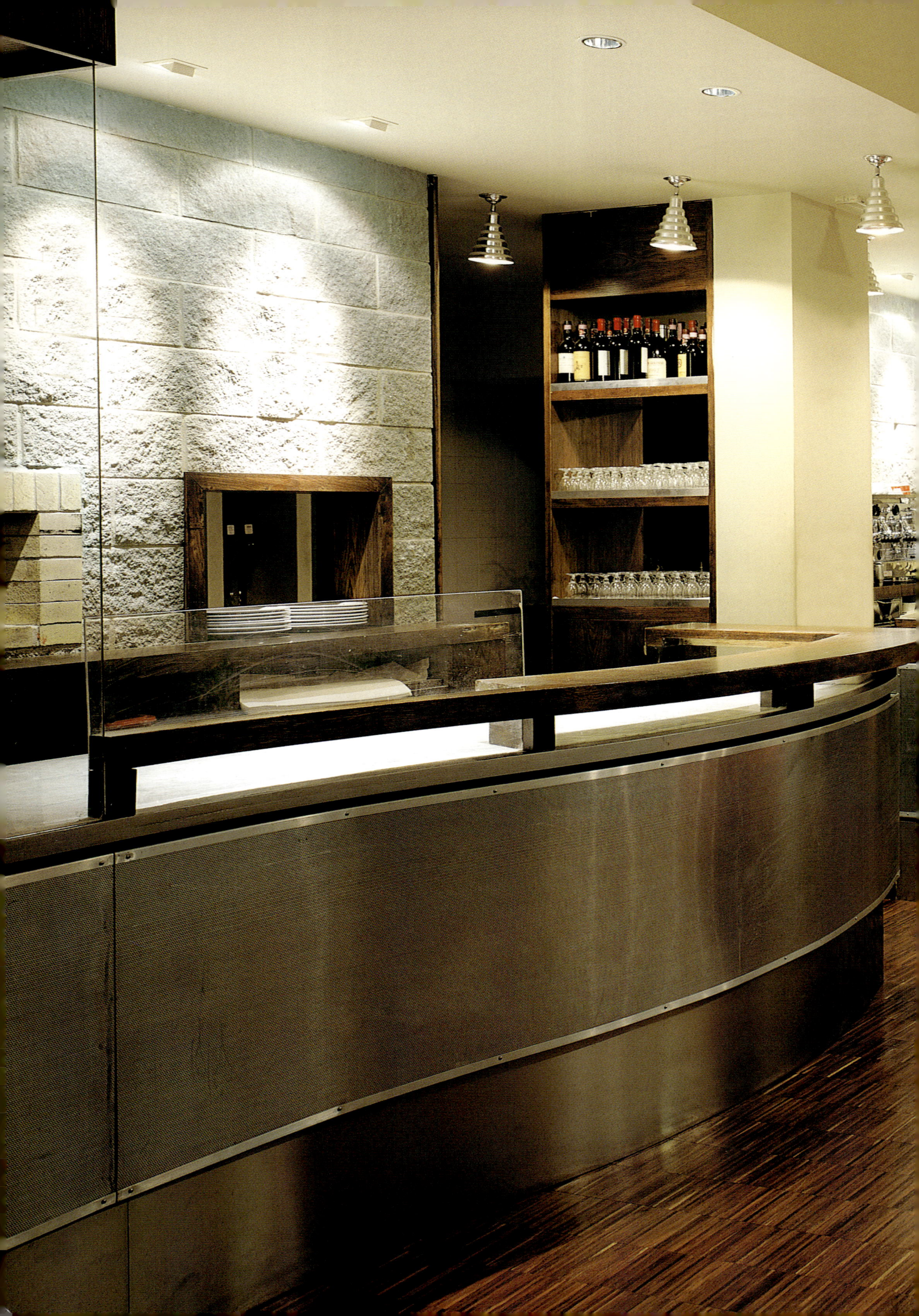

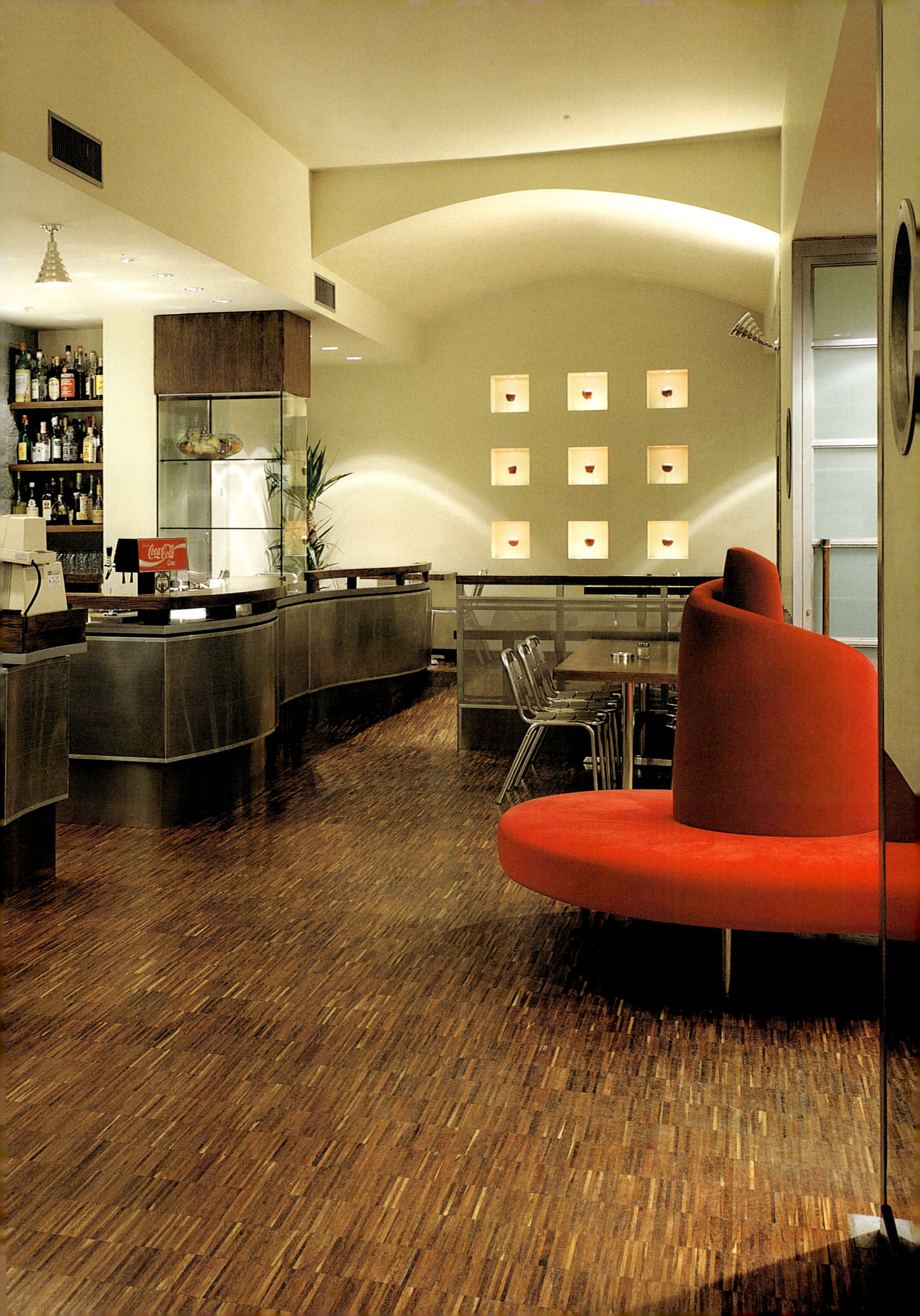
Coca-Cola

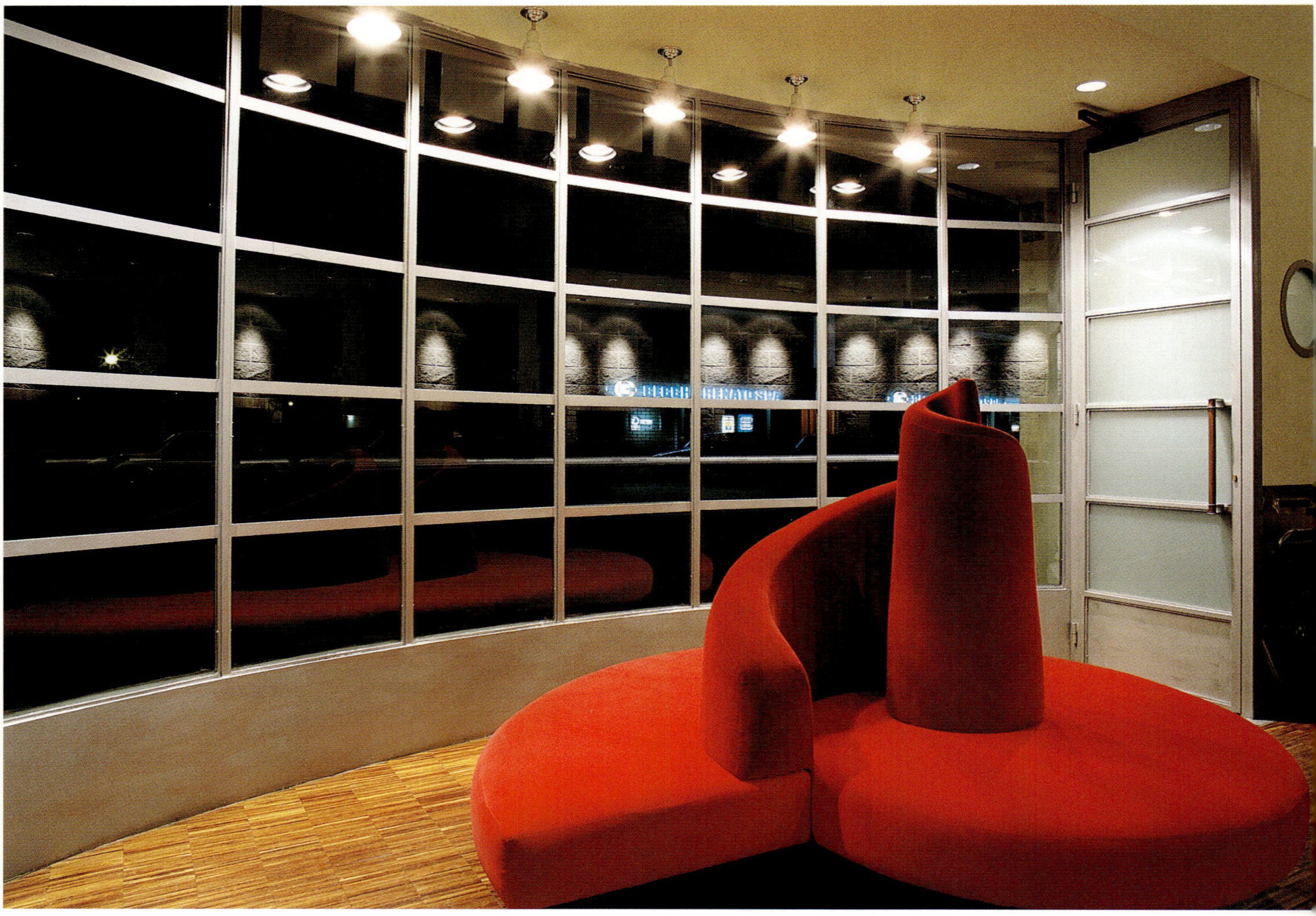

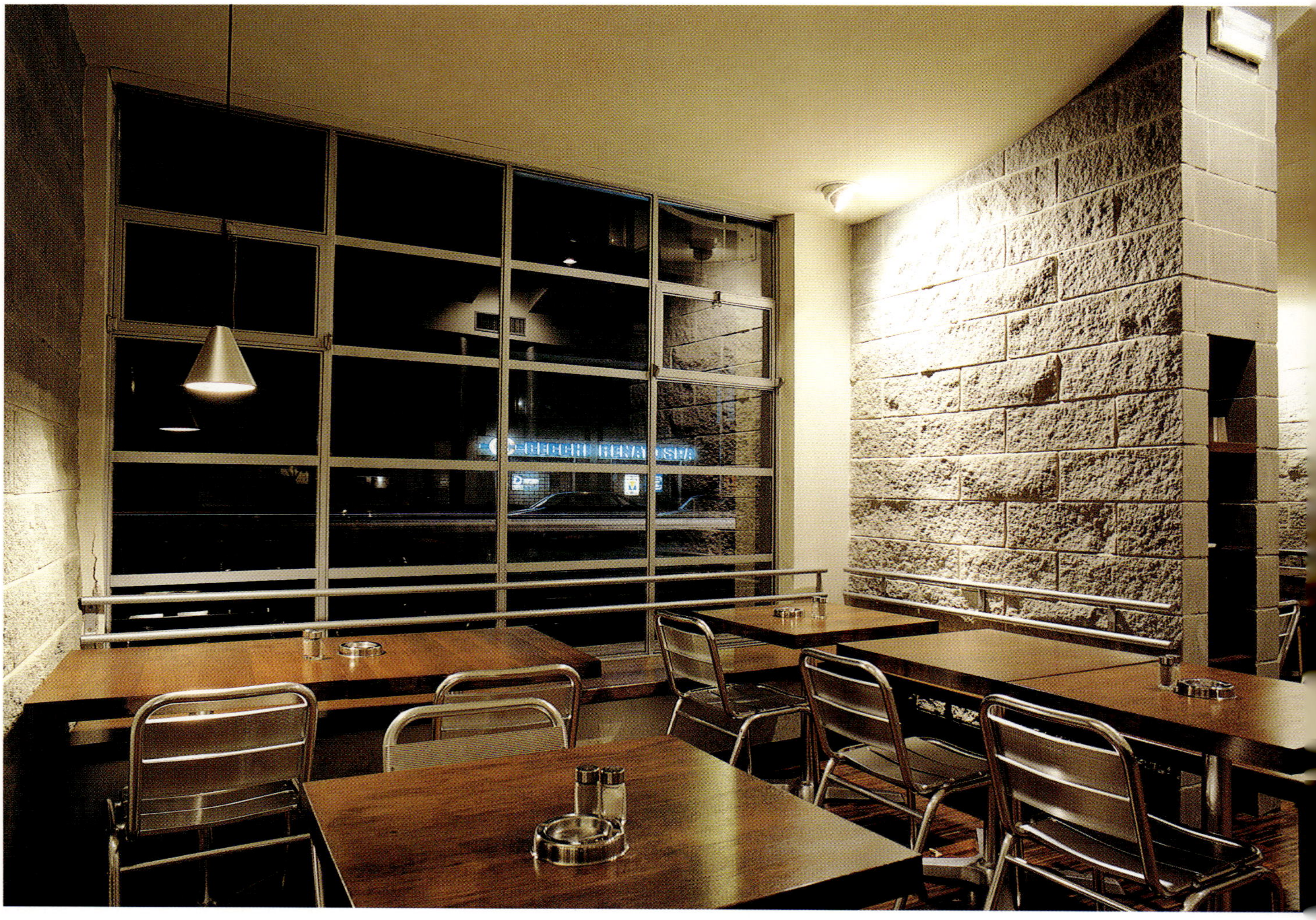

141

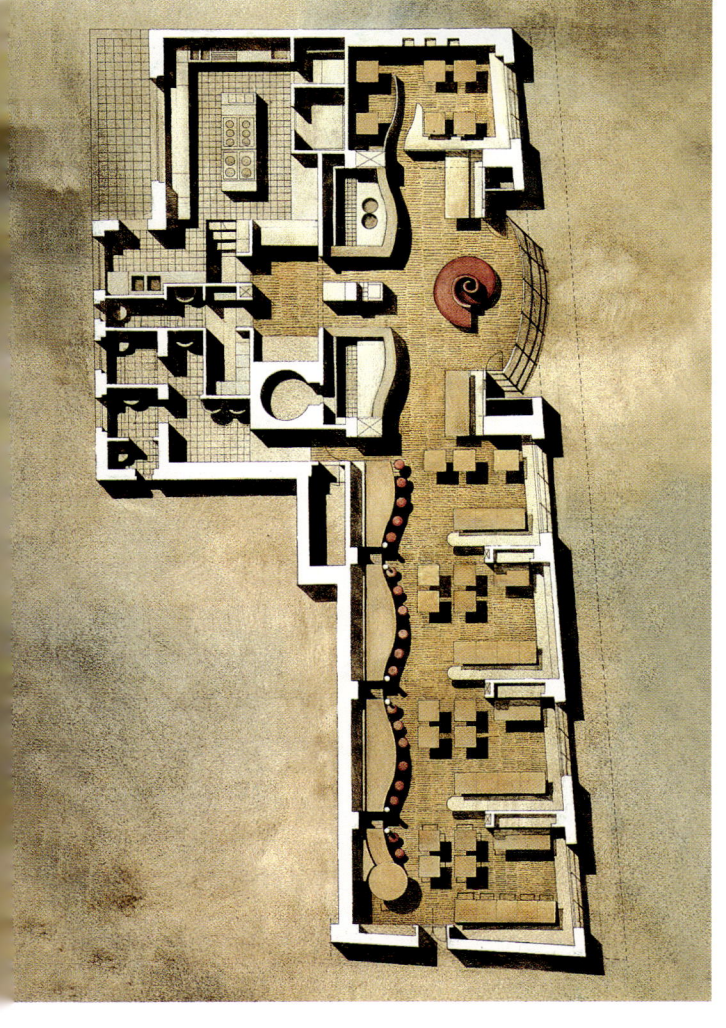

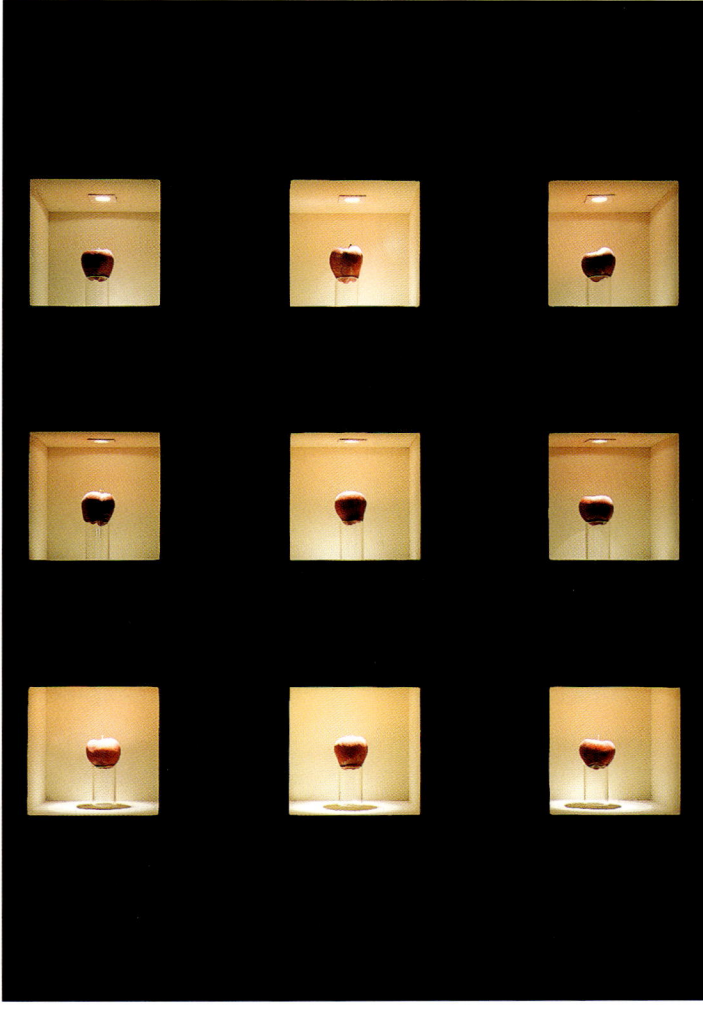

Claudio Lazzarini
Carl Pickering

NIL
Roma

Schizzo di progetto / Project sketch

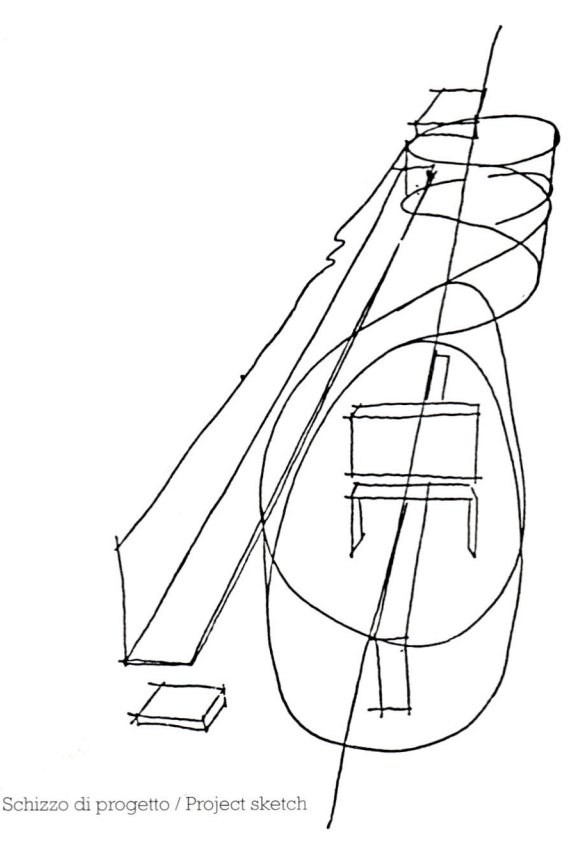

I vincoli costituiti dalla difficile conformazione di questo locale lungo e stretto, seminterrato, sono divenuti condizione stimolante di un progetto che gioca sul tema della mutevolezza, della trasformabilità – particolarmente caro ai suoi autori – grazie all'individuazione e all'utilizzo raffinato di poche componenti di carattere tipicamente teatrale. Tendaggi come sipari, luci continuamente variabili, una passerella sono così gli elementi della scena ma la sua teatralità non è solo da riconoscere nella specifica natura dei singoli elementi ma nella loro totale convertibilità funzionale e d'immagine. Lo spazio è concepito come un contenitore bianco, ma la scelta di un non colore non corrisponde a una generica neutralità quanto, al contrario, all'idea di una pagina bianca sui cui sia possibile incidere artificialmente colori e segni grafici, come si trattasse di una sorta di telo per proiezioni. Varcato l'ingresso il sofisticato banco del bar è un assemblaggio di superfici bianche o rivestite di specchio sulle quali s'innesta perpendicolarmente un piano d'appoggio a documentare un inconfondibile modo di procedere dei progettisti. Sopra di esso è sospeso un sottile volume utilizzato come schermo di proiezione. Da quest'area si eleva, e corre lungo l'intera lunghezza di una delle pareti, la passerella di legno sbiancato, una sorta di palcoscenico proiettato verso il ristorante per guardare ed essere guardati. Un camminamento che si trasforma in una panca continua e, nel dopocena, in una pista da ballo insieme ai grandi massi di travertino grezzo con piani lucidi utilizzati anche come sedute. Ma è il sistema dei tendaggi, governati elettricamente, a costituire l'apparato "scenico" più efficace non solo perimetrando l'ambiente ma anche scomponendolo per creare zone appartate ovaliformi, e così distinguere il bar dal ristorante o disegnare una saletta *privée* sul fondo o ancora trasformare l'intero locale in uno schermo per videoarte. Le luci gestite da un computer e i videoproiettori strategicamente installati permettono di disegnare sulle tende, morbidamente drappeggiate, colori diversi e immagini fisse o in movimento. Gli arredi – i tavoli monopo-

The constraints imposed by the difficult conformation of this long, narrow basement restaurant served as stimuli for a project that is inspired by the concepts of mutability and transformability – particularly dear to the architects Lazzarini and Pickering – thanks to the refined use of just a few components that are typically theatrical in character. Thus drapes used as curtains, continuously variable lighting and a walkway are elements deriving from the stage, but the establishment's theatricality will be perceived not only in the specific nature of the individual elements but also in the total convertibility of their functions and appearance. The space is conceived as a white container, although, rather than generic neutrality, the choice of a non-color corresponds to the idea of a white page to which colors and graphic signs may be applied, as if it were a sort of screen onto which images are projected. Immediately after the entrance, the sophisticated bar counter is an assemblage of white or mirrored surfaces from which an additional horizontal surface projects at right angles, constituting an excellent example of the architects' very original approach. Above this is suspended a thin volume used as a screen for projections. In this area, the catwalk of white wood rises up and then runs along the whole length of one of the walls; this functions as a sort of stage facing the restaurant so that clients may both watch and be watched. It is a walkway that may be transformed into a banquette and, after dinner, into a dance floor, while the large blocks of undressed travertine with polished tops can be used as seats. But it is the system of electrically controlled drapes that constitutes the most effective scenic device as they not only form the perimeter of the area but also divide it up to create secluded oval-shaped areas, and thus distinguish the bar area from the restaurant and create a private space at the end of the hall or else they may be used to transform the whole establishment into a screen for video art. The computer-controlled lights and the strategically placed video projectors allow different colors and still or moving images to be shown o

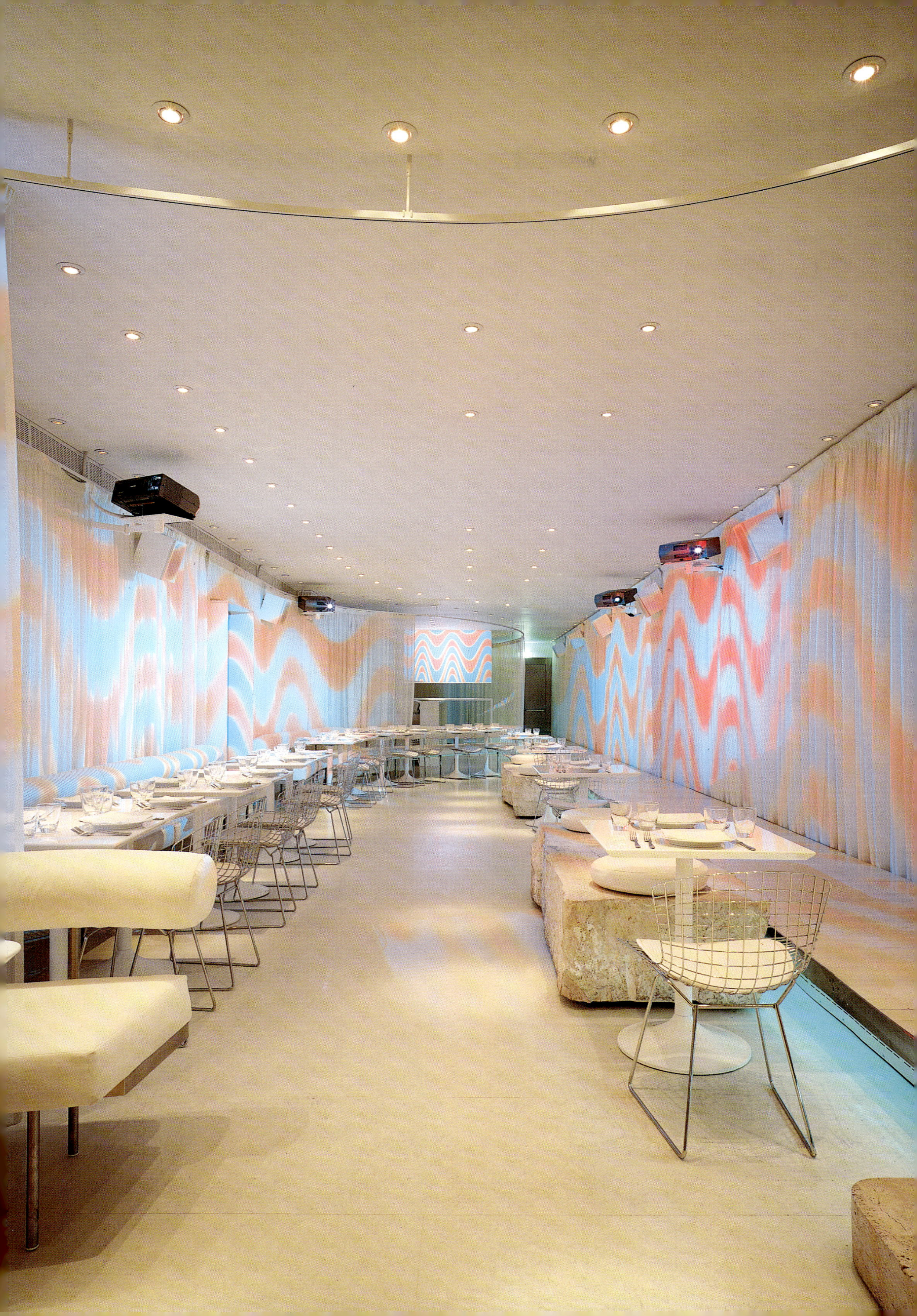

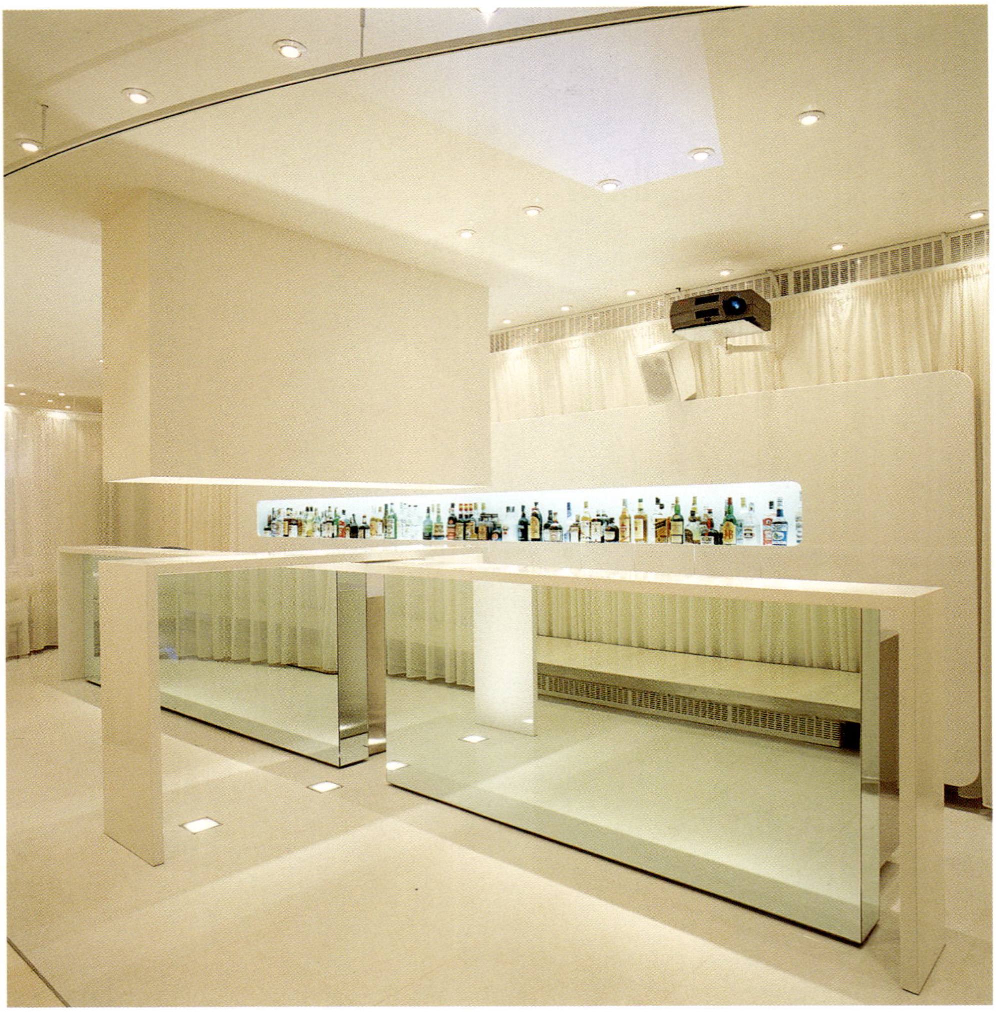

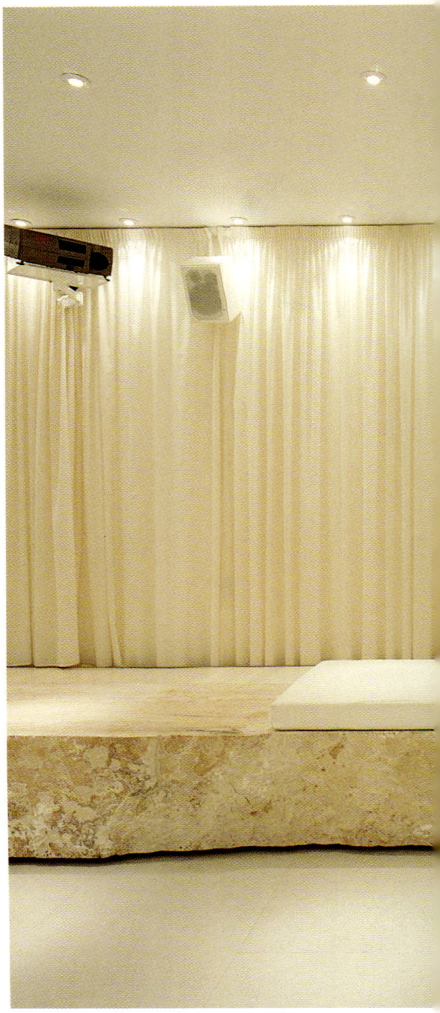

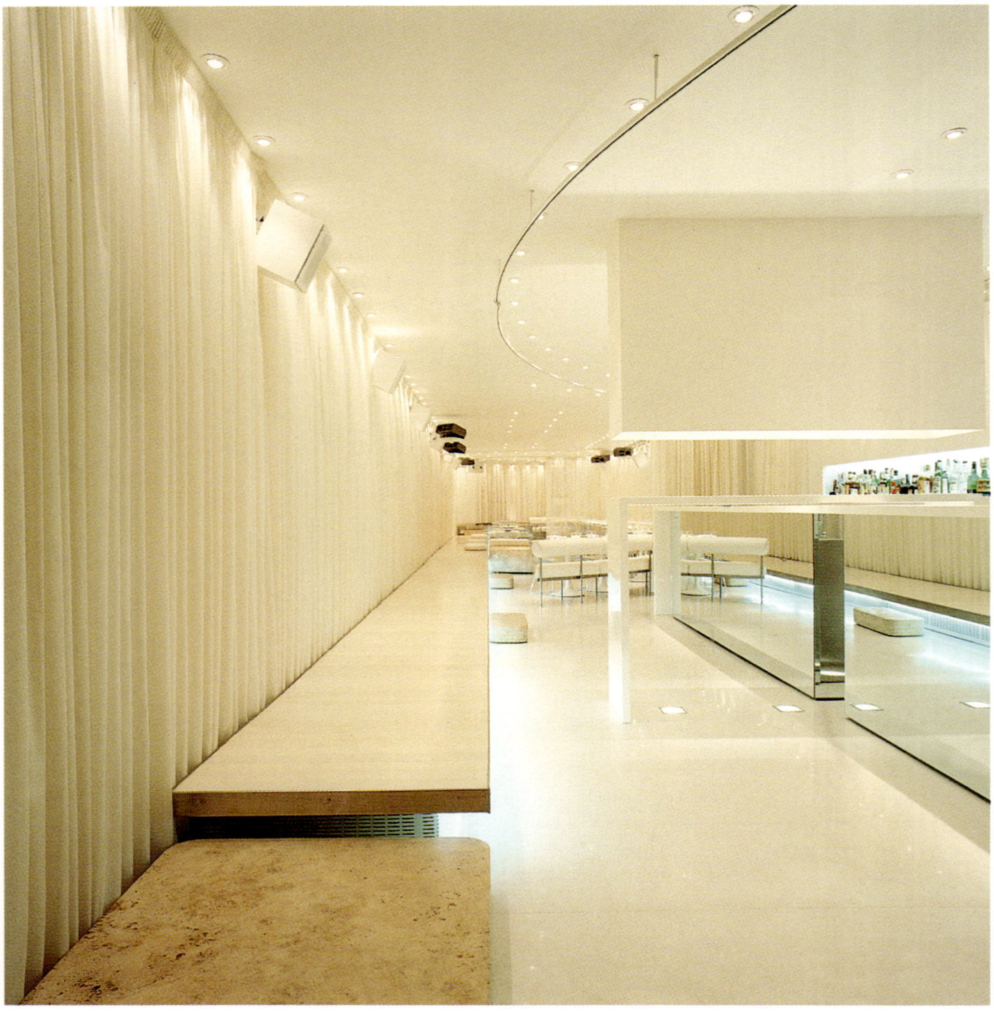

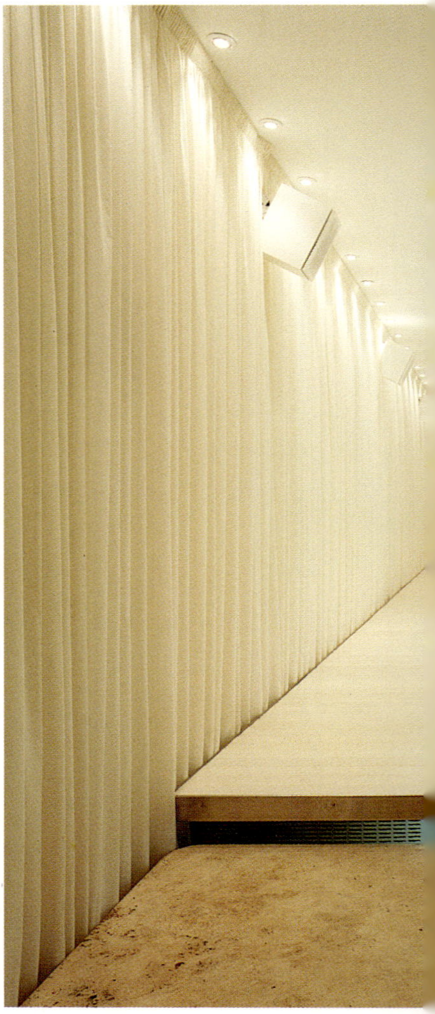

145

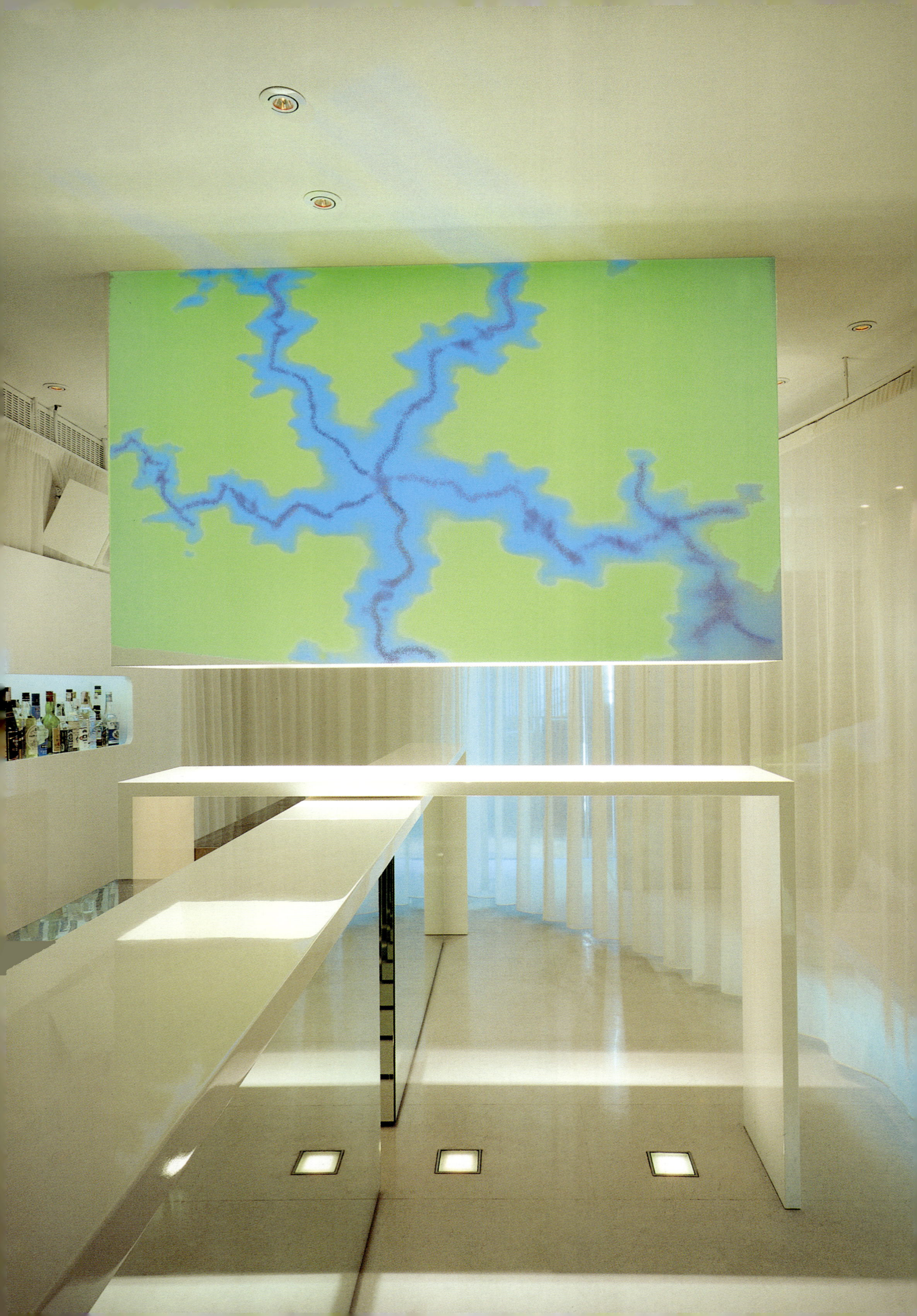

Sezione trasversale / Transversal section B-B

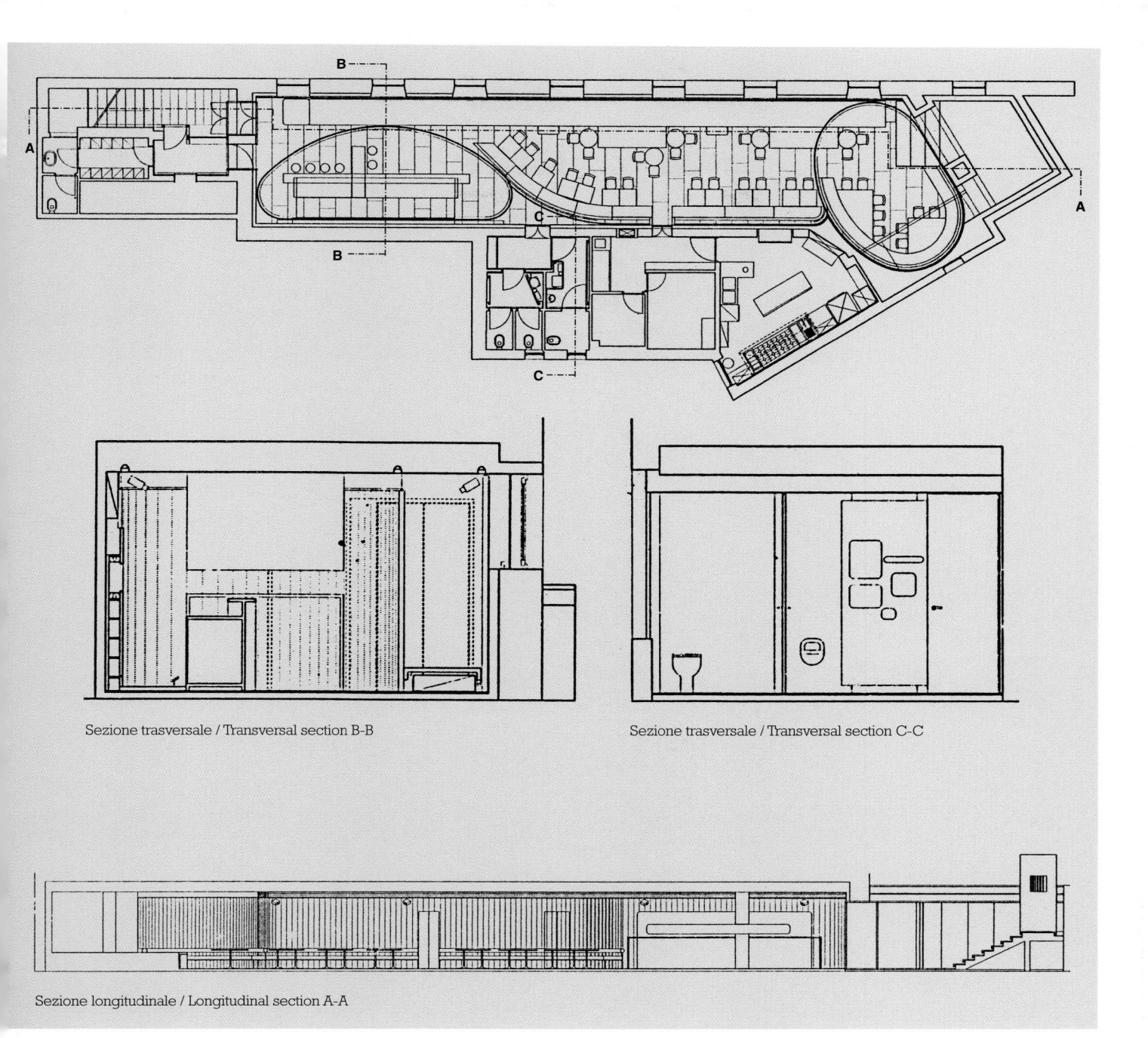

Sezione trasversale / Transversal section C-C

Sezione longitudinale / Longitudinal section A-A

di ispirati a Eero Saarinen sono corredati da sedie in tondino con cuscini bianchi e da essenziali panche che disegnano la parete opposta alla passerella secondo linee sinuose – con la loro leggerezza non fanno che uniformarsi alle scelte compositive adottate. Nel tradurre l'idea del ristorante come luogo teatrale questo progetto, pur utilizzando stratagemmi caratteristici degli allestimenti teatrali e, anche più propriamente, della scenografia, tuttavia rifugge quella gratuita spettacolarità così di frequente adottata nei locali pubblici. Qui le diverse componenti progettuali sono vocaboli di un lessico ben identificato, di un linguaggio personale, specificamente architettonico, si potrebbe dire di una poetica che contraddistingue e diviene cifra riconoscibile dei due progettisti. In questo locale la congruenza funzionale al tema assegnato e la sua risoluzione formale rappresentano una delle possibili varianti di uno studio da tempo avviato da Lazzarini e Pickering sull'idea di spazio. Qui, come in altri progetti, l'identificazione di pochi elementi e materiali dà luogo, in realtà, grazie a un controllo assoluto del disegno anche alla scala del minimo dettaglio, a una notevole complessità leggibile su più livelli. La definizione puntuale e rigorosa della composizione spaziale conduce contemporaneamente a una sua smaterializzazione o, quanto meno, a una sua non univocità: tema caratteristico, questo, dell'architettura contemporanea e del quale i progettisti danno un'interpretazione sempre molto convincente.

the softly hung drapes. With their lightness, the furnishings conform to the compositional choices adopted; thus, the tables supported by a central stem inspired by the famous designs of Eero Saarinen are accompanied by steel-framed chairs with white cushions and austere banquettes that hug the sinuous forms of the wall opposite the walkway. While interpreting the concept of the restaurant as a theatrical place and using devices typical of the theater, or more precisely of stage sets, this project eschews the gratuitous spectacularity that is all too often adopted by this type of establishment. Here the different components form part of a clearly identifiable mode, a personal, specifically architectural language – an aesthetic ideal, one might say – that characterizes the distinctive style of the two architects. In this restaurant, the functional congruity with the assigned task and its formal resolution represent one of the possible variants of a study of the idea of space they started some time ago. Here, as in other projects, the identification of just a few elements and materials gives rise – thanks to total control of the design, even with regard to the smallest details – to notable complexity that may be interpreted on various levels. At the same time, the precise definition of the spatial composition produces a sense of dematerialization or, at the very least, of ambiguity. This theme, which is so typical of contemporary architecture, is interpreted by these architects in a very convincing manner.

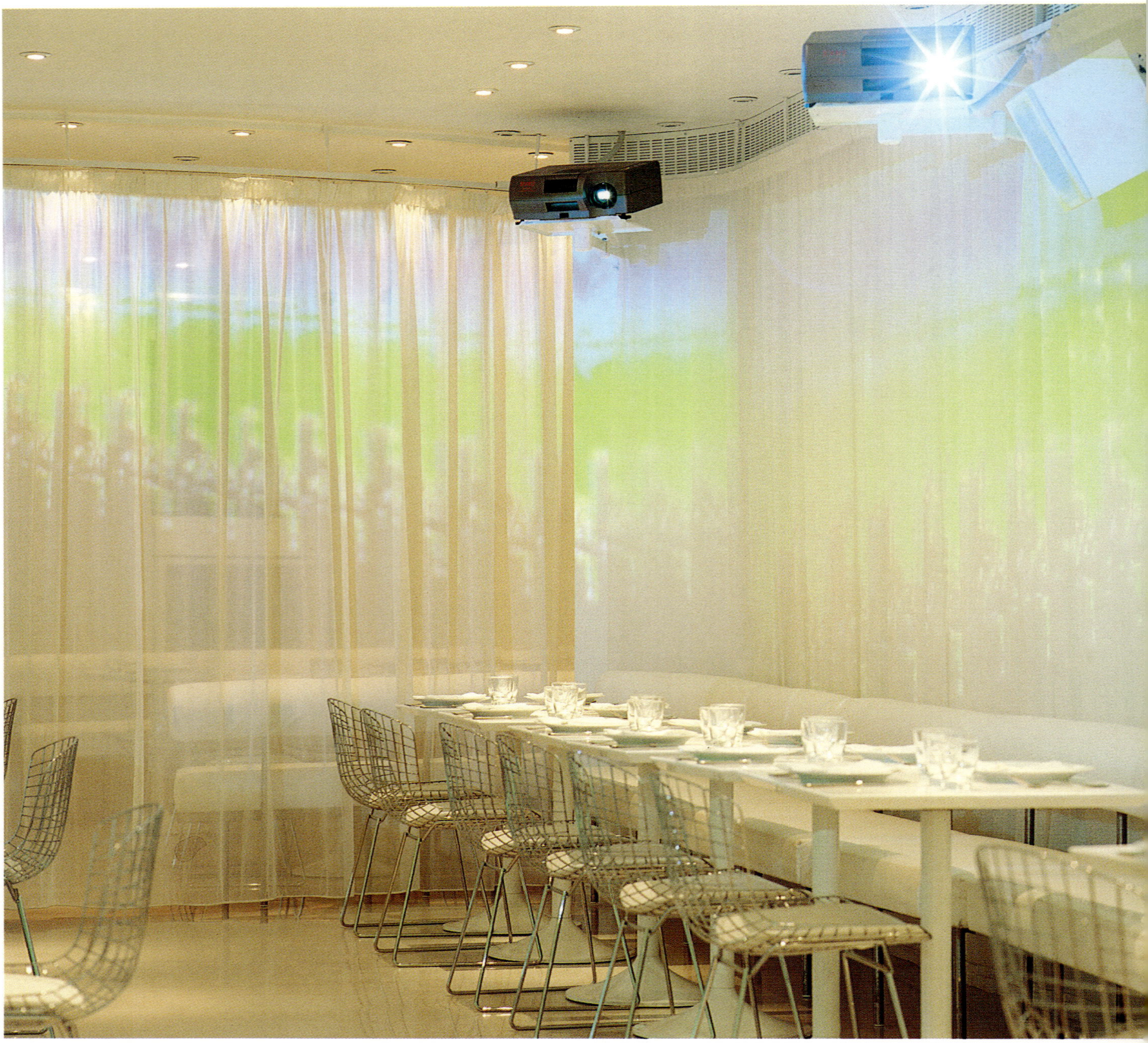

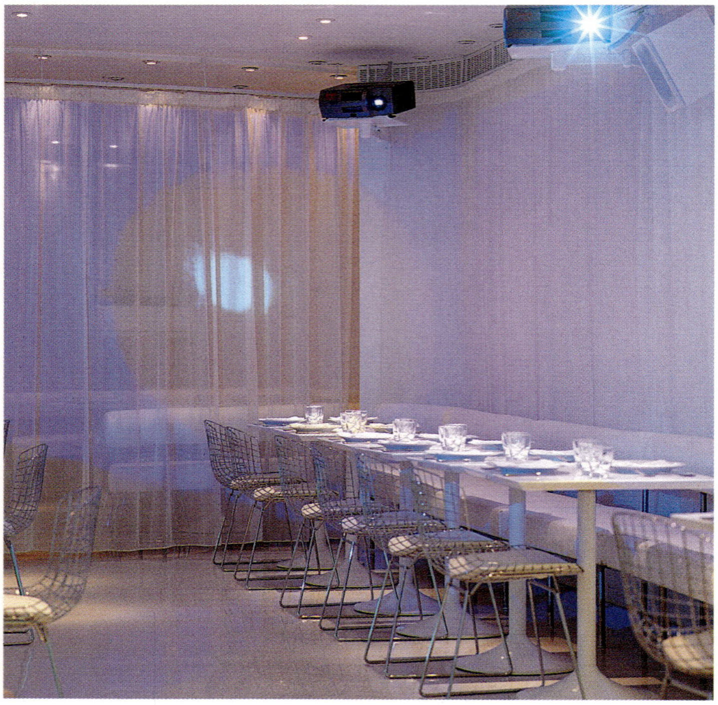

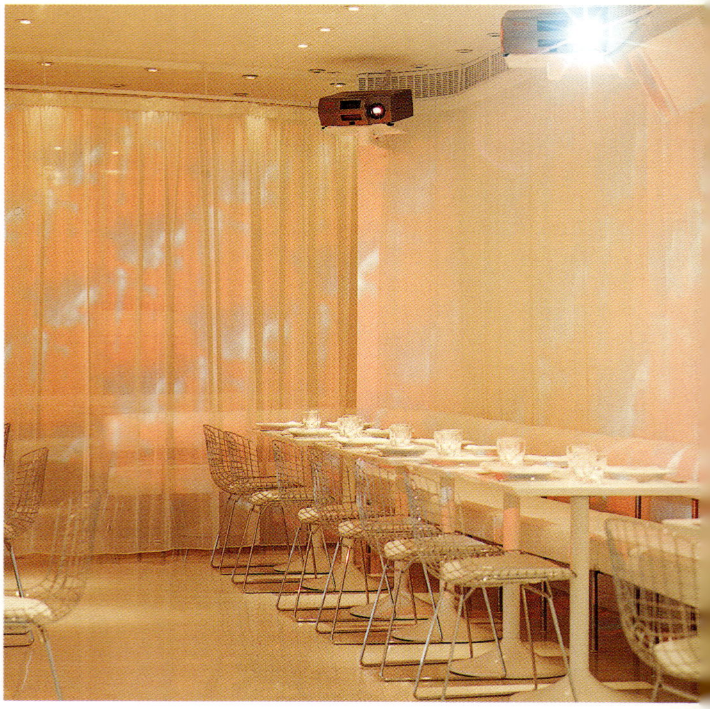

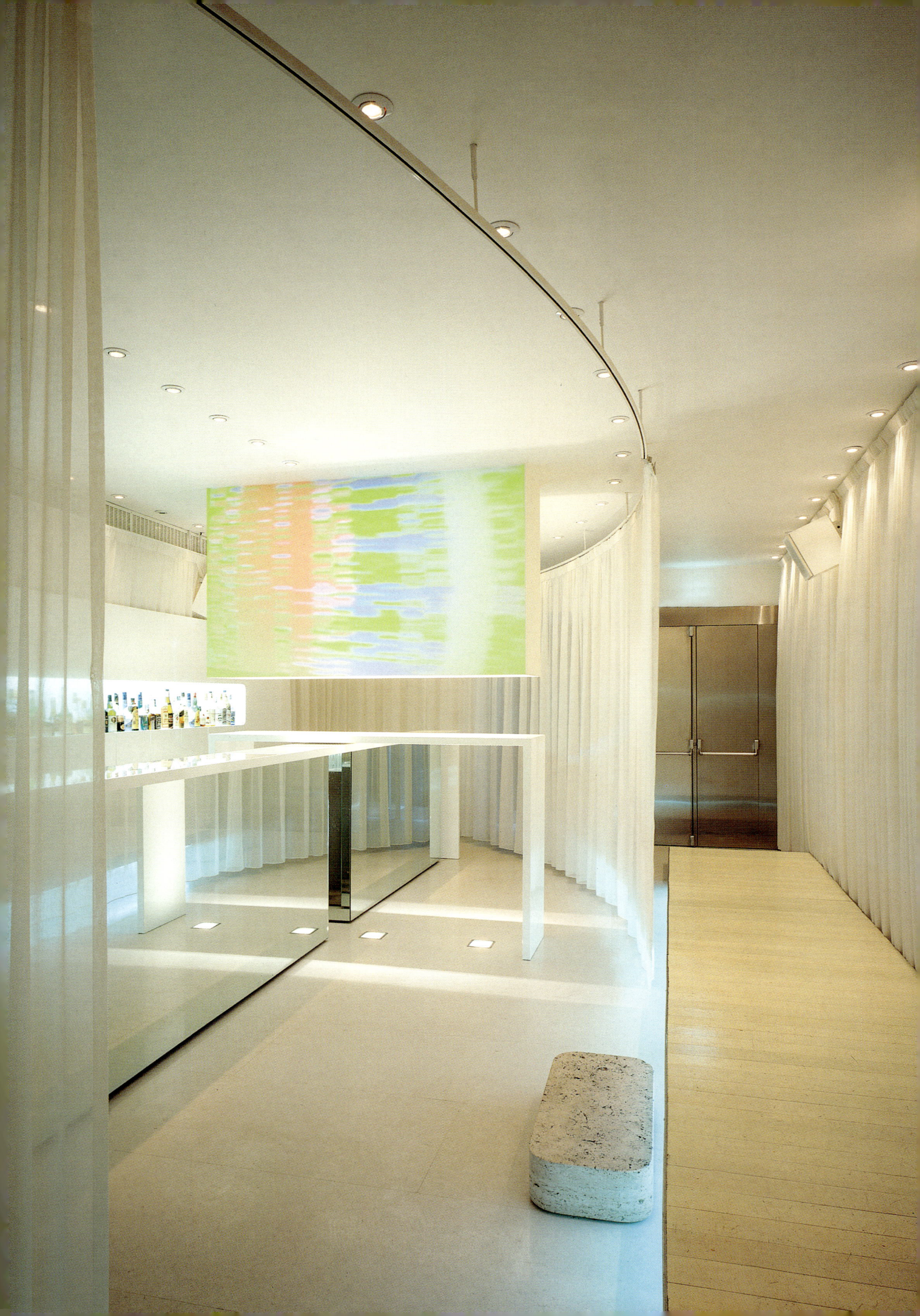

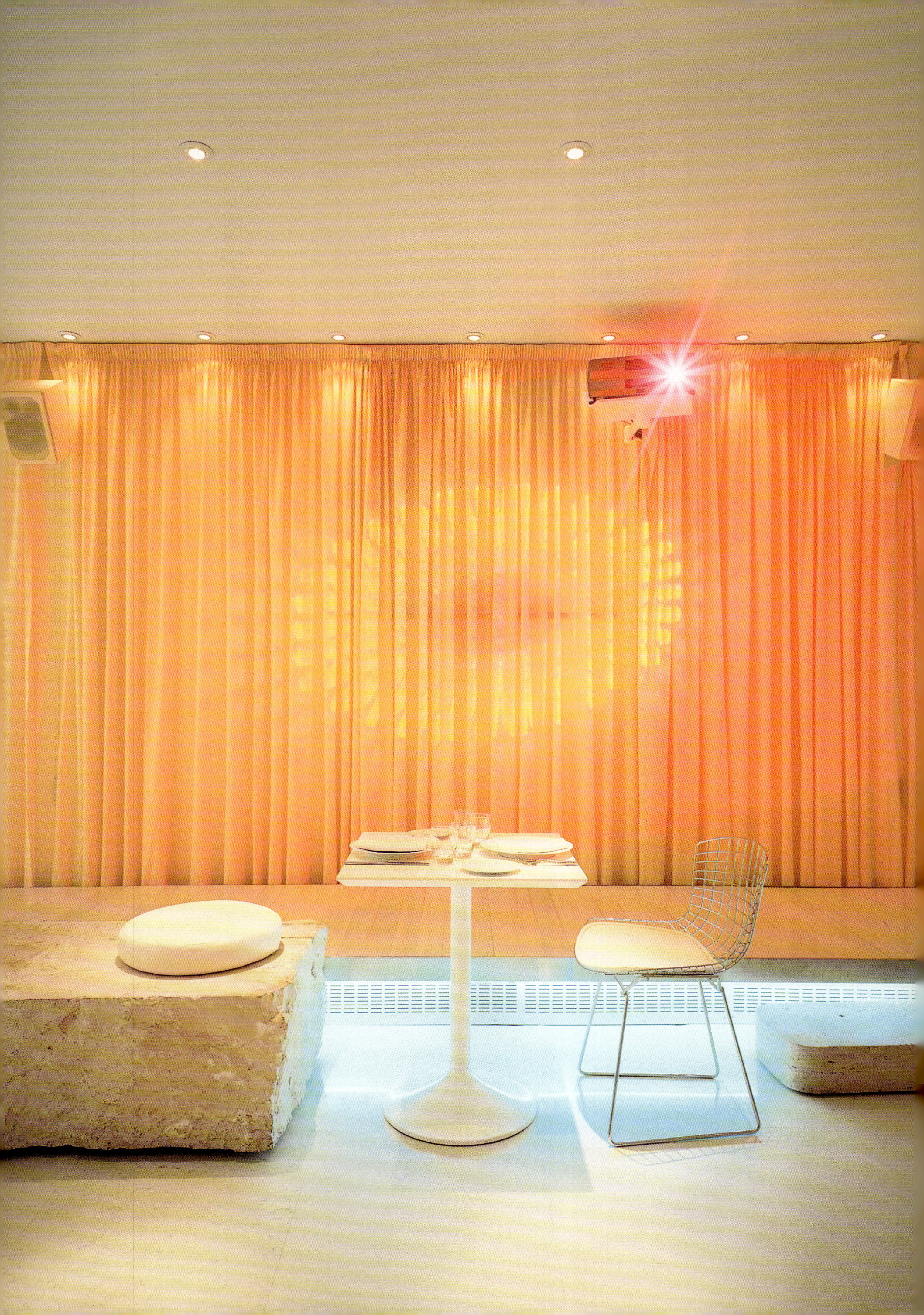

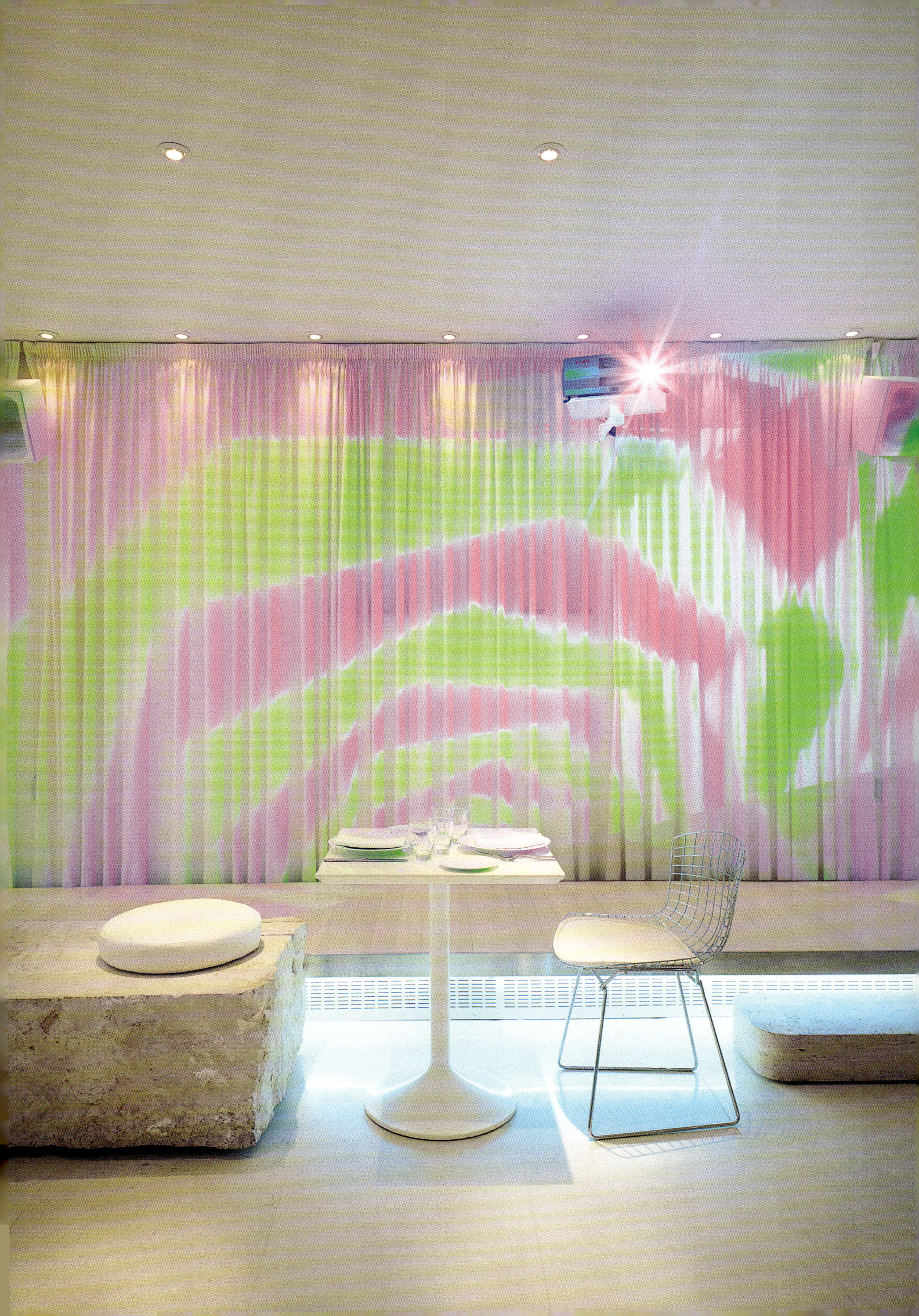

Pierluigi Piu

OLIVETO
London (GB)

Una nuova facciata, rischiarata da tre vaste aperture che mostrano l'interno, caratterizza questo ristorante nel quartiere di Chelsea, a Londra, in cui sono volontariamente offerte suggestioni mediterranee elegantemente stilizzate. Come spesso accade negli edifici londinesi l'ingresso non dà accesso alla sala vera e propria ma a un disimpegno dove si trova la scala che conduce al piano superiore, occupato dai servizi e da un ampio locale d'attesa, e, solo in un secondo momento alla bussola d'ingresso dotata di una doppia porta "vai e vieni", in conformità alle prescrizioni locali, con ante sagomate da un ricercato motivo sinusoidale. Uno degli interventi di maggior rilievo è consistito proprio nell'eliminazione del muro portante tra il vano d'ingresso e la sala sostituito da un tramezzo vetrato, sostenuto da un'intelaiatura di legno, per dare maggior ampiezza al ristorante di modeste dimensioni. Con un'analoga finalità, per garantire una migliore illuminazione naturale e un maggior respiro agli spazi, la copertura praticabile al primo piano è stata ripristinata aprendo anche un grande lucernario che insiste sulla saletta più interna del locale. Il riferimento ad atmosfere mediterranee è svolto essenzialmente al livello della decorazione: una *boiserie* continua riveste le pareti nelle due finiture chiara e scura creando un gioco di negativo/positivo. Raffinati intarsi disegnano sui pannelli lignei giganti ramoscelli d'ulivo stilizzati la cui disposizione s'inverte, protendendosi in alto o in basso, a ogni risvolto delle pareti. Il rincorrersi incessante delle decorazioni s'interrompe sulla parete di fondo, opposta alla vetrata d'in-

A new façade illuminated by three vast windows revealing the interior is a characteristic feature of this restaurant located in the district of Chelsea, in London, which intentionally incorporates elegantly stylized elements reminiscent of the Mediterranean. As is often the case in London buildings, the street door does not give direct access to the interior but leads into a lobby, from which a staircase goes to the upper floor, where the restrooms and a large waiting area are situated, and only after this is there another double swing-door – complying with local safety regulations – with the two leaves shaped into a refined sinusoidal motif. One of the most important alterations made was the elimination of the load-bearing wall between the lobby and the dining-room and its replacement by a glazed partition wall, supported by a wooden frame, in order to create a feeling of greater spaciousness in this small restaurant. With the same aim – to provide better natural lighting and give the impression of more space – the flat roof over the first floor was restored and a large skylight placed above the restaurant's most internal room, was opened up. The Mediterranean atmosphere is mainly created by the decoration: the walls are clad with continuous paneling in which the alternation of light and dark woods results in the interplay between positive and negative. Refined inlays in the wooden panels represent stylized olive branches, the dispositions of which are inverted – extending either upwards or downwards – on each section of the wall. The continuous sequence of the decorations is interrupted on the end wall – the one opposite the glazed entrance wall

153

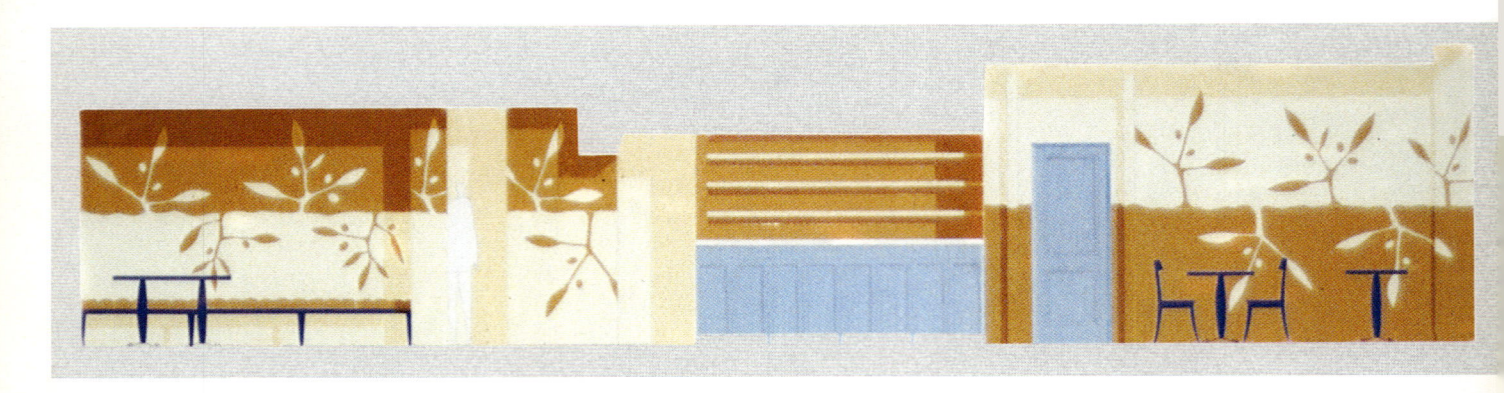

Studi della decorazione / Details of wall decorations

gresso, sulla quale si alternano semplicemente a scacchiera i due colori dei pannelli. Si origina così un ambiente molto caratterizzato ma leggero e luminoso, ulteriormente rischiarato dalla pavimentazione in piastrelle di granito bianco-sabbia frantumate in pochi pezzi e riassemblate in opera con un effetto *craquelé*. Gli arredi sono costituiti da semplici tavoli accostabili, con piani di mogano e sostegni torniti di legno chiaro – a riproporre l'avvicendarsi di essenze delle pareti – serviti da leggere sedie di design e da lunghe panche su cui sono posti cuscini blu impunturati. E blu, a creare un contrasto deciso con i toni delle pareti e degli arredi, è anche il vano che, oltre a celare la scala per accedere alla cucina, posta al piano sottostante, identifica e contiene il bar.
Questo è trattato come un volume autonomo, di legno chiaro, corredato da una parete attrezzata composta da una scaffalatura di vetro a tutt'altezza che s'innesta su un volume sagomato secondo le stesse linee sinusoidali delle porte d'ingresso. E il blu scelto come colore per identificare elementi in qualche misura autonomi, difformi rispetto all'omogeneità dell'insieme, contrassegna anche una delle pareti del vano scala all'esterno alleggerita da un foro ovale. Profili sagomati si rincorrono anche negli spazi accessori alla sala ristorante: il corrimano d'acciaio della scala è una serpentina così come una voluta conclude alla quota del pianerottolo il muro divisorio fra le rampe e come ancora una linea morbida decora le porte dei servizi igienici alternando il legno chiaro a quello tinto.
Negli antibagni il gioco di pannelli lignei è riprodotto in una variante che ne mostra lo spessore grazie a una sottile scanalatura che separa l'uno dall'altro. Lavandini, rubinetterie e accessori d'acciaio sono congruenti con tutte le finiture del locale realizzate con lo stesso materiale.

– on which the two colors of the panels alternate to form a checkerboard pattern. All this helps to create a very distinctive interior design that, however, displays a gentle touch and is well-lit, and it is further brightened by the flooring in off-white granite tiles broken into pieces and reassembled to produce a cracked effect.
The furnishings consist of simple tables, with mahogany tops and round legs in light wood – echoing the alternation of colors on the walls – flanked by light designer chairs and long banquettes on which blue quilted cushions are placed. The space containing the bar – as well as concealing the staircase leading to the kitchen, located on the floor below – is also blue in order to create a strong contrast with the tones of the walls and furnishings. The bar, which is treated as an independent volume of light wood, is completed by a wall composed of full-height glass shelving grafted onto a volume shaped with the same sinusoidal lines as the entrance door. And the blue chosen as the color to identify elements that are in some way independent or, at least, may be distinguished from the rest of the décor, is also used for one of the walls of the staircase at the entrance, which is pierced by an oval aperture.
Shaped profiles are also found in the spaces adjoining the dining-room: the steel handrail of the staircase forms a serpentine, while, at the level of the landing, a volute concludes the partition wall between the flights and a sinuous line decorates the rest-room doors, alternating light and dark wood. In the areas in front of the rest rooms, the contrasting effect of the wooden panels is reproduced with a variant showing the thickness thanks to shallow grooves separating them from each other. Steel washbasins, faucets, and accessories match all the other fittings in the restaurant made of the same material.

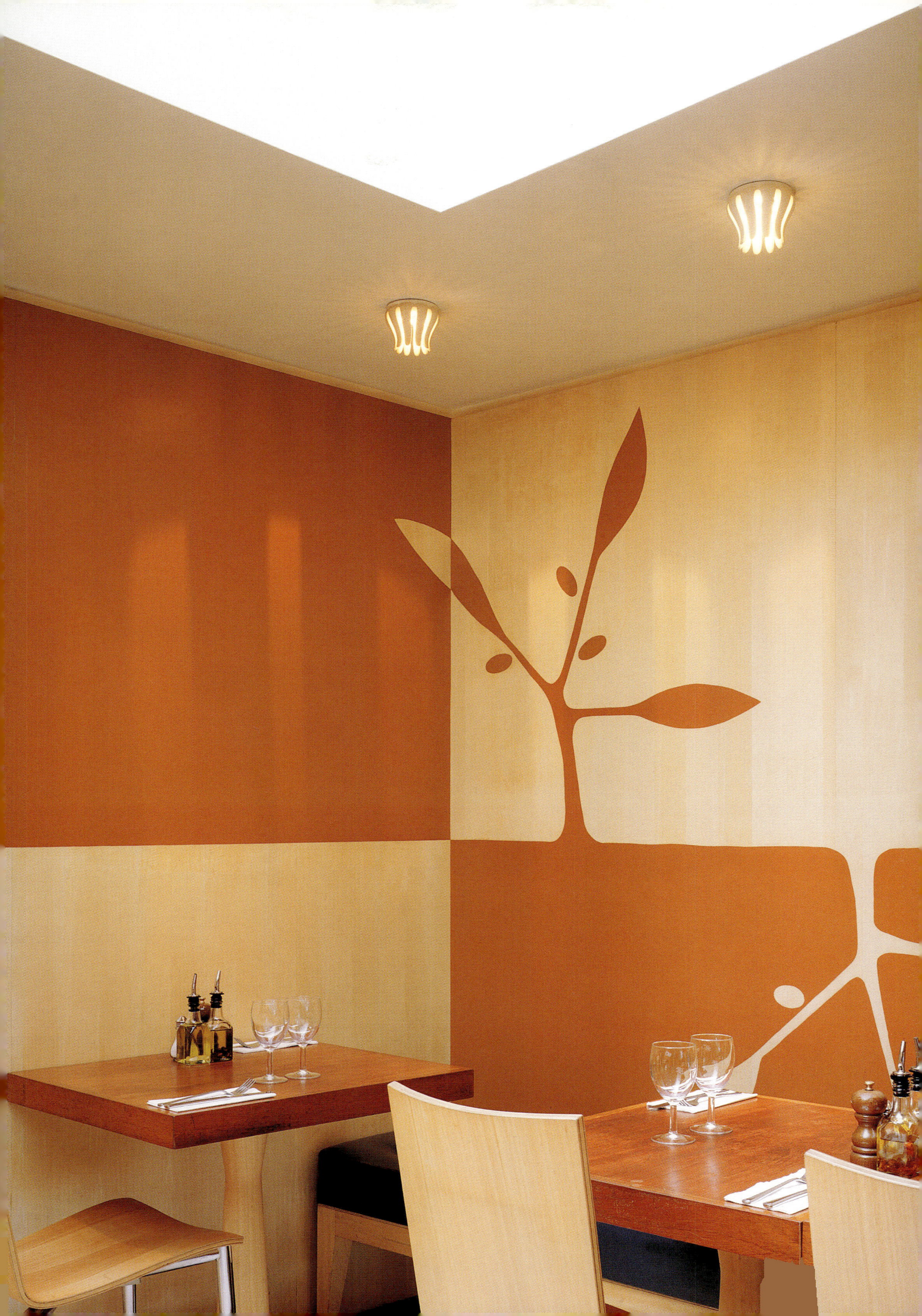

Primo piano / First floor

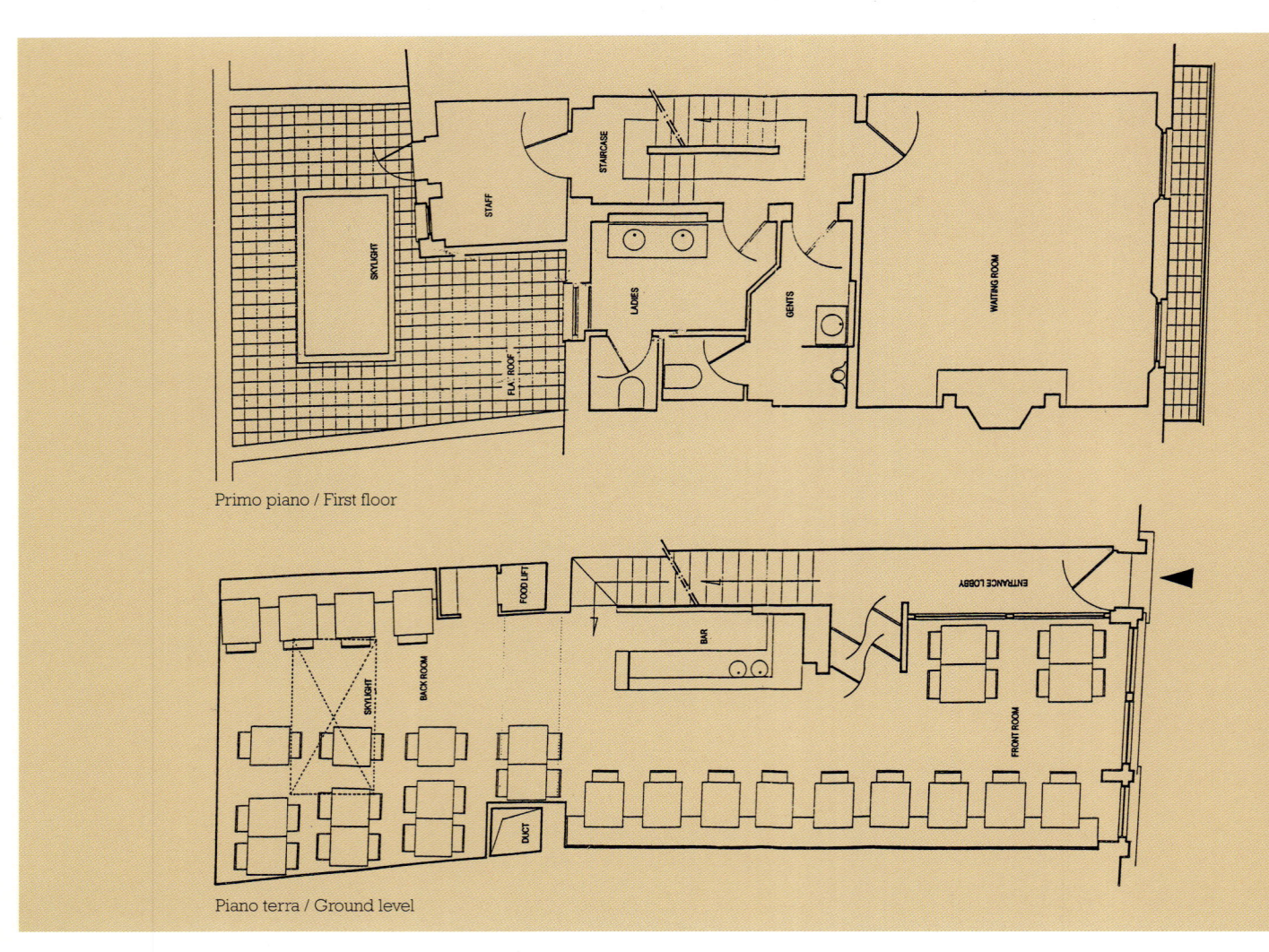

Piano terra / Ground level

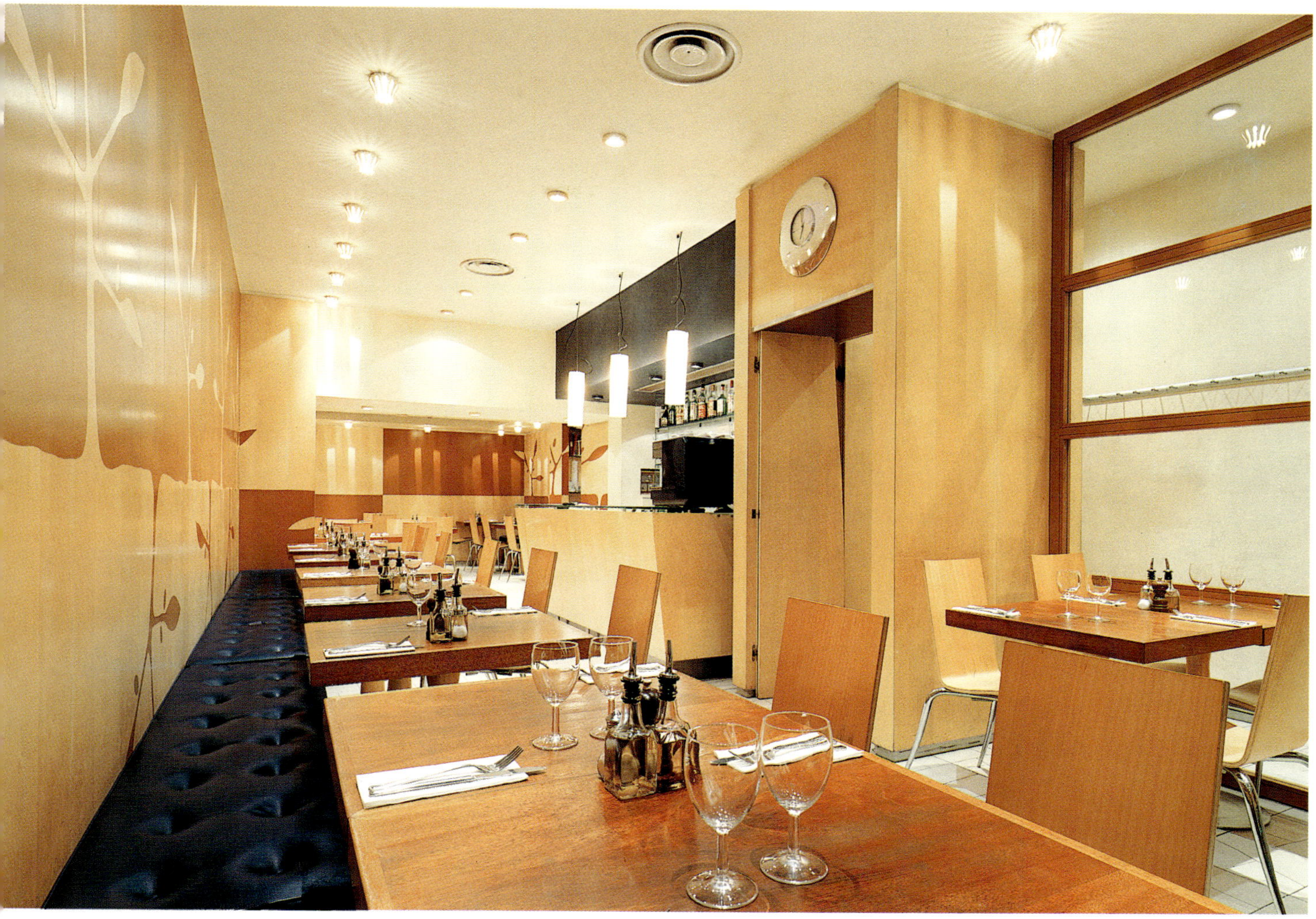

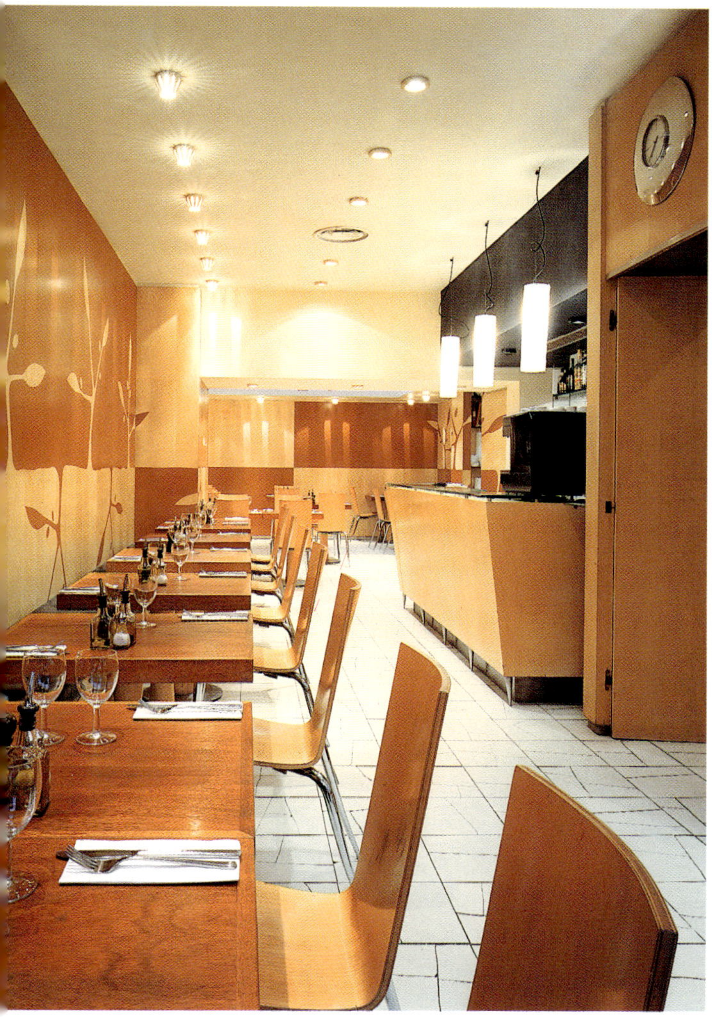

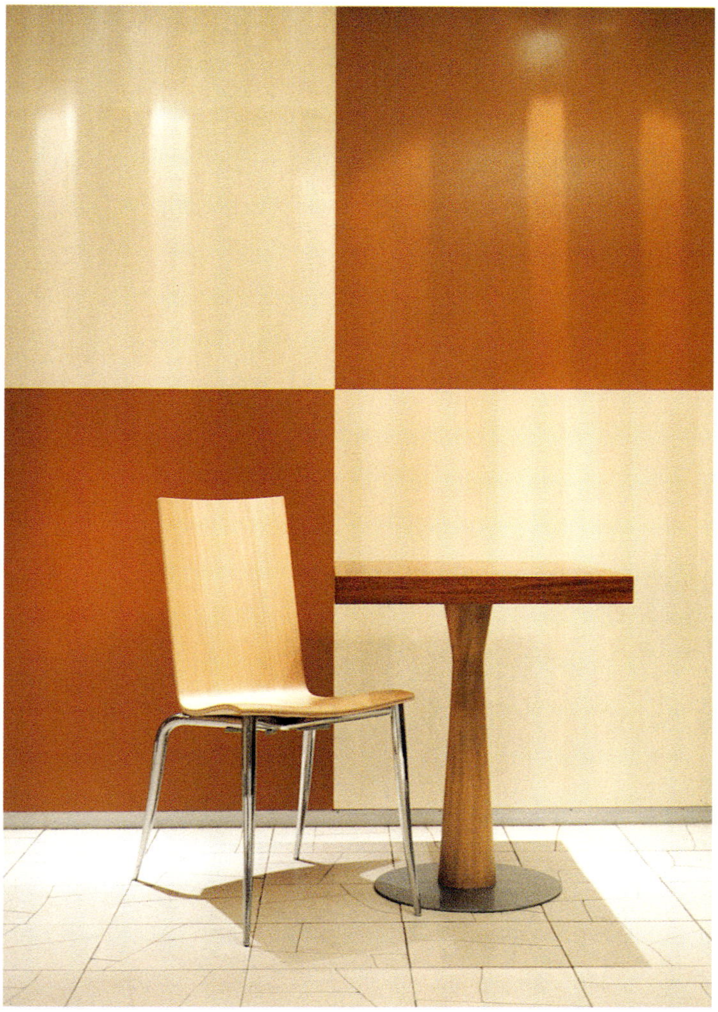

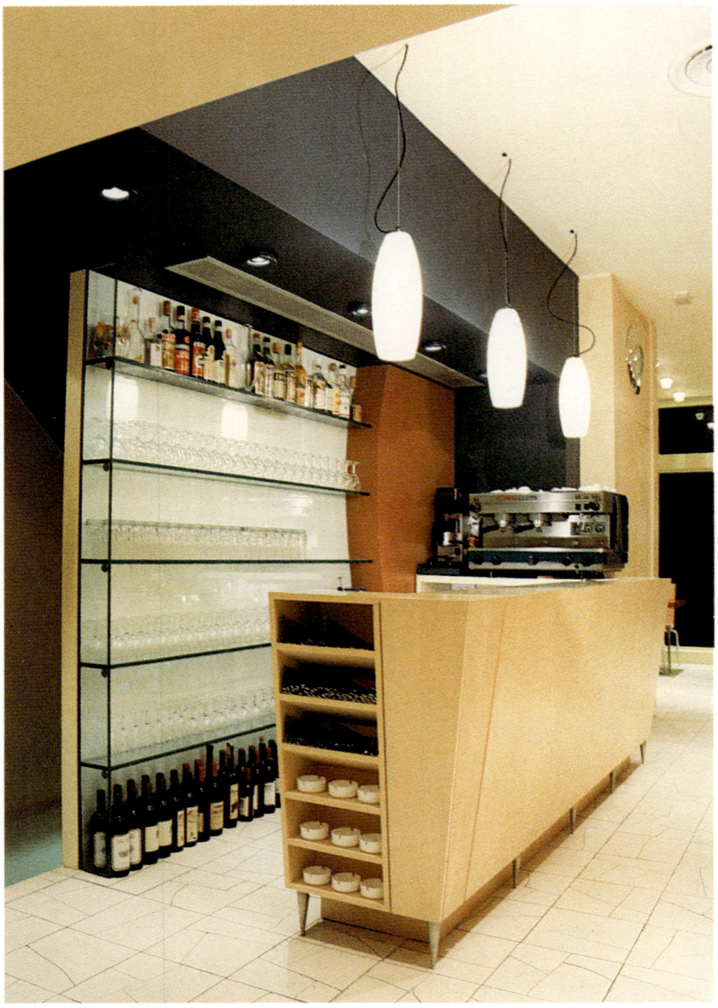
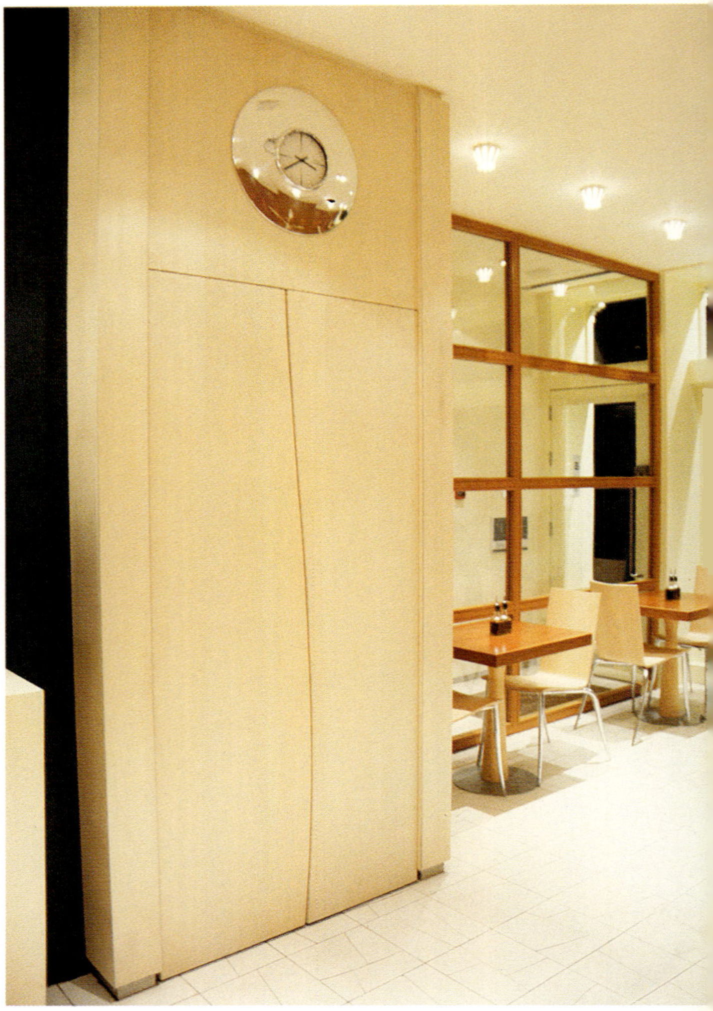
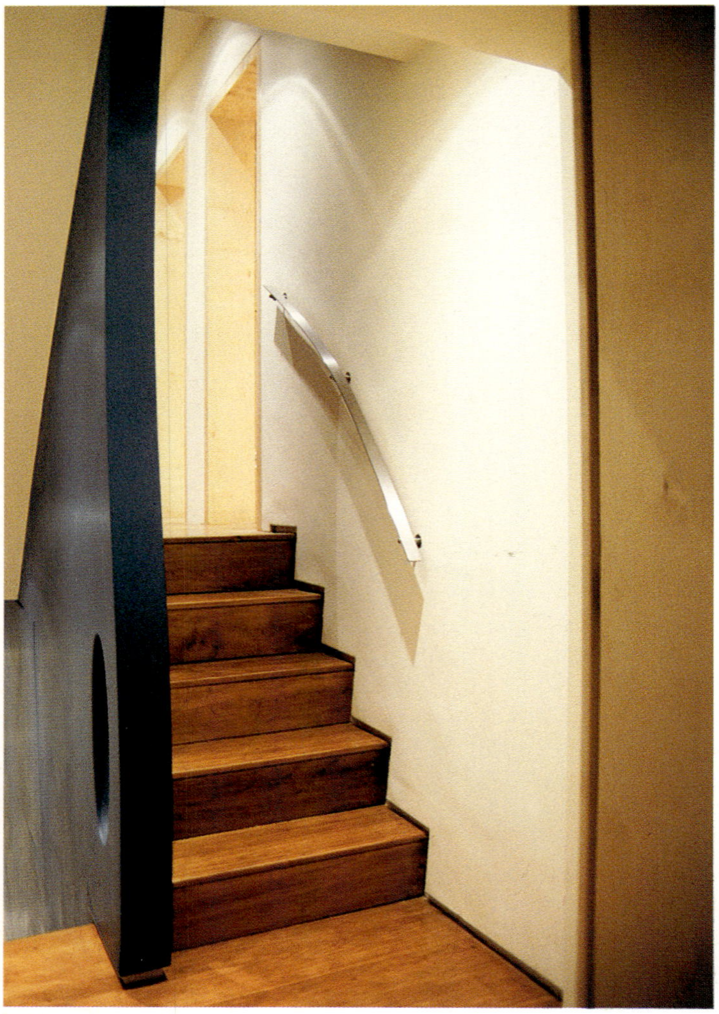
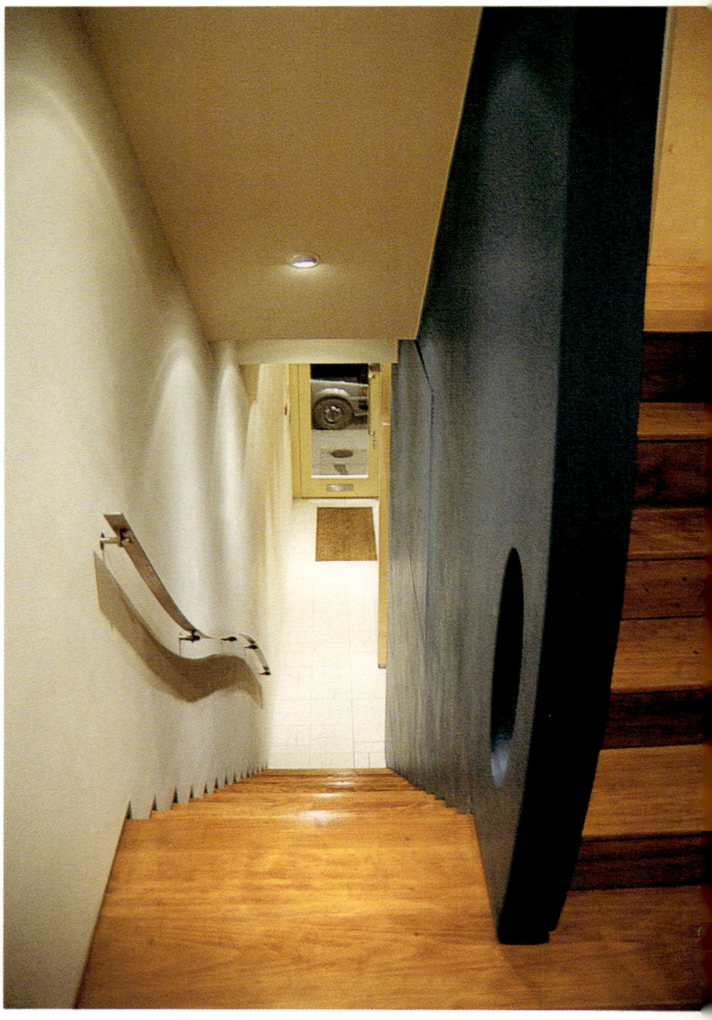

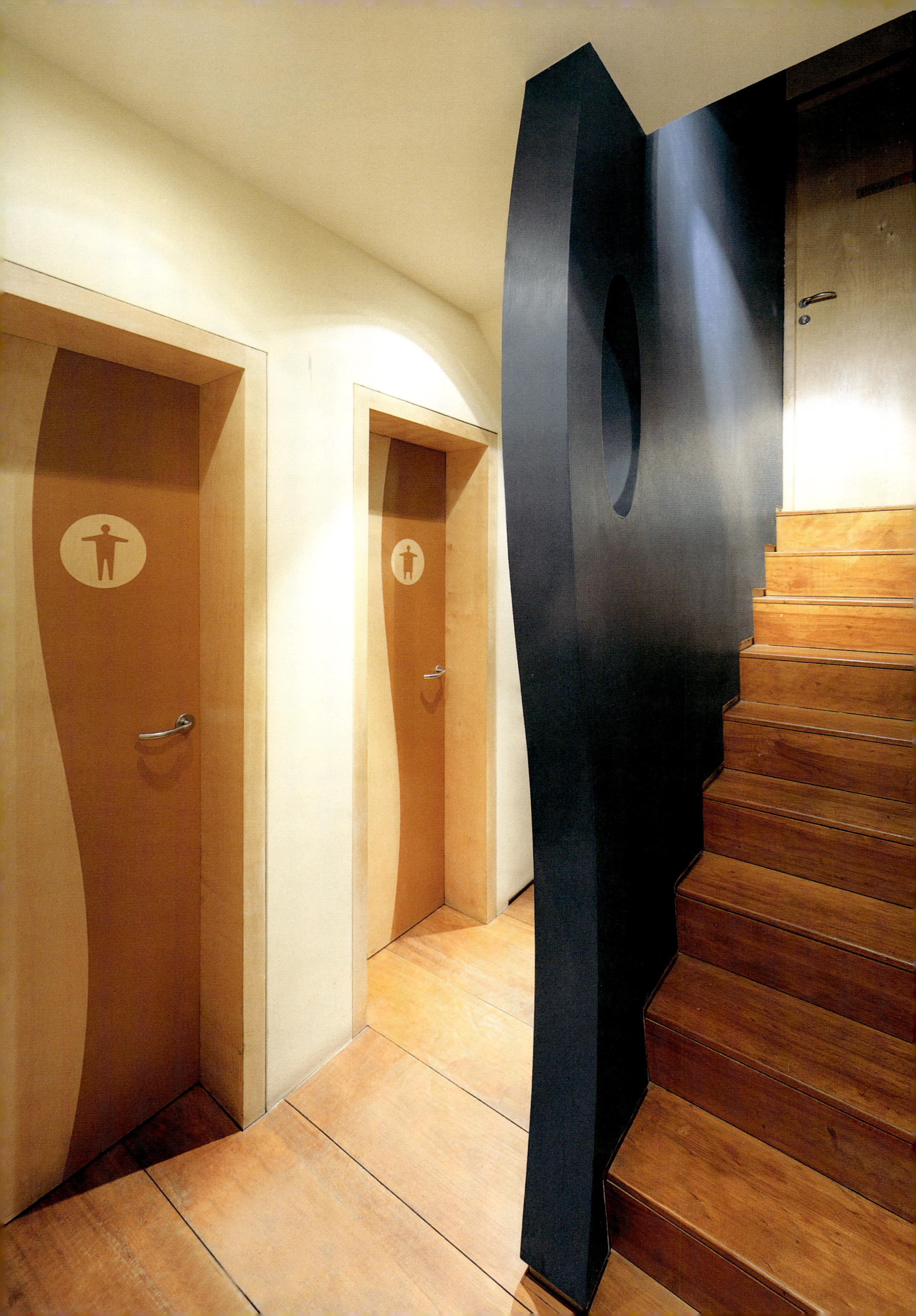

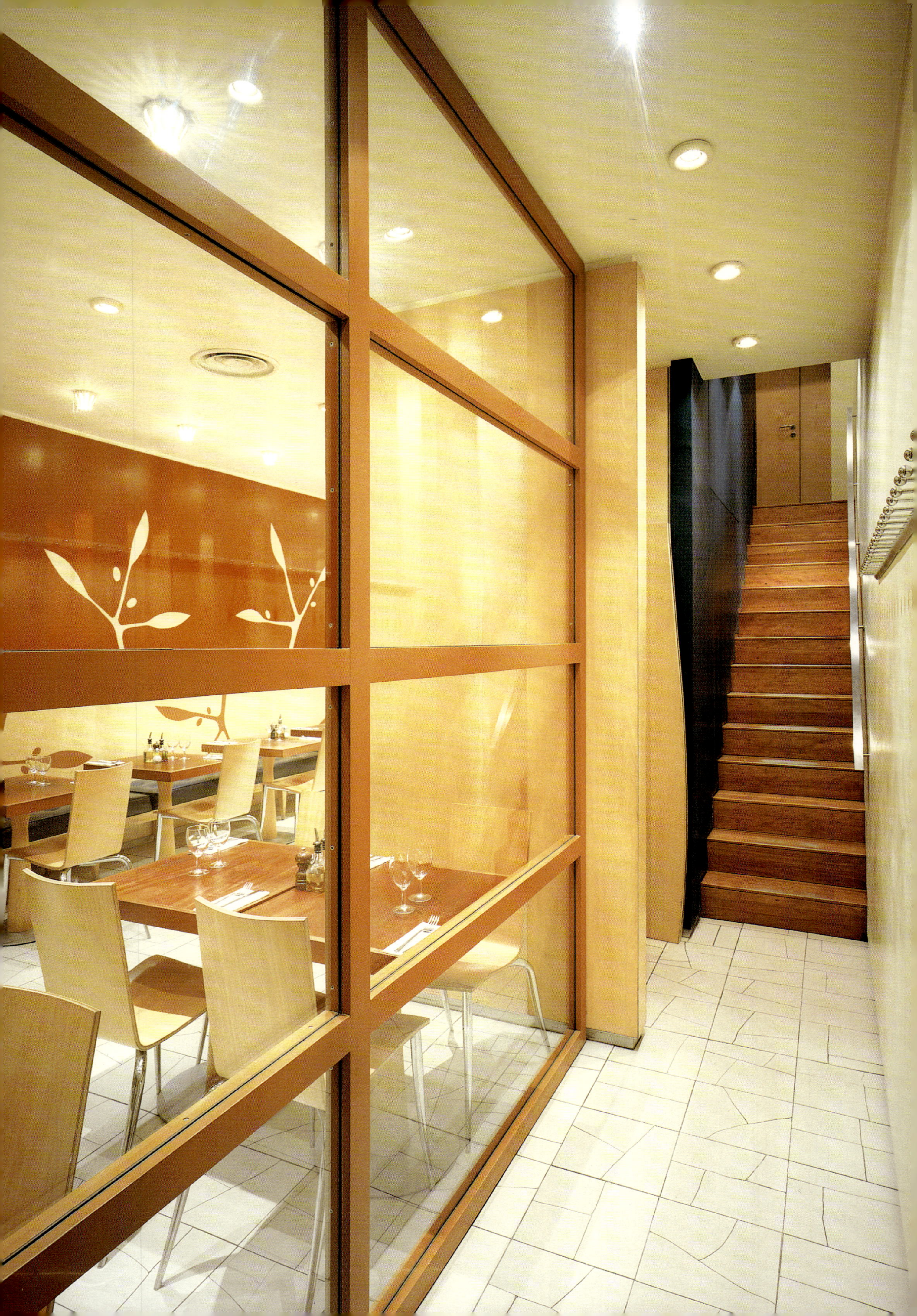

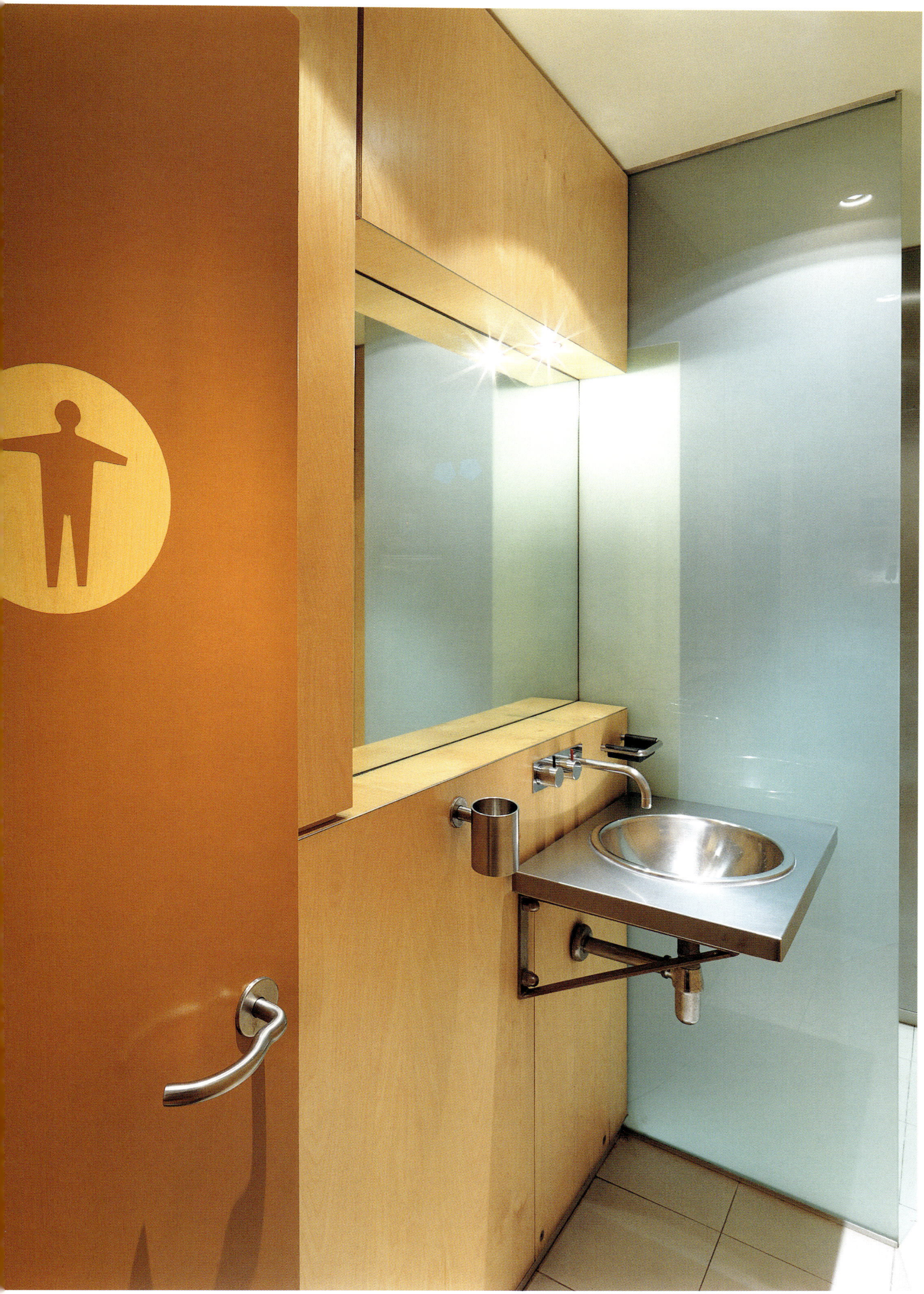

Pierluigi Piu

OLIVO
London (GB)

Sezione trasversale "Orticello verticale degli aromi"
Transversal section of the "vertical herb garden"

In questo ristorante londinese la richiesta della committenza era quella di delineare un ambiente nel quale fossero evocate atmosfere e sapori del sud dell'Europa. Il recupero dei bei serramenti lignei della facciata, con ampie vetrate che mostrano l'interno e due cilindri di ferro ossidato corredati sulla sommità da piantine d'alloro sagomate, documenta l'intenzione di valorizzare la preziosità di materiali naturali e tradizionali così come avviene per il pavimento riportato alla luce. Superato il disimpegno che dalla strada protegge l'ingresso vero e proprio, all'interno la decorazione gioca un ruolo decisivo nella caratterizzazione dell'ampio spazio che si compone di due sale collegate. Qui dominano i colori delle pareti finite con un intonaco rustico: un alto zoccolo blu si contrappone al giallo particolarmente intenso della fascia superiore lungo una linea di demarcazione non rettilinea. Un decoro realizzato a stencil illumina l'azzurro richiamando alla memoria vari tipi di pasta attraverso forme geometriche astratte, ricorrenti. Sole e mare s'intrecciano così al simbolo per eccellenza della cucina italiana dando origine a un'ambientazione di tipo domestico, rurale benché non filologica e piuttosto attuata operando una sorta di rivisitazione di segni, piccole tracce, colori. Ciò avviene anche nella scelta degli arredi: ai tavoli di legno sono accostate sedie che, con la seduta di rafia e lo schienale di legno alleggerito da piccoli trafori, sono un'edizione aggiornata delle caratteristiche sedie da osteria. Porte di recupero in legno massiccio – bordate da cornici composte da piastrelle fatte e decorate a mano come i battiscopa – impreziosiscono tutti i varchi riaffermando ancora una volta la solidità e l'affidabilità di questo materiale nella percezione collettiva. A far riaffiorare i ricordi è anche il poetico e curioso orticello verticale delle piante aromatiche – i cui nomi sono incisi con grafia incerta sull'intonaco – collocato in una nicchia oltre la porta che dà accesso all'area dei servizi ma ben visibile dalla sala. Oltre ai faretti incassati l'illuminazione è poi risolta con congruenti lampade di terracotta.

When this London restaurant was being designed, what the clients most insisted on was the need to evoke the atmosphere of southern Europe. The restoration of the splendid wooden door- and window-frames of the façade, with large windows through which the interior is visible and two cylinders of rusty iron surmounted by clipped laurel shrubs, bear witness to the designer's intention of making the most of natural and traditional materials, as is also shown by the old floor that has now been brought to light. The restaurant is entered through a lobby separating the street door from the inner entrance door; in the interior the decoration plays a decisive role in giving a specific character to the large space comprising two interconnected rooms. These are dominated by the colors of the walls finished with rough plaster: a high blue dado contrasts with the particularly intense yellow of the upper part of the wall, from which it is divided by an irregular line. A stenciled pattern brightens the blue, recalling various types of pasta through its repeated abstract geometrical forms. Thus the sun and the sea are interwoven with the symbol *par excellence* of Italian cuisine, producing an environment that is rural and domestic in character, but this ambience is only recreated thanks to signs, small traces and colors. This is also the case in the choice of the furnishings: the wooden tables are surrounded by chairs that, with raffia seats and wooden backs pierced by small holes, are an updated version of those traditionally used in Italian osterie. All the doors – surrounded by frames consisting of tiles made and decorated by hand, as is the baseboard – are recycled and in solid wood, reaffirming once again the generally held view that this is a strong, reliable material. Also evoking memories of the Mediterranean countryside is the curious vertical herb garden – the names of the aromatic plants are engraved in an unsteady hand in the plaster – placed in a niche beyond the door giving access to the service area, but clearly visible from the dining-room. In addition to the recessed spotlights, lighting is provided by the handsome terra-cotta lamps.

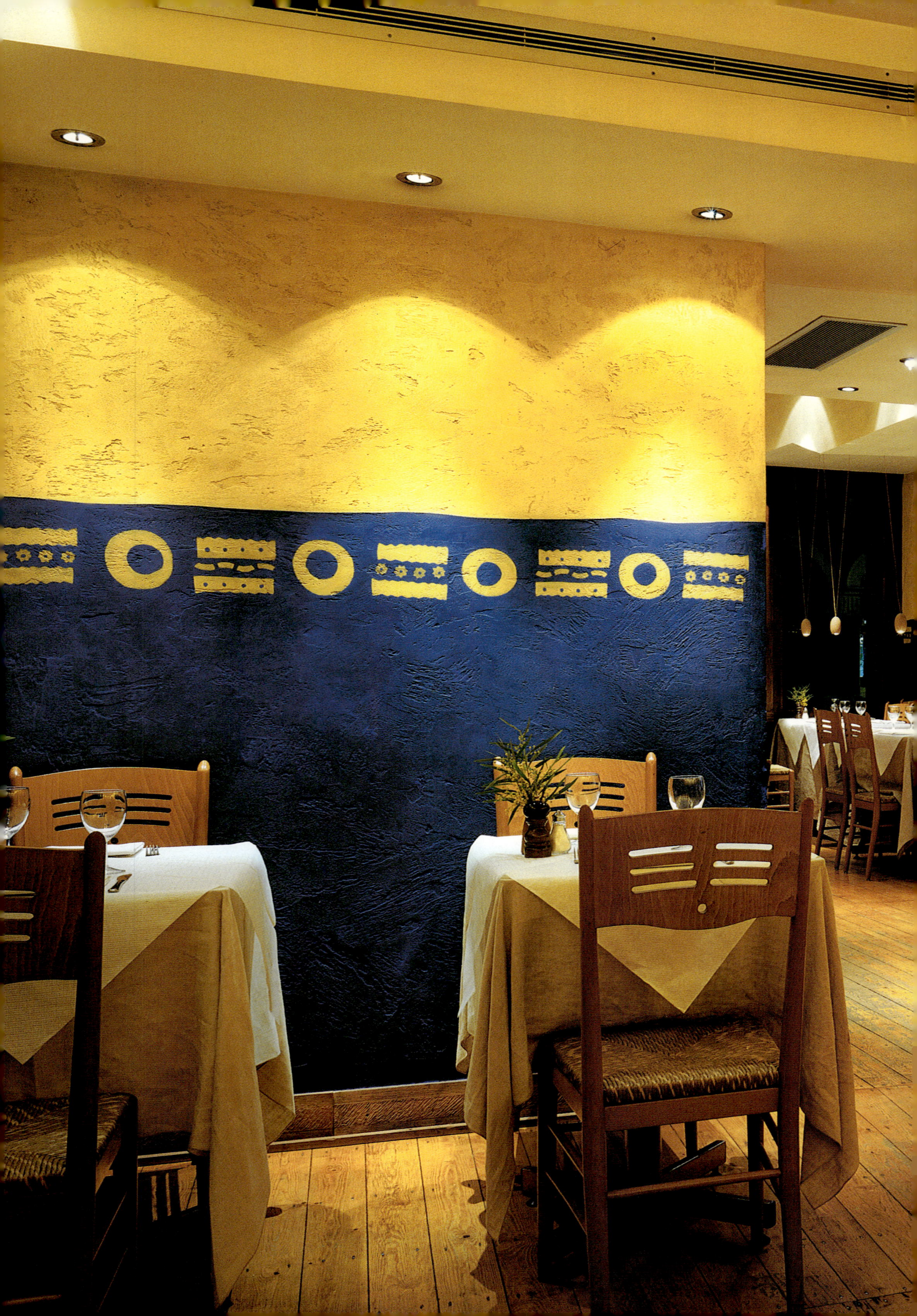

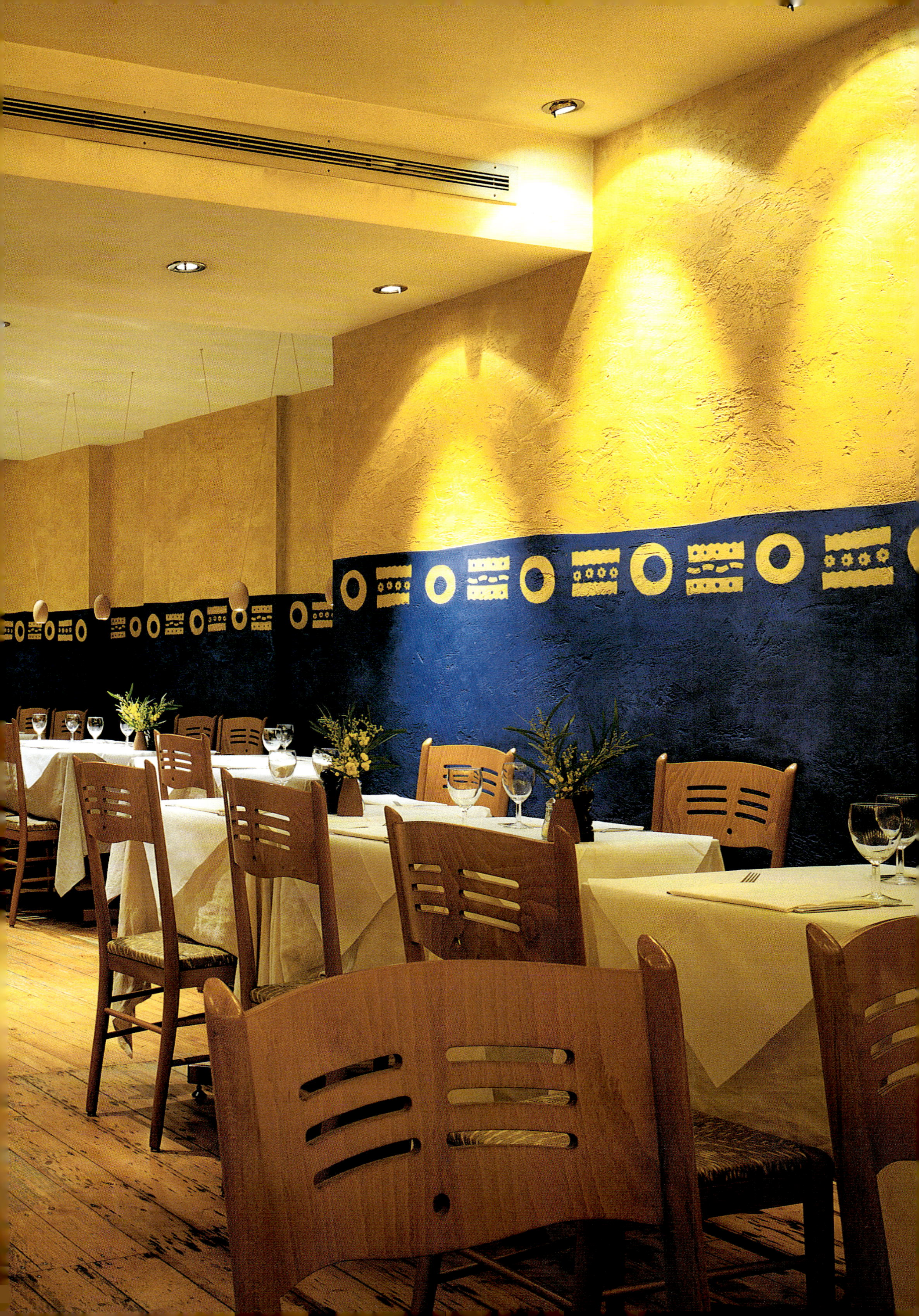

Prospetto esterno / Front elevation

Prospetto sulla parete con "Orticello verticale degli aromi" / Wall elevation with the "vertical herb garden"

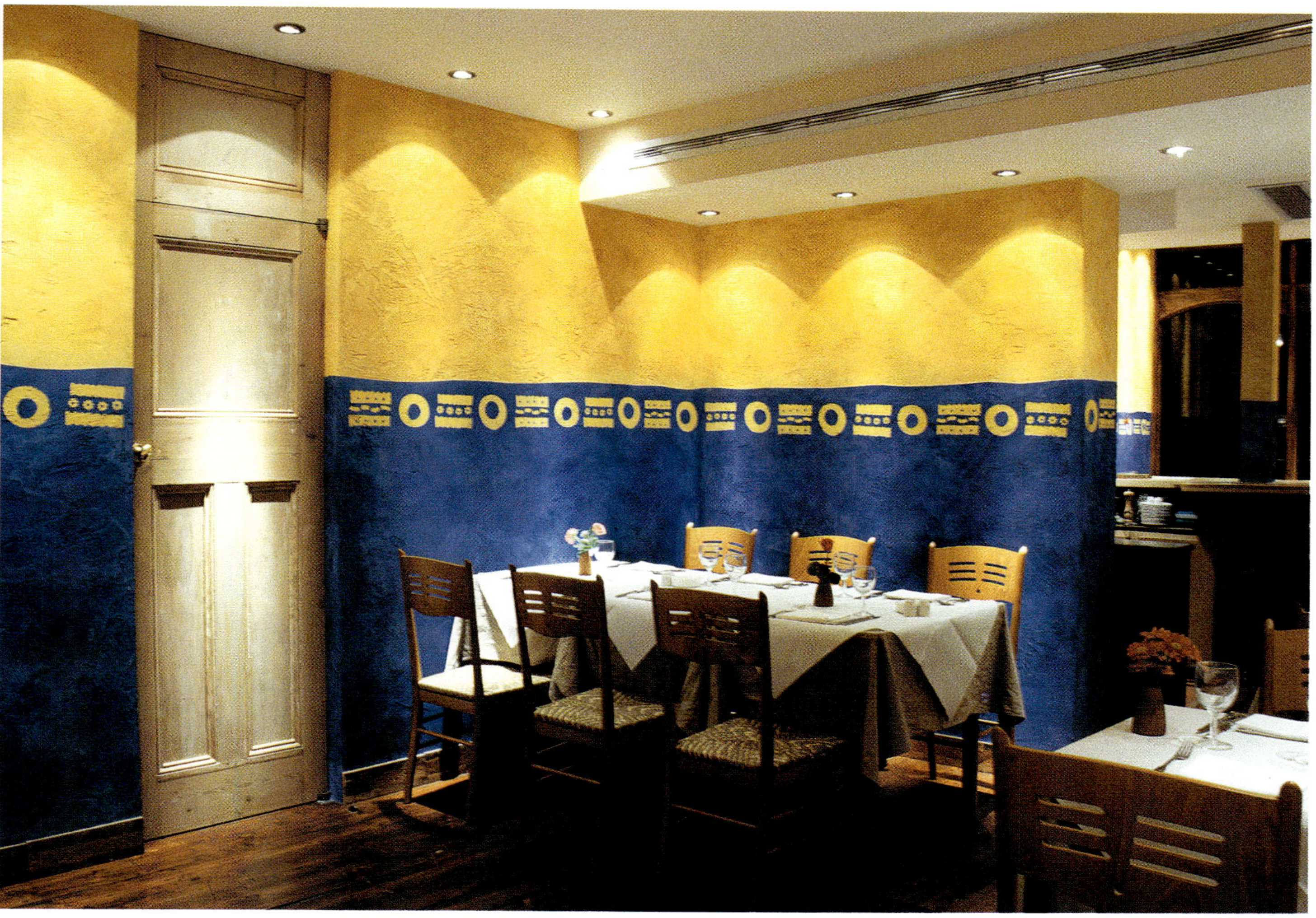

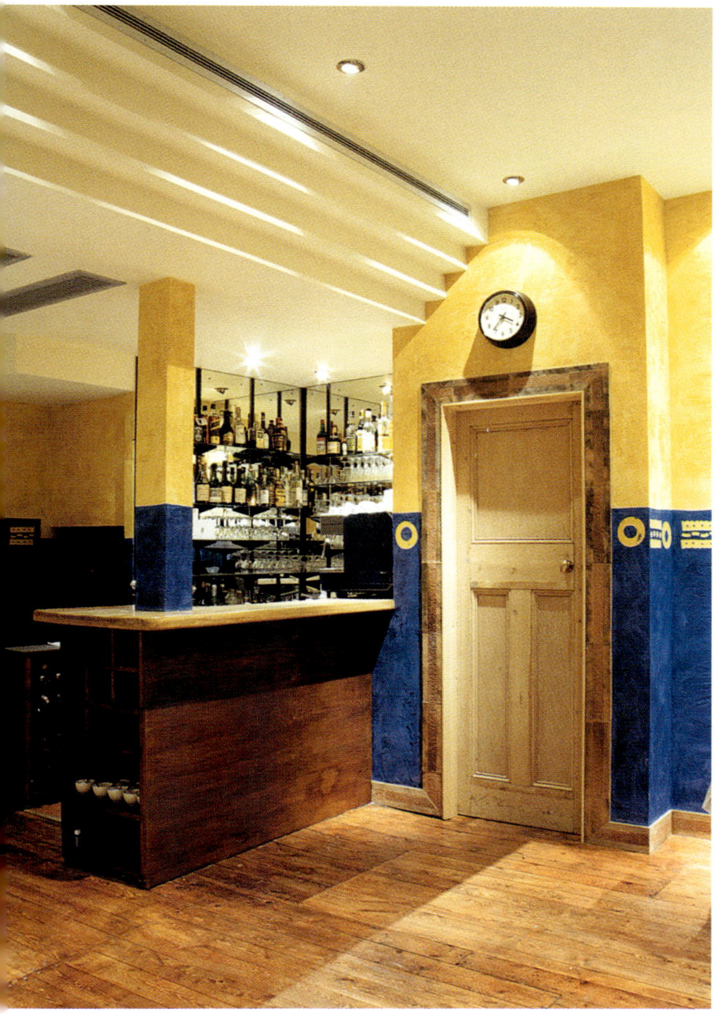

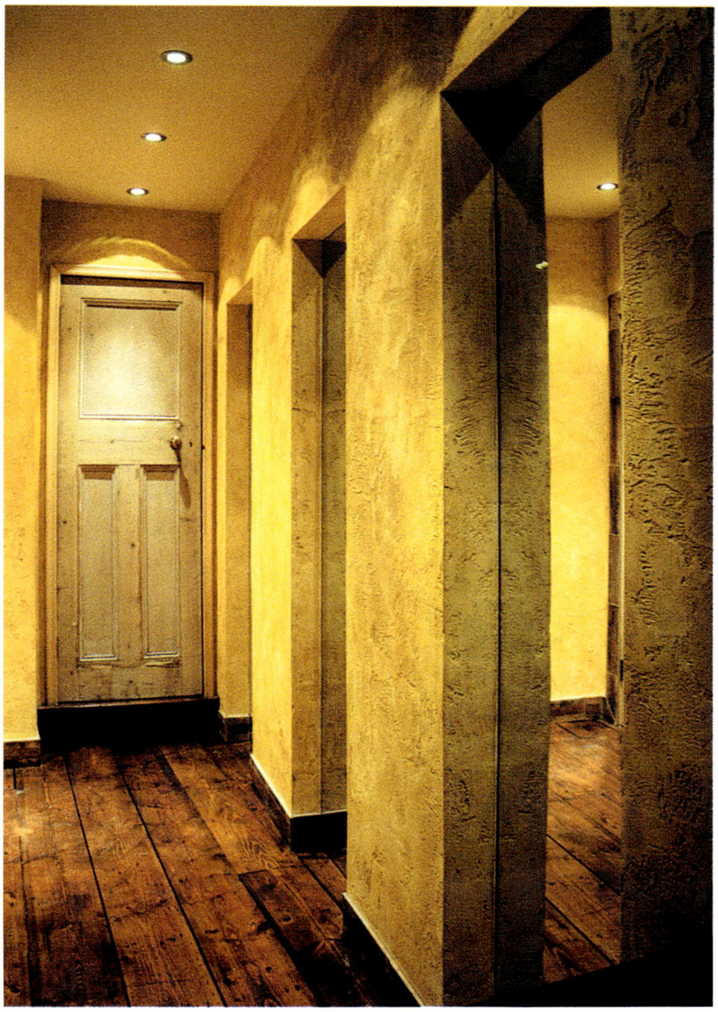

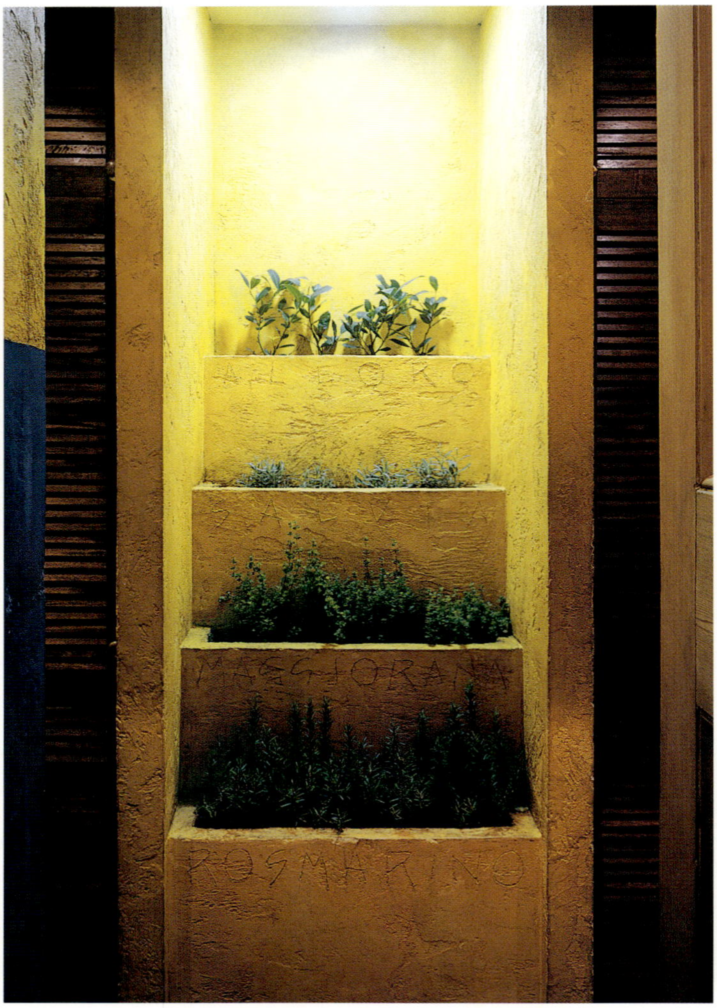
ROSMARINO

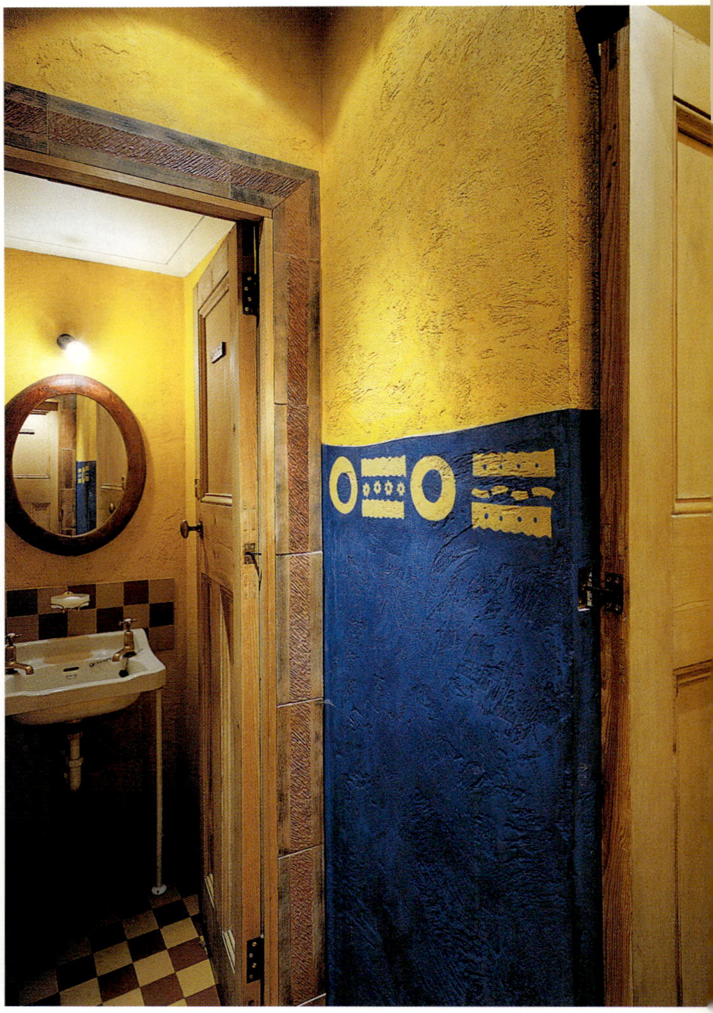

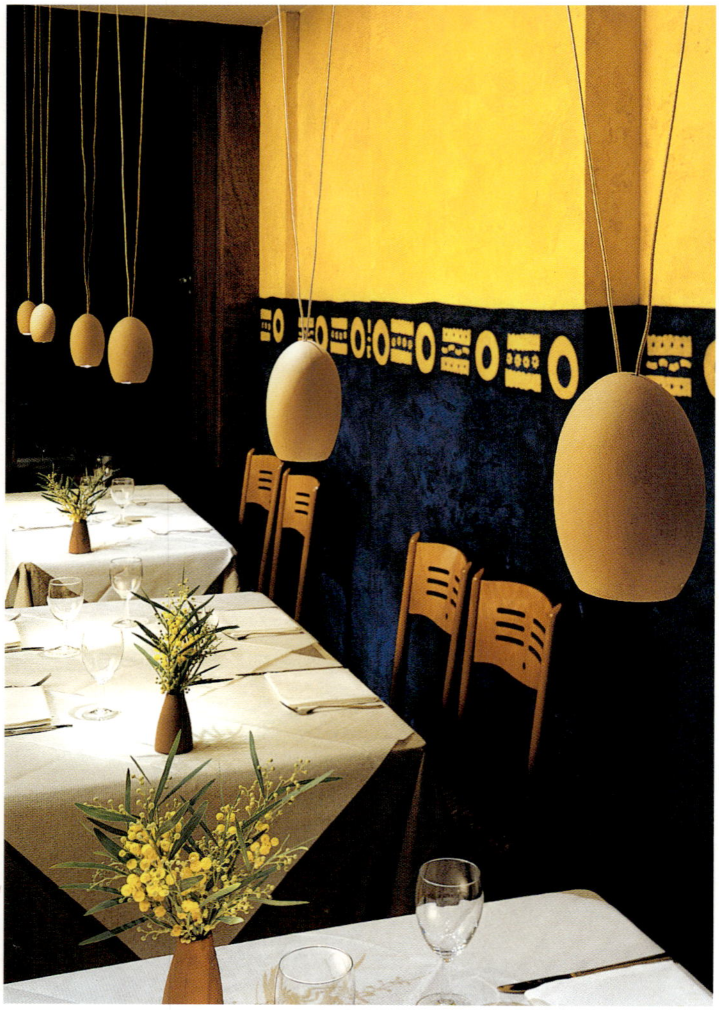

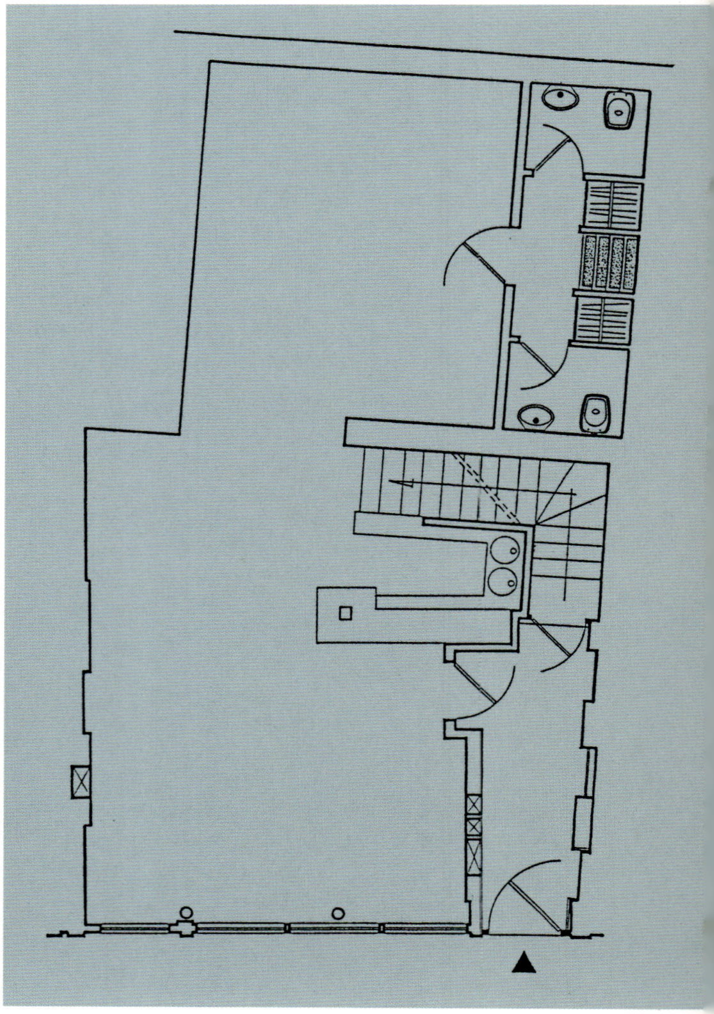

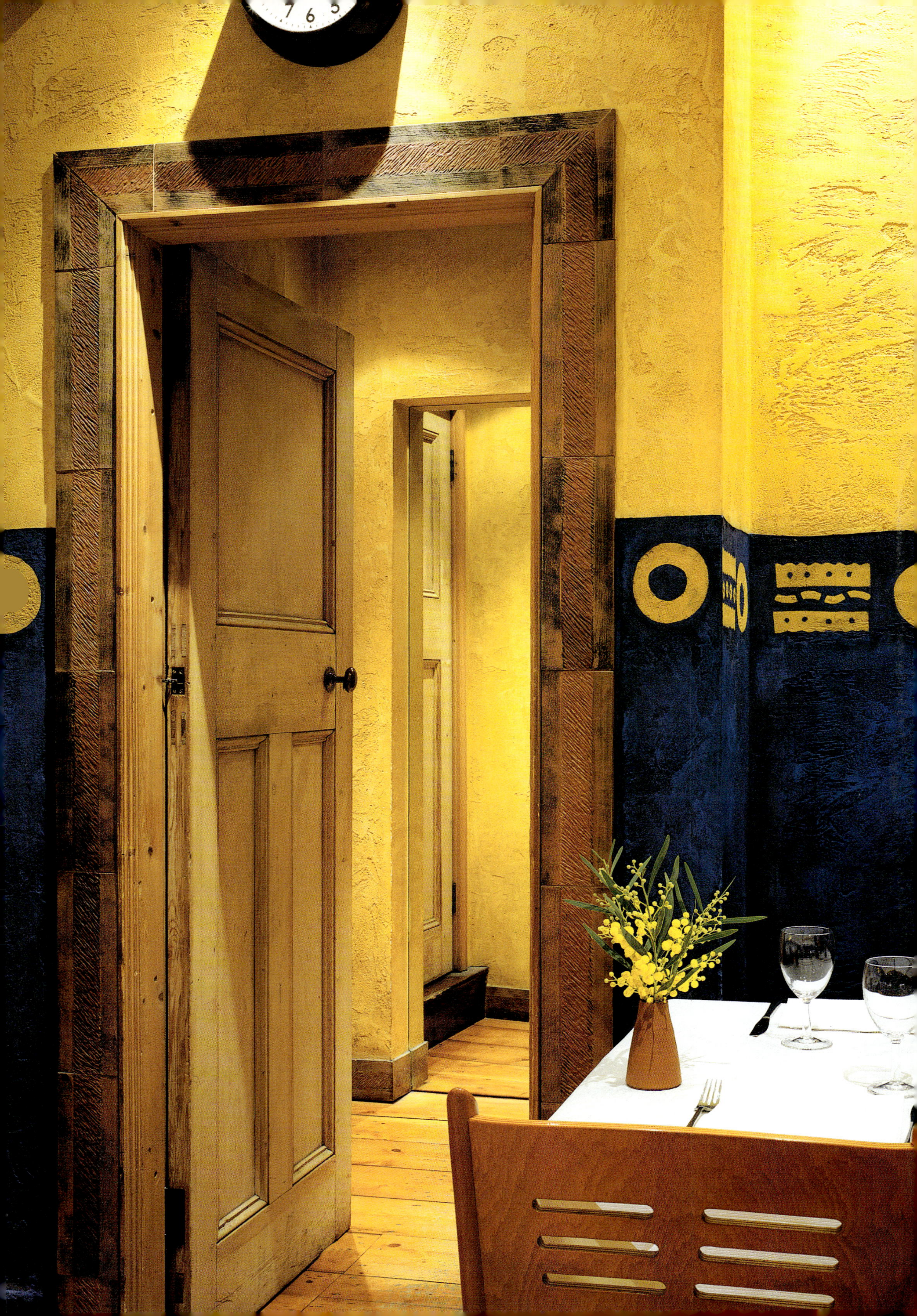

Marta De Renzio
Annamaria Conte
Daniela Melazzi

ORSOBLU BISTROT
Milano

Un ordinamento rigoroso improntà la distribuzione di questo locale milanese, dalle dimensioni relativamente ridotte, organizzato per ambienti che si succedono l'uno all'altro e concepito come un luogo dai caratteri spiccatamente contemporanei benché anche frutto dell'applicazione dei criteri energetici del feng-shui. Un'insolita atmosfera "lunare" lo contraddistingue: varcata la soglia ci si trova immersi nel piccolo ingresso trattato come un involucro blu, colore dell'interiorità per eccellenza steso sulle pareti nella finitura a smalto lucido, dove risalta il volume smaltato bianco del banco bar. La stessa soluzione è integralmente adottata per il rivestimento di tutte le sale di cui si compone il ristorante nella suggestiva variante costituita dall'alta fascia decorativa che si contrappone cromaticamente al tono scuro della zoccolatura: argentei motivi a cerchi concentrici, disegnati a stencil sulle pareti, rimandano ad archetipiche simbologie femminili (acqua, luna, materia generatrice). A essi fa da contrappunto la pavimentazione argentea, una superficie compatta di resina che crea un effetto immateriale, luminescente, prezioso. Il disegno dei controsoffitti, ribassati in corrispondenza del perimetro per accogliere fasci continui di luce, consente di potenziare l'efficacia scenografica dei trattamenti parietali. Una particolare tecnica decorativa contrassegna poi pareti e soffitto della saletta più piccola: qui tele perlacee opportunamente irrigidite, protette da pannelli di plexiglas, sono trattate con pitture acriliche iridescenti, graffiate, a comporre piccoli riquadri.

In questo locale tutto giocato sulle ricercate finiture dei rivestimenti e su inusitati effetti cromatici, la scelta degli arredi, realizzati su disegno, appare formalmente e cromaticamente congruente. Lungo le pareti sedute blu continue s'integrano alle superfici verticali permettendo anche di ordinare ritmicamente nello spazio i leggeri tavoli, sostenuti da un'unica gamba di metallo cromato, con piani di laminato. L'acciaio lucido è utilizzato anche per la struttura degli sgabelli e delle piccole sedie con sedute in legno blu curvato che compendiano le panche.

The distribution of this Milanese restaurant is characterized by a rigorous layout. Fairly small in size, its consists of rooms placed one after the other and the conception of the décor is distinctly contemporary, although it is also the result of the application of the energy criteria relating to feng-shui. It is distinguished by an unusual lunar atmosphere: beyond the entrance door there is a small lobby that has been treated like a blue shell – the color of the inner life *par excellence*, blue, in the form of gloss paint, has been used on the walls – in which the enameled white volume of the bar counter stands out. The same finish has been adopted for the décor of all the rooms comprising the restaurant, with the pleasing variant constituted by the high decorative frieze the color of which contrasts with the dark tone of the baseboard: silver motifs forming concentric circles, stenciled onto the walls, are derived from symbolic female archetypes (water, the moon, generative matter). Counterpoint for these is provided by the silver flooring, a solid surface of resin that creates an ethereal, luminescent effect.

The design of the false ceilings, lowered around the outer edges where they are bathed by continuous beams of light, serves to boost the spectacular effect of the wall decoration. A special technique is used for the ornamentation of the walls and ceiling of the smaller room: here pearl-gray canvases, suitably stretched and protected by panels of Plexiglas, have been treated with iridescent acrylic paint and scratched to produce small squares. In this restaurant, where the décor is mainly based on the refined finish of the surfaces and unusual color effects, the choice of the custom-made furnishings appears to be particularly appropriate, both as regards its form and its color. Along the walls, blue banquettes match the vertical surfaces, while, in between, light tables are distributed rhythmically; these have tops in laminate veneered board supported by a central stem made of chromed metal. Polished steel is used for the structure of the stools and the small chairs with seats in curved blue wood that supplement the banquettes.

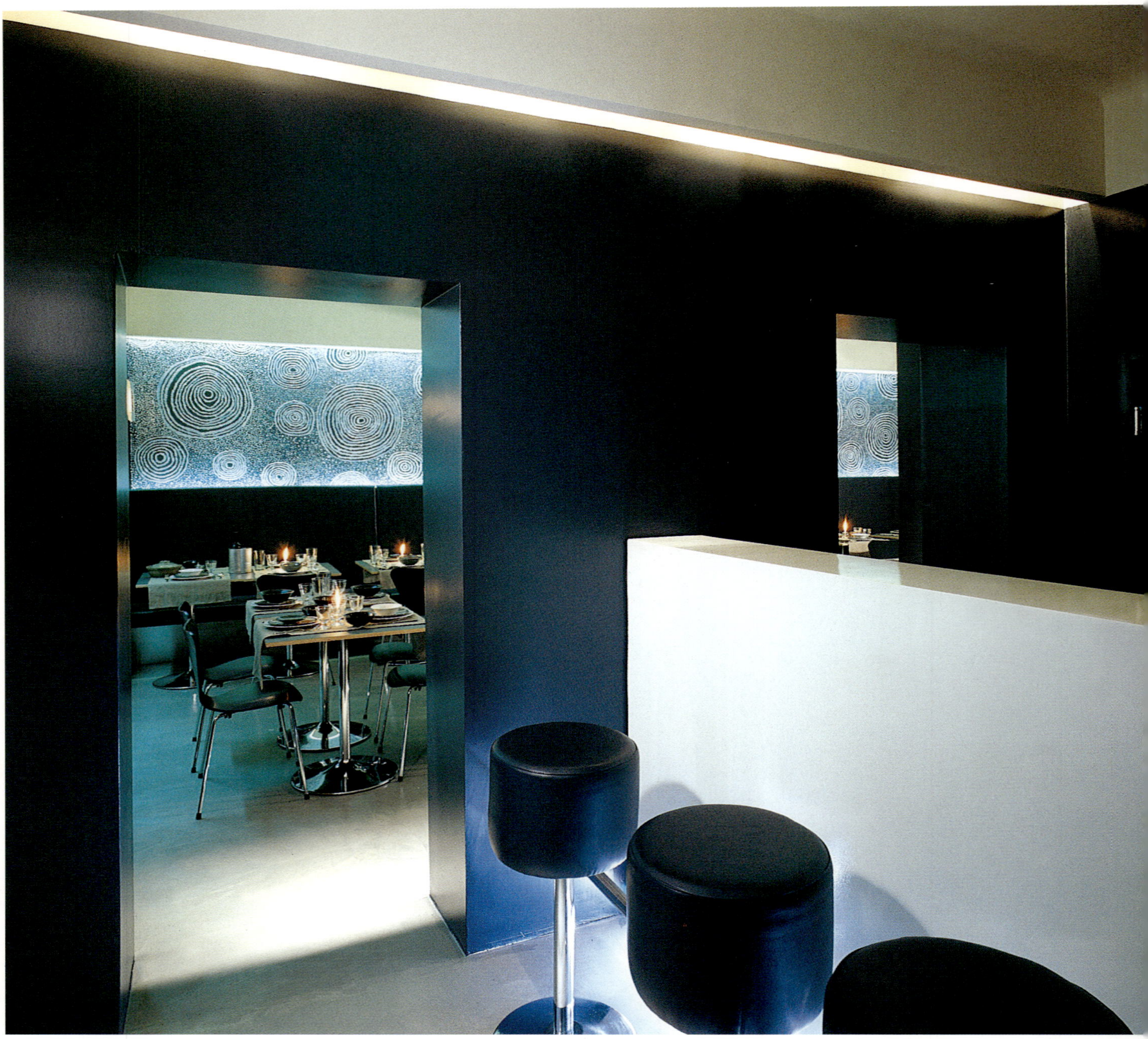

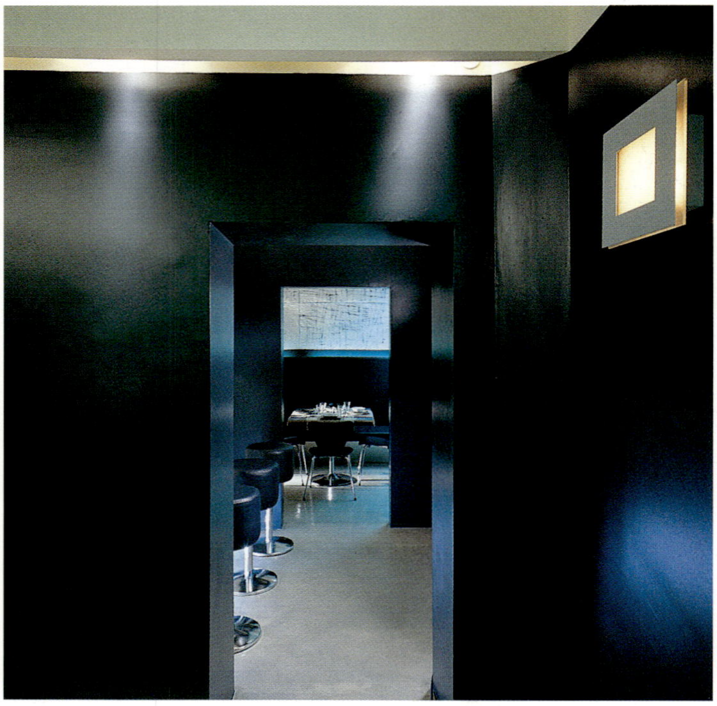

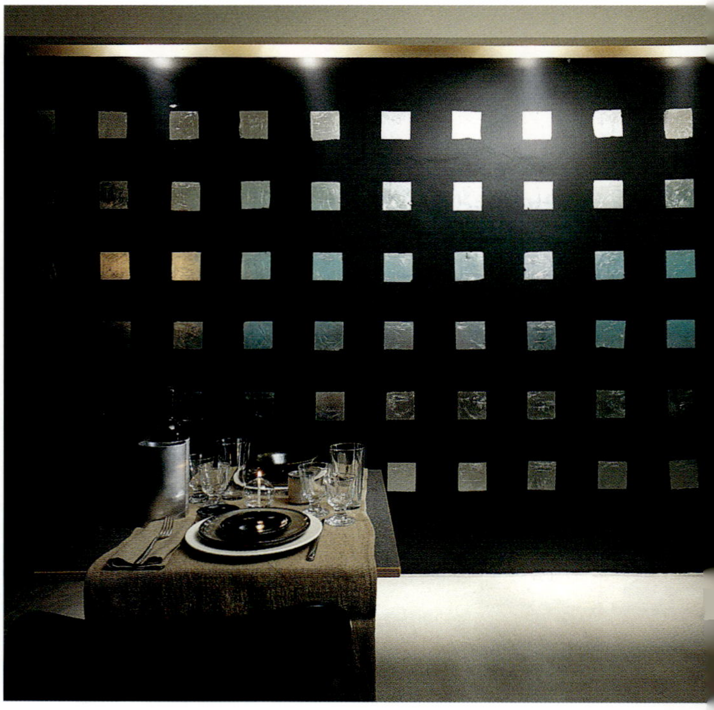

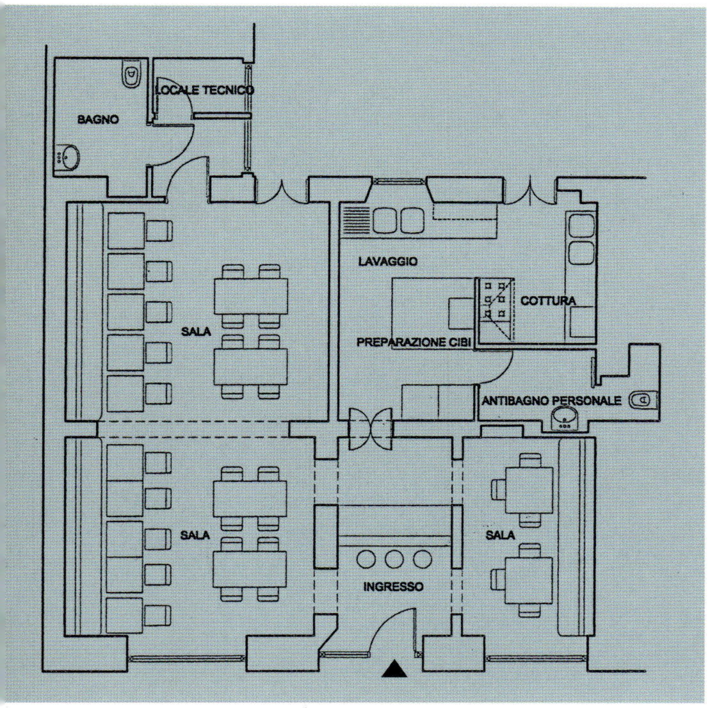
LOCALE TECNICO
BAGNO
LAVAGGIO
COTTURA
SALA
PREPARAZIONE CIBI
ANTIBAGNO PERSONALE
SALA
SALA
INGRESSO

UdA ufficio di architettura

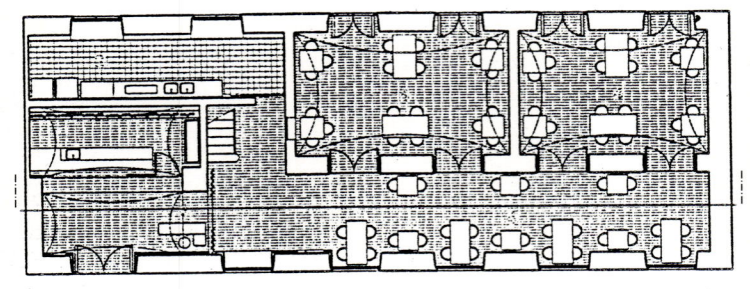

SAN GIORS
Torino

Le superfetazioni che avevano interessato negli anni Cinquanta questo ristorante al piano terra di un antico albergo, in un edificio storico torinese, sono state eliminate, anche perché molto ammalorate, in seguito a questo progetto di ristrutturazione che ha ridato visibilità all'articolato organismo, composto da una serie di sale voltate con murature in pietra di fiume e laterizio. Il carattere peculiare della struttura storica ha indotto non solo una sua rivalutazione ma anche una risoluzione del rapporto con i nuovi interventi per dissonanze, opposizioni, contrasti, a stabilire una sorta di reciproca autonomia che permette la coesistenza e la valorizzazioni vicendevole di tutte le componenti. Ciò è messo in atto scegliendo materiali che si contrappongono, nei loro effetti freddi ed evanescenti, a quelli caratteristici della tradizione – come il pavimento a doghe di larice e le pareti e i soffitti finiti a smalto lucido – che sono stati accuratamente ripristinati. Il progetto, lasciando pressoché inalterata la distribuzione, opera per lo più riqualificando la zona dell'ingresso e il percorso, anch'esso utilizzato per le consumazioni, che conduce alle due sale principali. Il bar diviene protagonista dell'intervento: come se si trattasse di una preziosa teca incastrata tra le volte, una parete di vetro sabbiato ne racchiude il volume composto da lastre di cristallo bianche, retroilluminate, e lo sfondo ugualmente di vetro bianco, reso altrettanto immateriale dall'illuminazione. Una soluzione di grande effetto scenografico cui corrisponde, sul lato opposto, il più piccolo banco cassa, dove il frontale luminoso di cristallo bianco latte è contenuto dai fianchi e dal piano superiore di marmo lucido. Sulla parete interna corrispondente al fronte, pannelli di legno scuro interrotti in corrispondenza delle volte e sollevati da terra da un sottile zoccolo d'alluminio anodizzato, rivestono con geometrico rigore le strutture di sostegno intervallate alle ritmiche aperture sull'esterno, generando un mobile di servizio alla cassa e un raffinato contenitore portabottiglie. Un tendaggio di tessuto bordeaux è poi utilizzato per isolare la zona d'ingresso, con il bar, dalle sale.

The accretions that were added in the 1950s to this restaurant on the ground floor of an old-established hotel, housed in a historic building in Turin, have been removed – partly because they were in a very poor condition – as a result of this renovation project that has once again brought to light the complex original construction consisting of a series of vaulted rooms with walls in brick and stone. The special character of the historic building encouraged the architects not only to rediscover its merits but also to resolve its relationship with the new features by means of dissonance and contrast, establishing a sort of reciprocal independence that has allowed the coexistence and mutual enhancement of all the components. This was achieved by choosing materials that, thanks to their cold, evanescent effects, are notably different from the traditional ones – such as the floor composed of larch boards and the walls and ceilings finished with gloss paint – which were, however, carefully restored. By leaving the distribution practically unchanged, the project focused above all on the improvement of the lobby and the circulation axis – where some of the tables are also located – leading to the two main dining-rooms. Thus the bar became the main protagonist of the renovation: giving it the appearance of a precious shrine set between two vaults, a wall of sanded glass encloses the volume consisting of sheets of white glass lit from behind, with the back, also of white glass, made equally ethereal by the lighting. This very spectacular design is echoed, on the opposite side, by the small cash desk, where the illuminated front of milk-white glass is flanked and topped by slabs of polished marble. On the inside of the front wall, panels of dark wood extending up to the springing-line of the vaults and separated from the floor by a thin baseboard of anodized aluminum cover with geometric severity the supporting pillars, which alternate at regular intervals with the openings giving onto the exterior. A cabinet used by the cash desk and a refined bottle rack have been incorporated into the paneling. A drape of wine-colored fabric is used to isolate the entrance area and bar from the dining-rooms.

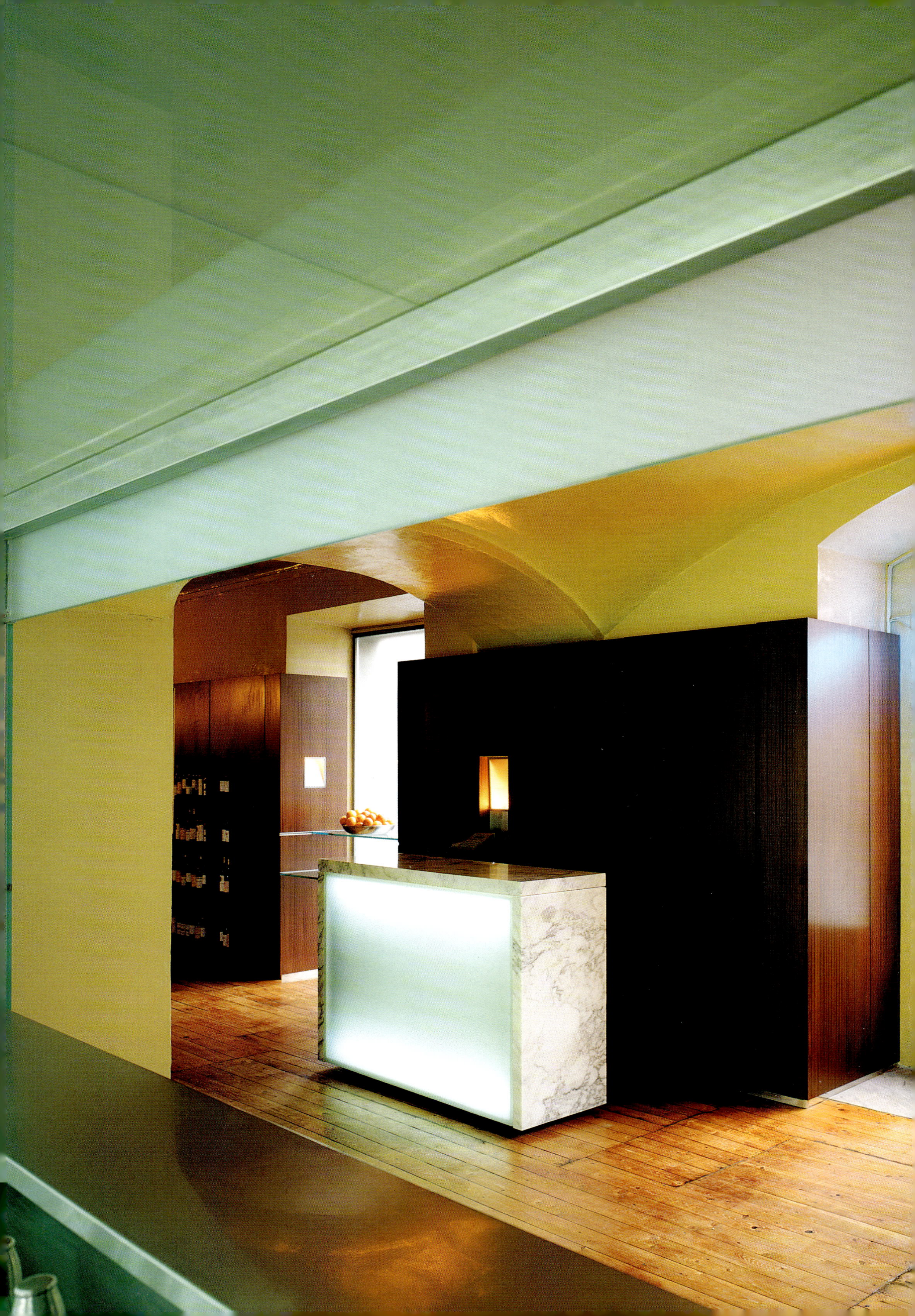

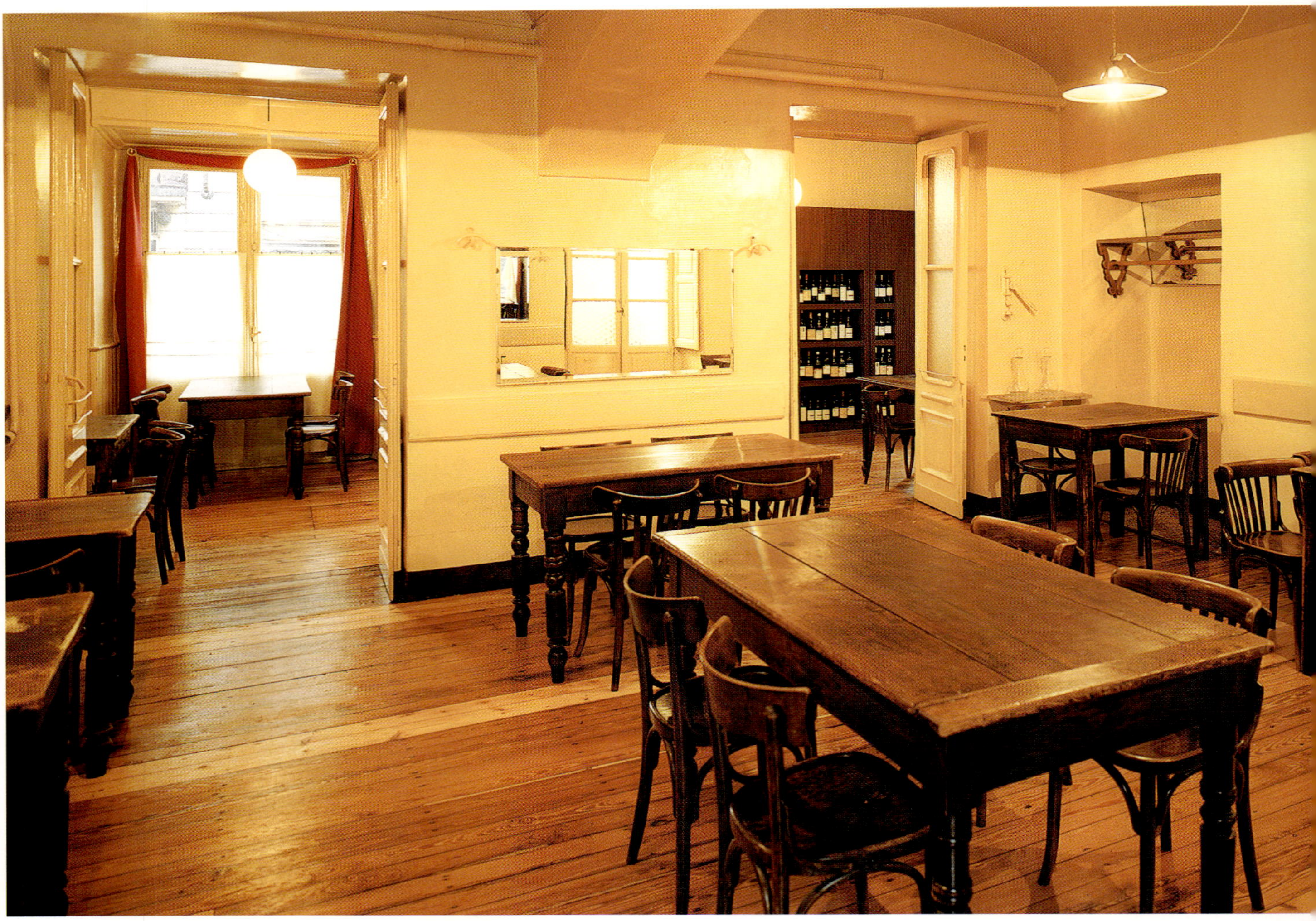

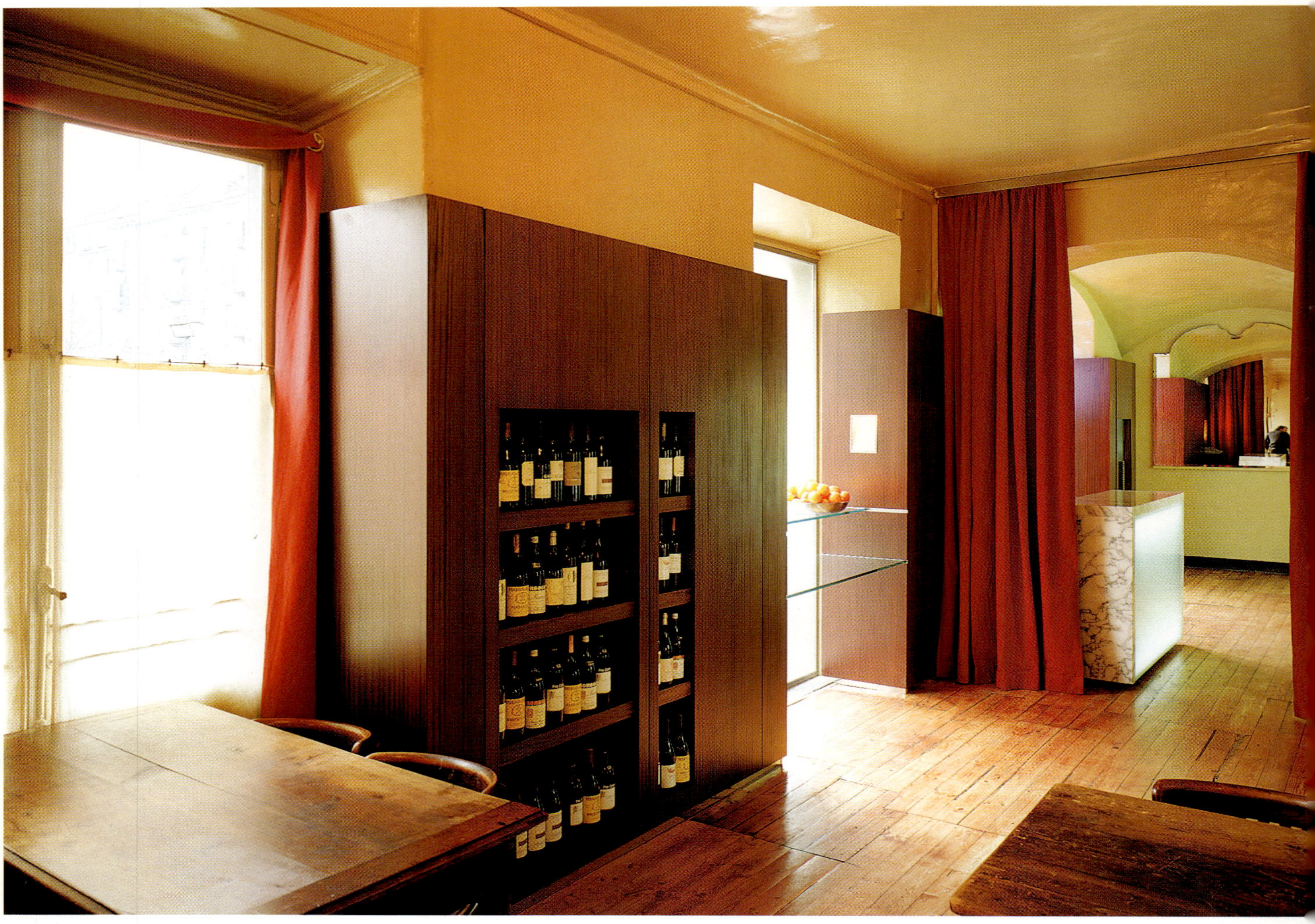

177

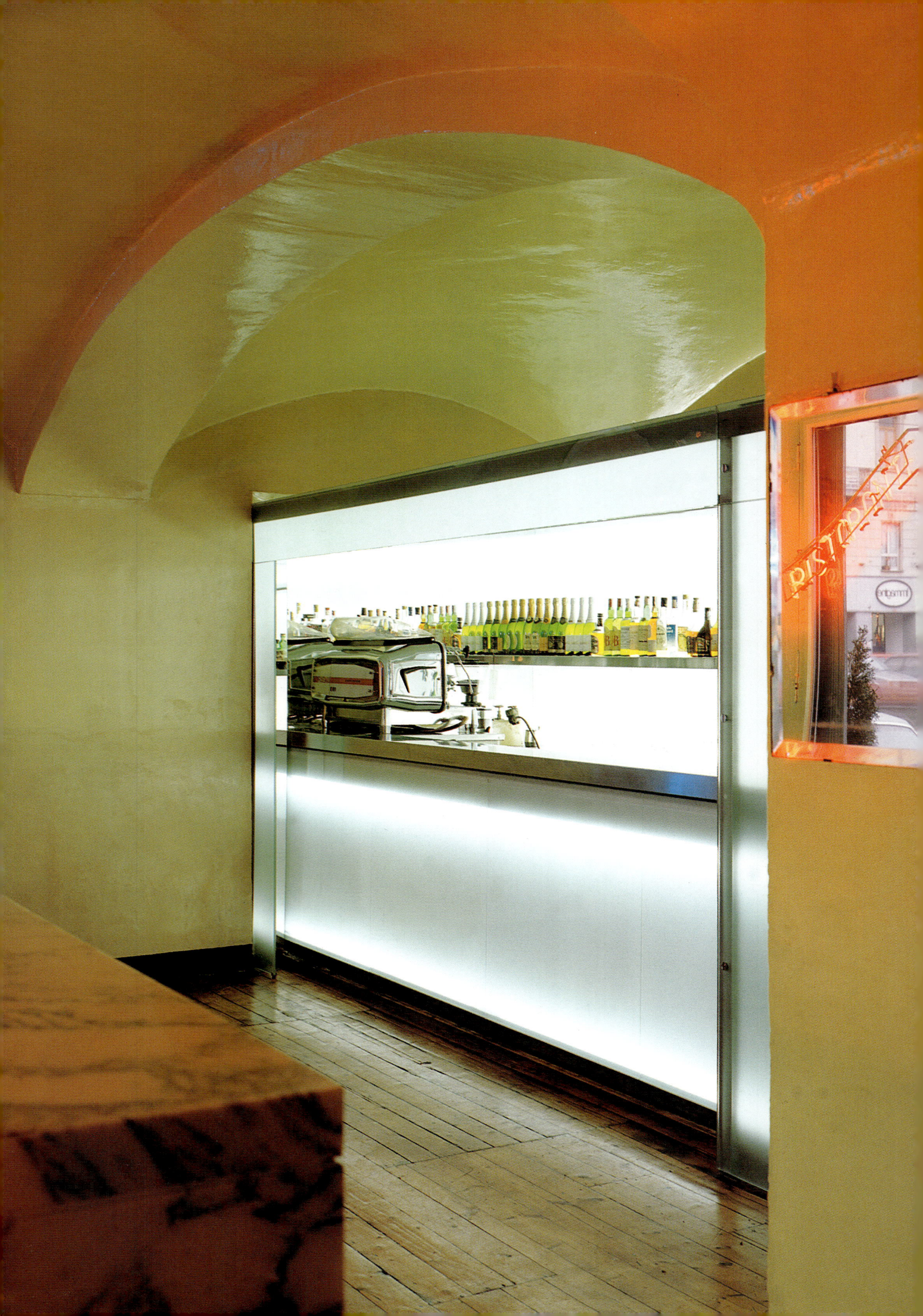

sezione longitudinale / Longitudinal section

Elena Amati
Giorgio Pescatori

SHERAZAD
Milano

Ristorante
SHERAZAD

Nel quartiere di Brera, a Milano, questo ristorante che propone cucina araba è stato ristrutturato con l'obiettivo di configurare un'ambientazione coerente con il tipo di offerta gastronomica. La sala pressoché quadrata, di dimensioni relativamente ridotte, caratterizzata da un'architettura classica di matrice ottocentesca – con quattro volte e due colonne di pietra di cui una centrale – appariva particolarmente adatta a una rivisitazione stilistica. Le strutture originarie, mantenute pressoché intatte, hanno subito una revisione anzitutto sul piano della decorazione, un *maquillage* accurato volto a una loro riconversione. La volontà di rintracciare una serie di stilemi di carattere decorativo che non fossero identificativi di un'unica area geografica ma rimandassero in modo più generico agli interni arabi, ha condotto all'individuazione di una serie di elementi, anzitutto cromatici, diffusi in tutte le culture arabe. Un'indagine iconografica approfondita sugli apparati decorativi dei luoghi pubblici e privati ha permesso di rintracciare nei colori sabbia, blu e azzurro – simboliche espressioni di terra, mare e cielo – e in pochi disegni geometrici e floreali un comun denominatore facilmente identificabile e in qualche misura appartenente all'immaginario collettivo occidentale. Il progetto applica questi risultati con leggerezza, senza ridondanze ed eccessi eppure garantendo una precisa riconoscibilità degli apparati decorativi a partire anzitutto dalle volte dipinte a righe orizzontali che si stagliano sui soffitti chiari, come ci si trovasse in una moschea. Componenti d'arredo accessori tendono a precisare ulteriormente il carattere di quest'ambientazione: lampadari originali marocchini pendono dalle volte a garantire l'illuminazione generale del locale mentre piccole e suggestive lanterne sono poste sui tavoli. Il mobile costituito da un paravento e da un'alzata a nicchie, caratteristico delle cucine arabe, rappresenta un ennesimo, congruente riferimento così come le raffinate e inusitate mantovane nelle vetrine la cui sagoma ridisegna il tipico profilo dei portali arabi.

Espressione di un modo d'intendere il ristorante come scenografia corrispondente alla proposta culinaria, come fondale scenico appropriato, questo locale, attingendo a un repertorio decorativo più che a un modo d'interpretare lo spazio, in qualche misura rinverdisce la categoria dell'esotismo, così rivalutata nelle sue molte varianti da qualche anno e così organica all'immaginario occidentale da indurre ciclici revival.

Located close to the Brera district of Milan, this restaurant, which specializes in Arab food, has been refurbished with the aim of creating an environment suitable for the type of cuisine on offer here. The almost square room, which is fairly small in size and is characterized by its nineteenth-century classicizing architecture – with four vaults and two stone columns, one of them central – seemed particularly appropriate for a stylistic reinterpretation. The original structures, which have been preserved almost intact, have been revamped above all with regard to their decoration thanks to a careful cosmetic treatment. The aim of identifying a series of stylistic features of a decorative nature that are not associated with a single geographical area, but are inspired by the interiors of buildings in Arab countries in general, led to the identification of a series of elements, especially colors, found in all the parts of the Arab world. An in-depth study of the decorative schemes of public and private buildings revealed that in the colors sand, dark blue, and light blue – the symbolic expressions of earth, sea, and sky – and a few geometric and floral patterns there is a common denominator that is easily identifiable and, to a certain extent belongs to the store of images familiar to Westerners. The project applies these results with lightness, without superfluity enabling the decorative scheme to be recognizable starting from the vault painted with horizontal stripes that stand out on the light ceilings as if this were a mosque. Accessory items of the furnishings tend to add further weight to this aspect of the décor: original Moroccan lamps hanging from the vaults provide the general illumination of the restaurant, while quaint little lanterns are placed on the tables. The piece of furniture consisting of a screen and a raised back with niches that is typical of Arab kitchens is yet another very fitting reference to the restaurant's theme, as are the refined valances in the windows, their shapes recalling the outlines of Arab doorways.

An expression of a way of regarding a restaurant as a stage set reflecting the character of its cuisine or simply a suitable backdrop to it, this restaurant, by drawing on a decorative repertoire rather than seeking to interpret its physical space, has made its own contribution to the rebirth of exoticism, which has made a notable comeback – with its many variants – in recent years and is so deeply ingrained in the imagination of Westerners as to produce cyclical revivals.

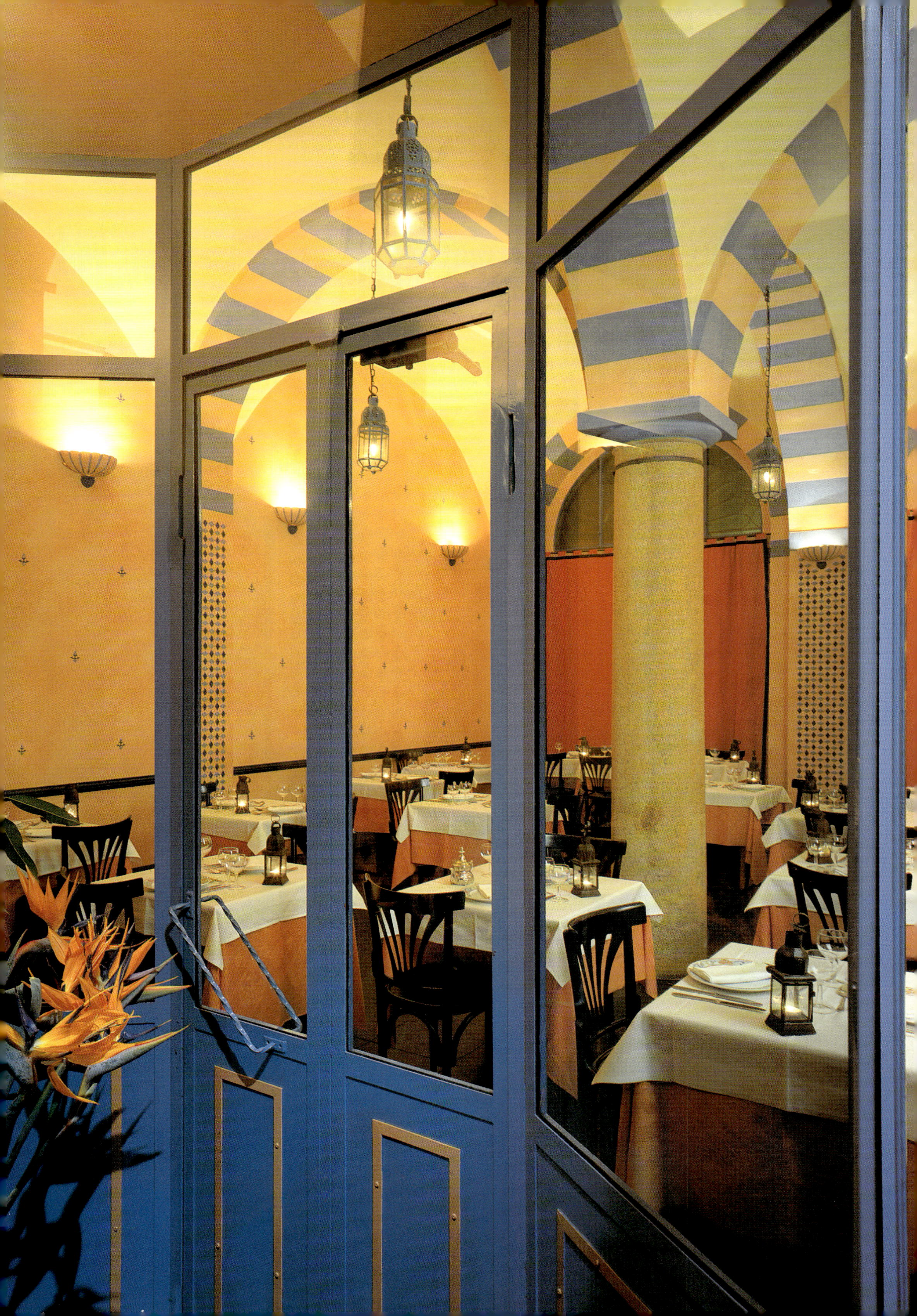

Sezione trasversale / Transversal section B-B

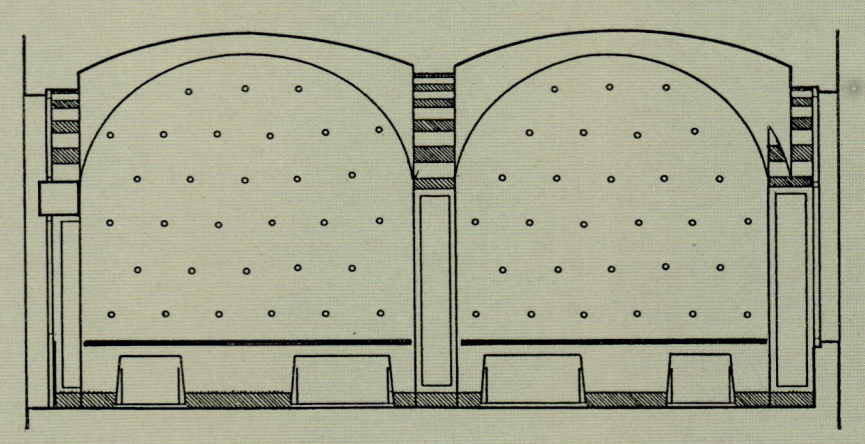

Sezione longitudinale / Longitudinal section A-A

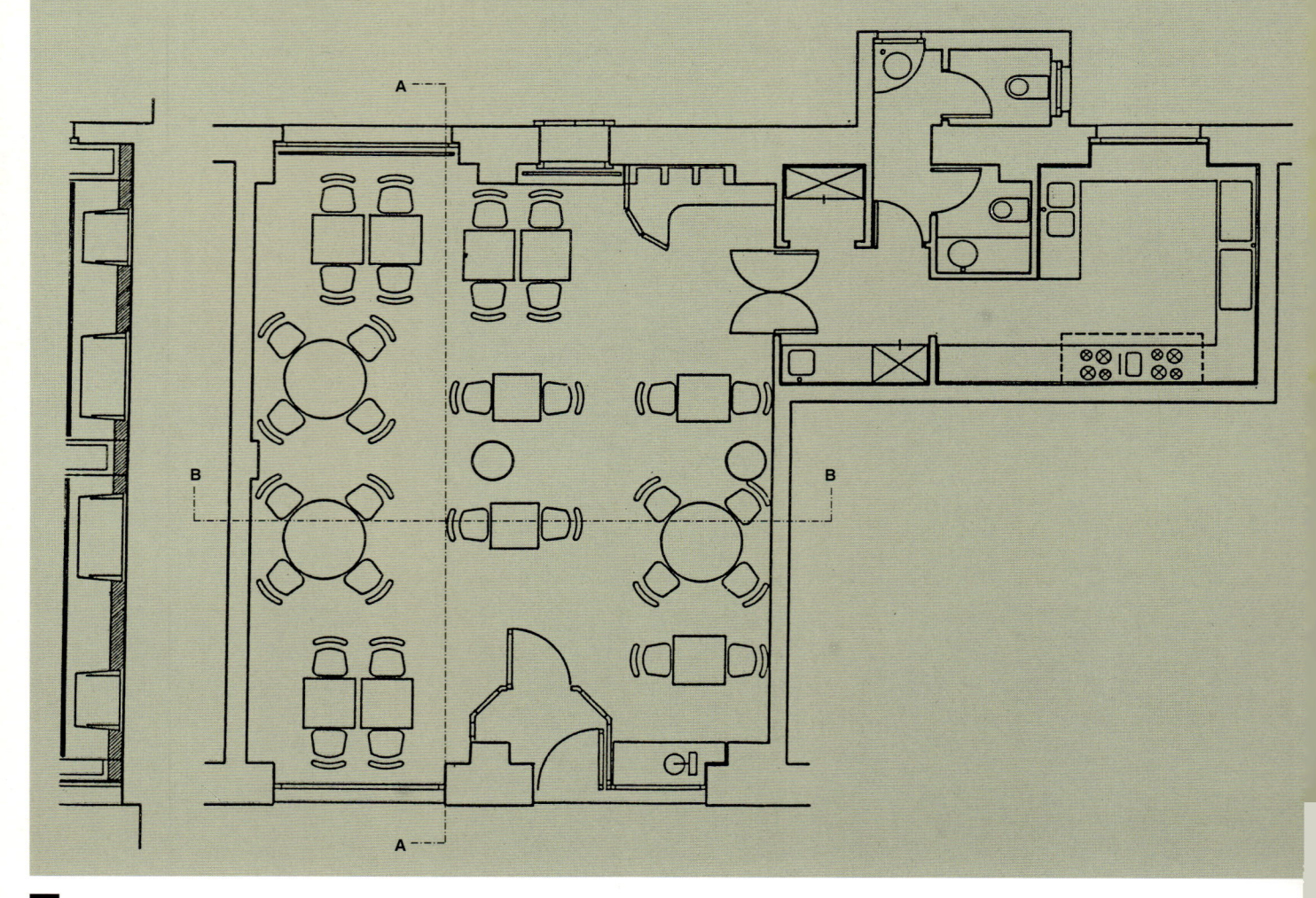

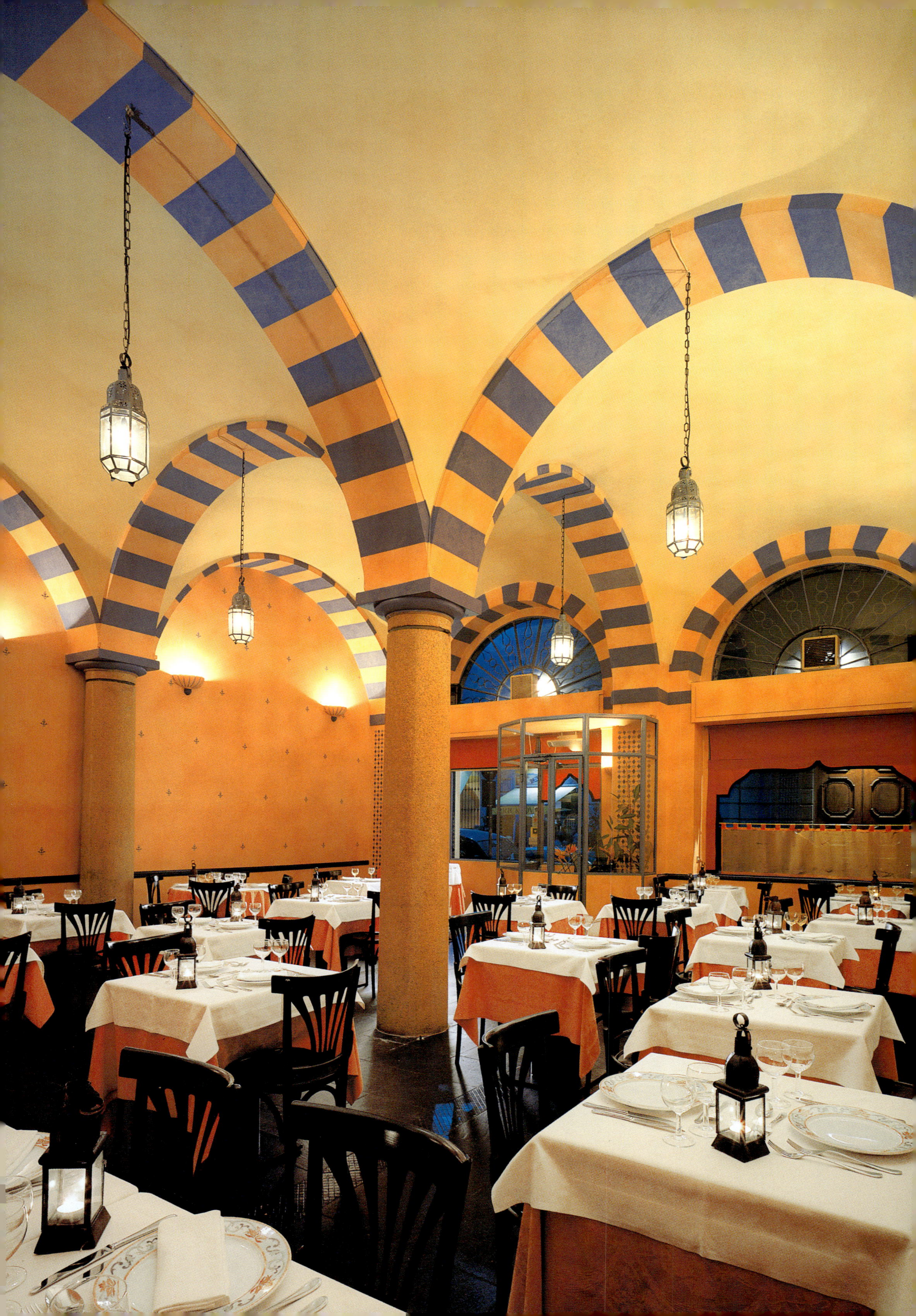

Fabio Novembre

SHU CAFÉ RESTAURANT
Milano

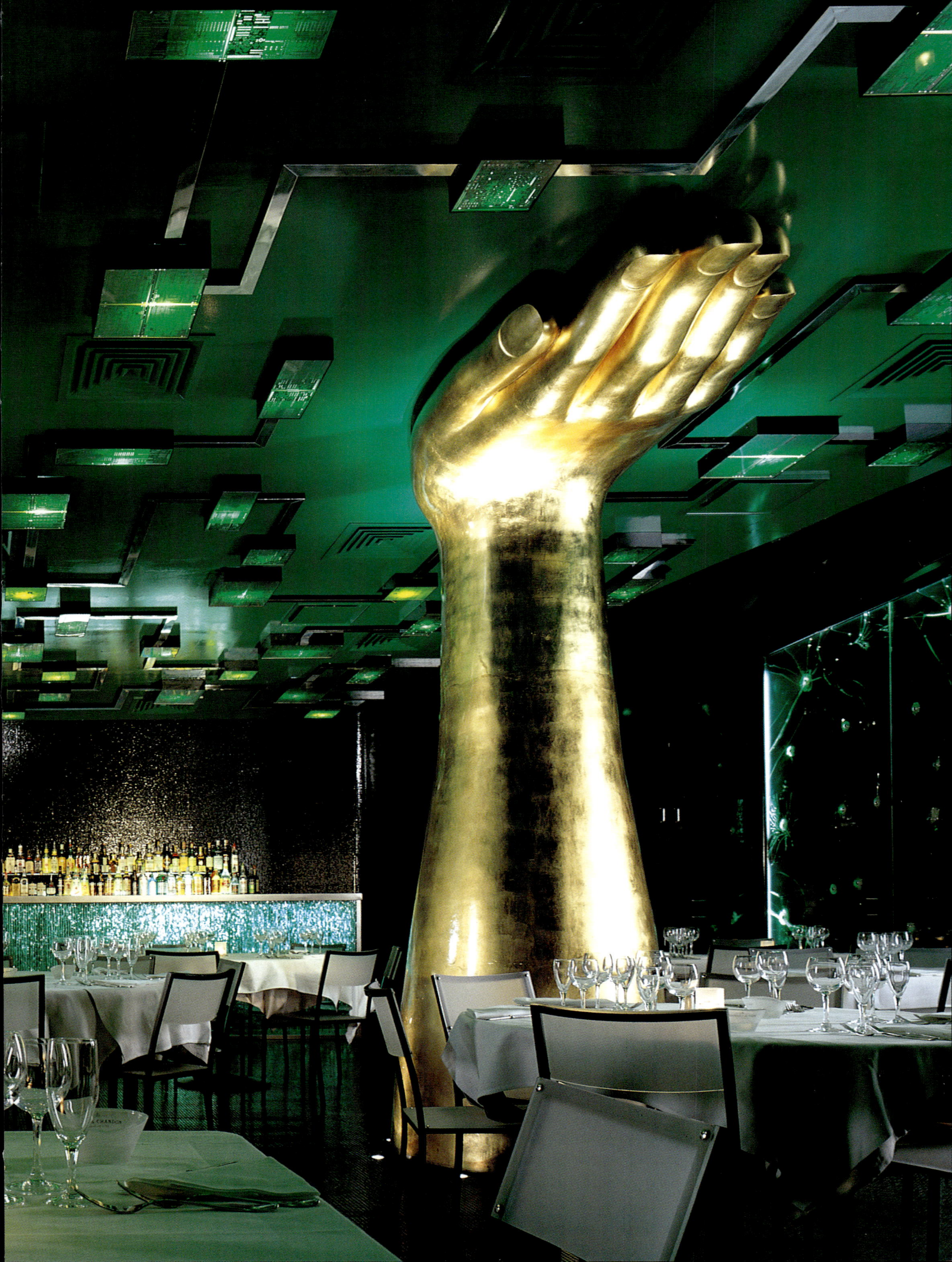

Interprete di un modo di pensare il progetto svincolato da qualsiasi "dogma" ideologico o formale e di una contemporaneità non tanto stilistica quanto di metodo, Fabio Novembre offre con questo ristorante un'ennesima prova, l'ulteriore dimostrazione circa l'opportunità di percorrere strade inesplorate, lontane da ogni vincolante eredità. Una certa eterodossia, una sorta di spregiudicatezza, diventano strumenti per individuare una molteplicità di linguaggi tutti indifferentemente percorribili, tutti volontariamente "inesatti" rispetto a un supposto e inesistente codice ideale. L'architettura per Novembre è un racconto, una storia spesso sorprendente come lo sono le favole, capace tuttavia, ormai lontana dalla semplificatoria categoria della spettacolarità cui comunque non rinuncia, di rappresentare la complessità contemporanea, e non solo architettonica. Così in questo locale milanese la traduzione di ovvie esigenze funzionali diviene sceneggiatura visiva, racconto per immagini, narrazione scenica a configurare un ambiente in qualche modo estremo e al tempo stesso accogliente e seducente.
L'ingresso posto d'angolo introduce alla prima area destinata al bar dove campeggia il volume imponente, sagomato, mendelsohniano, del bancone sovrastato dal controsoffitto trattato in maniera analoga, speculare, anche per occultare gli impianti tecnici. Ogni fascia sagomata, color argento come tutte le strutture architettoniche, occulta tubi di neon verde a produrre un effetto straniante, accentuato dalla pavimentazione di resina, a strati sovrapposti, come un prato.

The exponent of an approach to the project eschewing any ideological or structural dogma and also of a brand of modernity that is methodological rather than stylistic in character, Fabio Novembre provides, with this restaurant, yet another demonstration of the need to blaze fresh trails unhampered by any binding legacy. A degree of unorthodoxy and audacity are the means for identifying a multiplicity of styles, any of which may be selected without distinction and all of which are intentionally "incorrect" if compared to a non-existent ideal system. For Novembre, architecture is a story that is often surprising, just as fairy tales are, but capable – now distant from the simplifying concept of spectacularity, which, however, he does not abandon – of representing contemporary complexity and not just itself. Thus, in this Milanese restaurant, the representation of obvious functional requirements becomes a visual scenario, stories told through images, and theatrical narrative, producing an environment that is in some ways extreme, but is nevertheless comfortable and seductive. The corner entrance leads into the first bar area, which is dominated by the imposing stepped volume – echoing Erich Mendelsohn's famous Einstein Tower at Potsdam – of the counter. This is overhung by the false ceiling, which, almost its mirror image, is treated in a similar manner, and conceals the building services. Each shaped step, silver in color like all the architectural structures, conceals tubes of green neon, producing an alienating effect, which is emphasized by the resin flooring, consisting

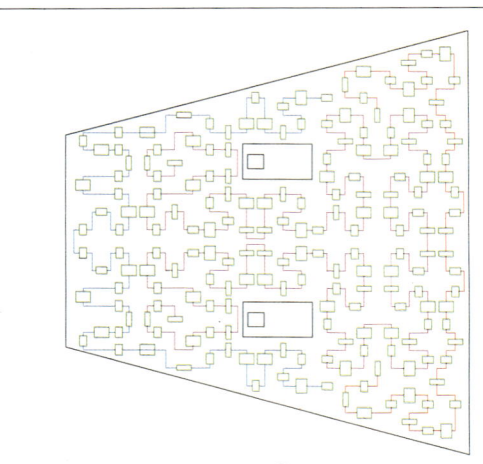

Pianta del controsoffitto con schema dei lightbox
False ceiling plan with diagram of lightboxes

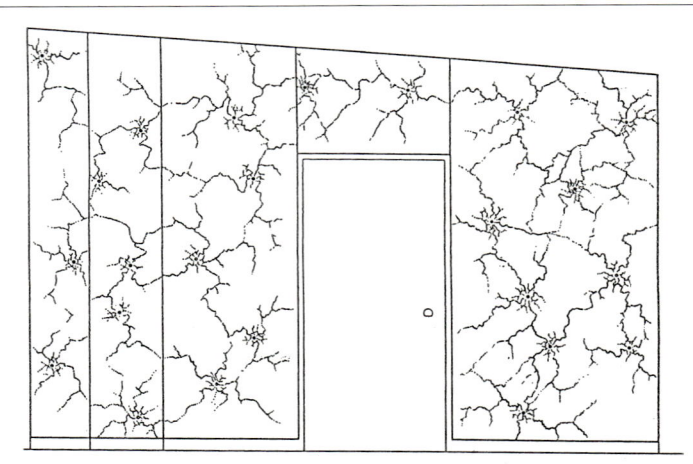

"Parete di S. Valentino" in cristallo infranto da proiettili
"St Valentine's wall" made of glass smashed by bullets

I tavoli con piani di specchio, disposti lungo il perimetro, "esposti" nelle vetrine, insieme alle sedie di Philippe Starck, assolutamente trasparenti, che li accompagnano, sono veicoli di riflessione della luce innaturale, corpi immateriali e penetrabili. L'avveniristica luminosità di questo ambiente lascia spazio, superati pochi gradini e varcata una soglia schermata da tendaggi di velluto nero alla sala ristorante, una sorta di antro iniziatico, misterioso e avvolgente, completamente nero: neri sono i rivestimenti rifrangenti in mosaico delle pareti e del pavimento, neri i tendaggi, neri tavoli e sedie.
Ma all'interno di questa scena una mai più precisa corrispondenza tra forma e funzione trasforma i pilastri esistenti in spettacolari e sorprendenti avambracci d'oro oversize che sostengono il controsoffitto concepito come una lastra verde inclinata sulla quale sono poste le lampade disegnate come un gigantesco circuito elettrico – box luminosi stampati raccordati da profili d'acciaio – quasi un'iconica rappresentazione del contemporaneo dominio dell'elettronica. Sul fondo dell'ambiente il nero dell'involucro è acceso dal banco bar realizzato con superfici di cristallo a spacco, retroilluminate con fibre ottiche, incorniciate da bordure d'acciaio. Accostate alle pareti laterali del locale lastre di cristallo antisfondamento sono infrante da proiettili e illuminate sul profilo a comporre le cosidette "pareti di San Valentino": non solo evocazioni ironiche della sanguinosa e celebre strage di gangsters ma anche inquietanti segni frattali.

of superimposed layers, producing a grass-like effect. The tables with tops made of mirror-glass, placed along the perimeter, displayed in the windows, and accompanied by the totally transparent chairs designed by Philippe Starck, are ethereal and penetrable bodies, vehicles for reflecting the artificial light. At the top of a few steps, a doorway, screened by drapes of black velvet, leads from the futuristic brightness of this environment to the dining-room, a sort of esoteric cavern, mysterious, enveloping, and completely black: the refractive mosaic surfaces of the walls and floor, the drapes and the tables and chairs are all black.
But, within this setting, the very precise correspondence between form and function transforms the existing pillars into two spectacular giant golden forearms supporting the false ceiling, an inclined green slab to which are attached lights resembling enormous printed circuits – luminous boxes linked by steel conduits – that are practically a symbolic representation of the present-day supremacy of electronics. At the back of the room, the predominant black is illuminated by the bar counter constructed with surfaces of broken glass, backlit with optical fibers and framed by steel borders. On the side walls of the restaurant, sheets of shatterproof glass have been smashed by bullets and illuminated on the edges to compose what are called "St Valentine's walls", which are not only an ironic evocation of the famous massacre of gangsters in 1920s Chicago, but are also disturbing fractal signs.

189

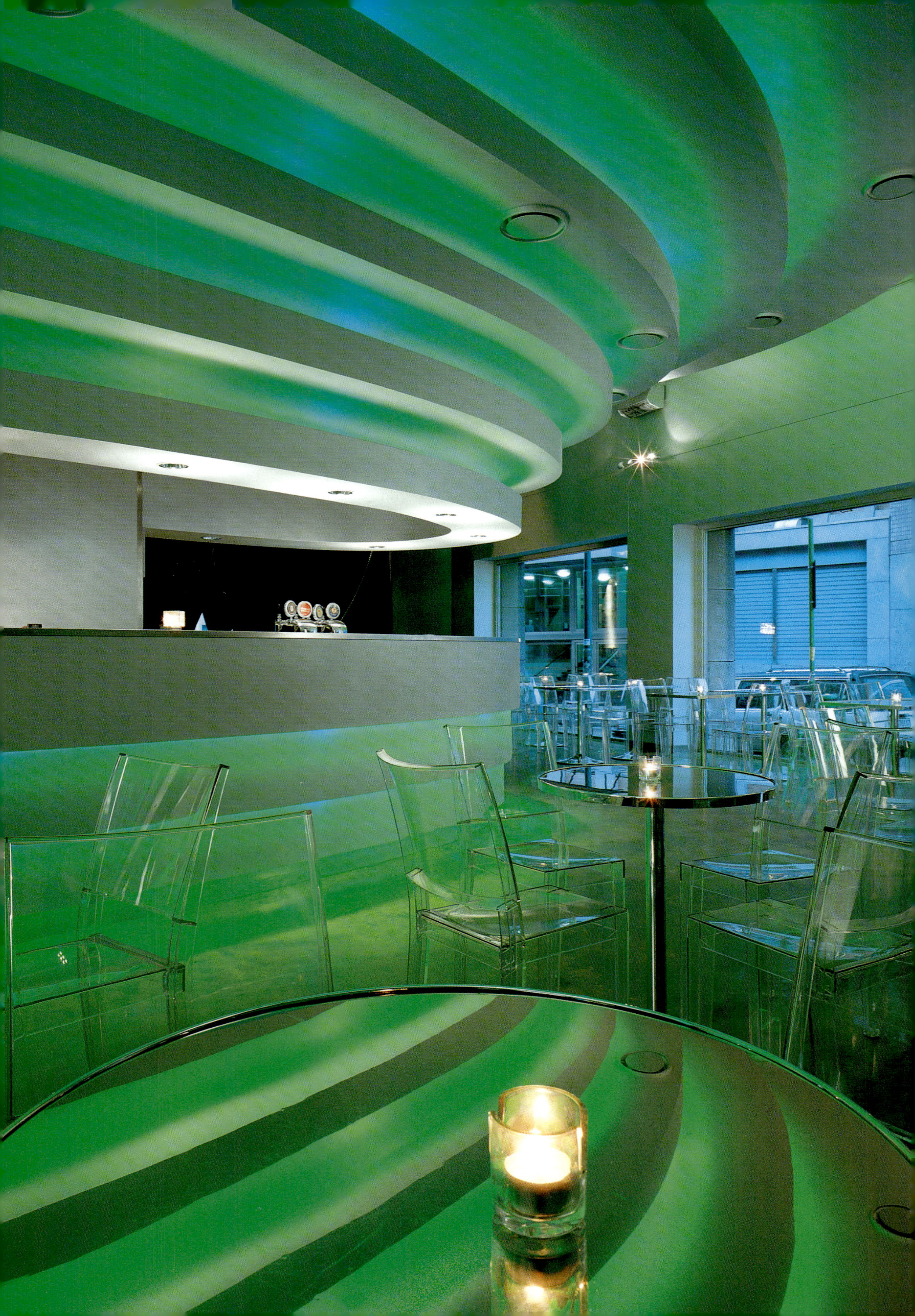

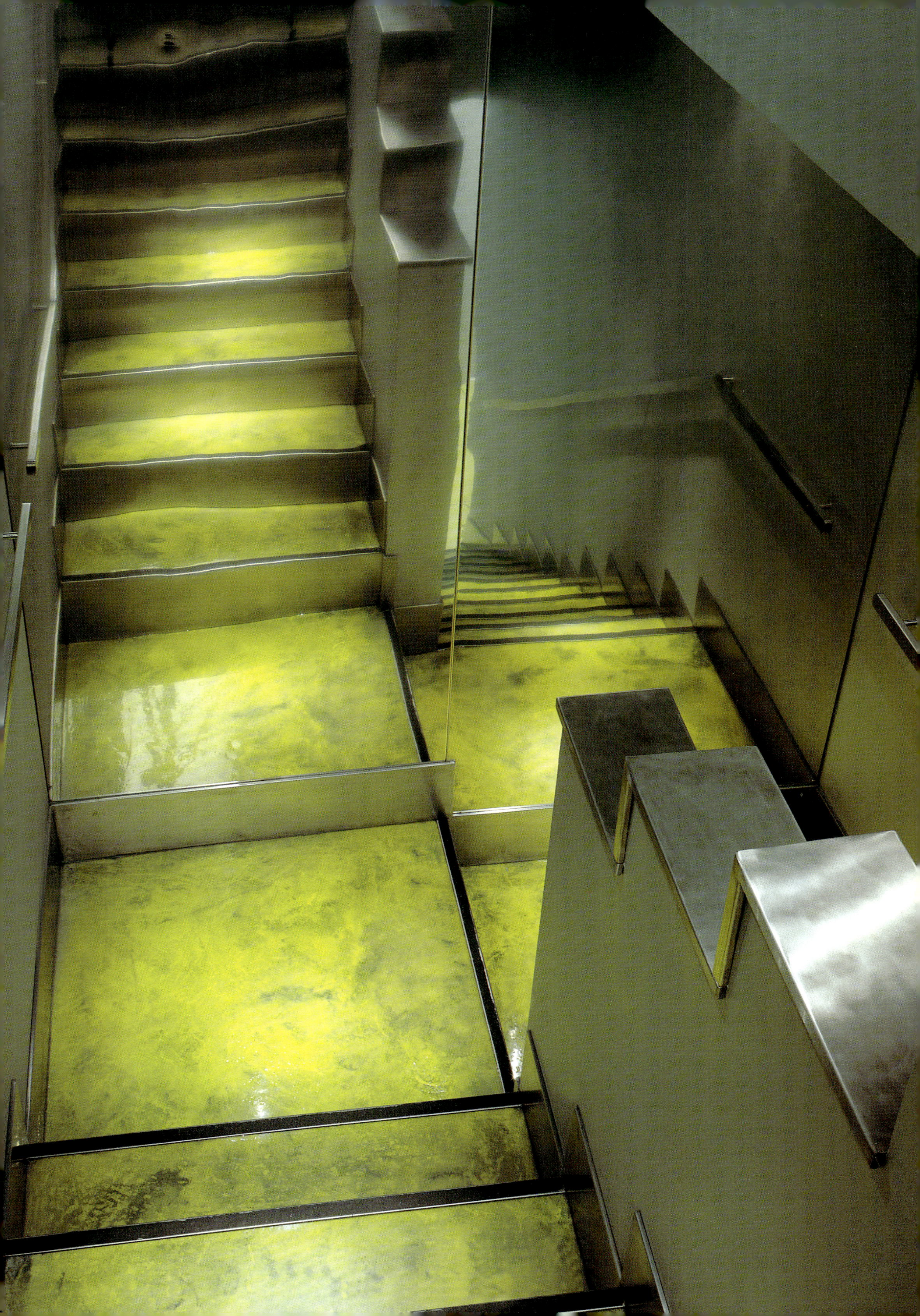

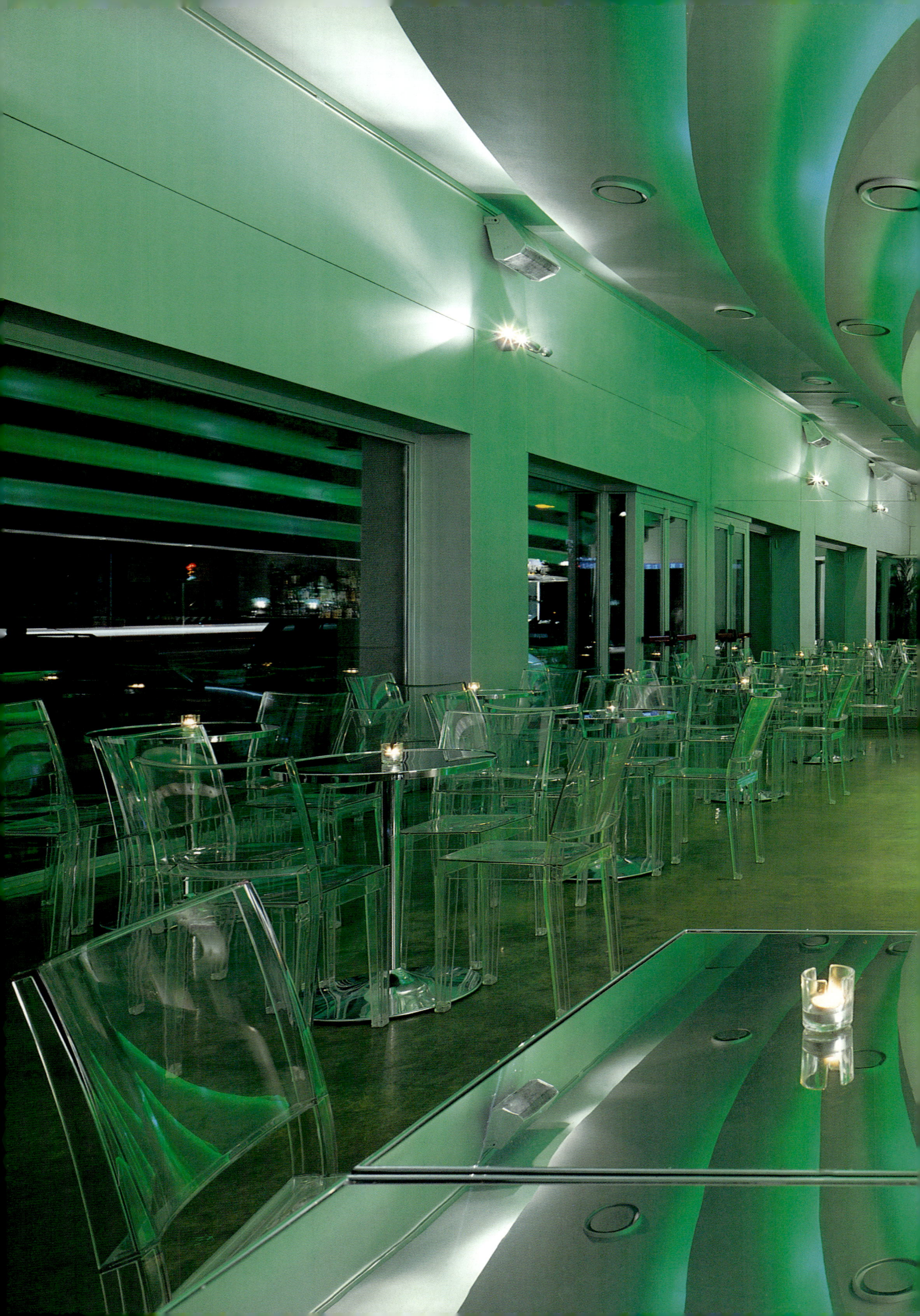

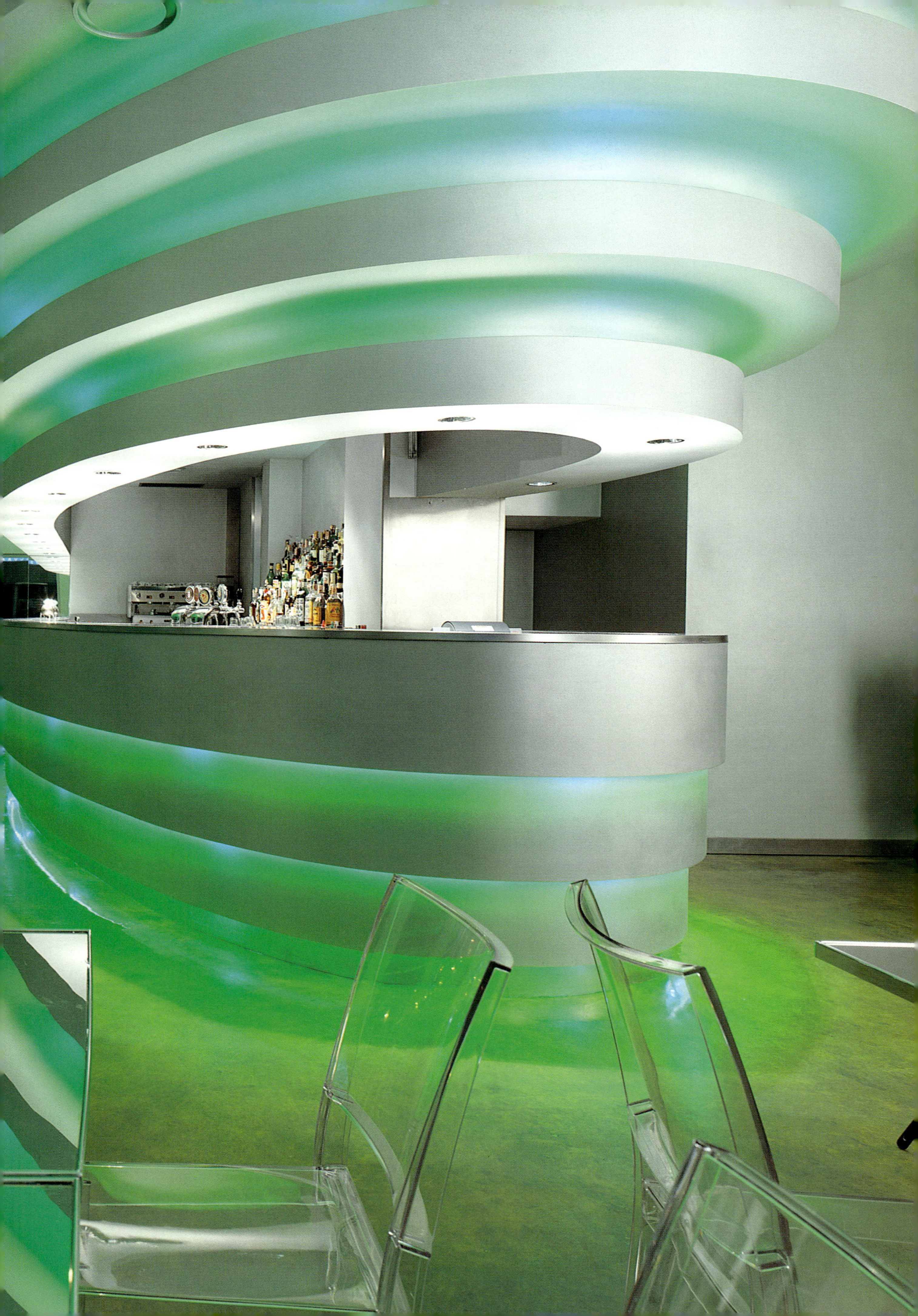

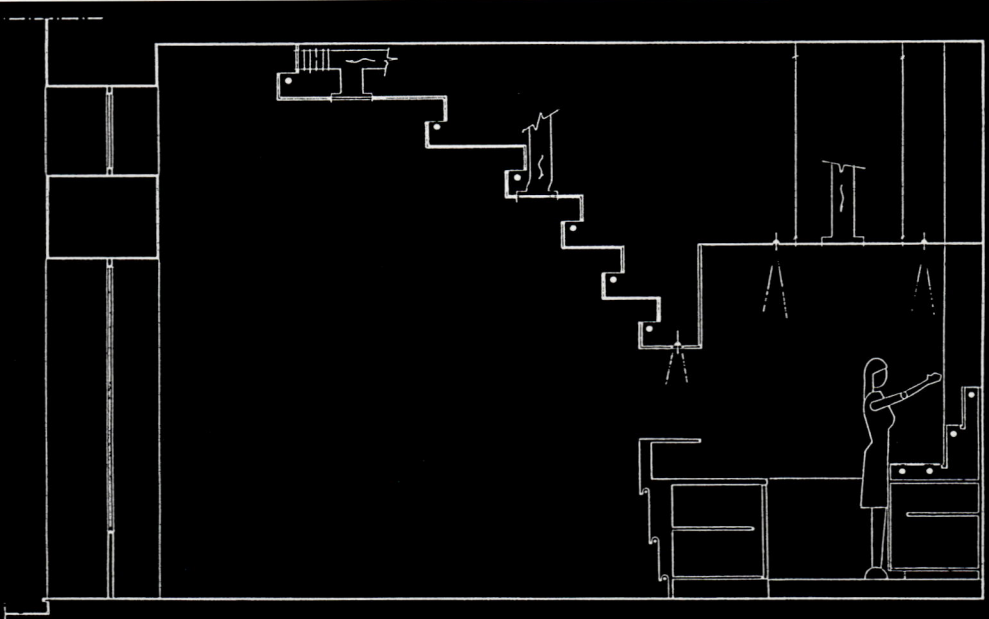

Sezione del banco bar con il controsoffitto / Bar counter section with false ceiling

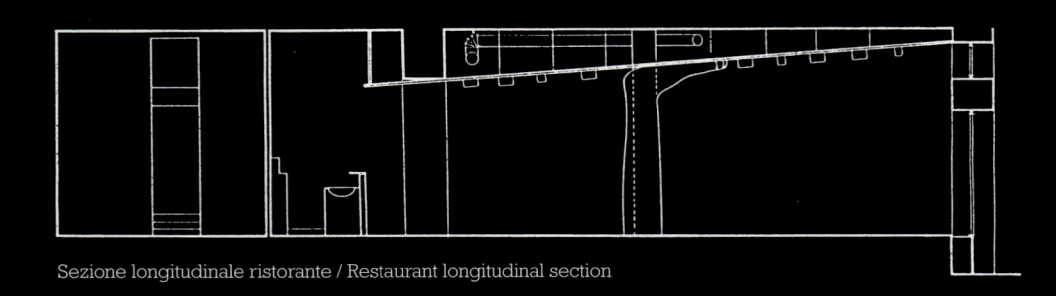

Sezione longitudinale ristorante / Restaurant longitudinal section

Pianta dell'area bar / Bar area plan

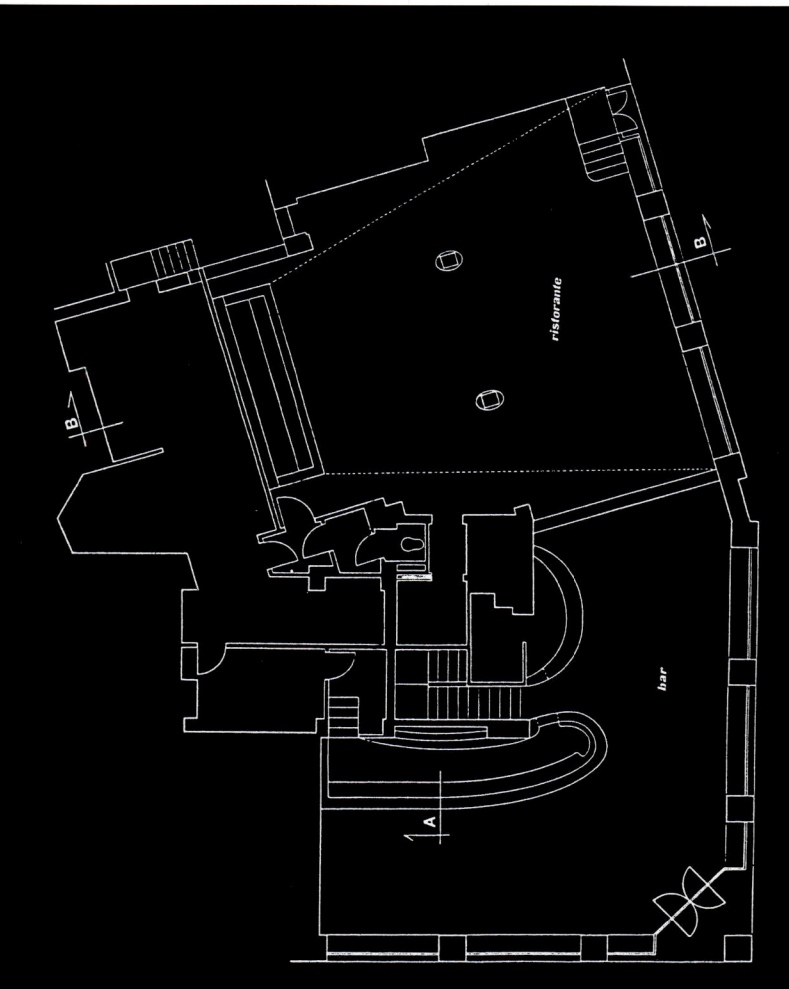

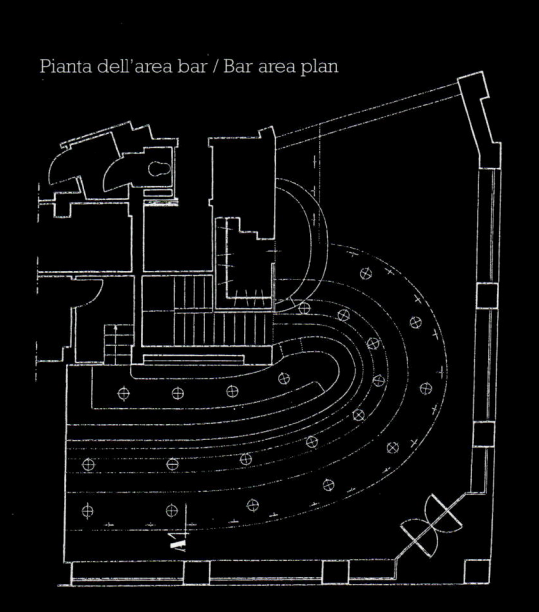

Claudio Monti
Francesco Muti
Silvia Tonini

SONORABLU
Milano Marittima, Cervia - RA

Un impianto sostanzialmente longitudinale ospita questo locale, ristorante ma anche luogo d'intrattenimento per il dopocena, nel quale pochi interventi di carattere spiccatamente scenografico articolano lo spazio. Il rigore postminimalista che modella le componenti propriamente architettoniche è in qualche misura contraddetto, principalmente grazie agli arredi, da continui ammiccamenti ad atmosfere anni Ottanta. Il locale si compone di due ambienti contigui e visivamente interrelati: quello del *cigar bar* e della sala ristorante vera e propria. Nel primo, intorno a un pilastro trasformato in cilindro, è organizzato, per volumi giustapposti e dai colori contrastanti, il banco bar corredato da curiose piastre circolari: un elemento scultoreo cui fanno da sfondo le ampie vetrate che permettono di godere del giardino all'esterno. Una breve parete attrezzata che fronteggia la scala di accesso al locale, posto al primo piano, costituisce una sorta di filtro tra la zona bar e quella dove trovano posto i tavoli e un ulteriore spazio bar caratterizzato dalla parete di fondo scenograficamente retroilluminata. Una pedana lignea sopraeleva, dinamizzandola, questa vasta porzione la cui longitudinalità è così interrotta. Con un'analoga finalità è studiata la controsoffittatura modulata su quote diverse. Lungo le vetrate corre una mensola luminosa sulla quale sono esposte bottiglie colorate, come piccole sculture, a segnalare, all'esterno, la presenza del locale.

L'atmosfera quasi domestica, intima e raccolta, è data dall'utilizzo del legno per i pavimenti e i tavoli, dai rivestimenti grigio-azzurri delle pareti e dei soffitti, dalla lunga veneziana a lamelle che occulta una delle pareti e da cui filtra luce soffusa e, soprattutto, dal colore rosso-arancio, caldo, delle sedie, dei divani disposti in modo da creare aree di conversazione e delle *abat-jour* collocate in prossimità delle sedute proprio come si fosse in un ambiente privato. Un sistema di piccole, eleganti lampade cilindriche, agganciate a una leggera struttura metallica sospesa, integra la morbida illuminazione generata dalle luci soffuse.

An essentially longitudinal layout houses this establishment – located at Milano Marittima, a resort in Romagna, on the Adriatic coast – which is both a restaurant and a place for after-dinner entertainment, in which just a few alterations of a specifically scenographic nature divide up the space. The post-Minimalist rigor that fashions the architectural components is, to a certain extent, countered – mainly thanks to the furnishings – by numerous echoes of the atmosphere of the 1980s. The establishment consists of two adjacent rooms that are visually interrelated: the Cigar Bar and the dining-room. In the former, around a pillar transformed into a cylinder, is located the bar counter, which is fitted with two curious circular plates: all this forms a sculptural element with, in the background, the wide windows providing a splendid view of the garden. A short partition wall composed of shelves and facing the staircase giving access to the establishment, which is on the first floor, forms a sort of screen between the bar and dining areas and another bar area, behind which the end wall is theatrically backlit. This vast area is raised on a wooden platform, giving it a more dynamic appearance and interrupting the longitudinal layout. The false ceiling, constructed on different levels, is intended to produce the same effect. Parallel to the windows is an illuminated shelf on which, like small sculptures, colored bottles are displayed, signaling the presence of the bar and restaurant to the outside world.

The quasi-domestic, intimate atmosphere is created by the use of wood for both flooring and tables, the blue-gray coverings of the walls and ceilings, the long Venetian blind, backlit by neon lights, concealing the windowless long wall, and, above all, the warm orange-red of the chairs, the divans arranged to create conversation areas, and the lamps placed next to the seats just as if this were a private home. A system of small elegant cylindrical lamps, attached to light suspended metal structures, completes the general effect of soft lighting that is a notable feature of this establishment.

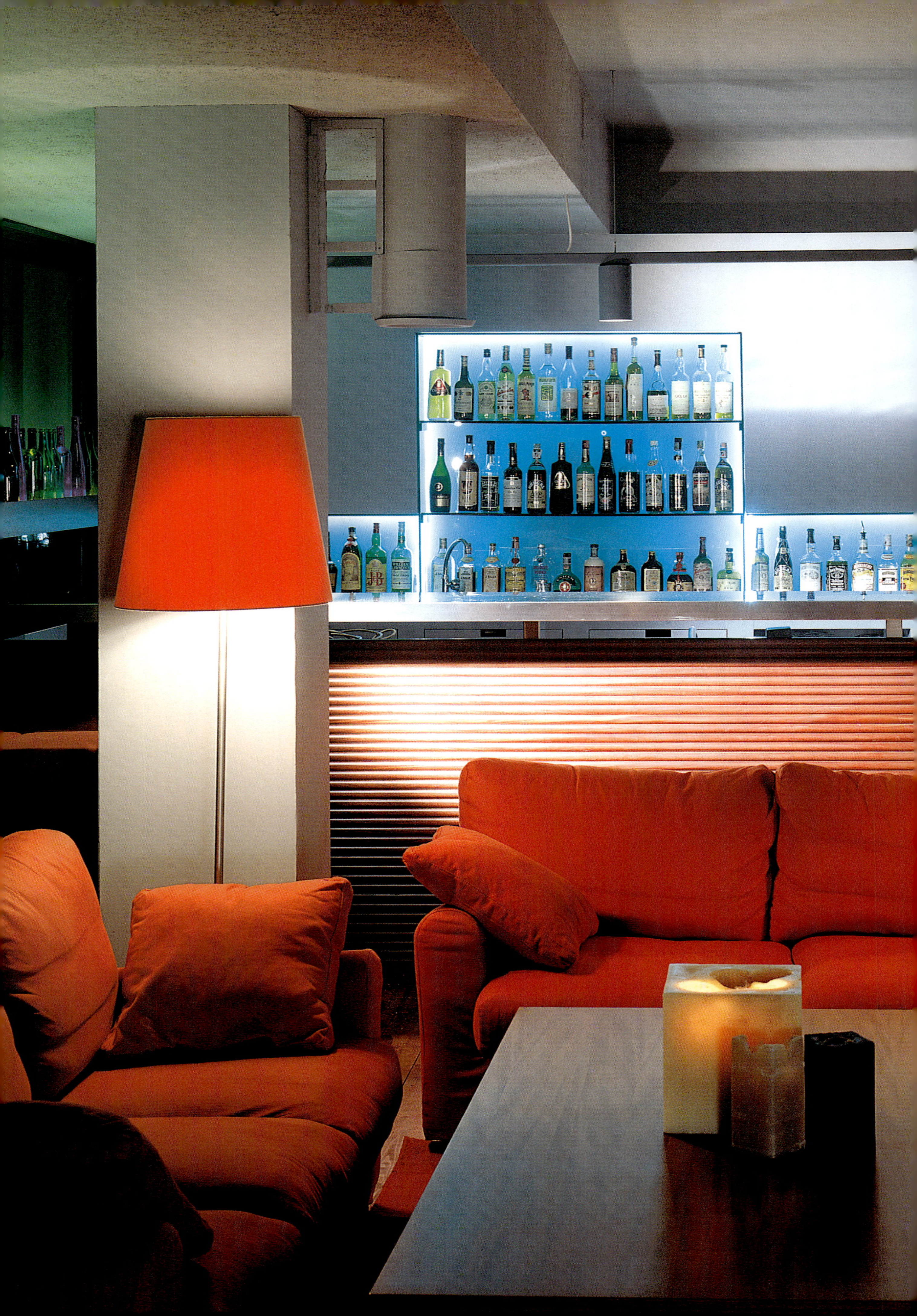

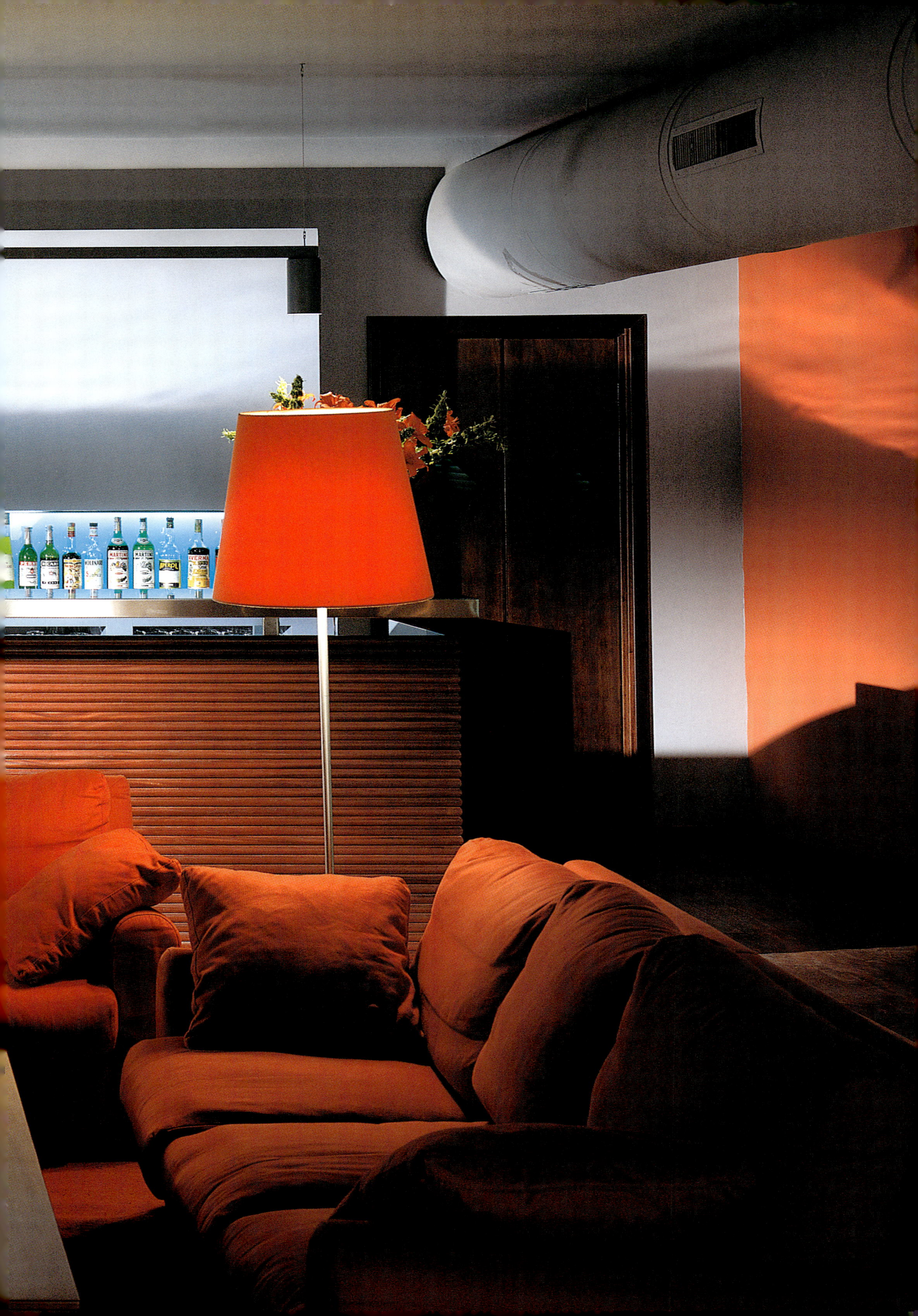

200

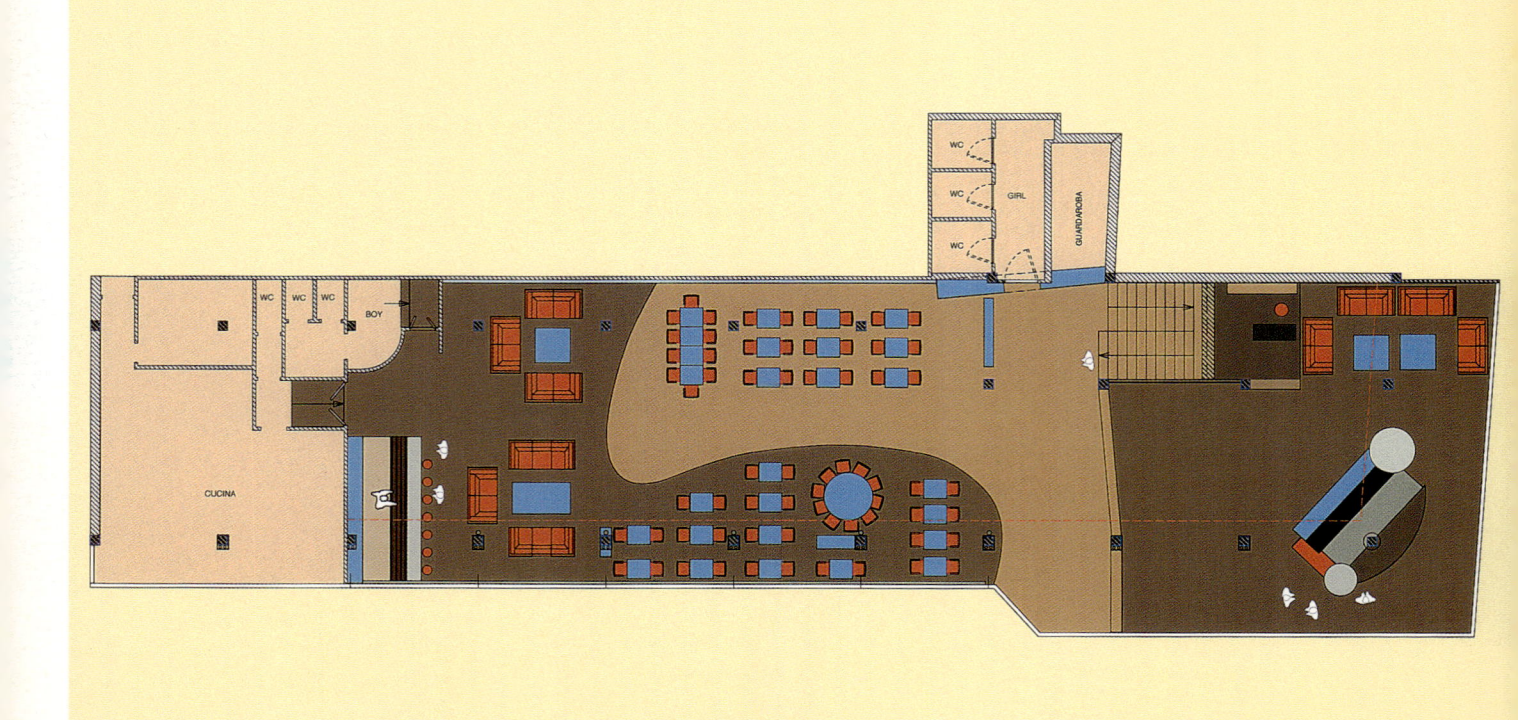

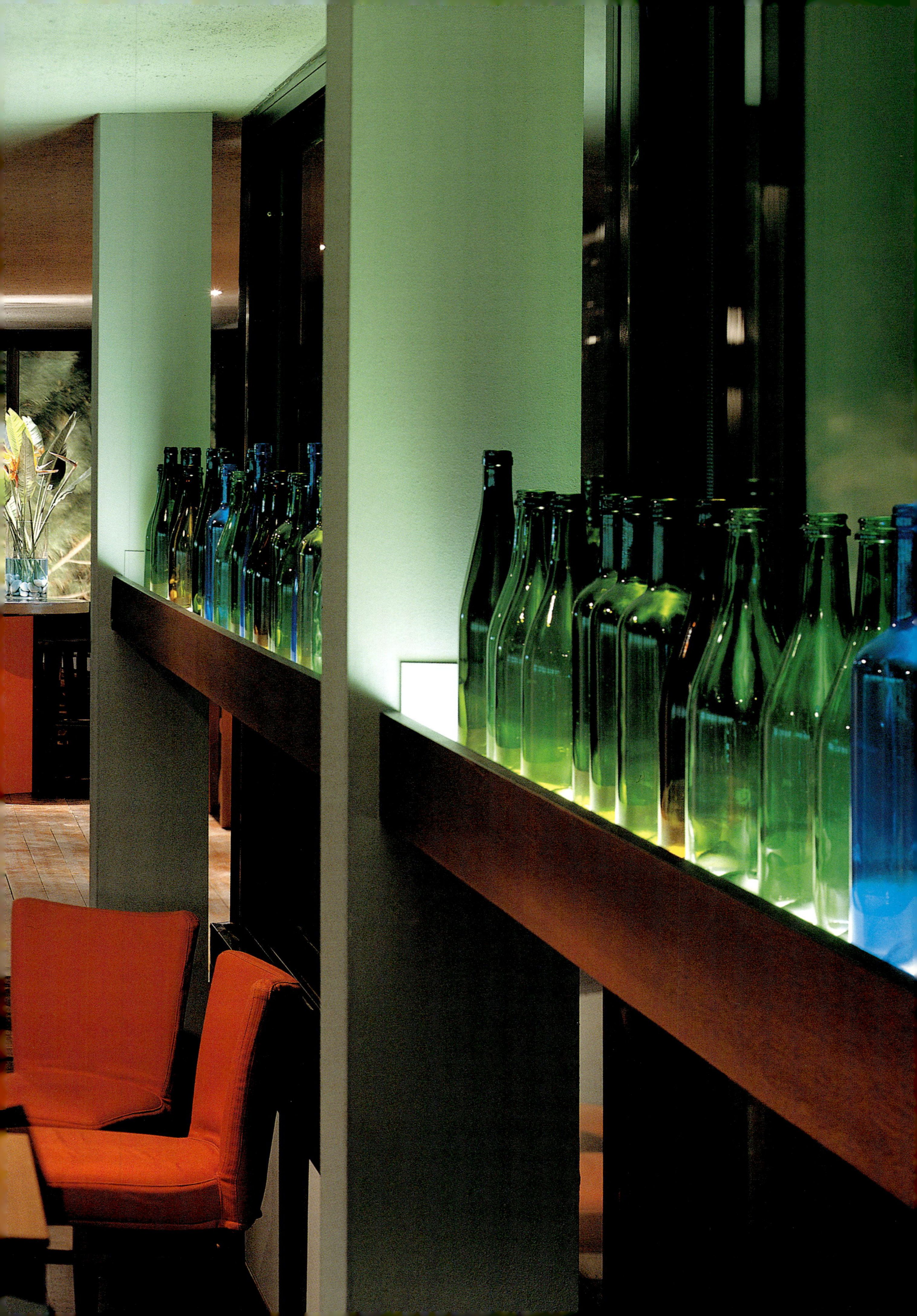

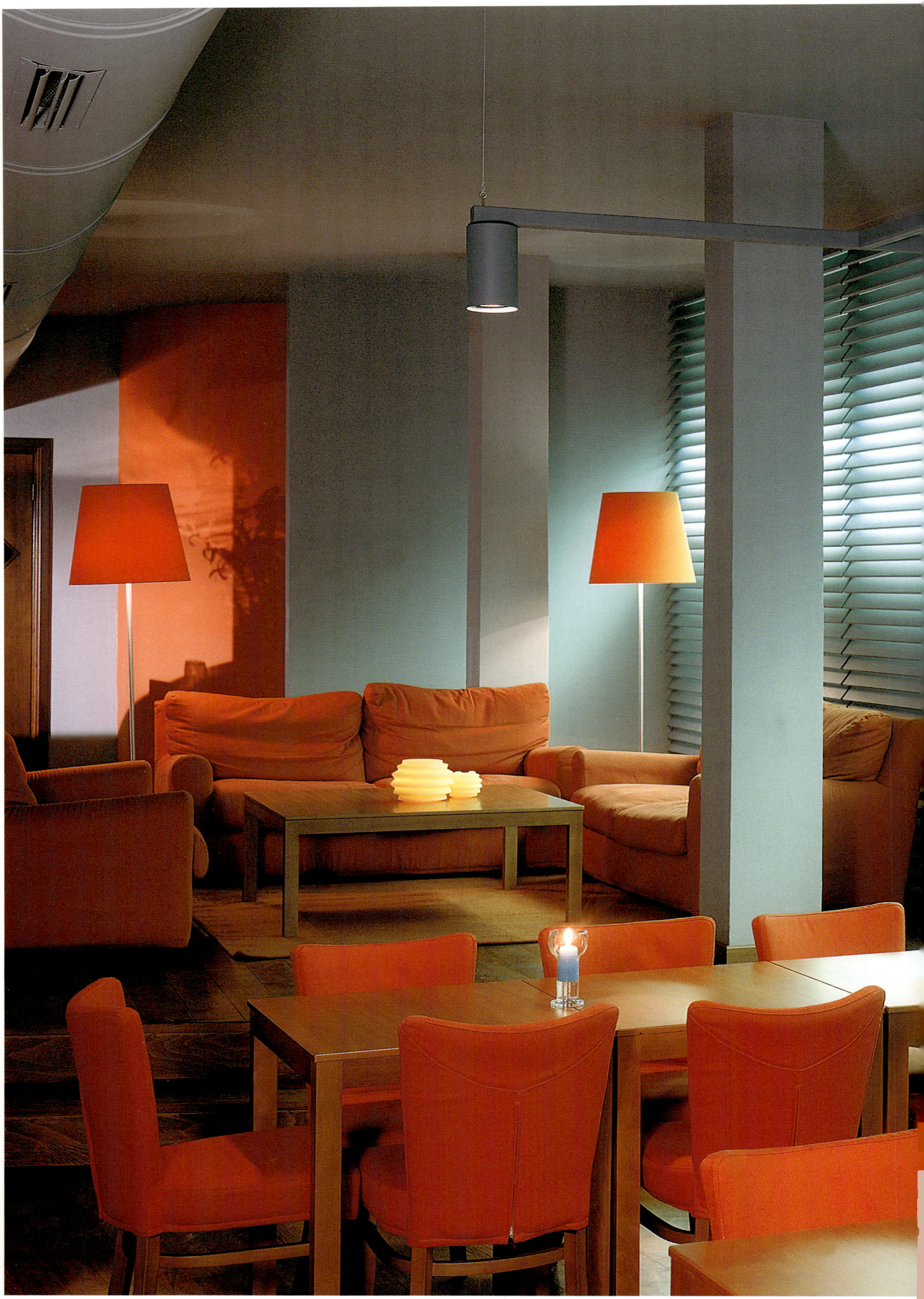

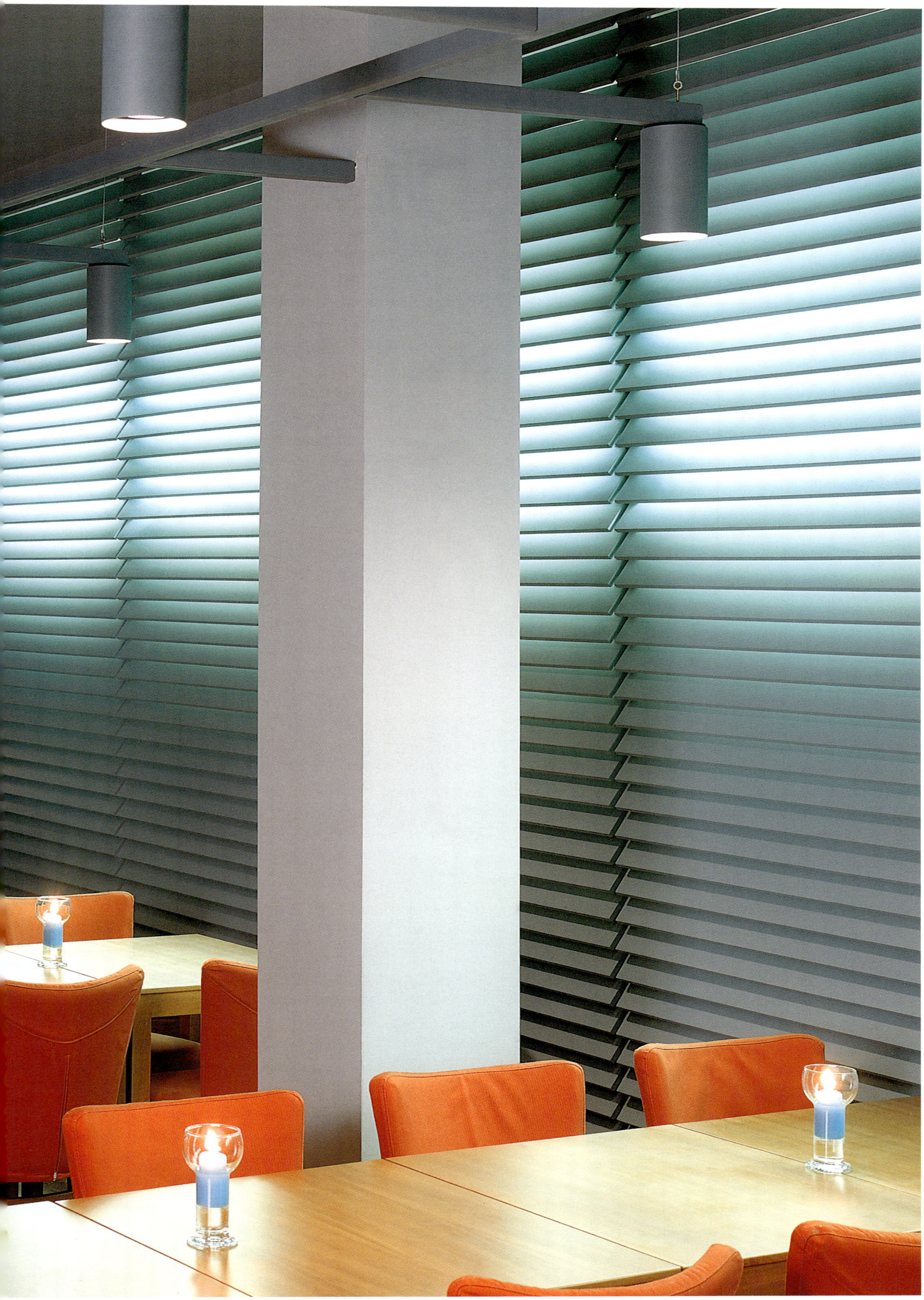

Marta De Renzio
Emanuela Ramerino
Patricia Urquiola

THE SIAM SOCIETY
Milano

L'incessante proliferazione di ristoranti etnici che in Europa è da tempo una realtà consolidata e in Italia una tendenza in vistosa crescita, induce i progettisti a misurarsi con repertori stilistici e decorativi non caratteristici della tradizione costruttiva occidentale. Gli esiti di tale operazione talvolta appaiono semplicistiche trasposizioni di elementi decorativi, se non di oggetti, all'interno di ambientazioni sommarie ma, in altri casi, dimostrano l'applicazione di modalità compositive di una certa raffinatezza o sperimentazioni sullo spazio o sui materiali. Nel ristorante milanese qui rappresentato viene messa in scena una sorta di rivisitazione di alcuni caratteri stilistici tailandesi in una variante che rievoca atmosfere coloniali. In questo senso non si tratta di una traduzione meccanicistica di componenti formali e decorative ma del recupero, in chiave scenografica, di un'atmosfera i cui connotati stilistici appaiono sfuggenti benché ogni elemento sia definito al livello del dettaglio. A dichiarare sin dall'esterno la tipologia etnica di questo locale contribuiscono in modo decisivo tutte le aperture schermate da ante lignee turchesi a sottili listelli e il disegno dello sporto che protegge il fronte. Tendaggi di garza leggera, semitrasparenti, segnalano l'ingresso oltre il quale appare il massiccio volume del banco bar, anch'esso decorato da una trama lignea sfalsata. Disegnato in modo da inglobare due pilastri, funge anche da elemento di separazione della sala dai locali di servizio collocati alle sue spalle. Attorno al banco bar sembra ruotare lo spazio continuo, a ventaglio, che ospita i tavoli, risolto unitariamente dalla pavimentazione a doghe di legno posate a corsi alternati. Un'alta zoccolatura scura impreziosisce le pareti perimetrali del locale, stagliandosi sulle superfici color avorio, insieme agli schermi delle vetrine che all'interno mostrano la faccia di legno scuro. Per il resto l'articolazione dello spazio è semplicemente affidata a curiose quinte costituite nella fascia inferiore da listelli di legno che si prolungano in una struttura leggera per trattenere una maglia metallica: un traforo che compone piccoli e delicati decori. Tavoli di disegno ottocentesco, talvolta con piani di marmo, corredati da sedie di modelli diversi, anch'esse di sapore classico, ribadiscono un non meglio precisato riferimento ad ambienti coloniali insieme alle lampade sospese sostenute da catenelle con diffusori di vetro di varie forme. In corrispondenza delle esili strutture che suddividono il locale panche di legno dotate di cuscini colorati integrano le sedute singole. Sul fondo, concluso da un lungo specchio incorniciato, una bassa pedana costituisce un ulteriore elemento che dinamizza l'essenziale distribuzione. A soffitto sottili listelli tono su tono tracciano una maglia regolare, o a ventaglio nell'area trapezoidale del bancone, che assume una funzione decorativa oltre a occultare l'impianto elettrico che alimenta i singoli corpi illuminanti. Grandi ventilatori a pale completano questa scenografia che opera al livello delle componenti funzionali dello spazio senza forzature di tipo puramente decorativistico.

The continuous proliferation of ethnic restaurants that has been taking place in the rest of Europe for some time, and is now a very evident phenomenon in Italy, has induced architects to try their hand at using stylistic and decorative repertoires that are very different from those of the Western tradition. While the results of this exercise may appear at times to be simplistic transpositions of decorative elements, or even of objects, to hastily conceived interior designs, in other cases they reveal the application of particularly refined methods of composition or experimentation with space and materials. In this Milanese restaurant, the architect has made use of a number of Thai stylistic features, but in a variant recalling the atmosphere of colonial days. This is, however, by no means simply a mechanical transposition of formal and decorative elements, but rather the recreation, in a scenographic sense, of an atmosphere in which there is a suggestion of ambiguity about the stylistic features, although each element is clearly defined in its details. A decisive contribution to the statement of the ethnic character of this restaurant is made by the windows screened by turquoise wooden shutters, composed of thin slats, and the design of the imposing canopy protecting the front. Drapes of semi-transparent gauze hang behind the entrance door, beyond which is the massive volume of the wooden bar counter, decorated with a relief pattern of vertical rectangles, their short sides staggered. Incorporating two pillars, this also serves to separate the dining-room from the service area behind it. The fan-shaped continuous space where the tables are located, which is unified by the flooring in wooden planking, seems to rotate round the bar counter. A high dark dado adorns the insides of the external walls of the restaurant, standing out from the ivory-colored upper part, as do the window shutters, on the inside of which the dark wood has been left bare. The division of the space is entrusted to screens consisting, in the lower part, of vertical wooden slats above which a light framework contains a metal mesh, forming tracery made up of small, delicate motifs. Tables in a nineteenth-century style, sometimes with marble tops, accompanied by chairs of different models, also of classic design, continue the allusion to a colonial atmosphere, together with the pendant lamps hanging on chains with glass diffusers of various kinds. Adjacent to the light screens subdividing the space, wooden benches with colored cushions provide extra seating. At the rear of the restaurant, a row of tables stands on a low platform, above which a long framed mirror hangs, adding a dynamic element to the otherwise straightforward distribution of the space. On the ceiling, laths of the same color form a regular grid – or fan-shaped pattern in the trapezoidal area of the bar counter – which has a decorative function as well as concealing the electric conduits serving the lights. Large ceiling fans complete this somewhat theatrical décor that functions on the level of its components, which relate to the space without seeking to create purely decorative effects.

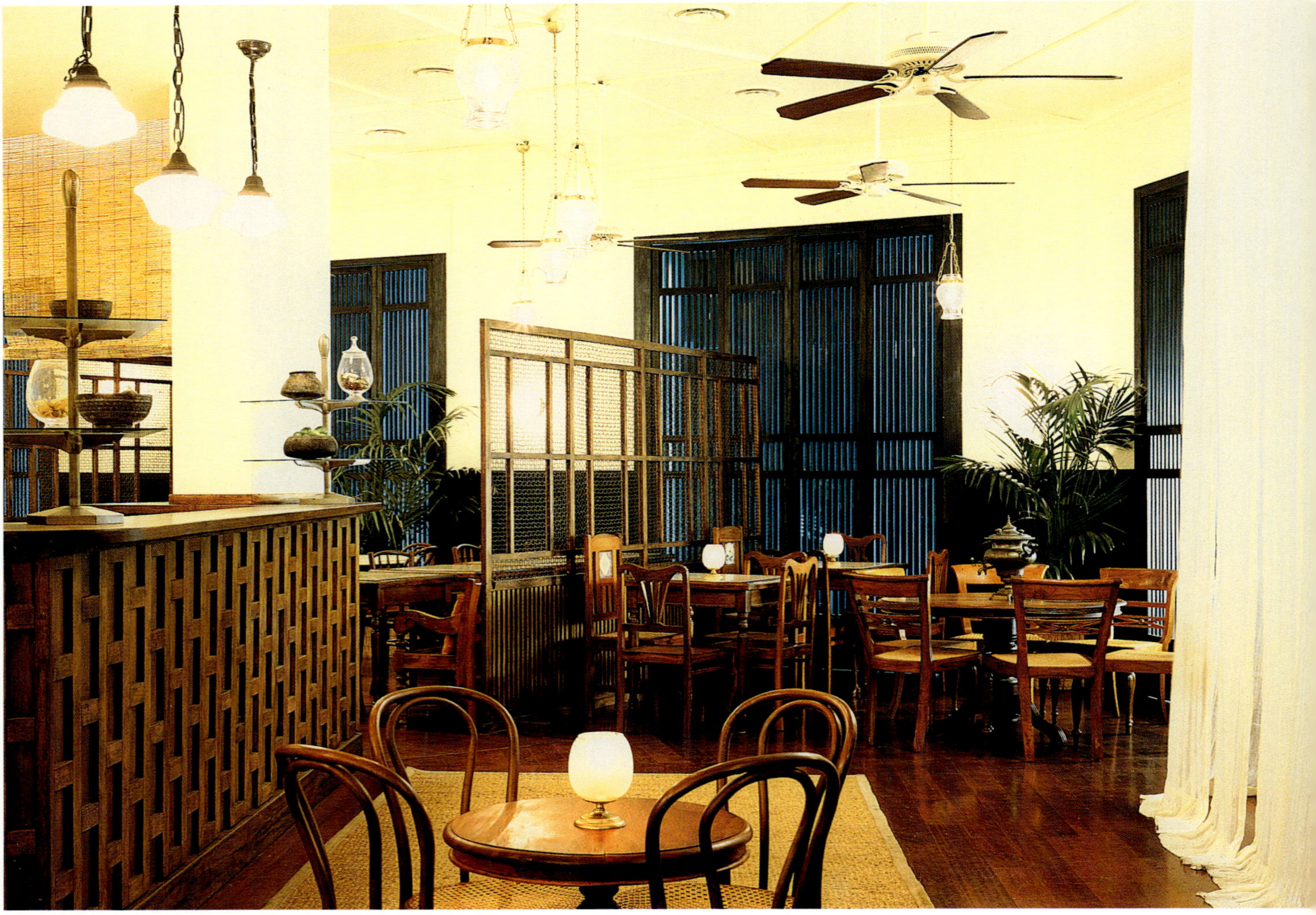

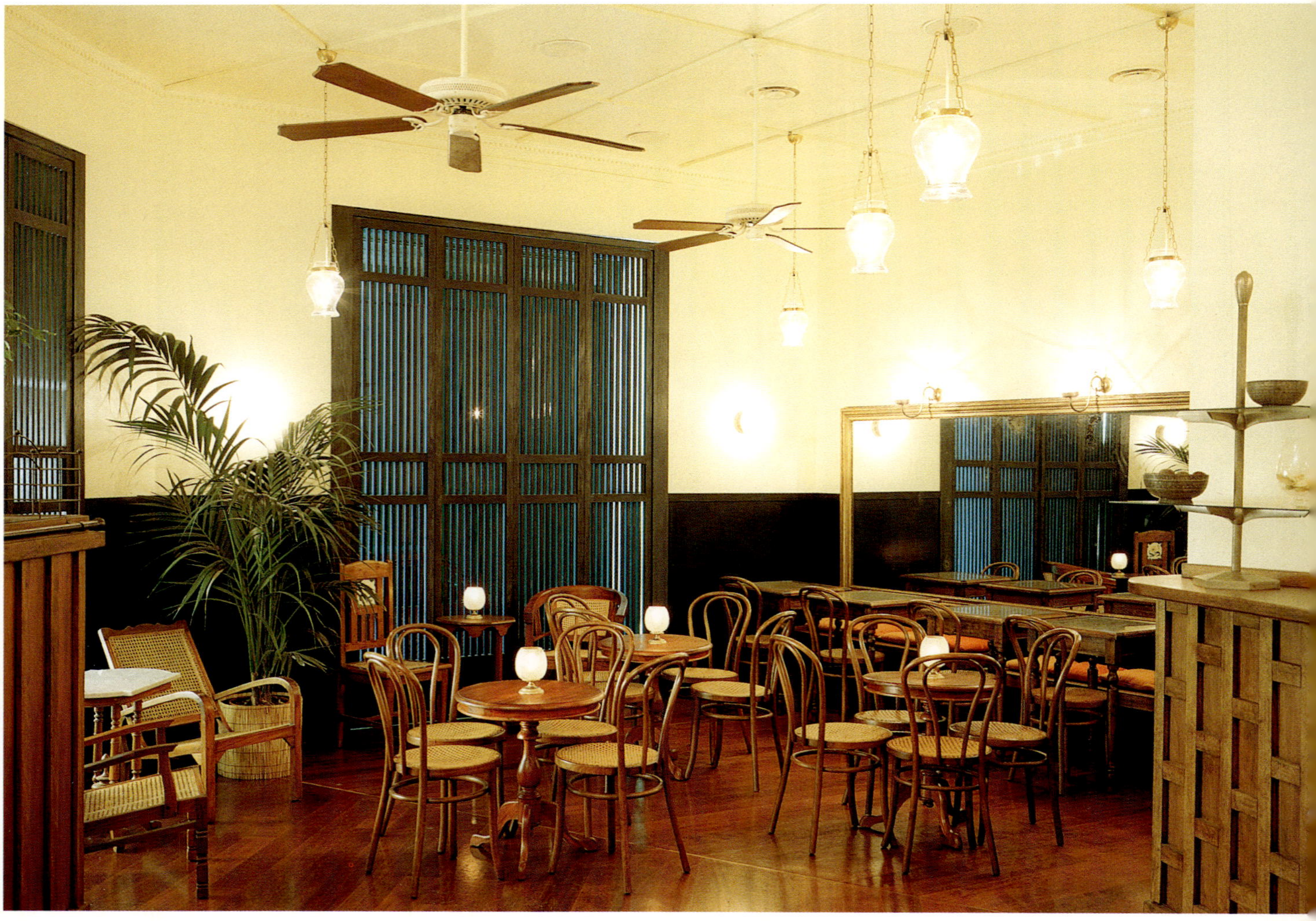

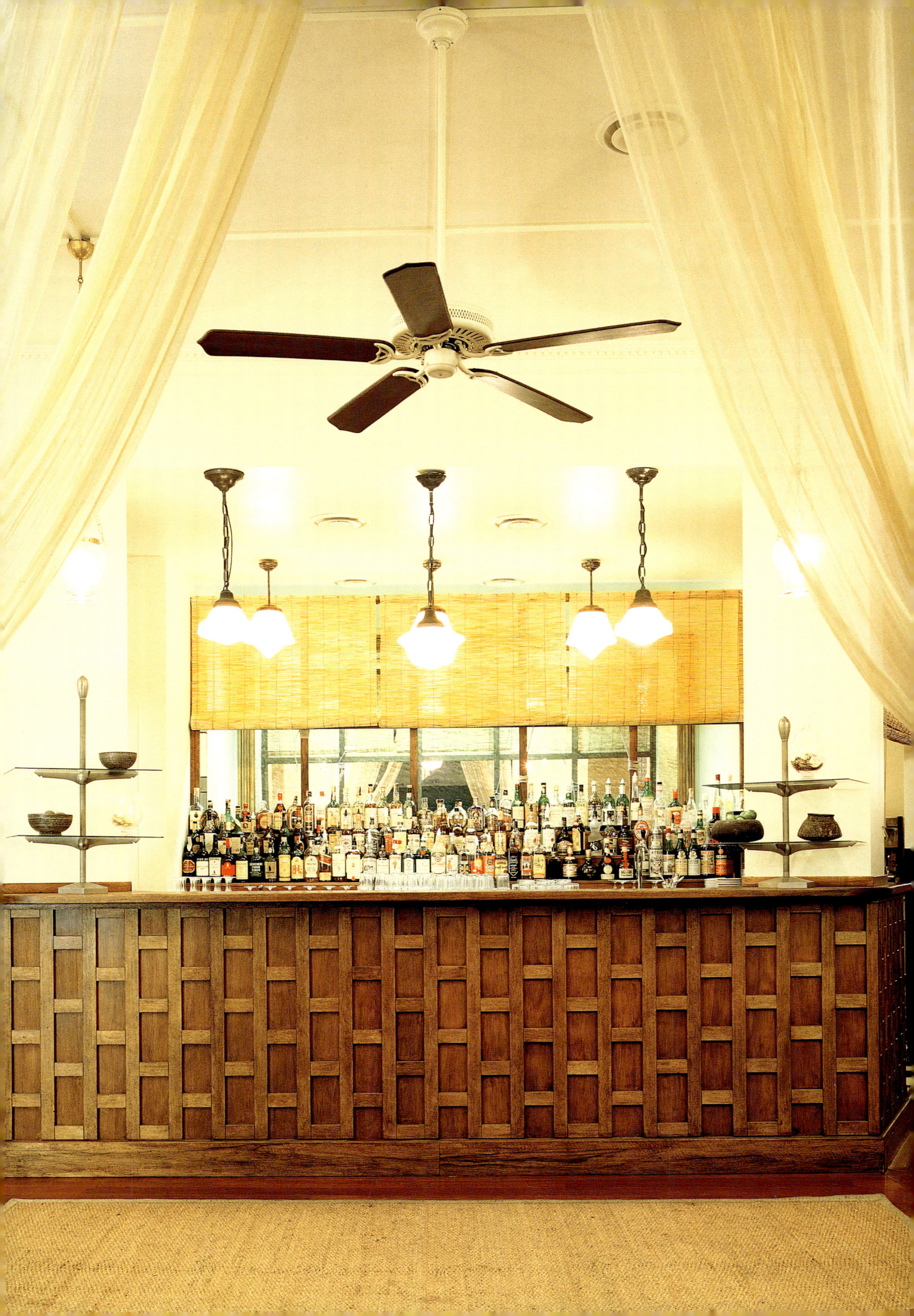

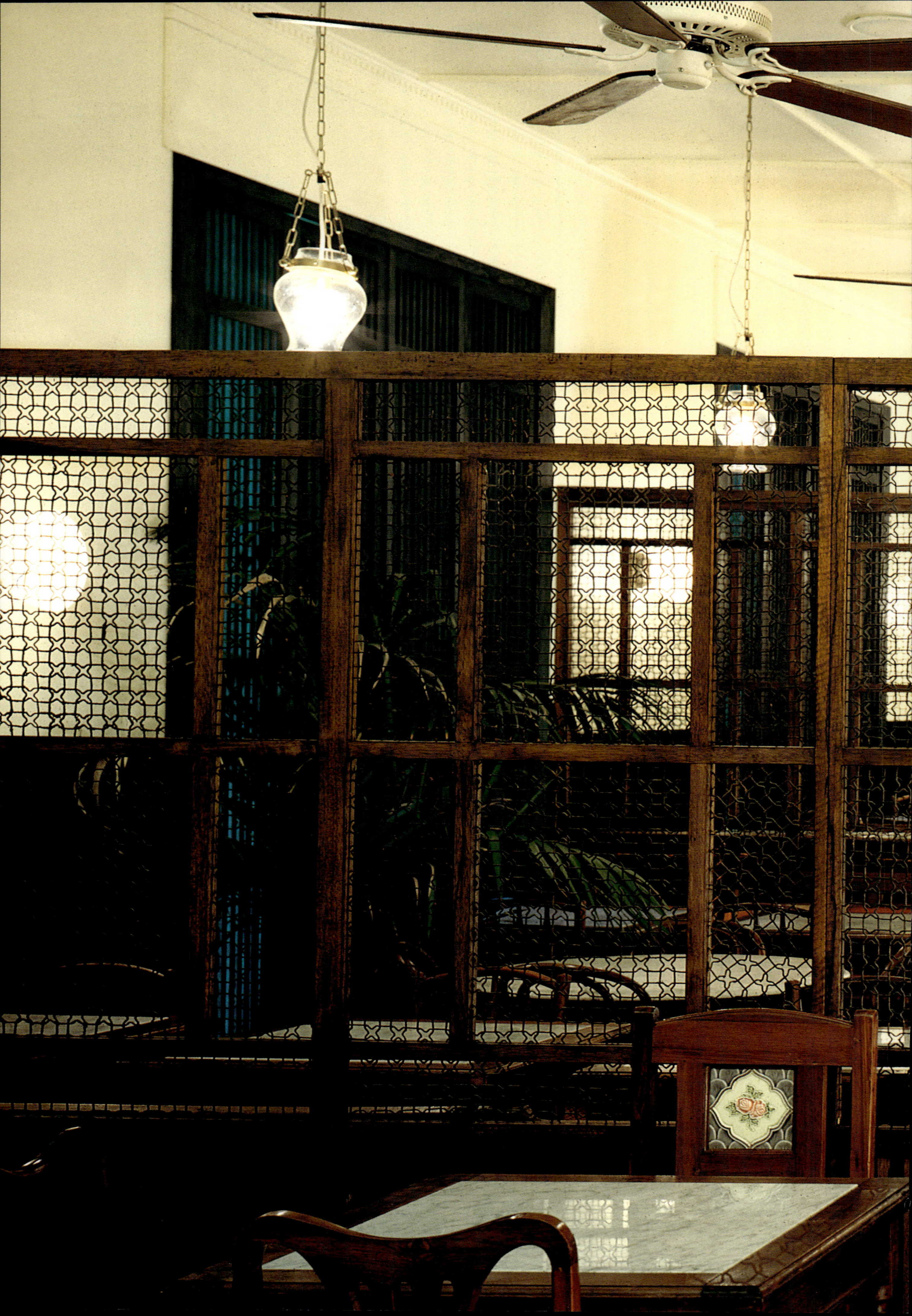

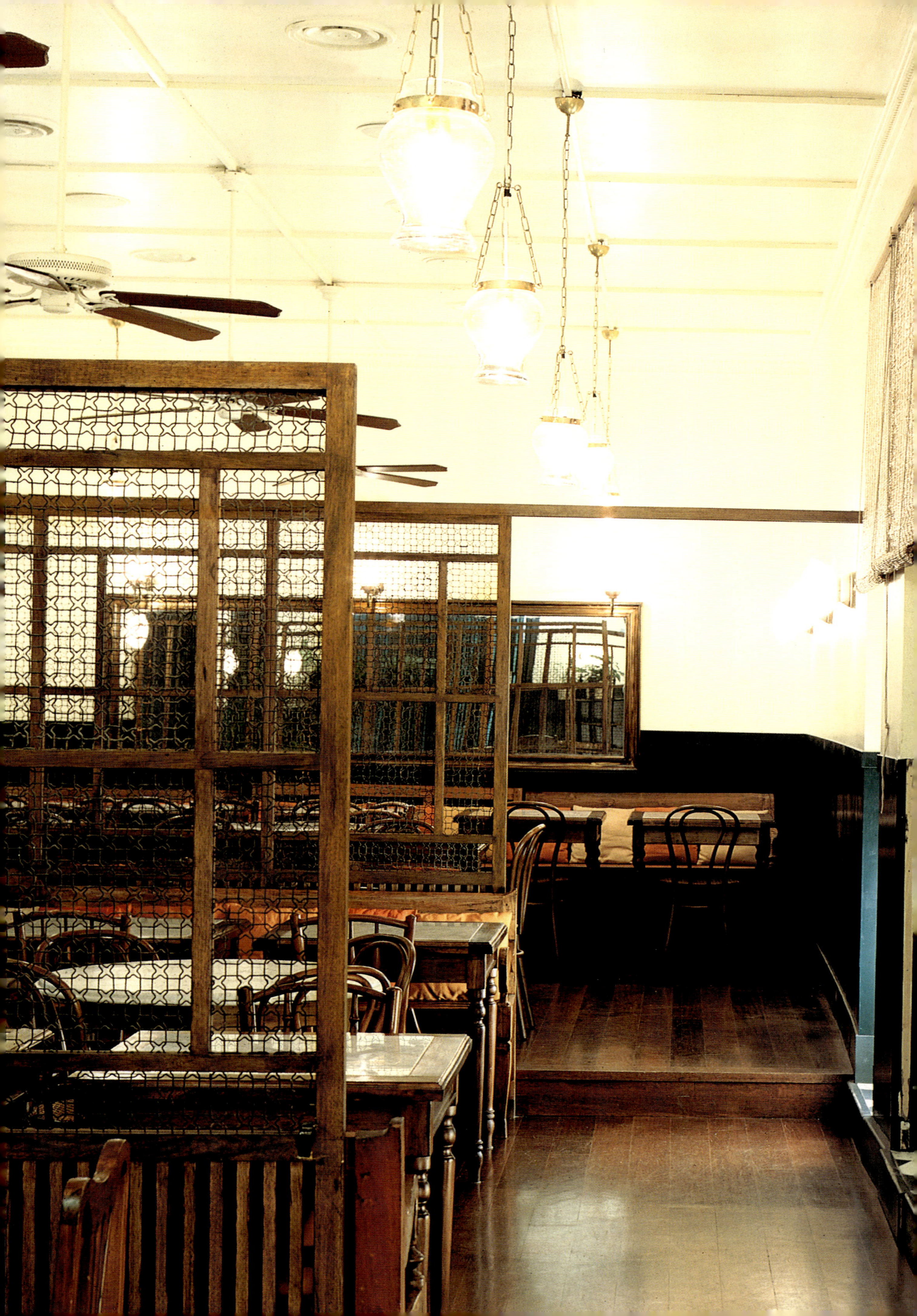

Marta De Renzio
Patricia Urquiola

TINTERO
Milano

Il vincolo posto dalla Soprintendenza alle trasformazioni di questo locale milanese – che propone una cucina a base di pesce – in un edificio storico del prestigioso Foro Buonaparte, ha indotto anzitutto un ripristino dell'organismo spaziale esistente e un progetto che non si sovrappone alla struttura originaria ma la rilegge in ragione della nuova destinazione. Dall'esterno i ritmici *brise-soleil* che proteggono le aperture su strada divengono anche segnali di riconoscimento e consentono un filtraggio efficace della luce naturale. All'interno l'ordinamento dello spazio, recuperate le eleganti colonne di ghisa e ricostituiti i volumi ariosi, avviene attraverso il grande bancone del bar, spina dorsale dell'intero intervento, strumento di distribuzione delle diverse aree e quindi di suddivisione funzionale. I listelli che ne impreziosisco il frontale in legno scuro sono disposti con lo stesso intervallo di quelli per gli schermi delle vetrine in un gioco di rimandi che conferma un nuovo ordine compositivo. L'andamento longitudinale del banco, segnato dal piano d'acciaio, su due livelli, è ulteriormente ribadito dalla posizione delle lampade a sospensione, sferiche, e dal condotto a vista dell'impianto d'aerazione in alluminio zincato rivestito in vinile bianco. Ai lati della canalizzazione e per tutta la sua estensione corrono binari elettrificati che sostengono gli spot direzionabili garantendo l'illuminazione diffusa. Alle spalle del bancone, sulla parete che lo separa dal corridoio d'accesso alla cucina, così schermato, un grande pannello composto da squame d'alluminio giganti, retroilluminato, rimanda all'idea del pesce in modo surreale ironico. Alle due estremità del bar e al piano sottostante si tro vano le sale, anch'esse fortemente connotate dai corpi illumi nanti dotati di paralumi di grandi dimensioni in cotone bianc elasticizzato: una soluzione che consente di riequilibrare per cettivamente il volume di questi ambienti dai soffitti molto alt Le tonalità calde ed eleganti del pavimento in resina colo bruciato e della tinteggiatura tortora chiaro delle pareti son interrotte dall'alta fascia di piastrelle bianche *craquelées* ch corre lungo le pareti a evocare i trattamenti tipici dell pescherie. I continui riferimenti al mondo ittico sono tradot da decorazioni che non scadono in realistiche e ovvie ripro duzioni zoologiche: al grande décor a squame, peraltro vis bile anche dalla strada, si aggiungono i quadri dai colo accesi di una delle due sale, una sorta d'ingrandimento dell pigmentazioni colorate dei pesci tropicali e, nell'altra, i te sospesi di garza trasparente sui quali sono disegnati a stenc delicati pesci argentei. Al piano inferiore le pareti decorat con bagnanti che sembrano fluttuare nell'acqua costituiscon un richiamo più palese al mondo sottomarino. All'interno questi ambienti così fortemente connotati dal trattament degli impianti, dall'illuminazione e dalle soluzioni decorativ gli arredi sono concepiti come un corredo essenziale: sem plici tavoli sono completati da sedute in midollino cui aggiungono, nella zona bar, gli sgabelli in metallo cromat con sedute rivestite in skai bianco.

The preservation order imposed on this restaurant specializing in fish dishes – located in a historic building in the imposing crescent-shaped Foro Buonaparte, close to the center of Milan – led to the pre-existing layout being renovated in a project that did not involve the superimposition of a new structure on the original one, but reinterpreted it for the purposes of its new use. From the outside the rhythmic brise-soleils protecting the windows facing the street are an eye-catching feature, as well as serving to reduce the glare and heat of the sun. Inside, after the elegant cast-iron columns had been restored and the lofty volumes had been reinstated, the space was organized around the huge bar counter, the central spine of the whole undertaking and the key to the distribution of the different areas and hence to their functional subdivision. The laths adorning the front of the bar counter in dark wood are arranged with the same spacing as the slats of the brise-soleils, thus establishing a common compositional element. The longitudinal positioning of the counter, the steel top of which is on two levels, is further stressed by the placing of the spherical pendant lights and the exposed air-conditioning duct in aluminum covered with white vinyl. Next to the duct, and for the whole of its length, run the tracks bearing the swiveling spotlights providing diffused illumination. Behind the bar counter, on the wall separating it from the corridor giving access to the kitchen, a large backlit panel composed of gigantic aluminum fish scales recalls the restaurant's main speciality in a surreal and ironic manner. At either end of the bar and on the floor below are the dining-rooms, in all of which the lights fitted with large lampshades in white elasticized cotton are a particularly conspicuous feature: in these rooms with very high ceilings, they are intended to redress the perceptual balance by filling in the upper part of their huge volume. The elegant, warm tones of the flooring in a resin of a burnt color and the light dove paintwork of the walls are interrupted by the high dado of cracked white tiles that cover the lower part of the walls, evoking a typical feature of fish shops. The continuous references to the realm of fish are also seen in the decorations, which are not, however, merely realistic zoological reproductions: in addition to the large ornamentation of scales, which is also visible from the street, there are brightly colored pictures in one of the two dining-rooms on the ground floor with a much-enlarged representation of the pigmentation of tropical fish, and, in the other, suspended sheets of transparent gauze on which delicate silver fish are stenciled. On the lower floor, the walls decorated with bathers who seem to be floating in the sea are a more evident reference to the underwater world. In this restaurant – which is strongly characterized by the treatment of the service installations, lighting and decoration – the design of the furnishings has been kept very simple: plain tables are accompanied by cane chairs, while in the bar area there are stools in chromed metal with seats covered in white imitation leather.

Interrato / Basement floor

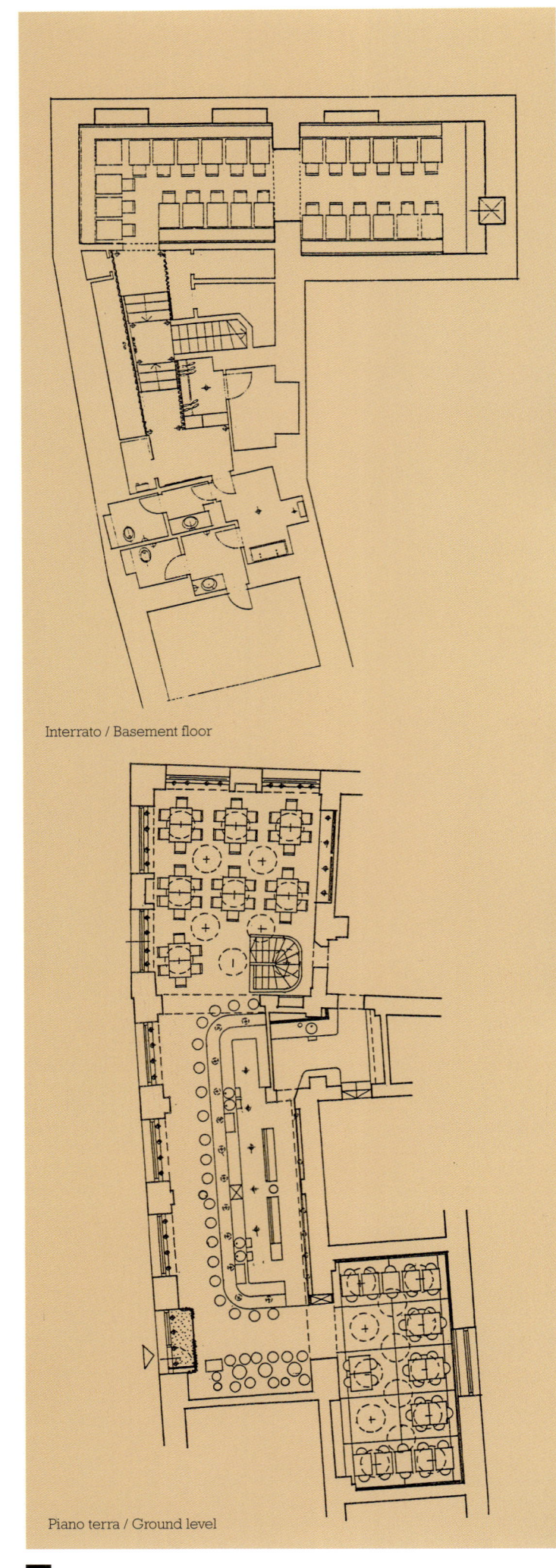

Piano terra / Ground level

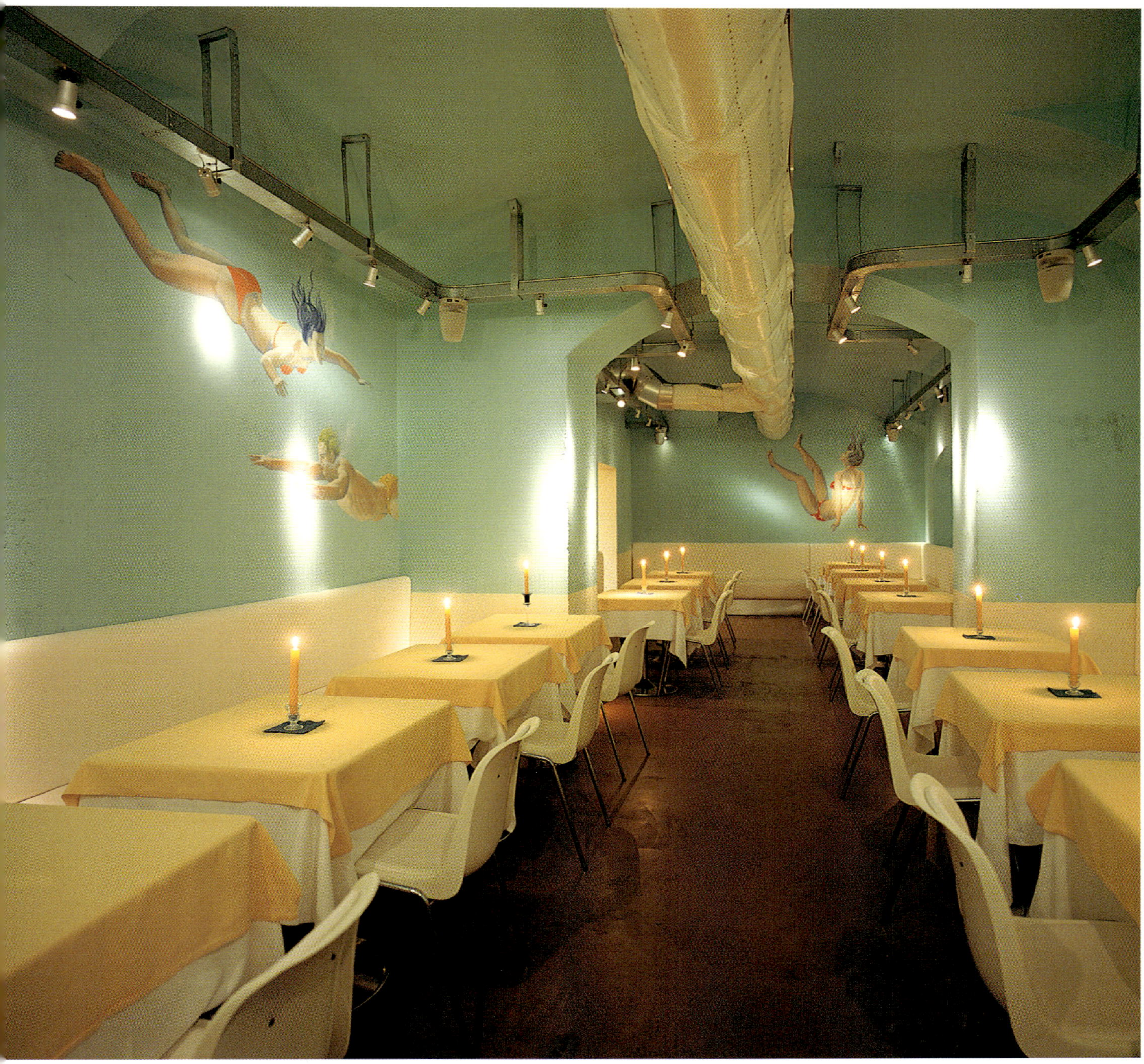

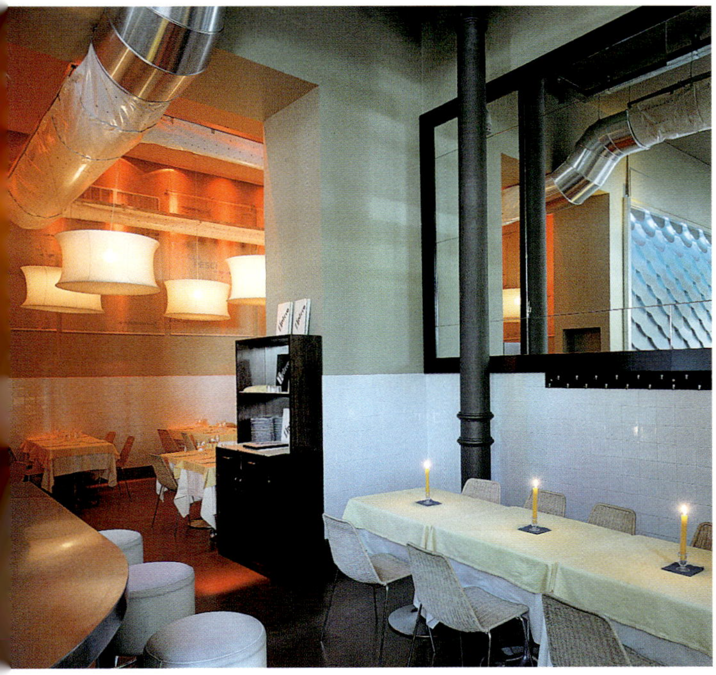

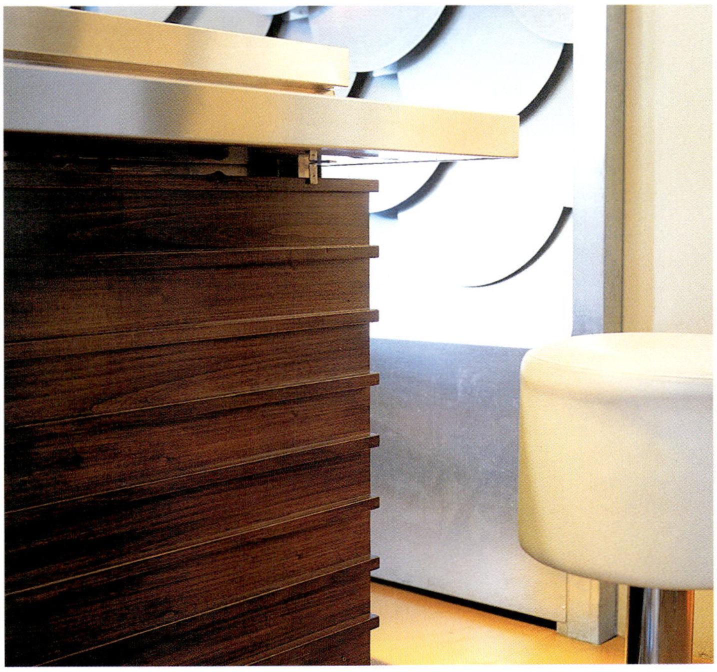

Fabio M. Ceccarelli
Carlo Marchese

ULIASSI
Senigallia - AN

Al tempo stesso terminale del lungomare di Levante, a Senigallia, e punto di raccordo con gli edifici prospettanti il porto canale, la costruzione che accoglie questo ristorante è un luogo significativo nella memoria cittadina. Per questa ragione il progetto di ristrutturazione ha mantenuto l'originaria struttura in cemento armato, e alcuni dislivelli del piano di calpestio, ridistribuendo al suo interno le funzioni ma, soprattutto, ha elaborato soluzioni compositive che salvaguardano il rapporto con l'esistente, perlomeno sentimentale, pur aggiornandone l'immagine. Ciò è stato realizzato assemblando componenti tipiche della tradizione costruttiva balneare e sistemi tecnici più avanzati. Così le verande che si affacciano verso l'arenile e, sul fronte opposto, sul porto canale, appaiono evidenti citazioni, nella combinazione di materiali come il legno naturale e tinteggiato bianco, delle attrezzature balneari dei primi decenni del secolo scorso. Il disegno poi dei sostegni, delle coperture delle pedane, degli innesti con la cortina perimetrale, evidenzia allusioni a tecniche e immagini navali. Tale connotazione risulta curiosamente dall'applicazione creativa di componenti prefabbricate montate in cantiere sull'organismo preesistente: la struttura d'elevazione in acciaio è tamponata con pannelli scatolari di legno verniciato che inglobano gli infissi, opportunamente schermati per evitare in qualunque ora del giorno l'irraggiamento diretto. All'interno la nuova configurazione dà origine a uno spazio luminoso nel quale ancora si rilevano tracce riconoscibili di un volontario recupero d'immagini che si sono sedimentate nella memoria collettiva per i luoghi prossimi al mare: il pavimento è il risultato del variato utilizzo di piastrelle di graniglia di cemento colorato, le pareti bianche mostrano la consistenza del legno così come il soffitto a doghe di larice, nella porzione dell'ampliamento, con le massicce travi classicamente tinteggiate di blu. Tavoli di legno vestiti con tovaglie bianche dai decori marini, sedie di recupero e *appliques* in stile completano l'atmosfera limpida e rassicurante di questo locale nel quale tecniche propriamente contemporanee sono strumenti per attivare la memoria.

Forming both the end of the Lungomare di Levante, in Senigallia – a resort located in the Marches, on Italy's Adriatic coast – and a link with the buildings giving onto the canal port, the building housing this restaurant is a familiar landmark for local people. This is why the project for its rebuilding – which kept the original structure in reinforced concrete and a number of differences in the level of the floor, redistributing the functions within it – comprised, above all, compositional choices that maintained the relationship with the pre-existing features, while renovating the building's overall image. This was achieved by combining elements typical of the tradition of beachfront architecture with the most advanced technological developments. Thus the verandahs facing the beach and, on the opposite side, the canal port, appear to be evident references, with their combination of materials such as wood, either natural or painted white, to the bathing establishments of the early twentieth century. Moreover, the design of the supports, the roofs of the verandahs, and the junctions with the external walls, alludes to marine techniques and forms. This association is particularly evident in the creative use of prefabricated components, which have been added to the pre-existing building: the vertical steel structure is filled in with hollow panels in painted wood that incorporate the frames of the doors and windows, which are suitably screened against direct sunlight at all times of day. Inside the restaurant, the new layout has created a brightly-lit space in which it is still possible to recognize traces of the intentional revival of elements usually associated with buildings located near the sea: the floor is the result of the varied use of colored terrazzo tiles, the white walls display the texture of the wood, as does the ceiling made of larch boards in the area of the extension, with the large beams painted blue. Wooden tables covered with white tablecloths embellished with marine motifs, recycled chairs, and appliqués in the same style complete the limpid and reassuring atmosphere of this restaurant in which modern techniques are used as a means for stimulating our memories.

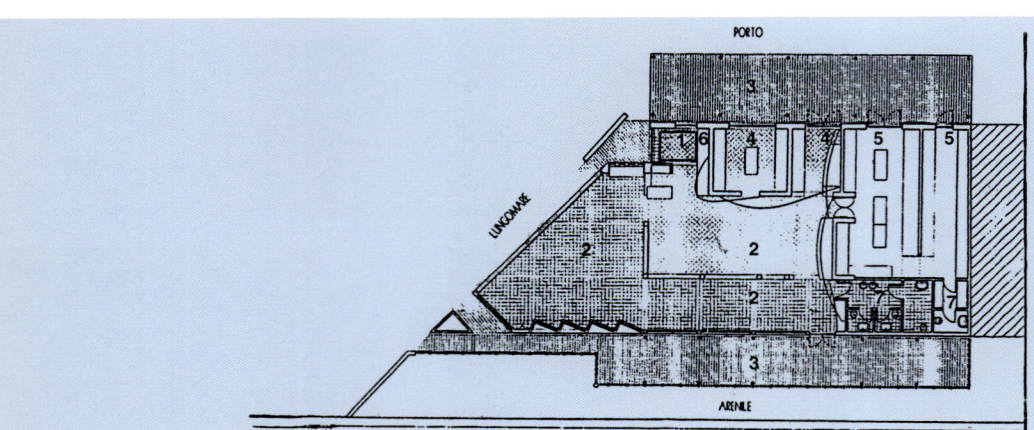

1 - Ingresso / Entrance
2 - Sala da pranzo / Dining-room
3 - Veranda / Verandah
4 - Locali di servizio / Service rooms
5 - Cucina / Kitchen
6 - Guardaroba / Cloakroom
7 - Toilettes / Rest room

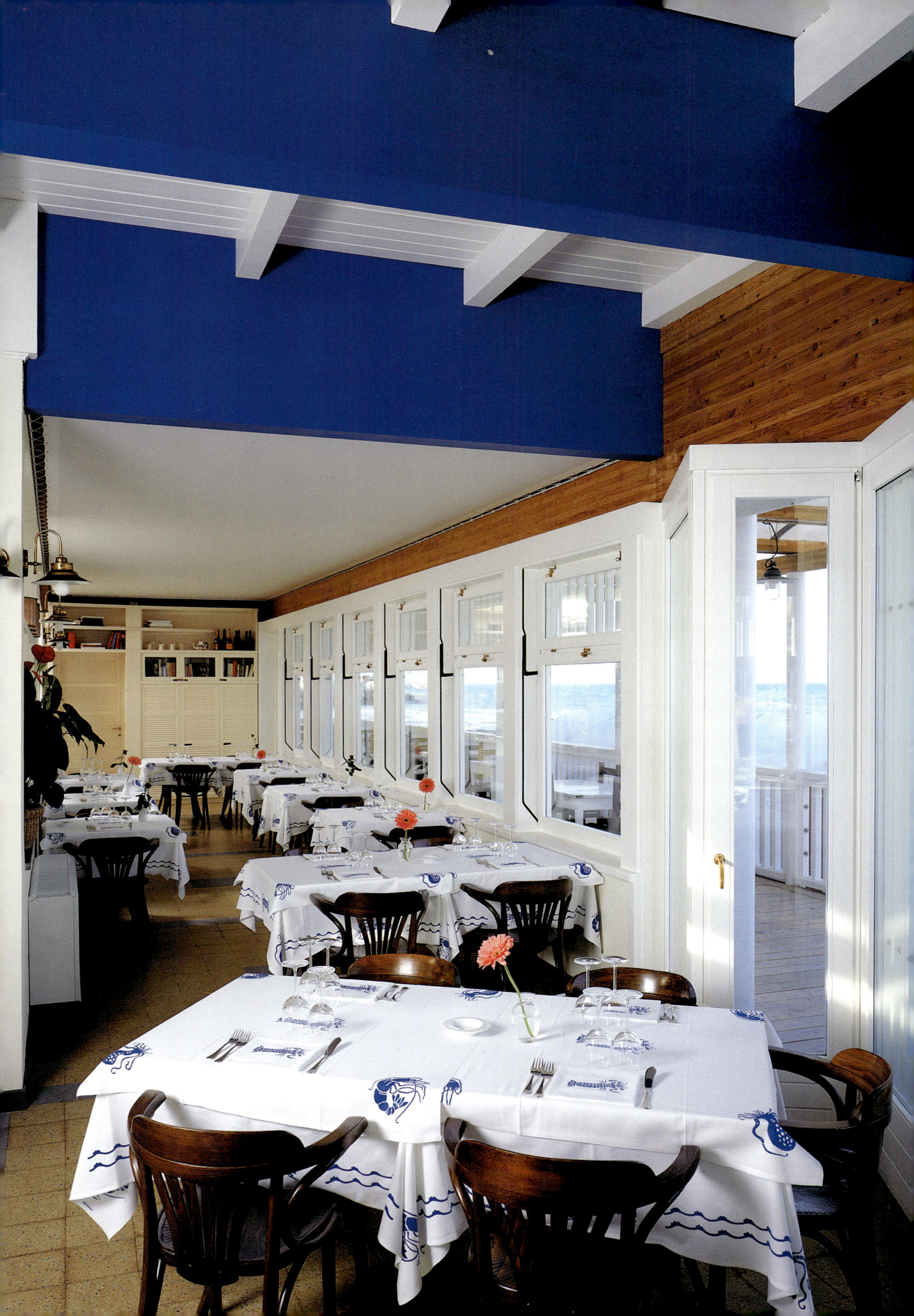

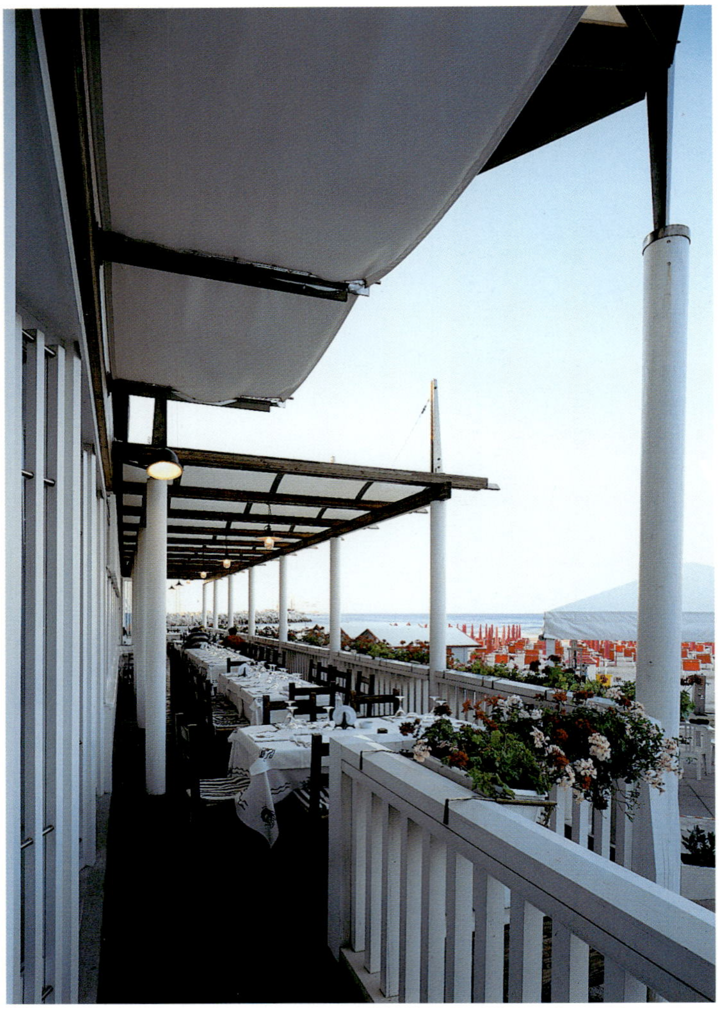

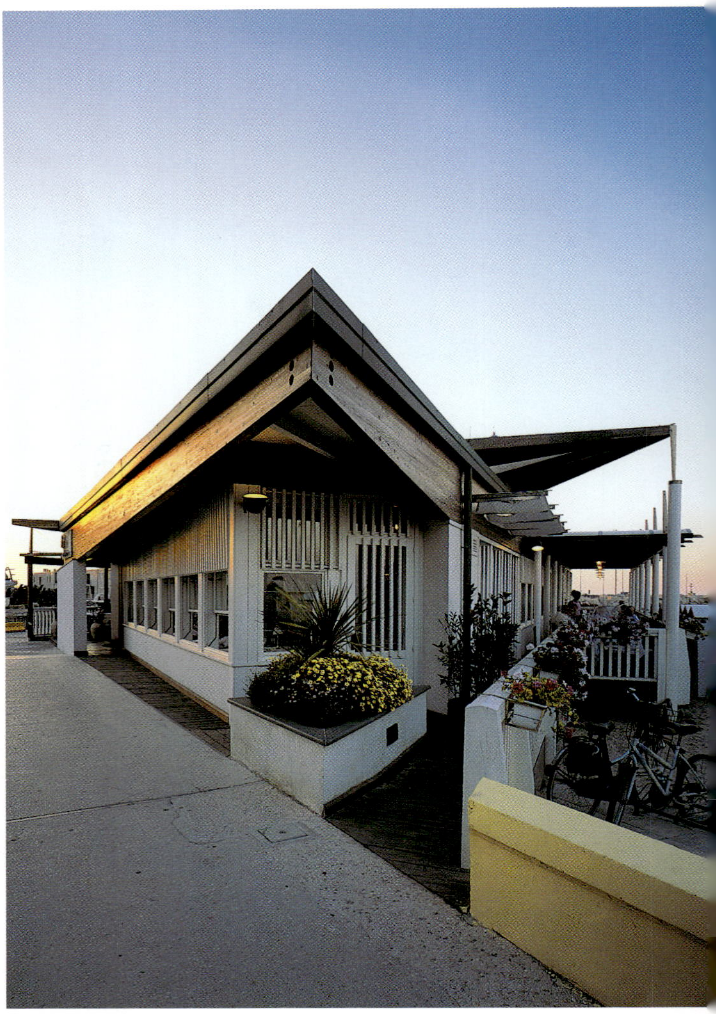

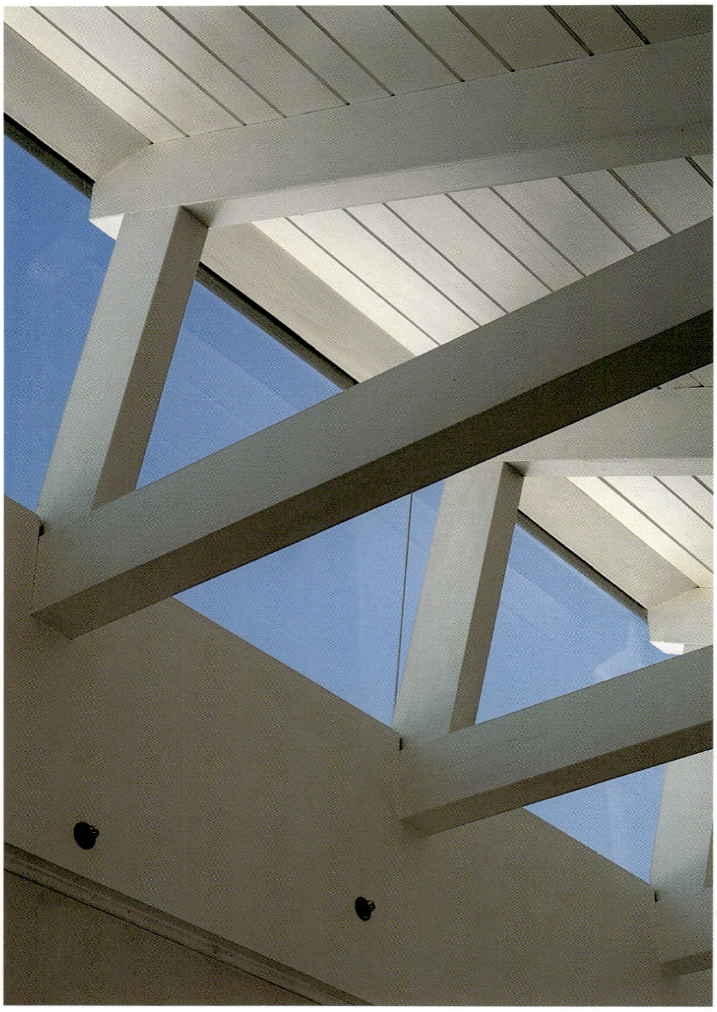

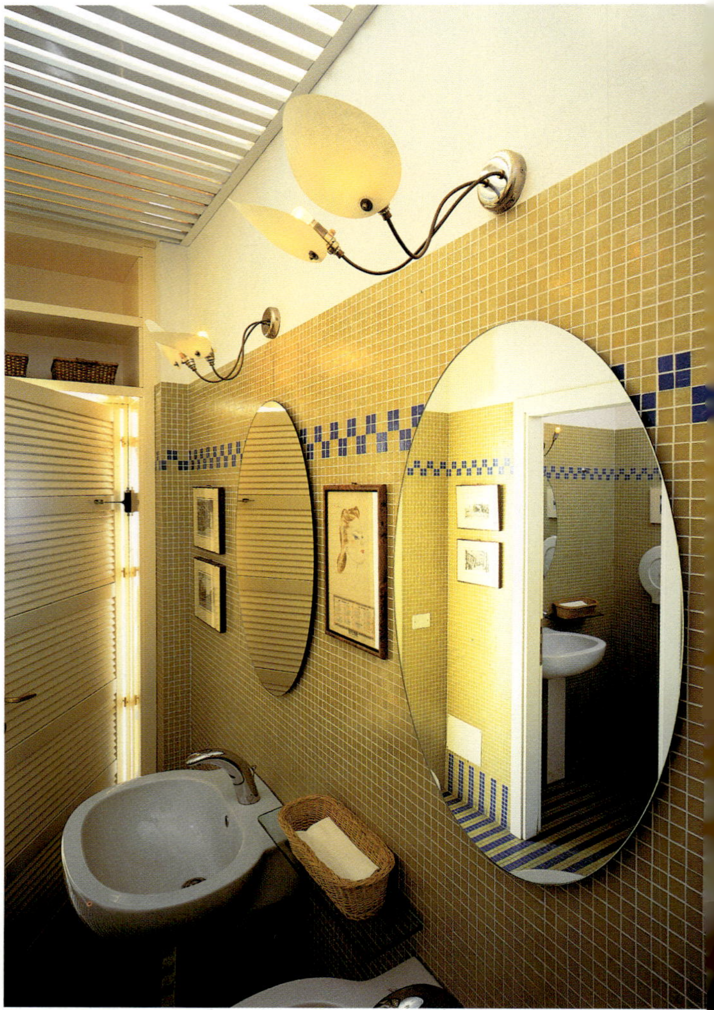

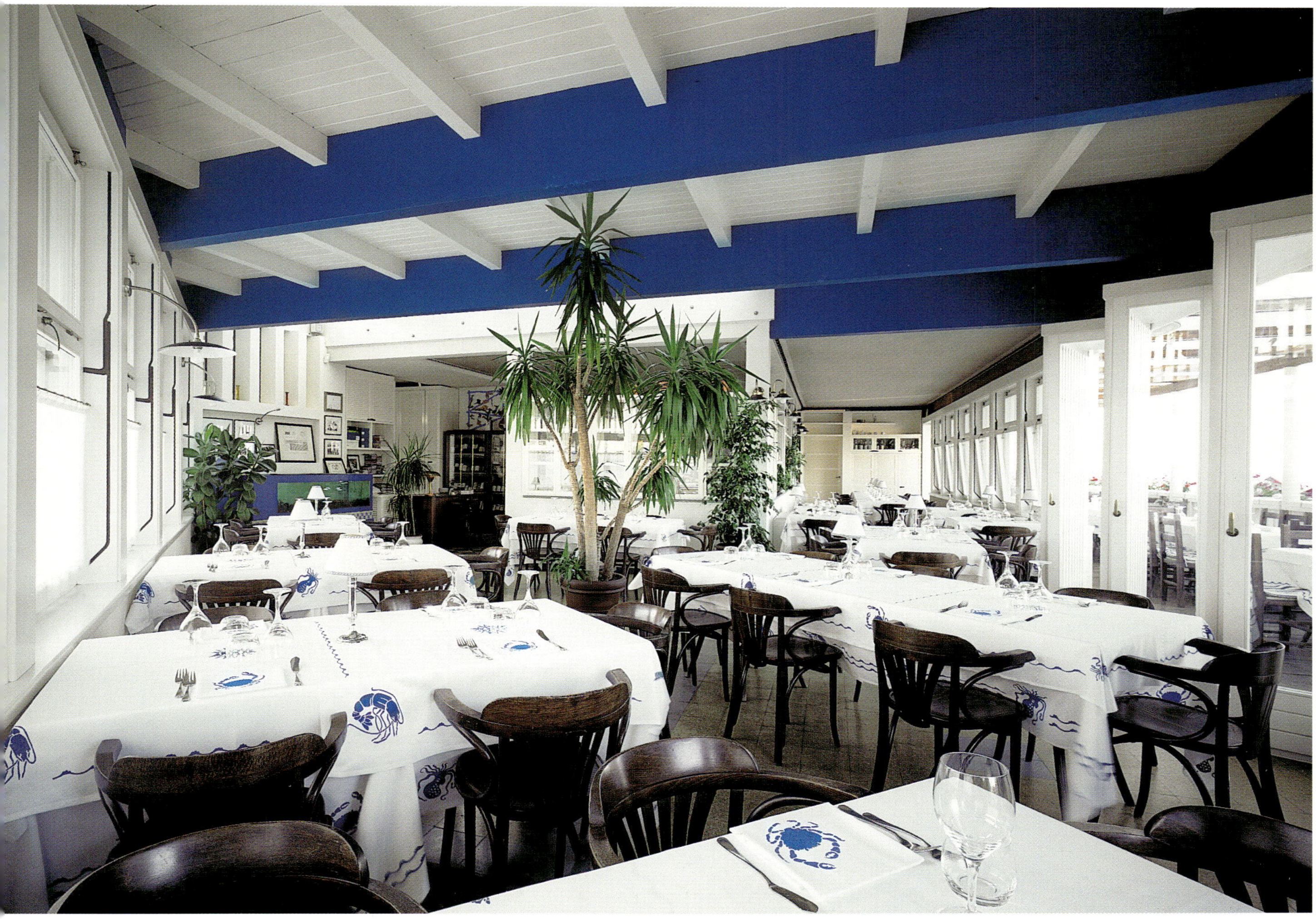

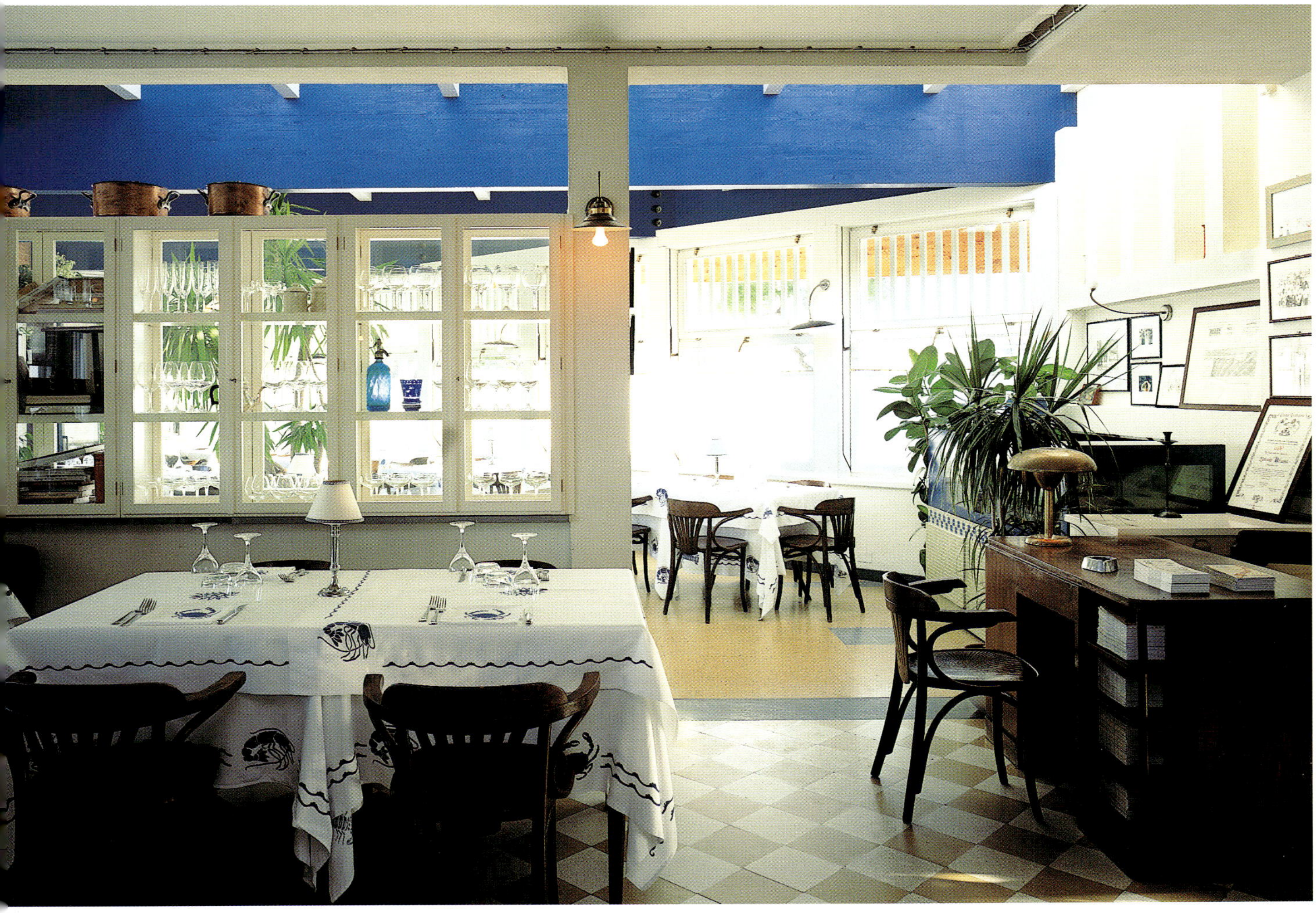

REPERTORIO
INVENTORY

SCHEDE TECNICHE
TECHNICAL DATA

AL MARE - Misano Adriatico - RN (p. 12)
Progetto: arch. Enos Ricca.
Anno: 1999. **Superficie totale:** mq 400.

Opere murarie eseguite da Edilcoop Salentina. Pavimentazione esterna in lastre 40x40 di graniglia antiscivolo fornite da Fratelli Mattoli. Copertura in legno di pino trattato all'anilina fornita su disegno da Gorza Legnami. Controsoffitto del banco bar in ciliegio sagomato eseguito su disegno da Ca.Ce. Oblò a soffitto e opere di carpenteria metallica in genere realizzate su disegno da Lacinox. Pareti esterne in intonachino a base di calce, tinteggiature e decorazioni interne in idropittura lavabile traspirante eseguite da Nuova Arte Casa. Pavimento in piastrelle di gres porcellanato 30x30 "Star Dust" di Ariostea, con inserto a onda giallo tagliato a idrogetto su disegno, fornite e posate da Edil Ceramiche. Sul soppalco balaustra in tubolare d'acciaio con cavetti e tiranti eseguita su disegno da Lacinox e pavimento in *parquet* di afrormosia posato a correre da Ca.Ce. Impianto elettrico realizzato da Elettrica Ubaldi. A soffitto proiettori orientabili su struttura cilindrica in alluminio estruso sistema "Cestello" di Gae Aulenti e Piero Castiglioni per I Guzzini Illuminazione. A parete *appliques* "Icaro" di Carlo Forcolini per Artemide con schermo forato e cristallo molato trasparente. Sul banco bar lampade a sospensione "Golf" con diffusore in vetro colorato sabbiato di Leucos e faretti alogeni da incasso di Reggiani Illuminazione. Infissi esterni e serramenti metallici realizzati su disegno da Tender. Banco bar rivestito in laminato "Print" di Abet Laminati con piano in marmo oro veneziano, bordo lavorato in acciaio e zoccolo in tessere di vetro fornite da Bisazza Mosaico. Retrobanco attrezzato in legno di ciliegio e in pannelli di laminato, mobili, arredi fissi, parti in ferro verniciato e opere di falegnameria eseguiti su disegno da Ca.Ce. Tavoli "Udine rettangolare" e tavolini "Udine 4" con struttura in alluminio e piano di laminato bordato in Pvc. Al piano terra poltroncine "Parigi" con struttura metallica e seduta in polipropilene. Sul soppalco sedie "Buda" con struttura in fusione di alluminio, gambe metalliche, seduta e schienale rivestiti in vinilico blu. All'esterno poltroncine "Dolly" con struttura in alluminio e seduta in polipropilene. Tutto fornito da M.B. Arredamenti Metallici.

BETTY PAGE - Rimini (p. 18)
Progetto: Studio Tausani Lucchi & Partners.
Anno: 1999. **Superficie totale:** mq 61.

Opere murarie, controsoffitti e contropareti in cartongesso realizzati da Alessandro Guidi. Tinteggiature a idropittura eseguite da I Pittori. Pareti rivestite in listelli d'abete forniti da Bielle Arredamenti. Area *office* rivestita con piastrelle 10x10 in ceramica turchese di Cerasarda. Pavimento e scala in resina epossidica color avorio posati da Rinol Italia. Sul soppalco parapetto in cristallo antisfondamento fornito da Vetreria Moderna. Impianto elettrico eseguito da Eurotec. Faretti alogeni da incasso "M4", "M5" e "CLV", lampada incassata a parete "Vela" di Viabizzuno e tubi fluorescenti forniti da Rexel Italia. Impianto di condizionamento, canalizzato nel controsoffitto, installato da Climatech. Arredi fissi, elementi di servizio, tavoli con base in ferro e piano in pino di Svezia, sedie con struttura in abete, schienale e seduta rivestiti in skai avorio realizzati su disegno da Bielle Arredamenti. Divani rivestiti in velluto arancione, tendaggi, tappezzerie e tovaglie in lino tramato *écru* forniti da Flexart. Attrezzature da cucina fornite da Gifar.

CARPE DIEM - Fiesole - FI (p. 24)
Progetto: arch.tti Daniela Bianchi, Alessandro Marcattilj.
Anno: 1996. **Superficie totale:** mq 350.

Opere murarie. Controsoffitti in cartongesso. Pareti perimetrali intonacate e finite a tempera lavabile. Pareti divisorie del blocco servizi stuccate e lisciate con grassello di calce colorato in pasta. Tutto realizzato da Edilnuova. Pannellature modulari a soffitto in legno di ciliegio traforato lavorato a ragnatela eseguite su disegno da Fratelli Scala. Pavimento in pietra arenaria montana "Demidoré" fornito e posato a opus incertum da Giulio Tanini. Impianto elettrico realizzato da Conti. Piantane con diffusore in pergamena di DLC/Taller One. Faretti alogeni da incasso "Rhumba" di Modular. Sistema di lampade a sospensione "Ya Ya Ho" di Ingo Maurer. Faretti da esterno incassati a terra "Miniflat" di Simes. Impianto di condizionamento, canalizzato nel controsoffitto, installato da Mario Puliti. *Boiserie* e rivestimenti in listelli di ciliegio, scala con parapetto in cristallo *craquelé* e corrimano in legno, struttura di rivestimento ad "albero" del pilastro preesistente in calcestruzzo al piano interrato, "galleria dei vini", con teche a muro illuminate internamente, blocco circolare dei bagni, arredi fissi e opere di falegnameria in genere realizzati su disegno in legno di ciliegio da Fratelli Scala. Tavoli e tavolini in Mdf con base in ferro verniciato antracite e poltroncine "Pinocchio" in multistrato di ciliegio curvato, pelle e acciaio prodotti da Bidue. Sedie "Olly Tango" con struttura in acciaio e seduta in multistrato curvato, sedute "Lord Yo" di Philippe Starck per Driade. Sgabelli da bar "Golia" con struttura in acciaio conificato cromato e seduta in alcantara di Maurizio Peregalli per Zeus-Noto. Panca con sagomatura curvilinea imbottita e rivestita in pelle realizzata su disegno da Fratelli Scala. Tendaggi in velluto forniti da Ciolini.

CAVALLUCCIO MARINO - Riccione - RN (p. 32)
Progetto: Marco Gabellini.
Anno: 1999. **Superficie totale:** mq 540.

Opere murarie e pareti tinteggiate a idropittura realizzate da Edil Tentoni. A soffitto travi in legno massello di olmo biondo fornite su disegno da Gab Arreda. Controsoffitti in cartongesso e colonne ovali in gesso eseguiti su disegno da Cielo. Pavimento del soppalco in doghe di rovere invecchiato fornite e posate a correre da Idrosole 2. Pavimento in gres fine porcellanato montato a moduli "Contrade" con piastrelle 15x15, 15x30, 30x30, 30x45 da Pastorelli Ceramiche Scala e soglie di porte e finestre in graniglia bianca con inserti di vetri blu fornita e posata da Raul Vendemini.
Impianto elettrico eseguito da Raimondi e Montanari. *Appliques* "I calchi" in gesso traforato e "B 1480" in rame e vetro opalino di Boom Buitenverlichting. Faretti dicroici incassati a pavimento "Walkie" di Fratelli Martini. Occultati a soffitto tubi fluorescenti di Osram. Faretti di cortesia a illuminazione delle scale "Minidiapason" di Simes. Tutto fornito da Elettromarket. Impianto idrosanitario di condizionamento, canalizzato nel controsoffitto, installati da Termotecnica Nuova. Opere di carpenteria metallica, ringhiere di soppalco e scale in ferro verniciato, con corrimano in legno di rovere, realizzati su disegno da Carpenteria Battistini. Serramenti a wasistas o scorrevoli, in alluminio e legno, realizzati su disegno da Angelini Infissi.
Grande acquario marino a divisione degli ambienti. Banco bar in legno di olmo biondo con piani di lavoro in acciaio e mensole retroilluminate in legno laccato, cassa, arredi e mobili su misura tutti realizzati su disegno da Gab Arreda in legno di olmo biondo, acciaio inox lucido, legno di tulipiè laccato bianco opaco. Tavoli eseguiti da Venturi. Sulla terrazza sedie in malacca naturale di G.M., nel ristorante sedie "Miranda" di Sedex in legno di faggio con seduta imbottita rivestita in cotone blu. Insegne, grafica e tubi fluorescenti colorati eseguiti su disegno e forniti da Neon Lux 2. Facciata esterna con colonne e capitelli in legno di larice sabbiato realizzata su disegno da Gab Arreda.
Pensilina perimetrale in rame lavorato eseguita su disegno da Fratelli Giorgi. Gazebi realizzati su disegno in legno lamellare di pino di Svezia da Subissati Arredotecnica.

CIRCOLO UFFICIALI DI PRESIDIO - Firenze (p. 40)
Progetto: arch.tti Achille Michelizzi, Fabrizio Fabietti.
Collaboratori: arch.tti Luca Besana, Michela Lorenzon.
Anno: 1993. **Superficie totale:** mq 1.650.

Coordinamento generale e opere murarie eseguiti da Faesulae. Controsoffittature in gesso finite a encausto. Arredi interni tutti realizzati su disegno da Samareda. Pareti *boisées* in noce nazionale con specchiature centrali in piuma di mogano, intarsi in avorio e profilature d'ottone. Motivo lavorato a bacchette orizzontali su cornici e pilastri in Mdf. Elemento decorativo a orologio costituito da quadrante in piuma di mogano con indicazione delle ore in avorio, lancette in metallo brunito e cerchio esterno retroilluminato in alabastro. Colonne e pilastri rivestiti in ebano di Macassar con base in ottone lucido e collarino in foglia d'oro. Pavimenti in lastre di marmo arabescato fantastico, travertino e rosso di Verona con profili d'ottone. Impianto elettrico eseguito da Bruno Trallori & C. Fari alogeni da incasso "DL/E 160.2" e tubi fluorescenti di Zumtobel Italiana. Lampade a sospensione "Vela" con diffusore in vetro soffiato opalino bianco di Fontana Arte. *Appliques* in alabastro realizzate su disegno da Fidia Alabastri

mpianto di condizionamento canalizzato nel controsoffitto installato da Malquo-
i. Tavoli con piedi e basi in ottone modanato e piano in ebano Macassar profila-
o in massello di noce nazionale. Divani costolati e sedie con struttura in noce
azionale rivestiti in cuoio pienofiore. Struttura del giardino d'inverno in profilati
etallici carterizzati con tamponamenti costituiti da grandi lastre coassiali di cri-
tallo realizzati su disegno da Gi & Gi. Banco bar in mogano, divani semicircola-
i continui rivestiti in pelle. Lampade a sospensione con diffusore sferico in vetro
palino e, a parete, tubolari in acciaio inox lucido a doppia emissione eseguiti
u disegno da Artearredo. Tavolini con gamba metallica e piano in marmo bian-
o sivec. Poltroncine metalliche "Coupé" di Achille Michelizzi per Erredue. Nel
rivée pareti rivestite in mogano e decorazione a sfere rotanti retroilluminata
seguita su disegno di Giovanni Surace da VetrArt in vetro piombato.
ella *Tea Room* pareti rivestite in pelle pienofiore impunturata color grigio perla
on alta zoccolatura in ebano Macassar profilato in massello di noce nazionale.
orte in noce, mogano, Mdf e alabastro. Pilastri rivestiti in noce e Mdf con *appliques* in alabastro su struttura in rame così come le riprese dell'aria condiziona-
a. Tavolini con piede e base in ottone modanato e piano in ebano Macassar
rofilato in massello di noce nazionale. Divani costolati rivestiti in pelle pienofio-
e color grigio piombo. Poltroncine in pelle con gamba posteriore in acciaio "J"
erie Lang di Philippe Starck per Driade.
ei bagni pareti rivestite in lastre di pietra Lara fugate orizzontalmente, pavi-
enti, profilature e ripiani in travertino rosso persiano tutti forniti su disegno da
addi e Raspollini. Controsoffitti, porte e finiture in acciaio inox realizzati su
isegno da Gi & Gi. Lavabo a colonna in acciaio e rubinetteria cromata "Vola"
i Rapsel.

CODE - FOOD & WINE - Carpi - MO (p. 56)
Progetto: arch. Stefano Severi.
Anno: 2000. **Superficie totale:** mq 150.

Opere murarie e di risanamento eseguite da Basilio Ippolito. Soffitti preesistenti
n tavelle di cotto o in tavelle e travi in legno trattati con vernici neutre. Contro-
offitti in cartongesso eseguiti da I.C.T.A. Pareti finite a marmorino bianco da
auro Fogliani. Pavimento in laminato "Dpl" di noce biondo fornito da Skema e
osato da Palmieri & C. Impianto elettrico realizzato da L'elettricista. Progetto
luminotecnico di 4D - Quarta Dimensione per Angolo Luce. Sistema a travi
ettrificate in alluminio "TH" con faretti alogeni a fascio stretto "Baam" e neon
lettronici, incassi a soffitto "Tribox Mini" di Prima Light, incassi a parete di Delta
ight, *appliques* "Bos" de I Guzzini Illuminazione. Impianto di condizionamento
nstallato da Maurizio Battini. Banco bar in legno laccato con piano in Corian
urvato e frontale in vetro acidato retroilluminato con neon colorati. Panche in
egno laccato bianco con finitura antigraffio, zoccolatura in acciaio inox e imbot-
iture in pelle e altri arredi in legno laccato con zoccolo in acciaio inox satinato,
tti forniti e realizzati su disegno da Palmieri & C. Tavoli "Mc.Or" di Origlia,
edie in rete d'acciaio inox lucido di Henry Bertoia per A.Z. Classica con cuscini
n pelle forniti da Palmieri & C. Porte in legno laccato eseguite da Falegnameria
onzelli. Alle pareti quadri a tecnica mista su legno di Mauro Calestrini.
ende a rullo in tessuto metallico argento di Silent Gliss fornite da Palmieri & C.
nfissi in acciaio inox e impennate delle vetrine in acciaio finito con vernice
ronzo-micacea eseguiti su disegno da Angelo Adani. Attrezzature da cucina
ornite da Angelo Po.

ONDA MAYA - Milano (p. 62)
Progetto: arch. Marina Pluda.
Anno: 1998. **Superficie totale:** mq 80.

Opere murarie. Soffitti lignei e archi in mattoni a vista preesistenti sabbiati e
rattati a cera. Pareti finite con miscela di intonaci da esterno nei colori avorio
 nocciola stesi a spatolate irregolari. Tutto realizzato da Impresa Mario
omano. Cannicciato in bambù a parziale schermatura del soffitto fornito da
 Seminatore. Nella nicchia a parete decorazione realizzata da Chiara Nava
er F.C.F. Communication con terre a secco. Nell'ingresso pavimento a palla-
iana di marmo botticino anticato serie "I sassi del Piave" fornito e posato da
ilmelzi. Nelle sale listoni di larice anticato trattati a cera forniti e posati a
orrere da Woodline. Impianto elettrico realizzato da Mepa. Sopra il banco
ar lampade a sospensione realizzate su disegno da Cesare Allorio costituite
a tubi in rame ritorto e diffusori di cartapesta con inseriti chicchi di riso,
paghetti e frammenti di vetro colorato. *Appliques* ideate su disegno da Ric-
ardo Saltini per Slobs assemblando materiali di recupero come rami, cocci
i vetro e residui di resine. Faretti alogeni da incasso "M1" di Viabizzuno.
mpianto di condizionamento installato da Fratelli Soffientini.
anco, retrobanco, tavoli e sgabelli con seduta imbottita in pelle realizzati su
isegno da Arredamenti Sterza con travi di rovere recuperate. Impennate
elle vetrine e cristalli forniti o eseguiti su disegno da C.M.A.
segne esterne realizzate a smalto, su supporto in ferro, da Chiara Nava per
C.F. Communication.

IL CONSOLARE - Milano (p. 66)
Progetto: Piero Polato.
Anno: 1995. **Superficie totale:** mq 230.

Opere murarie e di ripristino. Controsoffitti fonoassorbenti "Hunter Douglas" e
quinta in blocchetti di cemento. Tutto realizzato da Giampaolo Livio. Copertura
con lucernario centrale in struttura metallica eseguita su disegno da MTK Metaltecno. Pareti finite con intonaco a superficie ruvida spalmato ad affresco color
grigio opaco da Edilizia Decorativa. Pavimento e rivestimenti del bagno realizzati
con piastrelle 30x30 "Cortina" in grès porcellanato opaco di Casalgrande Padana Ceramica. Impianto elettrico eseguito da Giampaolo Livio. A soffitto faretti alogeni orientabili da incasso, a parete *appliques* "Brera W" con diffusore in vetro
incamiciato bianco acidato di Achille Castiglioni per Flos. Impianto di condizionamento canalizzato nel controsoffitto prodotto e installato da Fac Impianti. Bussola d'ingresso costituita da due pareti ricurve in "U-glass" doppio e rinforzato
montato su telaio metallico e infissi forniti o realizzati su disegno da MTK Metaltecno. Tavoli preesistenti. Poltroncine "Silver" con struttura in tubolare d'alluminio,
seduta e schienale in tecnopolimero di Vico Magistretti per De Padova. Elementi
radianti a parete "Charleston" finiti con vernici epossidiche forniti da Zehnder
Italia. Tende alla veneziana in micro-lamelle fornite da Suncover.

IL TRABACCOLO - Portoverde, Misano Adriatico - RN (p. 70)
Progetto: Maria Grazia Del Moro.
Anno: 1999. **Superficie totale:** mq 500.

Opere murarie realizzate da Impresa Uguccioni. Controsoffitti costituiti da travi e
tavole irregolari in legno d'abete colorato a pennello con velatura chiara opaca
o modanati in cartongesso tinteggiato a idropittura eseguiti da Jolly Legno. Pareti
in intonaco graffiato rustico finite con pittura a tempera chiara da Roberto Stocchi. Pavimento in *parquet* a listoni 10x90 di legno afrarmosia verniciato a pen-
nellate irregolari in colore bianco-crema e invecchiato con protezione trasparente opaca fornito e posato da Jolly Legno. Decorazioni a *stencil* a soffitto e
pavimento eseguite da Maria Grazia Del Moro. Impianto elettrico eseguito da
GR. Sul banco bar plafoniera a timone retroilluminata con luci al neon eseguita
su disegno da Rossi Dimension. *Appliques* e lanterne di recupero in ottone e
vetro. Impianto di condizionamento installato da Cervella & Romani. Pareti
attrezzate con contenitori alti a ripiani e banco bar, a forma di mezzo "Trabaccolo", con piano in legno di mogano, trattati con doppia verniciatura, invecchiati
e finiti a cera da Rossi Dimension. Tavoli con basi in ferro battuto e piani in legno
scuro finito a cera, sedie e poltroncine con sedute in legno o paglia di Vienna
tutti di recupero. Modello navale in legno dipinto, madie, vetrinette e vecchi
mobili di tradizione romagnola di proprietà. Tende in cotone grezzo, paravento
in legno, rete e conchiglie realizzati su disegno da Fabbrica del Verde. Infissi in
legno massiccio di iroko forniti da Jolly Legno.

L'ARCA - Follonica - GR (p. 76)
Progetto: arch. Antonello Boschi.
Anno: 1997. **Superficie totale:** mq 225.

Rivestimenti in acciaio inox e opere di carpenteria metallica realizzati su disegno. Controsoffitti in cartongesso e pareti finiti a pittura lavabile bianca. Pareti
parzialmente rivestite con pannelli di ciliegio americano. Pontile e pavimento
preesistenti in listoni di teak posati a correre. All'esterno elemento-scultura "a
pinna" in lamiera d'acciaio inox rivettata con seduta in teak e lampioni realizzati
su disegno. Pilastri preesistenti rastremati e rivestiti in lamiera d'acciaio profilata. Spot a fascio stretto di Targetti Sankey. Sospensioni "Pradonet" Di Stefano Fol-
lesa per Ellequattro Illuminazione. Faretti incassati a pavimento "Round up" di
Kreon. Plafoniera ellissoidale con struttura in legno di ciliegio e vetro opalino
retroilluminato eseguita su disegno. Banco bar rivestito con lamiere d'acciaio
inox traslucido, griglie in rete stirata e poggiapiedi in tubolare metallico. Retrobanco in pannelli di ciliegio con mensole in vetro sabbiato e doppia linea di fori
retroilluminati. Tavoli "Cannes" con piano in acciaio e sedie in alluminio "Gace-
la" di Indecasa, nella sala da pranzo poltroncine "Stop" con seduta in legno e
struttura in acciaio di Archea per Bidue. Nel bagno pareti rivestite con lamiere
d'acciaio inox traslucido e soffitto tinteggiato a pittura lavabile blu cobalto. Lavabi "Mirò" in acciaio e rubinetteria cromata "Vola" di Rapsel.

LA BANQUE - Milano (p. 82)
Progetto: arch. Daniele Beretta, Claudio La Viola, Enrica La Viola.
Anno: 1998. **Superficie totale:** mq 1.400.

Coordinamento generale, lavori di ripristino delle colonne in marmo e delle
strutture architettoniche preesistenti, controsoffitti in cartongesso, pareti rasate a
gesso e finite a smalto satinato, tutto realizzato da Fratelli Maiorana. Cupola in
vetro del salone ottagonale preesistente. Opere di lattoneria e carpenteria
metallica eseguite su disegno da C.M.F. Specchi, vetri e cristalli forniti su dise-

gno da Savet. Portale d'ingresso in vetro e ferro acidato e cerato. Pareti e pilastri rivestiti con lastre di ferro acidato e cerato, pannelli di mogano biondo lucidato o fustagno di cotone *capitonnée*. Pavimentazione preesistente in seminato e marmo o di nuova realizzazione in lastre di ferro acidato e cerato fornite su disegno da C.M.F. Progetto illuminotecnico curato da Claudio La Viola, Daniele Beretta e Mario Nanni per Viabizzuno. Impianto elettrico realizzato da P.I. Tubi fluorescenti, fari da incasso a terra e a soffitto "M3" , "M4" e "CLV1" di Viabizzuno. Impianto audio-video realizzato da Light Video Sound. Arredi principali realizzati su disegno da Ermolao Ottini. Banco bar, *reception*, struttura dei tavoli realizzati in ferro acidato e cerato da C.M.F. con piani in cristallo trasparente o in vetro acidato retroilluminato. Poltrone con gambe in legno e seduta imbottita rivestita in fustagno di cotone, poltroncine rivestite in tessuto e tende in fustagno di cotone eseguite su disegno da Divani Romeo.

A parete riproduzioni di quadri di Tamara De Lempicka realizzate da Giampiero Gasparini e grandi specchi forniti da Savet tutti con cornici modanate in ferro eseguite su disegno da C.M.F. Nel bagno lavello in cristallo realizzato su disegno da Savet, rubinetteria cromata "Vola" di Arnee Jacobsen per Rapsel.

LIGURIA RESTAURANT - Solva, Alassio - SV (p. 90)
Progetto: arch.tti Paolo Frello, Carlo Taglioretti.
Collaboratori: arch. Andrea Andreoli.
Anno: 1998. **Superficie totale:** mq 350.

Opere murarie, ripristino dei soffitti e delle capriate in legno preesistenti e impianto elettrico eseguiti da Puglisi Costruzioni. Pareti tinteggiate a idropittura con prodotti Sikkens Linvea o rivestite in lastre 30x60 di ardesia "African Blue" fornite da Sanzone. Ringhiere esterne e corrimano interni in tubolare di ferro verniciato, porta d'ingresso a sandwich in lamiera arrugginita con tiranti interni per un effetto *capitonné* e tutte le opere di carpenteria metallica eseguite su disegno da Renato Manzini. Pavimento in doghe di wengè posate a correre fornite da Sanzone. Pavimentazione della terrazza in listoni di legno ajobé massiccio forniti da Ingemar. Lampada da terra "Sara" di Pierluigi Cerri con diffusore in vetro opalino blu e sul sovraporta della cucina "Uovo 1972" entrambe per Fontana Arte. Lampade da tavolo "Oci" di Flos. Sospensioni "Savie" di Ingo Maurer. Incassi da terra e a parete "M4" e "M1" di Viabizzuno e "Small Side" e "Mini Side" di Kreon. Tutto fornito da Eclissi. Impianto di condizionamento installato da Ambrogio Iebole. Banco bar con struttura in muratura, mensole in wengè e piano in vetro smaltato. Tavoli, contenitori di servizio gemelli verniciati in rosso con oblò sulle ante, porta d'accesso alla cucina verniciata verde e arredi in genere realizzati su disegno da Conconi & C. Sedie "Déjeuné" con struttura in massello di ciliegio e seduta imbottita rivestita in tessuto sfoderabile di MDF Italia. Sedute "Lord Yo" di Philippe Starck per Driade con struttura in alluminio e seduta in polipropilene rivestita in tessuto. Porte scorrevoli in vetro e cristalli forniti su disegno da Finalvetri. Infissi a nastro con serramenti in legno douglas realizzati su disegno da 3G. Alle pareti quadri di proprietà.

MAMAMIA - Senigallia - AN (p. 98)
Progetto: arch. Gilberto Mancini.
Anno: 1997. **Superficie totale:** mq 1.100.

Opere murarie realizzate da Sema Costruzioni. Opere di carpenteria metallica eseguite su disegno da C.I.A. Opere di falegnameria e arredi in genere realizzati su disegno da Ifea Contract. Tinteggiature a idropittura eseguite da Giordano Petrolati. Impianto elettrico eseguito da Euroimpianti. Fari da esterno "Light up Garden", "Balisage" e "Lingotto" de I Guzzini Illuminazione. Lampade da tavolo "Miss Sissi" di Philippe Starck per Flos. Nei bagni plafoniere "Constellation" di Jehs & Laub per Nemo e serie "Olympia" di Jorge Pensi per Bilux fornite da Effetto Luce. Impianto di condizionamento installato da Tiesse. Nell'area bar pavimento preesistente in stesa continua di cemento trattato a resina da Comaco Italiana. Soffitto a piramide rovesciata in cemento armato scasserato a vista tinteggiato oro da Giordano Petrolati. Sul pilastro foglie applicate in ferro verniciato nero a occultamento dell'illuminazione realizzate su disegno da Ifea Contract. Bancone rivestito con listelli di diverse essenze di legno non levigato con piano di mescita e zoccolo in zinco-stagno eseguito su disegno da Ifea Contract. Sgabelli "Bombo" di Stefano Giovannoni per Magis. Nell'area enoteca pavimento in listoni di iroko posati a correre. Pareti concave rivestite con listelli in diverse essenze di legno non levigato. Seduta continua imbottita in pelle con gambe in zinco-stagno. Tavolini conici in mogano con foro centrale porta-bottiglia e piede in ferro. Tutto realizzato su disegno da Ifea Contract. A parete espositori per bottiglie in acciaio cromato retroilluminato e formelle in cotto eseguite da Giorgio Mercuri.
Nell'area ristorante pareti e soffitto tinteggiati a idropittura bianca. Pavimento in listoni di mogano con fughe in gomma nera. Tavoli con struttura metallica in titanio e piano in acero realizzati su disegno da Ifea Contract. Sedie in ferro verniciato di Gfr. Lampadario a dischi, plafoniere e *appliques* con catini in foglia d'oro collezione "Luci d'oro" di Catellani & Smith. Postotavola in vinilico con foglia e posate "Piuma" in acciaio inox satinato di Zani&Zani. *Privé* con pareti tronco-coniche apribili in mogano, tavolo ellittico, postotavola in spago cc posate in acciaio "Instrumenta" e portapane di Zani&Zani. Bagno donne rivestito con piastrelle 10x10 nere opache di Cisa Ceramiche. Scultura "Donna forever a inserti colorati in mosaico artistico e portafiori realizzati con profilattici da Pro getti. Lavabo in acciaio satinato e rubinetteria con fotocellule e porta in ferr non trattato con logo in vetro acidato eseguiti su disegno da Ifea Contract. Bagn uomini rivestito con piastrelle 10x10 bianche di Cisa Ceramiche con inser decorativi in mosaico colorato o a specchio. Lavabi e orinatoi in acciaio satina e porta in mogano con logo in vetro acidato realizzati su disegno da Ifea Co tract.

MARIO CELIN - Stra - VE (p. 108)
Progetto: arch. Claudio Palmi Caramel.
Consulente: prof. Maurizio Mammì.
Collaboratori: ing. Luciano Spimpolo.
Anno: 1992. **Superficie totale:** mq 600.

Progetto soggetto a vincolo della Sovrintendenza ai Beni Ambientali e Archite tonici del Veneto. Opere murarie, di consolidamento statico e di recupero d soffitti lignei preesistenti realizzate da Impresa Pajaro. Pareti rasate a gesso finite a marmorino o con velature nei vari colori da Ferraresso Bandino. Pavimenti in terrazzo alla veneziana con graniglia fine posati da Finedil. Sca centrale a doppia rampa preesistente con ringhiera in ferro lavorato vernicia blu, corrimano in legno e gradini in pietra. Impianto elettrico eseguito da Ale sandro Ferraresso. Sospensioni e *appliques* con diffusore a sfera in vetro color to realizzate su disegno da Idee Luminose. Banco bar con frontale rivestito ferro a ruggine frenata e mogano, zoccolatura in rame e piano in acciaio in realizzato su disegno da Arpam Arredamenti.
Tavoli in legno con piani verniciati in diversi colori realizzati su disegno d Pantha. Sedie "Mimì" con struttura in acciaio conificato verniciato, sedile schienale in tecnopolimero termoplastico traslucido colorato di Enrico Baleri "Juliette" con struttura in tondino d'acciaio verniciato e seduta in lamiera sta pata verniciata di Hannes Wettstein per Baleri Italia. Sedie impagliate da osteri credenze, cantonali, tavoli in legno e altri mobili dell'Ottocento forniti da Vecch Bottega Antichità. Battiscopa in ferro verniciato e altre opere di carpenter metallica eseguite da Francesco Baldan. Bussola d'ingresso in cristallo antisfo damento, specchio a doppia altezza con logo inciso e sagome del sole e del luna inseriti a filo parete forniti su disegno da Ferraresso Bandino. Serrament legno preesistenti recuperati o sostituiti da Mario Callegaro & C. Tende realizz te da Germano Ruffato.

MOLO VECCHIO - Savona (p. 118)
Progetto: arch. Andrea Meirana.
Collaboratori: arch. Stefania Ottonello.
Anno: 1994. **Superficie totale:** mq 140.

Opere murarie, pareti finite a gesso e tinteggiate a idropittura eseguite d Impresa Raimondi. Parete inclinata, a occultamento e distribuzione dei va impianti, realizzata su disegno da Idrotermica Genovese con struttura in accia verniciato rinforzata in multistrato e pannelli in rame fissati a brugola vernici con protettivo trasparente opaco da Rizzari Arredi. Pavimento in legno industri le d'iroko tinteggiato opaco "Steeping Floor" di Tavar e in lastre 110x45 di pi tra di luserna bocciardata e fiammata fornite e posate da Impresa Raimond Bussola d'ingresso e parete divisoria a vela in acciaio corten calandrato, sald e bigliato. Porta a vetri in cristallo temperato con struttura portante in accia inox satinato. Porte dei bagni in acciaio inox satinato e vetro stratificato acidat lavello in lastra di vetro sagomato molato. Opere di carpenteria metallica genere. Tutto eseguito su disegno da Marinox. Impianto elettrico realizzato d Impresa Raimondi. Spot industriali ai vapori di mercurio di Cariboni Illuminazio ne. Faretti alogeni dicroici "Lumen Center" sospesi su binari a bassa tensione Nuova Mizar. Impianto di climatizzazione installato da Paolo Tesi. Parete port bottiglie con struttura in muratura e ripiani in legno di ciliegio realizzata su dise gno da Duilio Lazzari. Sedie "Silver" con struttura in lega d'alluminio e seduta polipropilene di Vico Magistretti per De Padova. Tavoli e attrezzature da cucir fornite da Angelo Po.

MOMAH - Carpi - MO (p. 122)
Progetto: arch. Stefano Severi.
Anno: 1999. **Superficie totale:** mq 370.

Opere murarie realizzate da Tommaso Simoniello. Soffitti e controsoffitti in ca tongesso, pilastri e pareti finite a smalto acrilico lucido eseguiti da Pietro Viper no. Pavimento in acero tinto azzurro "Dpl" con supporto in Mdf e superficie alta resistenza di Skema fornito e posato a correre da Palmieri & C. Impian elettrico realizzato da G.L. Progetto illuminotecnico di 4D - Quarta Dimension per Angolo Luce. Faretti alogeni da incasso "DL 3000" e sistema di proiettori orientabili "Canal" di Zumtobel Italiana. Impianto di condizionamento canalizzato nel controsoffitto, con grandi griglie d'uscita in acciaio inox lasciate a vista, installato da GGE. Porte con telaio in acciaio e vetri acidati, corrimano, finiture in acciaio inox e opere di carpenteria metallica in genere eseguite su disegno da Angelo Adani. Banco bar in legno laccato con piano in vetro stratificato bianco latte, finiture in acciaio inox lucido e rivestimento frontale in pelle bianca leggermente capitonnée. Panche di legno laccato con fasce in acciaio inox lucido e imbottiture in pelle. Mobili di servizio in legno laccato, mensole portabottiglie retroilluminate con struttura in legno laccato, fascia frontale in acciaio inox e diffusore in policarbonato. Tutto realizzato su disegno da Palmieri & C. Sedie "Mc Dr" e tavolini "Fusioni" con piani in legno laccato e struttura in alluminio lucidato di Origlia. Tendaggi a rullo di Silent Gliss forniti da Palmieri & C. Vetri e specchi serigrafati di Beltrami Vetrai.

MOVIDA - Firenze (p. 132)

Progetto: arch.tti Daniela Bianchi, Alessandro Marcattilj.
Anno: 1994. **Superficie totale:** mq 150.

Opere murarie realizzate da Luca Fanciullacci. Controsoffitti centinati in gesso, parti piane a soffitto orizzontali e verticali e nicchie a parete in cartongesso eseguiti su disegno da Giulio Tanini. Tinteggiature e patinature eseguite da Carmamini R.E.C. Pareti divisorie costituite da blocchi in calcestruzzo splittati forniti da Paver. Pavimento in parquet di rovere di tipo industriale fornito e posato a correre da Tavar. Impianto elettrico eseguito da Giesse. A soffitto faretti da incasso "Downlight" di Staff e spot orientabili "Pixel" e "Shuttle" de I Guzzini Illuminazione. Lampade a sospensione e a soffitto "Medium" in alluminio ossidato lucido tornito a mano collezione Alluminia di Oceano Oltreluce. Impianto di condizionamento canalizzato nel controsoffitto realizzato da Delta. Banco bar con piano di lavoro in marmo bianco di Carrara. Banconi sagomati e tavolini con gamba in acciaio. Sgabelli girevoli a gamba fissa con sedute rivestite in velluto rosso. Porte e arredi in genere eseguiti su disegno in legno di rovere da Apas Arredamenti. Sedie "Lamas" in alluminio lucidato di Amat/Gfr. Divano in velluto "Tatlin" di Mario Cananzi e Roberto Semprini per Edra.
Infissi esterni e vetrina curvata in ferro verniciato color argento con porte d'ingresso in cristallo opalino, finiture d'arredo cromate e tutte le opere di carpenteria metallica in genere realizzate su disegno da Apas Arredamenti. Pensilina frangisole in ferro e alluminio eseguita su disegno da Programma Alluminio.

NIL - Roma (p. 142)

Progetto: arch.tti Claudio Lazzarini, Carl Pickering.
Collaboratori: arch.tti Giuseppe Postet, Fabio Sonnino.
Coordinamento cantiere: arch. Sandro Franchellucci.
Anno: 1997. **Superficie totale:** mq 260.

Controsoffitti in cartongesso e pareti finite a gesso e tinteggiate con tempera bianca. Pavimento in lastre 60x240 di resina di polvere di marmo. Effetti di luce e colore variabili determinati da sistema a lampade alogene integrato con videoproiettori Sony a ciclo elettronico computerizzato. Faretti dicroici da incasso a soffitto di Artemide e a pavimento di Kreon. Tubi fluorescenti occultati sotto la passerella. Impianto di condizionamento canalizzato nel controsoffitto od occultato a pavimento.
Banco bar composto da elementi simmetrici rivestiti a specchio con tavoli/console scorrevoli e perpendicolari in legno laccato, volume tecnico costituito da parallelepipedo sospeso in cartongesso per la proiezione d'opere di videoarte e retrobanco attrezzato con elementi d'acciaio inox e pannello in legno laccato con nicchia portabottiglie retroilluminata. Pedana/passerella continua in doghe d'acero sbiancato eseguita su disegno. Sedute costituite da blocchi di travertino romano. Sedie in tondino d'acciaio di Harry Bertoia per Knoll International. Tavolini con base in ferro e piano in legno laccato bianco e panca circolare imbottita con schienale continuo rivestita in vinile bianco eseguiti su disegno. Sistema di tendaggi bianchi di separazione comandati elettricamente con funzione di schermi da proiezione realizzati su disegno da Silent Gliss. Porta d'ingresso in acciaio.

OLIVETO - London - GB (p. 152)

Progetto: arch. Pierluigi Piu.
Anno: 1995. **Superficie totale:** mq 190.

Opere murarie e strutturali di sostituzione e consolidamento. Parete sagomata del vano scala tinteggiata blu con foro ovoidale d'alleggerimento. Controsoffitti in cartongesso tinteggiati con "Leyland paint vinyl mat". Pavimento in piastrelle di granito-grès opaco color avorio rotte e riassemblate in opera a effetto craquelé. Scala e pavimento del primo piano in listoni di pino. Tutto realizzato da Gianni Greco. Decorazioni delle boiseries eseguite su disegno da Johnatan Waring con vernici ignifughe.

Impennata della vetrina con cristalli antisfondamento su struttura in legno verniciato verde acido, vetrata divisoria interna a tutt'altezza su intelaiatura lignea, vetri e cristalli in genere forniti su disegno da Portland Glazing e Preedy Glass. Impianto elettrico realizzato da Gianni Greco. Faretti alogeni da incasso "Pelagie" e "Tore" con collarino in gesso di Bux & Gourdon per Atelier Sedap. Sul banco bar lampade a sospensione con diffusore in vetro opalino bianco satinato fornite da Habitat. Impianto di condizionamento canalizzato nel controsoffitto installato da Tom Gill. Corrimano in acciaio inox spazzolato. Battiscopa in profilo d'alluminio incassato a parete, finiture in acciaio inox spazzolato e opere di carpenteria metallica in genere tutte eseguite su disegno da Shelly Engineering. Bussola d'ingresso con doppia porta ad ante sagomate a sinusoide in legno d'acero naturale. Pareti rivestite con pannelli impiallacciati in acero bianco decorati a intarsio, effetto positivo-negativo, con rami d'olivo stilizzati, verniciati in rosso o lasciati al naturale.
Banco bar troncopiramidale in acero bianco con piedini torniti in alluminio. Retrobanco attrezzato con scaffalatura a tutt'altezza in vetro autoportante inserita in nicchia tinteggiata blu e bruno rossastro. Tavoli "Oliveto" con piano in mogano, gamba tornita in acero e piede in metallo e panche continue "Oliveto" con struttura in acero bianco e materassino in cotone blu realizzati su disegno come tutti gli altri mobili e arredi da Fagiani. Sedie "Olly Tango" in multistrato di faggio curvato e alluminio lucidato di Philippe Starck per Driade fornite da Viaduct.
Bagni rivestiti con pannelli di multistrato d'acero con giunti aperti in profilo d'alluminio. Divisori in vetro stratificato traslucido. Lavandini in acciaio e rubinetteria cromata "Vola" di Aarne Jacobsen per Rapsel forniti da C.P. Hart. Superfici in acciaio inox realizzate su disegno da Pinewood Catering. Maniglie e accessori serie "D-Line" di Carl Petersen forniti, come la ferramenta su disegno, da Elementer Industrial Design.

OLIVO - London - GB (p. 162)

Progetto: arch. Pierluigi Piu.
Anno: 1991. **Superficie totale:** mq 72.

Coordinamento generale realizzato da Donato Coppola. Opere murarie. Controsoffitti in cartongesso tinteggiati con "Leyland paint vinyl mat". Pareti finite con intonaco frattazzato rustico a base di calce, sabbia, terre e ossidi coloranti naturali giallo ocra e blu cobalto con fascia decorativa a *stencil*. Pavimento preesistente in legno di pino rilevigato, mordenzato e verniciato. Nei bagni pavimenti in piastrelle di grès opaco, battiscopa e riquadrature delle porte in listelli di terracotta decorata a mano "Bazaar" di Cooperativa Ceramica d'Imola. A soffitto faretti alogeni orientabili da incasso. Sospensioni alogene a bassissima tensione "Patata cotto" con diffusore in terracotta di Pepe Tanzi per Album. Impianto di condizionamento canalizzato nel controsoffitto installato da Tom Gill. Porte in legno massiccio decapato di recupero. Tavoli e sedie impagliate in rafia con schienale in multistrato di faggio pantografato "214" di Bedont. Banco bar e retrobanco con frontale in mogano e piano in abete e arredi fissi in genere eseguiti su disegno in legno decapato verniciato. Nell'antibagno nicchia/contenitore a tutt'altezza "Orticello verticale degli aromi" disposto a gradini con scritte incise a punta nella muratura. Sanitari e rubinetterie d'epoca, portalampada in bakelite di recupero. Fronte esterno rivestito in legno naturale decapato e verniciato eseguito su disegno. Colonne in ferro ossidato con logo del locale realizzate su disegno e corredate da piante d'alloro sagomate.

ORSOBLU BISTROT - Milano (p. 170)

Progetto: arch.tti Marta De Renzio, Annamaria Conte, Daniela Melazzi - Mad & Partners.
Anno: 1999. **Superficie totale:** mq 100.

Opere murarie, controsoffitti in cartongesso, pareti finite a intonaco e verniciate a smalto di colore blu realizzate da Impresa Cocemi. Pavimento in stesa continua di resina color argento posato da Valentini Top. A parete decorazione a *stencil* in foglia d'argento, con motivi a cerchi, ideata e realizzata su tela con acrilici blu iridescenti e sabbia da Daniela Melazzi.
Nella saletta soffitto e pareti decorati con teli irrigiditi con stucco e colla, trattati con acrilici iridescenti graffiati a quadrati e protetti con pannelli in plexiglas. Impianto elettrico e di condizionamento realizzati da Impresa Cocemi. Progetto illuminotecnico e fornitura dei principali corpi illuminanti di Hi Lite. Occultati nel controsoffitto tunnel elettronici di Civic. Sistema su binari con faretti alogeni direzionabili "Castor" e fari alogeni "Washer Trion" per l'illuminazione indiretta dei soffitti di Erco Illuminazione. A parete *appliques* "Frame 30" di Tre Ci Luce. Banco bar in muratura verniciata a smalto realizzato su disegno da Impresa Cocemi. Sedie con struttura in acciaio e seduta in legno blu, panche imbottite rivestite in skai, sgabelli con base in acciaio e sedute in pelle blu, tavoli con gamba in metallo cromato e piano in laminato e arredi su misura forniti o eseguiti su disegno da Tutto Sedia.
Attrezzature e arredi da cucina forniti da Giovanni Pescarzoli & C. Progetto grafico e immagine coordinata curati da Daniela Melazzi.

SAN GIORS - Torino (p. 174)

Progetto: UdA ufficio di architettura - arch.tti Walter Camagna, Massimiliano Camoletto, Andrea Marcante.
Collaboratori: arch. Giorgio Domenino.
Anno: 1996. **Superficie totale:** mq 210.

Struttura con sale voltate preesistente. Pareti finite a smalto lucido o parzialmente rivestite con *boiseries* in pannelli di noce padonga laccato trasparente satinato realizzate su disegno da Altomas dotate di zoccolino incassato in alluminio anodizzato fornito da Bertoldi New. Pavimento originale in larice levigato, stuccato e finito con vernice poliuretanica trasparente opaca da Altomas. Corpi illuminanti costituiti da tubi fluorescenti, lampade a sospensione di modernariato e incassi a parete "Side" di Kreon. Arredi in vetro eseguiti su disegno da Cassinelli. Arredi in acciaio realizzati su disegno da Bertoldi New. Opere di falegnameria di Altomas. Nell'ingresso banco bar costituito da teca in vetro retroilluminata con struttura in acciaio inox satinato, tamponamenti in vetro temperato sabbiato, celino e fondale in lastre di vetro stratificato con film bianco interposto. Banco cassa con struttura in metallo laccato bianco, tamponamento frontale in vetro biancolatte retroilluminato, fianchi e piano in marmo calacatta lucido, dotato di cassetti e scomparti in legno impiallacciato di noce padonga. Nell'area ristorante pannelli in legno impiallacciato di noce padonga, con mobile portabottiglie, realizzati su disegno da Altomas. Serramento fisso in vetrocamera sabbiato, inserito a muro a scomparsa, con ripiani in vetro temperato eseguito su disegno da Cassinelli. Tendaggi in cotone *canneté* bordeaux forniti da Emilio Castaldo.

SHERAZAD - Milano (p. 180)

Progetto: arch.tti Elena Amati, Giorgio Pescatori.
Anno: 1998. **Superficie totale:** mq 105.

Soffitti a volta e colonne di pietra preesistenti. Pavimento in piastrelle di ceramica finta ardesia preesistente. Tinteggiature eseguite con idropitture o smalti di Sikkens Linvea. Intradossi degli archi ridipinti a righe orizzontali ocra e azzurre, soffitti color avorio con leggere velature ocra, pareti color ocra con velature terra di Siena decorate con elementi floreali stilizzati e reiterati in blu e oro, pilastri a motivi geometrici blu e azzurri su fondo ocra, tutti realizzati su disegno da Maurizio Pescatori. Adeguamento impianto elettrico effettuato da Sirio Impianti. Lampadari originali del Marocco e lanterne da tavolo della collezione "Bab Anmil" forniti da High Tech. Mobile con alzata a nicchie per esposizione di una collezione di vasi somali, paravento a pannelli e banco cassa realizzati tutti su disegno da MobilEmme in Mdf. Tavoli e sedie preesistenti. Impennate delle vetrine e bussola d'ingresso preesistenti riverniciati in colore blu notte o modificati e arricchiti con cornici in ferro tinte oro. Opere di carpenteria metallica eseguite su disegno da Carlo Vicelli. Mantovane sagomate a motivo dei portali arabi e tende in velo leggero realizzate su disegno da EmmeGi con Tessuti Mimma Gini. Elettrodomestici e attrezzature da cucina forniti da Coalca. Piatti in ceramica decorata e posateria in acciaio Richard-Ginori.

SHU CAFÈ RESTAURANT - Milano (p. 186)

Progetto: arch. Fabio Novembre.
Collaboratori: arch.tti Marco Braga, Lorenzo De Nicola.
Anno: 1999. **Superficie totale:** mq 330.

Opere murarie realizzate da Tecnobeton. Controsoffitti in cartongesso eseguiti su disegno da Ilcri Gessi. Impianto elettrico di Filippo Lippolis. Tubi fluorescenti verdi forniti da Neoncolor. Fari da incasso e proiettori a parete de I Guzzini Illuminazione. Impianto di condizionamento canalizzato nel controsoffitto installato da Thermocama. Opere di carpenteria metallica, specchi, vetri e cristalli in genere forniti o realizzati su disegno da Almo. Serramenti, infissi e impennate delle vetrine eseguiti su disegno da De Rosa. Nell'area bar pareti e soffitti finiti a spruzzo con vernice d'alluminio da Livio Pellegrinelli. Pavimento in resina a strati sovrapposti posato da Fabio Carlesso. Bancone con modanature in gesso, a occultamento di tubi al neon verdi forniti da Neoncolor, eseguito su disegno da Ilcri Gessi. Tavolini con struttura in acciaio e piano a specchio realizzati su disegno da Almo. Sedie trasparenti in policarbonato "La Marie" di Philippe Strack per Kartell. Nella zona ristorante controsoffitto inclinato finito a smalto verde da Livio Pellegrinelli con sistema d'illuminazione costituito da *lightbox* di circuiti stampati retroilluminati eseguiti su disegno. Sipari in velluto nero a tutt'altezza forniti da Non Solo Tenda. Avambracci in vetroresina finiti a foglia d'oro a rivestimento dei pilastri preesistenti realizzati dallo scultore Giò Locatelli. Pavimento in mosaico di smalto nero Opus Romano e pareti rivestite in tessere 10x10 di Vetricolor nero forniti da Bisazza Mosaico. Lastre laterali in cristallo antisfondamento infrante da proiettili e illuminate sul profilo, banco bar con frontale in cristallo a spacco profilato in acciaio inox e retroilluminato con fibre ottiche realizzati su disegno da Almo. Sedie "Cariba" in acciaio laccato con seduta in cuoio di Studio M.M. per Marchetti Casa. Scala profilata in acciaio eseguita su disegno da Almo con pedate in resina posate da Fabio Carlesso.

SONORABLU - Milano Marittima, Cervia - RA (p. 196)

Progetto: Claudio Monti, Francesco Muti, Silvia Tonini.
Collaboratori: Paolo Castagnetti.
Anno: 1999. **Superficie totale:** mq 162.

Pareti e controsoffitto tinteggiati a idropittura con colori a campione. Pavimento pedana in listoni di legno d'iroko forniti e posati a correre da Gasperoni Arredamenti. Impianto elettrico preesistente. Lampade da terra "Abat Jour & Nuit" di Edra. Sistema d'illuminazione sopra i tavoli costituito da cilindri in alluminio verniciato a fuoco con riflettori a specchio e lampade a incandescenza realizzati su disegno da Zumtobel Italiana. Impianto di condizionamento con canalizzazione a vista preesistente. Mobile divisorio in metallo verniciato, cristallo e legno. Pareti in lamelle di legno verniciato retroilluminate da tubi al neon. Mensole luminose portabottiglie con struttura metallica rivestita in mogano. Banco bar nella zona ristorante con frontale in mogano, piano d'acciaio inox satinato e nicchie retroilluminate in vetro verde dotate di mensole in cristallo portabottiglie. Tavoli in legno tanganika tinto. Tutto realizzato su disegno da Gasperoni Arredamenti. Banconi nella zona *Cigar bar* rivestiti con pannelli in laminato colorato di Abet Laminati, piano in legno e dischi girevoli in acciaio satinato eseguito su disegno da Milan Arredamenti. Divani e sedie "A 20" realizzati su disegno da Italcomma.

THE SIAM SOCIETY - Milano (p. 204)

Progetto: arch.tti Marta De Renzio, Emanuela Ramerino, Patricia Urquiola.
Anno: 1996. **Superficie totale:** mq 120.

Opere murarie. Controsoffitto in cartongesso e pareti tinteggiate a idropittura color avorio. Impianto elettrico e di condizionamento canalizzato nel controsoffitto. Impennate delle vetrine e serramenti in ferro verniciati. Tutto realizzato da Tecnobeton. Pavimento in listoni di legno doussiè merbau verniciato opaco, forniti e posati a correre da MPR. Alta zoccolatura di rivestimento a parete in legno. Banco bar in legno intarsiato. Quinte divisorie costituite da reti metalliche di recupero intelaiate su strutture in iroko tinto teak. Carabottini interni a schermatura delle finestre e tutte le opere di falegnameria eseguite su disegno da Italy Best. Ventilatori con pale in legno e *appliques* d'epoca forniti da Antonio Leone. Lampade a sospensione in ottone brunito con diffusori di recupero in vetro trasparente od opalino realizzate come *ready-made* su disegno da Oceano Oltreluce. Tavoli quadrati con piano in stuoia e vetro, tavolini rotondi in metallo e marmo, sedie originali Thonet, specchiere con cornici modanate in legno, alzatine d'epoca e oggetti di brocantage forniti da Baraonda. Panche, sedute in paglia di Vienna e altri arredi coloniali forniti da Totem & Tabù. Stuoia in sea grass profilato e passatoia esterna in fibra naturale fornite da Coren. Tende avvolgibili in bambù fornite da Boscani Nova. Pannelli a tutt'altezza in garza di cotone naturale a schermatura della porta d'ingresso e cuscini in velluto realizzati con Tessuti Mimma Gini.

TINTERO - Milano (p. 210)

Progetto: arch.tti Marta De Renzio, Patricia Urquiola.
Anno: 1997. **Superficie totale:** mq 300.

Colonne in ghisa preesistenti. Pareti rivestite in piastrelle bianche *craquelées* rasate a gesso e tinteggiature a idropittura color tortora. Nelle sale ristorante acrilico su sabbia raffigurante un particolare di pesce tropicale e teli sospesi in garza trasparente con decorazioni a stencil di pesci in acrilico argento. Al piano seminterrato disegni di bagnanti in acrilico eseguiti direttamente sull'intonaco da Daniela Melazzi. Parete retrobanco decorata con macro squame d'alluminio zincato e retroilluminata con fari a ioduri metallici eseguita su disegno da Fratelli Sessa. Pavimenti in resina epossidica color bruciato realizzati da Valentini Top. Scala con balaustra in legno preesistente. Impianto elettrico e di condizionamento con canalizzazioni a vista d'alluminio zincato rivestito in vinile bianco eseguiti da Menconi. Progetto illuminotecnico e fornitura dei corpi illuminanti di Hi Lite. Sul banco bar sospensioni "Big Sun" di De Maio con diffusore sferico in vetro di Murano opalino bianco. A soffitto canaline elettrificate con spot alogeni orientabili a luce bianca o rossa. Nelle sale lampadari con struttura metallica bianca e diffusori in cotone elasticizzato ignifugo dotati di regolatore dell'intensità luminosa eseguiti da Hi Lite. Banco bar con frontale rivestito con pannelli di tiglio tinto scuro e piano di mescita su due livelli in acciaio satinato. *Brise-soleil* a listelli orientabili di tiglio tinto scuro eseguiti su disegno da Pietro Chechi. Tavoli, sedie in midollino, sgabelli in metallo cromato e panche con sedute rivestite in skai bianco forniti o realizzati su disegno da La Seggiola.

ULIASSI - Senigallia - AN (p. 214)

Progetto: arch.tti Fabio M. Ceccarelli, Carlo Marchese.
Anno: 1997. **Superficie totale:** mq 450.

Struttura in cemento armato e piano di calpestio a differenti quote preesistenti. Nuovo edificio costituito dall'assemblaggio di elementi prefabbricati "Kau mann" in legno lamellare con bullonature in acciaio inox, copertura ventilata, pontile e pedana in legno lamellare di larice, tutti forniti da Canducci Holtzservice. Struttura costituita da pilastri in metallo zincato a caldo con bullonatura galvanizzata eseguiti su disegno da Bruno Vandini e tamponamenti composti da pannelli scatolari in legno lamellare di larice, finiti con vernici all'acqua, contenenti i serramenti in legno con *brise-soleil* realizzati su disegno da Edil-Infissi. Soffitto e pareti in tavolato di larice massello tinteggiato con vernici all'acqua da Servizi Integrati. Pavimento policromo in piastrelle 20x20 di graniglia di cemento colorato fornite e posate, in parte a dama in parte a disegno, da Bruno Tessieri & C. Progetto illuminotecnico di Nova. *Appliques* "Minimalismo 12" con diffusore metallico di Catellani & Smith. Proiettori industriali da esterno di Eugen Bolich per Europa Design & Forniture. Mobili di servizio in legno verniciato, tavoli, porte e opere di falegnameria realizzate su disegno da Gino Fabbri. Poltroncine Thonet di recupero. Attrezzature alberghiere e da cucina fornite da Franco Viali. Bagni con pareti e pavimento rivestiti in tessere di vetro fornite da Bisazza Mosaico. *Appliques* "Minimalismo 12" di Catellani & Smith. Specchi di Agape. Sanitari "Linda" di Ideal Standard e rubinetteria Hans Grohe. Tutto fornito da Broccanelli.

FORNITORI
SUPPLIERS

3G
Via Ferraris 143
17047 Vado Ligure (SV)
Tel. 019 884055 - Fax 019 884056
[Liguria Restaurant]

4D - QUARTA DIMENSIONE di Corradi & C. s.n.c.
Via Gherardi 6
41100 Modena
Tel. e Fax 059 829320
[Code - Food & Wine, Momah]

A.Z. CLASSICA s.r.l.
Via dei Lecci 11/13
53036 Poggibonsi (SI)
Tel. 0577 978009 - Fax 0577 978010
[Code - Food & Wine]

ABET LAMINATI s.p.a.
Viale Industria 21
12041 Bra (CN)
Tel. 0172 419111 - Fax 0172 431571
[Al Mare, Sonorablu]

ANGELO ADANI s.r.l.
Via Bellodi 1
41012 Carpi (MO)
Tel. 059 693446 - Fax 059 642098
[Code - Food & Wine, Momah]

AGAPE s.p.a.
Via Ploner 2
46038 Frassino Mantovano (MN)
Tel. 0376 371738 - Fax 0376 374213
[Uliassi]

AL SEMINATORE s.r.l.
Viale Eginardo 15
20149 Milano
Tel. 02 463352 - Fax 02 48002726
[Fonda Maya]

ALBUM
Via Ruggero Leoncavallo 7
20052 Monza (MI)
Tel. 039 389745 - Fax 039 2302433
[Olivo]

CESARE ALLORIO
Località Orti 99
40038 Prunarolo di Vergato (BO)
Tel. e Fax 051 915322
[Fonda Maya]

ALMO
Via Galileo Galilei 9
24048 Curnasco di Treviolo (BG)
Tel. 035 691492 - Fax 035 693605
[Shu Cafè Restaurant]

ALTOMAS
Via Frederic Nietzsche 171
10132 Torino
Tel. 011 8994386 - Fax 011 8905070
[San Giors]

AMAT/GFR s.r.l.
Via G. Spazzì 18
22063 Cantù (CO)
Tel. 031 714147 - Fax 031 705060
[Movida]

ANGELINI INFISSI s.a.s.
Via Larga 33
47843 Misano Adriatico (RN)
Tel. 0541 610025 - Fax 0541 610364
[Cavalluccio Marino]

ANGOLO LUCE s.r.l.
Via Gherardi 6
41100 Modena
Tel. 059 333226 - Fax 059 332653
[Code - Food & Wine, Momah]

APAS ARREDAMENTI s.r.l.
Via Castelnuovo 30
51034 Casalguidi Serravalle (PT)
Tel. 0573 527873 - Fax 0573 526081
[Movida]

ARIOSTEA
Via Cimabue 20
42014 Castellarano (RE)
Tel. 0536 816811 - Fax 0536 816832
[Al Mare]

ARPAM ARREDAMENTI di Silvano Zatti
Via Valerio 44
35028 Piave di Sacco (PD)
Tel. 049 5842552 - Fax 049 5842131
[Mario Celin]

ARREDAMENTI STERZA s.a.s.
Via Leonardo da Vinci 48/D
20030 Senago (MI)
Tel. 02 9986787 - Fax 02 99813628
[Fonda Maya]

ARTEARREDO s.n.c.
Via Gattinella 41
50010 Capalle (FI)
Tel. 055 898227 - Fax 055 8969071
[Circolo Ufficiali di Presidio]

ARTEMIDE s.p.a.
Via Bergamo 18
20010 Pregnana Milanese (MI)
Tel. 02 935181 Fax 02 93590254
[Al Mare, Nil]

ATELIER SEDAP
Rue Sanlecque 166
44006 Nantes (F)
Tel. e Fax 0033 2 40998525
[Oliveto]

FRANCESCO BALDAN
Via Naviglio 21
30032 Fiesso d'Artico (VE)
Tel. e Fax 049 502282
[Mario Celin]

BALERI ITALIA s.p.a.
Via San Bernardino 39/41
24040 Lallio (BG)
Tel. 035 698011 - Fax 035 691454
[Mario Celin]

BARAONDA di Mario Gallo
Alzaia Naviglio Grande 158
20144 Milano
Tel. e Fax 02 427034
[The Siam Society]

JONATHAN BARING
New Kings Road 49D
SW6 4SE London (GB)
Tel. 0044 208 8340017 - Fax 0044 208 7244598
[Oliveto]

MAURIZIO BATTINI
Via IV Novembre 1918 20
41012 Carpi (MO)
Tel. e Fax 059 643463
[Code - Food & Wine]

BEDONT s.r.l.
Via Tezze 15
36060 Pianezze (VI)
Tel. 0424 470788 - Fax 0424 75358
[Olivo]

BELTRAMI VETRAI di Attilio Beltrami & C. s.n.c.
Via San Francesco 41/43
41012 Carpi (MO)
Tel. 059 691541 - Fax 059 642104
[Momah]

BERTOLDI NEW di Giovanni Bertoldi
Via Cavallo 18
10078 Venaria Reale (TO)
Tel. e Fax 011 496427
[San Giors]

BIDUE s.r.l.
Via Livorno 20
53038 Poggibonsi (FI)
Tel. 055 8078267 - Fax 055 8078133
[Carpe Diem, L'Arca]

BIELLE ARREDAMENTI
Via Cerreto 900
47020 Longiano (FO)
Tel. 0547 665902 - Fax 0547 665908
[Betty Page]

BILUX
Poligono Eitua 70
48240 Berriz Bizkaia (E)
Tel. e Fax 0034 94 6827272
[Mamamia]

BISAZZA MOSAICO s.p.a.
Viale Milano 56
36041 Alte di Montecchio Maggiore (VI)
Tel. 0444 707511 - Fax 0444 492088
[Al Mare, Shu Cafè Restaurant, Uliassi]

BOOM BUITENVERLICHTING NV
2870 Puurs Antwerp (B)
Tel. 0032 03 8906050 - Fax 0032 03 8898606
Distribuito da: BEGA GmbH
58689 Menden (D)
Tel. 0049 2373 9660 - Fax 0049 2373 966260
[Cavalluccio Marino]

BOSCANI NOVA s.a.s.
Via Santa Sofia 1
20122 Milano
Tel. e Fax 02 58318427
[The Siam Society]

BROCCANELLI s.r.l.
Via Caffarelli 1
60030 Serra dei Conti (AN)
Tel. 0731 879414 - Fax 0731 879777
[Uliassi]

C.I.A. s.n.c.
Via di Filtrano 45
60020 Passatempo di Osimo (AN)
Tel. 071 7100480 - Fax 071 7100581
[Mamamia]

C.M.A.
Via Ceppo 12
23807 Merate (LC)
Tel. e Fax 039 9903462
[Fonda Maya]

C.M.F. s.n.c.
Via Pelizza da Volpedo 58
20092 Cinisello Balsamo (MI)
Tel. 02 66048348 - Fax 02 66045999
[La Banque]

C.P. HART
Newnham Terrace, Hercules Road
SE1 7DR London (GB)
Tel. e Fax 0044 207 9021001
[Oliveto]

CA.CE. s.r.l.
Via Ferrari 5
47853 Coriano (RN)
Tel. e Fax 0541 657382
[Al Mare]

MAURO CALESTRINI
Via Remesina 56
41012 Carpi (MO)
Tel. e Fax 059 654488
[Code - Food & Wine]

MARIO CALLEGARO & C. s.n.c.
Via De Gasperi 5
35010 Vigodarzere (PD)
Tel. 049 702179 - Fax 049 701555
[Mario Celin]

CANDUCCI HOLZSERVICE
Via Montello 4
61100 Pesaro
Tel. 0721 67694 - Fax 0721 33148
[Uliassi]

CARIBONI ILLUMINAZIONE s.r.l.
Via della Tecnica 13
22058 Osnago (CO)
Tel. 039 587506 - Fax 039 9520006
[Molo Vecchio]

FABIO CARLESSO
Via Guariento 5
36061 Bassano del Grappa (VI)
Tel. 0424 505205
[Shu Cafè Restaurant]

CARMAGNINI R.E.C. s.n.c.
Via Caterina Ferrucci 41
50100 Firenze
Tel. e Fax 055 608031
[Movida]

CARPENTERIA BATTISTINI s.n.c.
Via Modena 23/25
47853 Coriano (RN)
Tel. 0541 656516 - Fax 0541 657409
[Cavalluccio Marino]

CASALGRANDE PADANA CERAMICA s.p.a.
Via Statale 476 73
42013 Casalgrande (RE)
Tel. 0522 9901 - Fax 0522 996121
[Il Consolare]

CASSINELLI
Via Duino 182/bis
10100 Torino
Tel. 011 6197610 - Fax 011 3171590
[San Giors]

EMILIO CASTALDO
Via Romani 25/A
10131 Torino
Tel. e Fax 011 8192466
[San Giors]

CATELLANI & SMITH s.r.l.
Via A. Locatelli 47
24020 Villa di Serio (BG)
Tel. 035 656088 - Fax 035 655605
[Mamamia, Uliassi]

CERASARDA s.p.a.
Strada Statale per Palau Km 2,8 CP 77
07026 Olbia (SS)
Tel. 0789 50032 - Fax 0789 50421
[Betty Page]

CERVELLA & ROMANI
Via Mazzini 106
47841 Cattolica (RN)
Tel. e Fax 0541 831144
[Il Trabaccolo]

PIETRO CHECHI s.a.s.
Via Fizzonasco 44
20090 Pieve Emanuele (MI)
Tel. 02 90427132 - Fax 02 90420796
[Tintero]

CIOLINI s.n.c.
Via Marradi 57
59100 Prato
Tel. 0574 39800 - Fax 0574 30644
[Carpe Diem]

CISA CERAMICHE s.p.a.
Via Mazzini 340
41049 Sassuolo (MO)
Tel. 0536 866111 - Fax 0536 804301
[Mamamia]

CIVIC s.r.l.
Via Ariberto 24
20123 Milano
Tel. 02 58102529 - Fax 02 58102833
[Orsoblu Bistrot]

CLIMATECH s.a.s.
Strada Statale Consolare Km 1,200
47900 Rimini
Tel. 0541 753163 - Fax 0541 753728
[Betty Page]

COALCA s.r.l.
Via Felice Aporti 91
20125 Milano
Tel. 02 26112031 - Fax 02 26145360
[Sherazad]

COMACO ITALIANA s.r.l.
Via Fiume Ronco 1
47100 Forlì
Tel. 0543 723350 - Fax 0543 725597
[Mamamia]

CONCONI & C.
Via De Sanctis 34
20141 Milano
Tel. 02 8439415 - Fax 02 89512718
[Liguria Restaurant]

CONTI s.r.l.
Via Sestese 73
50019 Sesto Fiorentino (FI)
Tel. e Fax 055 454650
[Carpe Diem]

COOPERATIVA CERAMICA D'IMOLA
Via Vittorio Veneto 13
40026 Imola (BO)
Tel. 0542 601511 - Fax 0542 31749
[Olivo]

DONATO COPPOLA
Parkgate Road 33
SW11 4NP London (GB)
Tel. 0044 207 9245511 - Fax 0044 207 3419986
[Olivo]

COREN
Via Piave 9
20036 Meda (MI)
Tel. 0362 70012 - Fax 0362 340535
[The Siam Society]

DE MAIO
Via Galilei 13/D
30035 Mirano (VE)
Tel. 041 5702522 - Fax 041 5702533
[Tintero]

DE PADOVA s.r.l.
Corso Venezia 14
20121 Milano
Tel. 02 777201 - Fax 02 77720280
[Il Consolare, Molo Vecchio]

DE ROSA
Via Tagliabue 10
20037 Paderno Dugnano (MI)
Tel. e Fax 02 9106636
[Shu Cafè Restaurant]

DELTA s.r.l.
Via Scolivigne 42
50012 Bagno a Ripoli (FI)
Tel. e Fax 055 6499261
[Movida]

DELTA LIGHT NV
Industriewegstraat 72
8800 Roeselare (B)
Tel. 0032 51 272627 - Fax 0032 51 210483
[Code - Food & Wine]

DIVANI ROMEO s.r.l.
Via Ugo Bassi 3
20159 Milano
Tel. 02 6081081 - Fax 02 6686092
[La Banque]

DLC/TALLER ONE SA
Calle Balmes 11
17465 Camallera Girona (E)
Tel. 0034 72 794127 - Fax 0034 72 794313
[Carpe Diem]

DRIADE s.p.a.
Via Padana Inferiore 12
29012 Fossadello di Caorso (PC)
Tel. 0523 818618 - Fax 0523 822628
[Carpe Diem, Circolo Ufficiali di Presidio, Liguria Restaurant, Oliveto]

ECLISSI di Vieri D. & C.
Via Matteotti 186
18038 San Remo (IM)
Tel. 0184 509070 - Fax 0184 573354
[Liguria Restaurant]

EDIL CERAMICHE s.r.l.
Via Adriatica 173
47843 Misano Adriatico (RN)
Tel. 0541 610156 - Fax 0541 613736
[Al Mare]

EDIL TENTONI
Via Sardegna 7
47838 Riccione (RN)
Tel. e Fax 0541 602909 - 0335 5956055
[Cavalluccio Marino]

EDIL-INFISSI
Via Canale Albani 8/A
61032 Fano (PS)
Tel. 0721 863966 - Fax 0721 863944
[Uliassi]

EDILCOOP SALENTINA s.c.r.l.
Via Cesare Battisti 70
73100 Lecce
Tel. e Fax 0832 315700
[Al Mare]

EDILIZIA DECORATIVA s.r.l.
Via Astico 21
20128 Milano
Tel. e Fax 02 27002886
[Il Consolare]

EDILMELZI s.n.c.
Via Imbersago 130
20049 Concorezzo (MI)
Tel. e Fax 039 6049836
[Fonda Maya]

EDILNUOVA s.r.l.
Via Rattazzi 6/B
50136 Firenze
Tel. 055 6550791 - Fax 055 6550794
[Carpe Diem]

EDRA
Via Livornese Est 108

56030 Perignano (PI)
Tel. 0587 616660 - Fax 0587 617500
[Movida, Sonorablu]

EFFETTO LUCE s.r.l.
Via Amendola 1
61019 Recanati (MC)
Tel. 071 7573993 - Fax 071 982110
[Mamamia]

ELEMENTER INDUSTRIAL DESIGN
Progress House, Whittle Parkway
South Berkshire (GB)
Tel. 0044 207 8667951 - Fax 0044 207 4035391
[Oliveto]

ELETTRICA UBALDI s.n.c.
Via Cerro 31
47832 San Clemente (RN)
Tel. e Fax 0541 987170
[Al Mare]

ELETTROMARKET s.r.l.
Viale Giulio Cesare 87
47838 Riccione (RN)
Tel. 0541 642784 - Fax 0541 643490
[Cavalluccio Marino]

ELLEQUATTRO ILLUMINAZIONE
Via Busoni 11
50053 Empoli (FI)
Tel. 0571 80305 - Fax 0571 83663
[L'Arca]

EMMEGI s.r.l.
Via Cantoni 8
20156 Milano
Tel. 02 33404483/02 33404497 - Fax 02 33404544
[Sherazad]

ERCO ILLUMINAZIONE s.r.l.
Via Cassanese 224
20090 Segrate (MI)
Tel. 02 2107223 - Fax 02 21072240
[Orsoblu Bistrot]

ERREDUE
cessata attività

EUROIMPIANTI s.n.c.
Via Marazzana 25/3
60019 Senigallia (AN)
Tel. 071 7927955 - Fax 071 7930150
[Mamamia]

EUROPA DESIGN & FURNITURE s.r.l.
Via Faentina Nord 69
48026 Russi (RA)
Tel. 0544 583090 - Fax 0544 582690
[Uliassi]

EUROTEC
Via Pastore 28
47900 Viserba di Rimini (RN)
Tel. 0541 732253 - Fax 0541 732353
[Betty Page]

F.C.F. COMMUNICATION s.r.l.
Via Carlo Farini 59
20159 Milano
Tel. 02 6888700 - Fax 02 6684810
[Fonda Maya]

GINO FABBRI
Strada della Torre 5

60019 Senigallia (AN)
Tel. e Fax 071 69236
[Uliassi]

FABBRICA DEL VERDE s.p.a.
Via G. Di Vittorio ang. Via Grandi sn
20060 Liscate (MI)
Tel. 02 9587673 - Fax 02 95354134
[Il Trabaccolo]

FAC IMPIANTI s.r.l.
Piazza Gerusalemme 4
20154 Milano
Tel. 02 3311167 - Fax 02 33608207
[Il Consolare]

FAESULAE s.r.l.
Via del Madonnone 25
50100 Firenze
Tel. e Fax 055 670830
[Circolo Ufficiali di Presidio]

FAGIANI
Wagner Street 30
SE15 1NN London (GB)
Tel. e Fax 0044 207 7327188
[Oliveto]

FALEGNAMERIA DONZELLI s.n.c.
Via Rosa Luxemburg 15
42010 Rio Saliceto (RE)
Tel. 0522 648226 - Fax 0522 661900
[Code - Food & Wine]

LUCA FANCIULLACCI
Via S. P. Quaracchi 17/1
50100 Firenze
Tel. 0335 7088066
[Movida]

ALESSANDRO FERRARESSO
Vicolo Isoldo Baldan 7
30032 Fiesso d'Artico (VE)
Tel. 041 5160858/0335 5334175
[Mario Celin]

FERRARESSO BANDINO di Roberto Ferraresso
Via Salata 50
35027 Noventa Padovana (PD)
Tel. e Fax 049 504939
[Mario Celin]

FIDIA ALABASTRI s.n.c.
Podere San Quirico Montebradoni sn
56048 Volterra (PI)
Tel. e Fax 0588 42170
[Circolo Ufficiali di Presidio]

FINALVETRI
Via del Cigno 14
17024 Finale Ligure (SV)
Tel. e Fax 019 691388
[Liguria Restaurant]

FINEDIL
Via Roma 53
31044 Montebelluna (TV)
Tel. 0423 302646 - Fax 0423 240060
[Mario Celin]

FLEXART
Via Cesena 1708
47020 Longiano (FO)
Tel. 0547 665041 - Fax 0547 665830
[Betty Page]

FLOS s.p.a.
Via Angelo Faini 2
25073 Bovezzo (BS)
Tel. 030 24381 - Fax 030 2438250
[Il Consolare, Liguria Restaurant, Mamamia]

MAURO FOGLIANI
Via Caprari 24
41012 Carpi (MO)
Tel. 0338 6445137
[Code - Food & Wine]

FONTANA ARTE s.p.a.
Alzaia Trieste 59
20094 Corsico (MI)
Tel. 02 45121 - Fax 02 4512660
[Circolo Ufficiali di Presidio, Liguria Restaurant]

FRATELLI GIORGI s.a.s.
Via Vetreto 33
47042 Sala di Cesenatico (FO)
Tel. 0547 88494 - Fax 0547 88012
[Cavalluccio Marino]

FRATELLI MAIORANA s.a.s.
Via Stresa 3
20125 Milano
Tel. 0335 231834
[La Banque]

FRATELLI MARTINI s.p.a.
Via Provinciale
41033 Concordia (MO)
Tel. 0535 48111 - Fax 0535 48220
[Cavalluccio Marino]

FRATELLI MATTOLI s.r.l.
Via Piandelmedico 24
60035 Jesi (AN)
Tel. 0731 213370 - Fax 0731 213028
[Al Mare]

FRATELLI SCALA s.n.c.
Via Faentina 160
50014 Fiesole (FI)
Tel. e Fax 055 541013
[Carpe Diem]

FRATELLI SESSA
Via Luca Signorelli 4
20154 Milano
Tel. e Fax 02 342301
[Tintero]

FRATELLI SOFFIENTINI s.n.c.
Via Mazzini 39
20090 Segrate (MI)
Tel. e Fax 02 2137917
[Fonda Maya]

G.L. s.n.c.
Via Pola Interna 13
41012 Carpi (MO)
Tel. 059 652090 - Fax 059 652118
[Momah]

G.M. di Massimo Grottoli
Via Enrico Mattei 42
61038 Orciano di Pesaro (PS)
Tel. 0721 977305 - Fax 0721 977030
[Cavalluccio Marino]

GAB ARREDA s.a.s.
Via Nazionale Adriatica 10
47843 Misano Adriatico (RN)
Tel. e Fax 0541 615135
[Cavalluccio Marino]

GIAMPIERO GASPARINI
Via Cresseni 1
26900 Lodi
Tel. e Fax 0371 425660
[La Banque]

GASPERONI ARREDAMENTI
Via Casette 1
48015 Montaletto di Cervia (RA)
Tel. 0544 965278 - Fax 0544 965576
[Sonorablu]

GFR s.r.l.
Via G. Spazzi 18
22063 Cantù (CO)
Tel. 031 714147 - Fax 031 705060
[Mamamia]

GGE s.r.l.
Via Turati 11
42010 Rio Saliceto (RE)
Tel. 0522 699044 - Fax 0522 649714
[Momah]

GI & GI s.r.l.
Via Vecchia Casalina 120/B
51030 Casenuove di Masiano (PT)
Tel. 0573 382727 - Fax 0573 382532
[Circolo Ufficiali di Presidio]

GIESSE di Bonciani
Via Andrea Costa 6/R
50014 Fiesole (FI)
Tel. e Fax 055 598696
[Movida]

GIFAR
Via Coriano 58
47900 Rimini
Tel. 0541 388257 - Fax 0541 381496
[Betty Page]

TOM GILL
Manchester Mews 15
W1 London (GB)
Tel. 0044 207 9355200 - Fax 0044 207 8340017
[Oliveto, Olivo]

GORZA LEGNAMI di Egidio Gorza s.n.c.
Via della Martora 2
47900 Rimini
Tel. 0541 753138 - Fax 0541 752404
[Al Mare]

GR di Renato Grassi
Via Tevere 32
47841 Cattolica (RN)
Tel. e Fax 0541 952604
[Il Trabaccolo]

GIANNI GRECO
Undrehill Road 201
East Dulwich 5E22 OPD London (GB)
Tel. 0044 208 2994377 - Fax 0044 208 2994377
[Oliveto]

ALESSANDRO GUIDI
Via Campana 13
47900 Rimini
Tel. e Fax 0541 786656
[Betty Page]

HABITAT
King Road 208
Chelsea SW3 5XP London (GB)
Tel. 0044 207 3511211 - Fax 0044 207 3514249
[Oliveto]

HANS GROHE s.r.l.
Strada Statale 10 Km 24.4
14019 Villanova d'Asti (AT)
Tel. 0141 9466914 - Fax 0141 946594
[Uliassi]

HI LITE
Via San Michele del Carso 16/18
20144 Milano
Tel. 02 48007877 - Fax 02 48010164
[Orsoblu Bistrot, Tintero]

HIGH TECH s.r.l.
Piazza XXV Aprile 12
20124 Milano
Tel. 02 6241101 - Fax 02 6597039
[Sherazad]

I GUZZINI ILLUMINAZIONE s.r.l.
Strada Statale 77 Km 102
62018 Recanati (MC)
Tel. 071 75881 - Fax 071 7588295
[Al Mare, Code - Food & Wine, Mamamia, Movida, Shu Cafè Restaurant]

I PITTORI s.n.c.
Via Garibaldi 113
47814 Bellaria Igea Marina (RN)
Tel. e Fax 0541 331217
[Betty Page]

I.C.T.A. s.n.c.
Via Aldo Moro 4
42010 Rio Saliceto (RE)
Tel. 0522 649121 - Fax 0522 648051
[Code - Food & Wine]

IDEAL STANDARD s.p.a.
Via Ampère 102
20131 Milano
Tel. 02 28881 - Fax 02 2888200
[Uliassi]

IDEE LUMINOSE di Enzo Omizzolo
Via Capriccio 1
30039 Stra (VE)
Tel. e Fax 049 504515
[Mario Celin]

IDROSOLE 2 s.r.l.
Via Adriatica 10
47838 Riccione (RN)
Tel. 0541 601966 - Fax 0541 640298
[Cavalluccio Marino]

IDROTERMICA GENOVESE
Via G. Murtola 111/R
16157 Genova
Tel. 010 6196508 - Fax 010 6196460
[Molo Vecchio]

AMBROGIO IEBOLE
Via Regione Callia sn
17021 Alassio (SV)
Tel. e Fax 018 2646617
[Liguria Restaurant]

IFEA CONTRACT s.r.l.
Via Reno 15

47900 Rimini
Tel. 0541 384408 - Fax 0541 384584
[Mamamia]

IL CIELO
Via Grotta 43
47843 Misano Adriatico (RN)
Tel. e Fax 0541 607919
[Cavalluccio Marino]

ILCRI GESSI
Via Marconi 39
24049 Verdellino (BG)
Tel. e Fax 035 882640
[Shu Cafè Restaurant]

IMPRESA COCEMI s.r.l.
Corso Magenta 2
20123 Milano
Tel. 02 89013037 - Fax 02 89015538
[Orsoblu Bistrot]

IMPRESA PAJARO
Via Napoli 37/A
35030 Selvazzano (PD)
Tel. e Fax 049 720523
[Mario Celin]

IMPRESA RAIMONDI
cessata attività

IMPRESA MARIO ROMANO
Via Correggio 11
20052 Monza (MI)
Tel. e Fax 039 2021458
[Fonda Maya]

IMPRESA UGUCCIONI
Via Montebello 28
47836 Mondaino (RN)
Tel. e Fax 0541 981628
[Il Trabaccolo]

INDECASA SA
Escuelas Pias 25
08017 Barcelona (E)
Tel. 0034 93 2011500 - Fax 0034 93 2023806
[L'Arca]

INGEMAR s.r.l.
Via Manzoni 44
20122 Milano
Tel. 02 76008619 - Fax 02 76008882
[Liguria Restaurant]

BASILIO IPPOLITO
Via Campagnola 23
41012 Carpi (MO)
Tel. e Fax 059 665327
[Code - Food & Wine]

ITALCOMMA s.r.l.
Via Pantanelli 195
61025 Montelabbate (PS)
Tel. 0721 497299 - Fax 0721 499653
[Sonorablu]

ITALY'S BEST s.r.l.
Viale Lombardia 85/91
20036 Meda (MI)
Tel. 0362 72021 - Fax 0362 72400
[The Siam Society]

JOLLY LEGNO di Davide Bernardi
Via Vivare 279

47842 San Giovanni in Marignano (RN)
Tel. 0541 957300 - Fax 0541 957302
[Il Trabaccolo]

KARTELL s.p.a.
Via delle Industrie 1
20082 Noviglio (MI)
Tel. 02 900121 - Fax 02 9053316
[Shu Cafè Restaurant]

KNOLL INTERNATIONAL s.p.a.
Via Flaminia Km 147
06434 Foligno (PG)
Tel. 0742 6781 - Fax 0742 677259
[Nil]

KREON
Frankrijklei 106
2000 Anversa (B)
Tel. 0031 3 2312422 - Fax 0031 3 2318896
Ufficio di rappresentanza
Via Forcella 5
20144 Milano
Tel. 02 89420750 - Fax 02 89428785
[L'Arca, Liguria Restaurant, Nil, San Giors]

L'ELETTRICISTA s.n.c.
Via Cairoli 12
41012 Carpi (MO)
Tel. e Fax 059 694048
[Code - Food & Wine]

LA SEGGIOLA s.r.l.
Viale Lunigiana 3
20159 Milano
Tel. 02 6887693 - Fax 02 67386010
[Tintero]

LACINOX s.n.c.
Via Pintor 85
47024 Macerone di Cesena (FO)
Tel. e Fax 0547 311470
[Al Mare]

DUILIO LAZZARI
Via della Cella 105
16100 Genova
Tel. e Fax 010 415962
[Molo Vecchio]

ANTONIO LEONE
Via Cavour 11
10090 Foglizzo (TO)
Tel. 011 9883651
[The Siam Society]

LEUCOS s.p.a.
Via Treviso 77
30037 Scorzè (VE)
Tel. 041 5859111 - Fax 041 447598
[Al Mare]

LIGHT VIDEO SOUND s.n.c.
Via Gallarate 207/209
20151 Milano
Tel. 02 38007622 - Fax 02 38004175
[La Banque]

FILIPPO LIPPOLIS
Via Tre Venezie 42
20036 Meda (MI)
Tel. 0335 312201 - Fax 0362 74194
[Shu Cafè Restaurant]

GIAMPAOLO LIVIO
Via Brianza 30
23842 Bosisio Parini (LC)
Tel. 031 866201 - Fax 031 876180
[Il Consolare]

GIÒ LOCATELLI
Via Giotto 4
24040 Osio Sopra (BG)
Tel. 035 500262
[Shu Cafè Restaurant]

M.B. ARREDAMENTI METALLICI s.p.a.
Via dell'Industria 11
47838 Riccione (RN)
Tel. 0541 603359 - Fax 0541 601815
[Al Mare]

MAGIS s.r.l.
Via Magnadola 15
31045 Motta di Livenza (TV)
Tel. 0422 768742 - Fax 0422 766395
[Mamamia]

MALQUORI s.r.l.
Via Stradivari 23
50100 Firenze
Tel. 055 412601 - Fax 055 431521
[Circolo Ufficiali di Presidio]

RENATO MANZINI
Via Volta 24
17021 Alassio (SV)
Tel. e Fax 0182 642789
[Liguria Restaurant]

MARCHETTI CASA
Via Lauretana 128
60021 Camerano (AN)
Tel. 071 731020 - Fax 071 731442
[Shu Cafè Restaurant]

MARINOX s.n.c.
Via Multedo di Pegli 2/I/R
16155 Genova
Tel. 010 6141376 - Fax 010 6141462
[Molo Vecchio]

INGO MAURER GmbH
Kaiserstrasse 47
80801 München (D)
Tel. 0049 89 3816060 - Fax 0049 89 38160620
Ufficio di rappresentanza
Via Spartaco 27
20135 Milano
Tel. e Fax 02 55185212
[Carpe Diem, Liguria Restaurant]

MDF ITALIA
Via Wittgens 5
20123 Milano
Tel. 02 58311300 - Fax 02 58311277
[Liguria Restaurant]

MENCONI
Via Felice Bellotti 3
20129 Milano
Tel. 02 782416 - Fax 02 76008954
[Tintero]

MEPA s.r.l.
Via Savona 71
20144 Milano
Tel. e Fax 02 428223
[Fonda Maya]

GIORGIO MERCURI
Largo Bramante 10
60024 Filotrano (AN)
Tel. 071 7222461 - Fax 071 7227196
[Mamamia]

MILAN ARREDAMENTI s.r.l.
Via del Lavoro 28
45100 Rovigo
Tel. 0425 404334 - Fax 0425 404186
[Sonorablu]

MOBILEMME di Paolo Molteni
Via Spluga 10
22063 Cantù (CO)
Tel. e Fax 031 709967
[Sherazad]

MODULAR
Rumbeeksesteenweg 258/260
8800 Roeselare (B)
Tel. 0032 51 226856 - Fax 0032 51 228004
Ufficio di rappresentanza
Via Bazzoni 5
34124 Trieste
Tel. 040 307176 - Fax 040 3221994
[Carpe Diem]

MPR s.n.c.
Via Meucci 38/40
20090 Buccinasco (MI)
Tel. 02 45708465 - Fax 02 45708464
[The Siam Society]

MTK METALTECNO s.r.l.
Via Papa Giovanni XXIII 5
20080 Zibido San Giacomo (MI)
Tel. e Fax 02 90003234
[Il Consolare]

NEMO s.r.l.
Via Piave 75/A
22069 Rovellasca (CO)
Tel. 02 9696151 - Fax 02 96961555
[Mamamia]

NEON LUX 2 s.r.l.
Via Ferrari 17
47838 Riccione (RN)
Tel. 0541 604156 - Fax 0541 691318
[Cavalluccio Marino]

NEONCOLOR
Via Tonale 22/A
24061 Albano S. Alessandro (BG)
Tel. 035 581225 - Fax 035 580371
[Shu Cafè Restaurant]

NON SOLO TENDA
Via Monte Sabotino 41
20037 Paderno Dugnano (MI)
Tel. 02 9186641 - Fax 02 9106636
[Shu Cafè Restaurant]

NOVA di Lucio Clementi
Via Villafranca 8
60100 Ancona
Tel. e Fax 071 201216
[Uliassi]

NUOVA ARTE CASA di Amedeo Principi
Via Cernobbio 15
47838 Riccione (RN)
Tel. 0337 607952
[Al Mare]

NUOVA MIZAR s.r.l.
Via Bosco 1
31050 Badoere di Morgano (TV)
Tel. 0422 8393 - Fax 0422 839410
[Molo Vecchio]

OCEANO OLTRELUCE s.n.c.
Via Tortona 14
20144 Milano
Tel. 02 8357032 - Fax 02 8360181
[Movida, The Siam Society]

ORIGLIA s.p.a.
Via Liguria 38
12038 Savigliano (CN)
Tel. 0172 714111 - Fax 0172 21568
[Code - Food & Wine, Momah]

OSRAM s.p.a.
Via Savona 105
20144 Milano
Tel. 02 42491 - Fax 02 4249380
[Cavalluccio Marino]

ERMOLAO OTTINI
Via Gramsci 1
20030 Bovisio Masciago (MI)
Tel. 0362 593385 - Fax 0362 593074
[La Banque]

P.I. di Massimo Baronio
Via Valosa di Sopra
20052 Monza
Tel. e Fax 039 2721153
[La Banque]

PALMIERI & C. s.p.a.
Piazza Risorgimento 53
41100 Modena
Tel. 059 211293 - Fax 059 221749
[Code - Food & Wine, Momah]

PANTHA s.r.l.
Via Forno 10
35030 Tencarola (PD)
Tel. e Fax 049 8685559
[Mario Celin]

PASTORELLI CERAMICHE s.p.a.
Via Magazzeno 1944
41056 Savignano sul Panaro (MO)
Tel. 059 739111 - Fax 059 766291
[Cavalluccio Marino]

PAVER s.p.a.
Via Nociaccio 10
51019 Ponte Buggianese (PT)
Tel. 0572 635555 - Fax 0572 635554
[Movida]

LIVIO PELLEGRINELLI
Via Erbarola 35
24030 Brembate Sopra (BG)
Tel. e Fax 035 621377
[Shu Cafè Restaurant]

GIOVANNI PESCARZOLI & C. s.a.s.
Via Govone 19
20154 Milano
Tel. 02 3315578 - Fax 02 316943
[Orsoblu Bistrot]

MAURIZIO PESCATORI
Via Pietro Mascagni 5
20019 Settimo Milanese (MI)
Tel. e Fax 02 3287872
[Sherazad]

GIORDANO PETROLATI
Via Papa Pio IX 37
60010 Ripe (AN)
Tel. e Fax 071 6620297
[Mamamia]

PINEWOOD CATERING
Woodlands 2 Elmshorn
Epson Downs KT17 3PE Surrey (GB)
Tel. e Fax 0044 208 7350870
[Oliveto]

ANGELO PO s.p.a.
Strada Statale Romana Sud 90
41012 Carpi (MO)
Tel. 059 639411 - Fax 059 693575
[Code - Food & Wine, Molo Vecchio]

PORTLAND GLAZING Ltd.
Lupus Street 101
SW1 London (GB)
Tel. 0044 207 8286046 - Fax 0044 207 8340017
[Oliveto]

PREEDY GLASS
Coronation Road 7B
NW10 7PQ London (GB)
Tel. 0044 208 9651323 - Fax 0044 208 9631281
[Oliveto]

PRIMA LIGHT s.r.l.
Via Pio La Torre 6
42015 Correggio (RE)
Tel. 0522 637583 - Fax 0522 641682
[Code - Food & Wine]

PROGETTI s.r.l.
Via Fiume 17
20048 Carate Brianza (MI)
Tel. 0362 907400 - Fax 0362 993121
[Mamamia]

PROGRAMMA ALLUMINIO s.n.c.
Via Dante Alighieri 11
50041 Calenzano (FI)
Tel. 055 8861999 - Fax 055 8824425
[Movida]

PUGLISI COSTRUZIONI
Via Brescia 35
17031 Albenga (SV)
Tel. e Fax 0182 555105
[Liguria Restaurant]

MARIO PULITI s.r.l.
Via Traversari 26
50100 Firenze
Tel. e Fax 055 680770
[Carpe Diem]

RADDI E RASPOLLINI s.a.s.
Via Lorenzo il Magnifico 92
50100 Firenze
Tel. 055 473402 - Fax 055 496061
[Circolo Ufficiali di Presidio]

RAIMONDI E MONTANARI s.n.c.
Via Finale Ligure 17
47838 Riccione (RN)
Tel. 0541 642062 - Fax 0541 642366
[Cavalluccio Marino]

RAPSEL s.p.a.
Via Volta 13
20019 Settimo Milanese (MI)
Tel. 02 33501431 - Fax 02 33501306
[Circolo Ufficiali di Presidio, L'Arca, La Banque, Oliveto]

REGGIANI ILLUMINAZIONE s.p.a.
Viale Monza 16
20050 Sovico (MI)
Tel. 039 2071552 - Fax 039 2071991
[Al Mare]

REXEL ITALIA s.p.a.
Via Progresso 23
47838 Riccione
Tel. 0541 604534 - Fax 0541 602910
[Betty Page]

RICHARD-GINORI
Corso Matteotti 1
20122 Milano
Tel. 02 76023742 - Fax 02 76002286
[Sherazad]

RINOL ITALIA
Via delle Industrie 23
20050 Sulbiate (MI)
Tel. 039 6883166 - Fax 039 6883170
[Betty Page]

RIZZARI ARREDI
Corso Mazzini 125
17100 Savona
Tel. e Fax 019 824566
[Molo Vecchio]

ROSSI DIMENSION
Via Provinciale Feltresca 70
61020 Tavullia (PS)
Tel. 0721 90521 - Fax 0721 905215
[Il Trabaccolo]

GERMANO RUFFATO
Via Cimitero 9
Sambruson di Dolo (VE)
Tel. 041 411264 - Fax 041 5101098
[Mario Celin]

SAMARREDA
Via Marrani 55
59100 Prato
Tel. 0574 470331 - Fax 0574 695877
[Circolo Ufficiali di Presidio]

SANZONE s.p.a.
Regione Rapallina 14
17030 Albenga (SV)
Tel. 0182 20335 - Fax 0182 20996
[Liguria Restaurant]

SAVET di Gianfranco Zaino
Via Carducci 221
20099 Sesto San Giovanni (MI)
Tel. 02 2427672 - Fax 02 2423283
[La Banque]

SEDEX s.r.l.
Località Fosci 25/B
53036 Poggibonsi (SI)
Tel. 0577 988021 - Fax 0577 988118
[Cavalluccio Marino]

SEMA COSTRUZIONI s.n.c.
Via Pisacane 53

60019 Senigallia (AN)
Tel. 071 65093 - Fax 071 65094
[Mamamia]

SERVIZI INTEGRATI s.p.a.
Via Nicola Abbagnano 3
60019 Senigallia (AN)
Tel. e Fax 071 7922929
[Uliassi]

SHELLY ENGINEERING
Unit 1, Abbey Industrial Estate, Willow Lane
Mitcham CR4 4NA Surrey (GB)
Tel. 0044 208 685030304 - Fax 0044 208 6870572
[Oliveto]

SIKKENS LINVEA s.p.a.
Via Benedetto Croce 9
20090 Cesano Boscone (MI)
Tel. 02 486051 - Fax 02 4474508
[Liguria Restaurant, Sherazad]

SILENT GLISS
Via Reggio Emilia 33
20090 Redecesio di Segrate (MI)
Tel. 02 269031 - Fax 02 2133288
[Code - Food & Wine, Momah, Nil]

SIMES s.p.a.
Via Pastore 2/4
25040 Nigoline di Corte Franca (BS)
Tel. 030 984687 - Fax 030 984308
[Carpe Diem, Cavalluccio Marino]

TOMMASO SIMONIELLO
Via Burzacca 9
41012 Carpi (MO)
Tel. e Fax 059 663941
[Momah]

SIRIO IMPIANTI s.r.l.
Via Carlo Farini 40
20159 Milano
Tel. 02 68005344 - Fax 02 69005465
[Sherazad]

SKEMA s.r.l.
Via Padova 10/B
31046 Oderzo (TV)
Tel. 0422 713744 - Fax 0422 716755
[Code - Food & Wine, Momah]

SLOBS
Via Ciovasso 4
20121 Milano
Tel. e Fax 02 8052661
[Fonda Maya]

SONY s.p.a.
Via Galileo Galilei 40
20124 Milano
Tel. 02 618381 - Fax 02 6126690
[Nil]

STAFF
vedi Zumtobel Italiana

ROBERTO STOCCHI
Via Gironzole 9
61020 Tavullia (PS)
Tel. 0335 6198546
[Il Trabaccolo]

SUBISSATI ARREDOTECNICA s.n.c.
Via Fratelli Lombardi 2/6

60010 Ostra Vetere (AN)
Tel. 071 964200/071 964283 - Fax 071 965001
[Cavalluccio Marino]

SUNCOVER s.r.l.
Via II Agosto 13
40016 San Giorgio di Piano (BO)
Tel. 051 6650069 - Fax 051 6650271
[Il Consolare]

GIULIO TANINI s.p.a.
Via Arno 36
50100 Firenze
Tel. 055 2476801 - Fax 055 355762
[Carpe Diem, Movida]

TARGETTI SANKEY s.p.a.
Via Pratese 164
50145 Firenze
Tel. 055 37911 - Fax 055 3791266
[L'Arca]

TAVAR s.p.a.
Via Trieste 202/D
48100 Ravenna
Tel. 0544 422727 - Fax 0544 423931
[Molo Vecchio, Movida]

TECNOBETON s.r.l.
Via Perugino 16
20135 Milano
Tel. 02 59900701 - Fax 02 59900691
[Shu Cafè Restaurant, The Siam Society]

TENDER s.r.l.
Via al Mare
47842 San Giovanni in Marignano (RN)
Tel. 0541 828311- Fax 0541 956682
[Al Mare]

TERMOTECNICA NUOVA s.n.c.
Via Bertinoro 20
47838 Riccione (RN)
Tel. e Fax 0541 643716
[Cavalluccio Marino]

PAOLO TESI
Via Buscaglia 7
17100 Savona
Tel. 019 850551
[Molo Vecchio]

BRUNO TESSIERI & C. s.n.c.
Via San Marco 36
55100 Lucca
Tel. e Fax 0583 343244
[Uliassi]

TESSUTI MIMMA GINI
Via Santa Croce 21
20122 Milano
Tel. 02 89400722 - Fax 02 89400087
[Sherazad, The Siam Society]

THERMOCAMA s.r.l.
Via Bizzozzero 102
20032 Cormano (MI)
Tel. 02 66302862 - Fax 02 66302250
[Shu Cafè Restaurant]

TIESSE s.n.c.
Via Corsi 36/A
60044 Fabriano (AN)
Tel. 0732 625479
[Mamamia]

TOTEM & TABÙ s.n.c.
Via Catania 31/F
10153 Torino
Tel. e Fax 011 2488619
[The Siam Society]

BRUNO TRALLORI & C. s.n.c.
Via del Mezzetta 2/E
50135 Firenze
Tel. e Fax 055 603930
[Circolo Ufficiali di Presidio]

TRE CI LUCE s.n.c.
Corso Europa 8
20020 Cesate (MI)
Tel. 02 990871 - Fax 02 99489062
[Orsoblu Bistrot]

TUTTO SEDIA di Giorgio Pagani
Via Antonio Pollaiolo 2
20159 Milano
Tel. e Fax 02 6887693
[Orsoblu Bistrot]

VALENTINI TOP s.r.l.
Via Alcuino 1
20149 Milano
Tel. e Fax 02 33602275
[Orsoblu Bistrot, Tintero]

BRUNO VANDINI
Corso XX Settembre 78
61044 Cantiano (PS)
Tel. e Fax 0721 782773
[Uliassi]

VECCHIA BOTTEGA ANTICHITÀ s.n.c.
Via Tiziano Vecellio 5
32032 Feltre (BL)
Tel. 0439 83677
[Mario Celin]

RAUL VENDEMINI
Via Diaz 61
47838 Riccione (RN)
Tel. e Fax 0541 600343
[Cavalluccio Marino]

VENTURI
Via Larga 24
47843 Misano Adriatico (RN)
Tel. 0541 614394 - Fax 0541 610301
[Cavalluccio Marino]

VETRART di Carotti e Tognaccini
Via San Niccolò 3/R
50100 Firenze
Tel. e Fax 055 2343959
[Circolo Ufficiali di Presidio]

VETRERIA MODERNA
Via dell'Artigianato 41
61011 Gabicce Mare (PS)
Tel. e Fax 0541 953299
[Betty Page]

VIABIZZUNO s.r.l.
Via delle Fosse Ardeatine 8
40061 Minerbio (BO)
Tel. 051 6606294 - Fax 051 6606197
[Betty Page, Fonda Maya, La Banque, Liguria Restaurant]

VIADUCT
Summers Street 1/10
EC1 R5BD London (GB)
Tel. 0044 207 2788456 - Fax 0044 207 8340017
[Oliveto]

FRANCO VIALI s.r.l.
Via Segantini 33
60019 Senigallia (AN)
Tel. 071 6608285 - Fax 071 6609335
[Uliassi]

CARLO VICELLI
Via Olona 16/10
20089 Quinto de' Stampi Rozzano (MI)
Tel. 02 8258170 - Fax 02 8258235
[Sherazad]

PIETRO VIPERINO
Via Giordano Bruno 36
41012 Carpi (MO)
Tel. e Fax 059 652084
[Momah]

WOODLINE s.n.c.
Viale Europa 10
20049 Concorezzo (MI)
Tel. e Fax 039 6041279
[Fonda Maya]

ZANI&ZANI s.p.a.
Via del Porto 51/53
25088 Toscolano Maderno (BS)
Tel. 0365 641006 - Fax 0365 644281
[Mamamia]

ZEHNDER ITALIA s.r.l.
Via del Lavoro 28
20069 Pozzo d'Adda (MI)
Tel. 02 90967146 - Fax 02 90968402
[Il Consolare]

ZEUS-NOTO s.r.l.
Corso San Gottardo 21/9
20136 Milano
Tel. 02 89401198 - Fax 02 89401142
[Carpe Diem]

ZUMTOBEL ITALIANA s.r.l.
Via G. B. Pirelli 26
20124 Milano
Tel. 02 667451 - Fax 02 66745777
[Circolo Ufficiali di Presidio, Momah, Sonorablu]

PROGETTISTI
DESIGNERS

ELENA AMATI, GIORGIO PESCATORI
Via Ludovico Montegani 21 - 20141 Milano - Tel. e Fax 02 89501864

Elena Amati nasce nel 1962 a Milano dove vive e lavora. Nel 1989 si laurea in architettura presso il Politecnico con una tesi in Disegno Industriale di cui è relatore Marco Zanuso. Collabora con gli studi Zanuso, Trabucco-Vecchi e Fusi-Rosti-Zanzotto partecipando a progetti per aziende quali Briko, Cappellini, Vaghi e Vortice e a concorsi a invito come "Sotto Napoli - Idee per la città sotterranea". Contemporaneamente svolge attività didattica presso l'Istituto Europeo di Design e, in qualità di assistente, presso il Politecnico di Milano per i Corsi di Progettazione Ambientale e Disegno Industriale. Ha partecipato al concorso per giovani designer "Italia's Cup" e alla XVIII Triennale di Milano nello spazio "La natura delle cose" di Francesco Trabucco. Giorgio Pescatori nasce nel 1962 a Milano dove vive e lavora. Studia architettura al Politecnico dove si laurea nel 1989 con una tesi in Disegno Industriale di cui è relatore Marco Zanuso. Ha lavorato presso lo studio Zanuso collaborando alla realizzazione di alcuni progetti di edifici pubblici (l'Università La Sapienza di Roma, la nuova sede della Banca del Friuli a Udine e gli uffici e lo showroom per Gianfranco Ferrè a Milano) e presso lo studio di Piervittorio Cerruti dove si è occupato di arredamento d'interni per abitazioni e imbarcazioni. Ha svolto attività didattica, in qualità di assistente, presso il Politecnico di Milano per i Corsi di Progettazione Ambientale e Disegno Industriale. Dal 1991 lavora con Elena Amati e insieme si occupano di problematiche legate agli ambienti di lavoro quali grandi uffici e spazi pubblici (ristoranti, caffè, bar), all'arredamento d'interni di abitazioni private e al riuso e alla riqualificazione di edifici e spazi preesistenti. Attualmente è in corso di realizzazione la risistemazione degli uffici per la Price Waterhouse a Milano.

DANIELE BERETTA
Corso Plebisciti 10 - 20129 Milano - Tel. 02 70108336/02 70108565 - Fax 02 70108344

Nasce a Milano nel 1953 e si laurea in architettura al Politecnico nel 1980. Svolge la libera professione occupandosi in particolare di abitazioni private e locali pubblici. Dal 1986 al 1994 è consulente tecnico del Comune di Milano per il Settore Edilizia Privata relativamente alle attività soggette a misure di prevenzione incendi e all'abbattimento delle barriere architettoniche. Dal 1990 è consulente tecnico del SILB (Sindacato Italiano Locali da Ballo) e di agenzie di spettacolo come "No Limits Music", "Trident Agency" e "Konomusic" per le problematiche legate alla sicurezza nell'organizzazione di concerti ed altissima affluenza di pubblico in grandi strutture. Alcune sue realizzazioni per abitazioni private sono state oggetto della mostra "Il disegno del progetto", tenutasi a Milano nel 1988 con il patrocinio del Nuovo Banco Ambrosiano, selezionate dalla Commissione Edilizia del Comune di Milano e pubblicate in *Milano Progetti 1989/1990* a cura dell'Ufficio dell'Amministrazione Comunale e in *Milano Architetture 1980/1990* a cura di Editoriale Domus. Suoi lavori sono apparsi sulle principali riviste di settore in Italia e all'estero.

DANIELA BIANCHI, ALESSANDRO MARCATTILJ
Piazza Donatello 27 - 50132 Firenze - Tel. 055 582628 - Fax 055 572131

Nascono nel 1960 a Firenze dove si laureano alla Facoltà d'Architettura nel 1987. I primi anni svolgono attività indipendenti nel campo delle ristrutturazioni d'interni pubblici e privati. Daniela Bianchi collabora con Arredamenti Bianchi a Firenze per il quale progetta lo showroom nel 1990, Alessandro Marcattilj diventa Cultore della Materia in un corso di Progettazione Architettonica presso l'Università di Firenze. Nel 1991 aprono uno studio che si occupa di progettazione d'edifici residenziali, negozi, ville, uffici, locali per la ristorazione, stand fieristici, strutture alberghiere e restauro d'edifici storici. Molte delle loro opere sono state pubblicate in Italia e all'estero.

ANTONELLO BOSCHI
Via Colombo 22 - 58022 Follonica (GR) - Tel. e Fax 0566 42553

Antonello Boschi nasce a Massa Marittima nel 1964. Si laurea in architettura a Firenze nel 1989 dove nello stesso anno inizia l'attività didattica presso la cattedra di Arredamento e Architettura degli Interni diretta da Adolfo Natalini. Oltre a operare nel campo del design, partecipa a numerosi concorsi d'architettura sia nazionali sia internazionali. Nel 1992 è segnalato al Premio Detti e vince il Premio Cetica. Nel 1994 risulta vincitore con il progetto per l'arredo urbano di Castiglioncello (LI). Frequenta il primo corso di perfezionamento post laurea su "Lettura e progetto dell'edilizia nei programmi di rinnovo urbano" presso il Dipartimento di Progettazione dell'Architettura dell'Università di Firenze. Dal 1996 al 1999 è docente incaricato del corso di Caratteri tipologici e morfologici dell'architettura presso lo stesso ateneo. Suoi saggi e realizzazioni sono apparsi sulle principali riviste internazionali di settore. Tra le pubblicazioni ricordiamo: *Architetti, pensieri & mattoni* del 1995, *Costruire nel costruito*, *Sostituzioni, progettare nella città storica*, *Avvicinamenti all'architettura del 1996* e *Conversazioni di un laboratorio d'architettura* del 1998. Nel 2000 è stato segnalato al Marble Architectural Award.

WALTER CAMAGNA: vedi UdA ufficio di architettura - Walter Camagna, Massimiliano Camoletto, Andrea Marcante

MASSIMILIANO CAMOLETTO: vedi UdA ufficio di architettura - Walter Camagna, Massimiliano Camoletto, Andrea Marcante

CLAUDIO PALMI CARAMEL
Corso Milano 94 - 35139 Padova - Tel. 049 8722444/04 8722374 - Fax 049 8722374

Nasce a Padova nel 1957 e si laurea in architettura a Venezia nel 1982. Figlio dell'architetto Sergio Palmi Caramel, eredita giovanissimo lo studio del padre, scomparso prematuramente. Dopo una breve parentesi dedicata alla pittura, ritorna a occuparsi d'architettura. Inizialmente assume alcuni incarichi congiunti realizzando a Padova un edificio a torre con Cappai & Mainardis e il negozio Lucetrend con Enrico Baler Realizza come libero professionista opere d'architettura, tra cui abitazioni private negozi, restauri di vario genere, uffici, show room, stand fieristici in tutta Europa allestimenti di mostre. Come designer è consulente di RDS (maniglie) e direttore artistico di Kleis; è consulente di RT bagni, Mal Padova (abbigliamento); lavora per aziende quali Blowtherm, Braibanti Golfetto, De Rigo, Fox Bompiani, Ipa, Galter, Ma Morelato, Open Kristallux, Tognana, Valigeria Roncato. Nel 1996, su concorso, assum l'incarico da Lavazza della progettazione e industrializzazione di tutti i nuovi materiali per i pubblici esercizi (circa 40 oggetti). Tra il 1997 e il 1999 progetta e cura nuova *visual identity* di Antenna Cinema e dei gruppi De Rigo, Roncato, Kleis. Svolge per sette anni attività didattica, affiancando il professor Sernini nel corso di Analisi delle Strutture Urbane all'IUAV. Partecipa come relatore a numerosi convegni dibattiti sull'architettura e il design. Pubblica articoli su riviste specializzate italiane straniere. Del 1996 è la monografia I Caramel attraverso il '900 uscita per i tipi dell Edizioni L'Archivolto. Lo studio attualmente si occupa di architettura, restauro, arredamento, design industriale, grafica e *web-design*. Nel 2000 su concorso del Villatoso Design Management Center ha progettato per Panasonic il concept per la futura telecamera palmare digitale. Come direttore artistico e responsabile prodotto pe due giovanissime aziende di accessori bagno, ha curato una nuova linea per 'la casa del 2000'. Di questo periodo è la progettazione di massima per la nuova sede de Dipartimento di Ingegneria Ambientale dell'Università di Padova. Nel 1999 è risultato vincitore del premio Architettura Città/Territorio per un edificio costruito a Padov e del premio Top Ten per il progetto della sedia P19.

FABIO M. CECCARELLI
Corso II Giugno 46 - 60019 Senigallia (AN) - Tel. 071 60534 Fax 071 60933 - quaglia13@hotmail.com

Nasce a Senigallia (AN) nel 1952. Si laurea in architettura a Firenze nel 1979. N 1980 inizia l'attività professionale occupandosi di progettazione e direzione lavo nel campo della residenza e di progettazione urbanistica esecutiva. Nel 1982 pa tecipa al Corso di Studi Superiori "La Rinascita della città" tenuto dal Centro inte nazionale di studi, ricerca e documentazione dell'abitare Oikos di Bologna. D 1987 si occupa, per conto della Regione Marche, del Comune di Senigallia (AN), associazioni nautiche e di privati, della progettazione su aree litoranee, dello sv luppo di aree portuali, della realizzazione di spiagge attrezzate, del nuovo access al porto, della sede del Club Nautico, del ristorante Uliassi e del recupero struttura le e architettonico della Rotonda a Mare a Senigallia (AN). Dal 1990 svolge un ricerca sull'arte e l'architettura nelle Marche tra i due conflitti mondiali curand l'allestimento e i cataloghi delle mostre sull'opera scultorea di Silvio Ceccare (1901-1985). Tra i lavori svolti negli ultimi anni nel settore residenziale e del rec pero del patrimonio edilizio esistente si segnalano: il villaggio residenziale Parco, il recupero dell'ex Consorzio Agrario Provinciale, il centro polifunzionale L Corte, il risanamento conservativo di parchi e ville ottocentesche a Senigallia (AN Arcevia (AN) e Falconara Marittima (AN). Partecipa a numerosi concorsi nazionali internazionali vincendo nel 1998 il Concorso internazionale di idee per la realizz zione della nuova sede dell'Azienda Servizi Territoriali a Recanati (MC).

ANNAMARIA CONTE: vedi vedi Marta De Renzio, Annamaria Conte, Daniela Melazzi - Mad & Partners

MARTA DE RENZIO, ANNAMARIA CONTE, DANIEL MELAZZI - MAD & PARTNERS
Via Palermo 1 - 20121 Milano - Tel. e Fax 02 86451702/02 8645046

Marta De Renzio e Annamaria Conte nascono entrambe a Milano nel 1964 dove laureano in architettura al Politecnico rispettivamente nel 1988 e nel 1990. Daniel Melazzi nasce a Milano nel 1969 e si diploma alla Nuova Accademia nel 1992. L'ar

o successivo consegue il master in design presso la Duncan of Jordaston in Sco-
a. Nel 1997 iniziano la loro collaborazione costituendo lo studio Mad & Partners
he si occupa della progettazione di uffici, showroom, negozi, stand, sistemi di *franchising*, spazi per la ristorazione e commerciali. Tra le realizzazioni più recenti a
Milano si ricordano: gli uffici, il negozio master e lo studio per la nuova immagine
della Kickers; la sede dell'azienda farmaceutica Hyperphar; l'allestimento della
"Mostra di libri" in Piazza Mercanti; i ristoranti Tintero e Orsoblu bistrot; la palestra
di arti marziali La tana dei dragoni interamente progettata seguendo i criteri del
feng shui.

MARIA GRAZIA DEL MORO
Via delle Mimose 10 - 47843 Portoverde di Misano Adriatico
(RN) - Tel. 0541 615202 - Fax 0541 615228

Nasce a Serrungarina (PS) nel 1946. Frequenta nel 1989 il corso triennale di Progettismo Moda presso l'Università d'Urbino. Attualmente vive a Portoverde di Misano Adriatico (RN) e da venticinque anni insegna a Cattolica (RN).
Coadiuvata dal marito e dalla figlia, da più di trent'anni si occupa inoltre della gestione di ristoranti e alberghi di cui cura personalmente gli arredi. Suo è l'allestimento interno dell'hotel Palazzo Viviani al Castello di Montegridolfo (RN), così come la risistemazione di altri ristoranti e negozi situati nel medesimo borgo medievale.

FABRIZIO FABIETTI: vedi Achille Michelizzi, Fabrizio Fabietti

PAOLO FRELLO
Piazza Amendola 3 - 20149 Milano - Tel. 02 48517237 - Fax 02 48025033 - frello@enter.it - frello@macrevolution.com

Paolo Frello nasce nel 1964 e compie gli studi d'architettura a Milano dove attualmente vive e lavora. Dopo alcune esperienze di collaborazione apre un proprio studio attivo in diversi settori: interior e industrial design, grafica e comunicazione visiva. All'attività di progettista affianca quella di giornalista e saggista per diverse riviste di settore. Dal 1997 collabora attivamente con lo studio Montanna & Associates di Orlando in Florida con i quali ha realizzato, per il presidente della Walt Disney Attraction, gli interni della Judson Green House, numerose altre abitazioni private e la mostra nel 1997 "A palette for sense" presso il museo di Orlando. Dal 1998 lavora con Carlo Taglioretti con il quale ha curato l'allestimento per la mostra di Miles Davis a Umbria Jazz (PG), il Liguria Restaurant ad Alassio (SV) e due palazzine per appartamenti in provincia di Varese in corso di realizzazione. Attualmente lavora negli Stati Uniti dove sta realizzando gli interni per una villa a Miami e una a Orlando e, sempre in Florida, le parti comuni di un grattacielo a Naples.

MARCO GABELLINI
Via Nazionale Adriatica 10 - 47843 Misano Adriatico (RN) - Tel. 0541 615135 - Fax 0541 615135 - gabarreda@gabarreda.com - www.gabarreda.com

Marco Gabellini, designer, nasce nel 1960. Attualmente vive e lavora a Riccione (RN). Nel 1979, dopo essersi diplomato disegnatore in architettura e arredamento, collabora con l'architetto Bacchiani, uno dei più noti professionisti di Riccione. Nel 1984 apre un proprio studio specializzato nella progettazione di locali pubblici, ristoranti, caffè, hotel e negozi realizzati prevalentemente sulla Riviera Adriatica nei grossi centri del turismo italiano (Cattolica, Milano Marittima, Fano, Riccione e Rimini). Alcuni dei più famosi ristoranti di Viale Ceccarini a Riccione sono stati da lui progettati. Ha realizzato inoltre altri importanti lavori a Modena, Carpi, Bologna, Verona e Pescara avvalendosi sempre, per l'esecuzione, della collaborazione della Gab Arreda, l'azienda di famiglia attiva nel settore fin dal 1968. Recentemente si è occupato anche della progettazione di ville e appartamenti privati.

CLAUDIO LA VIOLA, ENRICA LA VIOLA
Piazza V Giornate 10 - 20129 Milano - Tel. e Fax 02 59902621

Claudio La Viola vive e lavora a Milano. A metà degli anni Settanta debutta, con grande successo, con collezioni di *prêt-à-porter* per uomo e donna e in breve tempo moltiplica le licenze col proprio marchio in tutti i settori della moda. Nel 1990, dopo vent'anni di successi, decide di applicare la sua eclettica creatività al design. In uno spazio che è insieme atelier, bottega, *workshop*, laboratorio e casa, fonda la sede di Designers Associati, dove crea i suoi progetti avvalendosi della collaborazione di un gruppo di giovani architetti-designer italiani e stranieri. Nascono così realizzazioni per aziende leader nel campo del design quali Driani&Zani, Richard-Ginori, Sabbatini, Living e Artecuoio. I suoi lavori s'impongono per l'assoluto rigore raccogliendo successi immediati e riconoscimenti a livello internazionale. Nel 1998 la sua lampada "Maria", prodotta da Viabizzuno, ottiene il premio Lumière d'Or alla Fiera Internazionale di Parigi. Tra i più recenti realizza alcuni progetti d'interni tra cui un teatro e l'esclusivo locale La Banque nel cuore di Milano.
Enrica La Viola esordisce nel 1968 come designer e architetto collaborando attivamente per 12 anni con il marito Luciano Brunella, affermato professionista. La profonda esperienza tecnica e una sensibilità sicura per lo spazio maturata in questi anni la portano, nel 1980, a proseguire da sola l'attività progettuale occupandosi di ristrutturazioni, architettura d'interni e dell'allestimento di numerosi negozi e showroom. Nel 1982 cura la risistemazione della palazzina a sei piani di Via San Pietro all'Orto a Milano per il fratello Claudio. La sua poliedrica vena creativa la porta a dedicarsi parallelamente, come designer, alla progettazione di una sua prima collezione di gioielli. Nasce Manfredi, firma che in soli 10 anni aprirà punti vendita oltre che in italia a Tokyo, Bruxelles e New York e di cui curerà fino al 1987 l'intera produzione.
Nel 1995 fonda con il fratello Claudio lo studio La Viola & La Viola impegnato in numerose realizzazioni e progetti tra cui il Caffè Palladio, locale italiano nel centro di Seul, La Banque a Milano e l'espositore multimediale "Qubo" studiato per Ascot Ceramiche. È *art director* della rivista annuale Agnom e cura la grafica di vari cataloghi di moda e design. Attualmente è impegnata nella costituzione dell'associazione "Res Umbrae" per il recupero di conventi, castelli, antichi casali ed edifici abbandonati di eccezionale pregio storico-artistico sul territorio umbro.

CLAUDIO LAZZARINI, CARL PICKERING
Via Cola Di Rienzo 28 - 00192 Roma - Tel. 06 3210305 - Fax 06 3216755

Claudio Lazzarini nasce nel 1953 a Roma. Si laurea in architettura all'Università La Sapienza con Ludovico Quaroni. Inizia l'attività professionale nel 1982.
Carl Pickering nasce a Sydney (Australia) nel 1960. Nel 1980 viene in Italia con una borsa di studio Dante Alighieri, studia a Venezia con Gino Valle, Massimo Scolari, Peter Eisenman e altri, laureandosi nel 1991. In quel periodo segue la costruzione del Padiglione Australiano alla Biennale di Venezia (1986-88) e inizia la collaborazione con Claudio Lazzarini del quale diventa socio nel 1988. Lo studio, che ha sede a Roma e a Sydney, oltre che di architettura (soprattutto restauri e ristrutturazioni) si occupa di progettazione d'interni (negozi e appartamenti a Roma e Milano), di allestimenti, di giardini e d'interni di barche (l'ultima è la Wally B). Il programma Dormusa è il loro primo progetto di design.

MAD & PARTNERS: vedi vedi Marta De Renzio, Annamaria Conte, Daniela Melazzi - Mad & Partners

GILBERTO MANCINI
Piazza Roma 2 - 60019 Senigallia (AN) - Tel. 071 65105 - Fax 071 6609642

Gilberto Mancini nasce nel 1960 a Walenstad in Svizzera. Nel 1980 si iscrive alla facoltà di Architettura di Firenze e nel 1983 espone alla mostra "Gli allievi di Adolfo Natalini" alla galleria Vivita. Partecipa al concorso internazionale d'architettura "The concord gallery to Hockney & Caro" a Londra nel 1985. Dopo la laurea, conseguita nel 1988 con un progetto per Piazza Vittorio Veneto a Firenze, relatore il professor Adolfo Natalini, apre a Senigallia (AN) l'Atelier d'Architettura Atlantide. Partecipa a numerosi concorsi di architettura e urbanistica tra cui: la ricostruzione della Rue Laeken nel centro di Bruxelles nel 1989, dove è selezionato tra i 24 architetti europei invitati a realizzare un progetto, "Bucuresti 2000" per la ricostruzione del centro storico della città romena nel 1996 e, nel 1997, "Realizzazione di nuovi interventi residenziali nella corona urbana di Bergamo". Progetta e realizza, nel Comune di Senigallia (AN), il Piano Generale di Settore degli Impianti Sportivi e Ricreativi e delle opere connesse, alcuni complessi residenziali, edifici unifamiliari, ville e locali. È attivo inoltre nel campo del design, partecipa alla mostra "Incanti" (26 oggetti d'uso e d'arte decorativa) alla Fortezza di Basso di Firenze e a "Progetti e territori" nell'ambito di Abitare il Tempo a Verona. Dal 1991 svolge attività didattica presso la scuola di restauro di Ostra (AN).

ANDREA MARCANTE: vedi UdA ufficio di architettura - Walter Camagna, Massimiliano Camoletto, Andrea Marcante

ALESSANDRO MARCATTILJ: vedi Daniela Bianchi, Alessandro Marcattilj

CARLO MARCHESE
Piazza del Monaco 7 - 61037 Mondolfo (PS) - Tel. e Fax 0721 957702 - arkcarlo@tin.it

Carlo Marchese nasce a Licodia Eubea (CT) nel 1959. Si laurea in architettura a Venezia nel 1989. Nello stesso anno inizia l'attività professionale nelle Marche aprendo un proprio studio e collaborando alla redazione di alcuni progetti con gli architetti Fabio M. Ceccarelli e Alberto Bacchiocchi. Redige il piano per il centro storico di Poggio San Marcello (AN), un piano di recupero di un isolato a Marzocca di Senigallia (AN) e collabora alla redazione del piano per il centro storico di Monterado (AN). Riceve l'incarico per il restauro e la risistemazione del complesso monumentale della chiesa di San Gervasio a Mondolfo (PS) dove attualmente sta curando anche il progetto di recupero e riuso di un vecchio cinematografo a edificio residenziale. Collabora, in fase attuativa, al restauro della chiesa settecentesca di San Nicolò di Bari a Poggio San Marcello (AN). Redige alcuni piani particolareggiati per la residenza a San Costanzo (PS) e a Monterado (AN). Cura l'allestimento della mostra del I International Catering Workshop di Quartiglia a Roseto degli Abruzzi (TE). Partecipa a convegni e concorsi di architettura ottenendo una menzione per la "Qualificazione della Piazza Garibaldi a Fermignano (PS)" e il terzo premio per "Parco Urbano a Montefelcino (PS)".

ANDREA MEIRANA
Via Caffaro 19/13 scala B - 16124 Genova - Tel. e Fax 010 2770737/0348 2617485 - meirana@tin.it

Andrea Meirana nasce nel 1965 a Genova dove si laurea in architettura e attualmente vive e lavora. Dal 1986 collabora ai corsi di progettazione architettonica e d'allestimento e museografia presso la Facoltà di Architettura dell'Università di Genova. Dal 1990 fa parte dell'International Laboratory of Architecture and Urban Design diretto da Giancarlo De Carlo. Nello stesso anno espone il proprio lavoro in rappresentanza dell'Istituto di Progettazione della Facoltà di Architettura di Genova al Terzo Salone Internazionale dell'Architettura di Parigi. Nel 1995 vince il primo premio al concorso nazionale per il centro mostre, esposizioni e convegni del Comune di Arma di Taggia (IM) e, l'anno successivo, il terzo premio al concorso per la progettazione del Parco Urbano Foce Entella della passeggiata a mare del porto di Chiavari (GE). Idea, organizza e dirige, tra il 1995 e il 1996, in collaborazione con la Facoltà di Architettura e il Comune di Genova, i seminari di progettazione architettonica SpA1 "Il luogo impossibile/ la funzione improbabile" e SpA2 "Francia-Italia: 2013-10. Il sistema dei concorsi d'architettura. Una storia francese e i suoi protagonisti" con la partecipazione dell'I.F.A. (Institut Français d'Architecture). Dal 1999 è professore a contratto del corso di scenografia presso la Facoltà d'Architettura dell'Università degli Studi di Genova per cui organizza nel 2000, come coordinatore dei laboratori, il primo master in architettura per lo spettacolo in collaborazione con la Fondazione del Teatro Carlo Felice, del Teatro stabile di Genova, dell'Accademia Ligustica di Belle Arti e del Teatro della Tosse. È *managing director* della Publiconsul Divisione Grandi Impianti società attiva nel campo delle installazioni temporanee per la comunicazione artistica e pubblicitaria. L'attività professionale è testimoniata da una serie di realizzazioni e da libri, scritti, pubblicazioni e articoli sia nel campo tecnico/museale/scenico sia in quello prettamente architettonico. Accanto all'attività professionale, ha coltivato numerosi impegni culturali e svolto attività didattica e di ricerca tenendo conferenze, seminari, corsi d'architettura e scenografia.

DANIELA MELAZZI: vedi Marta De Renzio, Annamaria Conte, Daniela Melazzi - Mad & Partners

ACHILLE MICHELIZZI, FABRIZIO FABIETTI
Lungarno Soderini 31 - 50100 Firenze - Tel. 055 290725 - Fax 055 2675182

Achille Michelizzi nasce a Rosarno (RC) nel 1954. Si laurea in architettura a Firenze nel 1982. Tra il 1980 e il 1981 frequenta a Roma, presso la Facoltà di Ingegneria de La Sapienza, il master in Urbanistica applicata alle aree metropolitane. Nel 1987 è invitato a rappresentare l'Italia alla Biennale di Barcellona. Dal 1993 al 1996 è stato consulente del Ministero dei LL. PP. del Kuwait e *project architect* per l'Amiri Diwan Project per la creazione di una nuova cittadella istituzionale sede dei vari ministeri dell'Emiro. Nel 1996 è consulente della Fondazione Piaggio per il Museo Storico della società. Autore di numerosi saggi tra cui "Le opere di James Stirling nell'Inghilterra degli anni '60" nel volume *Stirling l'ultimo maestro*, tra il 1980 e il 1992 è stato docente di progettazione alla Facoltà di Architettura di Firenze. Attualmente svolge attività didattica come *visiting critic* alla Kent State University.
Fabrizio Fabietti nasce a Roma nel 1959. Si laurea in architettura a Firenze nel 1985 con una tesi sull'ipotesi di riutilizzo di un edificio industriale con destinazione a centro d'arte contemporanea nell'ambito dell'urbanizzazione dell'area ex Galileo a Firenze. Dal 1985 collabora con lo studio dell'architetto Michelizzi. Dal 1997 è membro della Commissione Edilizia Integrata del Comune di Santa Maria a Monte (PI). Tra le ultime realizzazioni dello studio si ricordano: il nuovo eliporto, casa Gualtieri e il megastore GMG a Firenze; un edificio residenziale e un'abitazione trifamiliare a Montevarchi (AR); Al Rashed Housing a Kuwait City. Sono attualmente in corso il progetto d'insediamento residenziale ZER a Montevarchi (AR) e quello per la Facoltà di Medicina e Chirurgia a Cisanello (PI) con la predisposizione di un piano urbanistico di sviluppo per l'insediamento delle strutture universitarie.

CLAUDIO MONTI
Via delle Torri 33 - 47100 Forlì - Tel. 0543 26278 - Fax 0543 20793 - studiomonti@alinet.it - www.studiomonti.com

Claudio Monti, dopo aver studiato architettura a Venezia, inizia la propria attività collaborando con diverse aziende e studi tra i quali lo studio Citterio e, per diversi anni, lo studio Sottsass & Associati di Milano. Nel 1988, insieme a due soci, crea lo Studiomonti con sede a Forlì che, sin dall'inizio dell'attività, sviluppa sinergie tra l'area dell'architettura e quella del design. Lo studio ha realizzato e sta attualmente realizzando case, negozi, locali pubblici e allestimenti fieristici in Italia e all'estero tra i quali il Rauenshtein Restaurant a Vienna, la casa di Cristiano Corneliani a Mantova, casa Latsis a Voulagmeni (Atene) e a Montecarlo, casa Santucci a Milano. Tra gli ultimi progetti il Sonorablu di Milano Marittima, nuovo punto di riferimento della vita notturna della Riviera Adriatica. Sempre per la F.lli Corneliani ha curato gli allestimenti in occasione di Pitti Immagine Uomo dal 1992 in poi; gli showroom di Mantova, Milano, Firenze, Roma, Verona, Düsseldorf, New York e Madrid; i negozi di Via Montenapoleone a Milano e di Via Borgognona a Roma, oltre a numerosissimi *corners* e *shops in shops*. Attualmente ha in corso progetti riguardanti case, negozi, spazi commerciali a immagine coordinata e locali di vario genere, con lo studio Citterio la nuova *corporate identity* per la compagnia petrolifera Tamoil operante in campo italiano ed europeo. Per la Technogym, azienda leader nella produzione di attrezzature per il fitness, lo studio disegna dal 1986 tutta la produzione con la sola eccezione dell'aspetto biomeccanico. Per la stessa azienda sta curando la nuova sede, una sorta di quartiere del benessere, comprendente attività produttive, di ricerca e sperimentazione. Dal 2000 è aperto uno studio anche a Milano dove è trasferita parte dell'attività.

FRANCESCO MUTI
Via delle Torri 33 - 47100 Forlì - Tel. 0543 26278 - Fax 054 20793 - studiomonti@alinet.it - www.studiomonti.com

Nasce a Firenze nel 1971. Laureato in architettura al Politecnico di Milano nel 199 Nello stesso anno collabora come aiuto scenografo di Luciano Damiani alla reali zazione dell'Avaro di Molière per la regia di Giorgio Strehler al Piccolo Teatro Milano. Nel 1997, con il cantiere navale Della Pasqua di Ravenna, realizza il nuov DC14 curandone il *restyling* e gli interni. Nel 1998 si associa allo studio Teprin Ravenna presso il quale svolge attività di progettazione architettonica e urbanis ca: tra le esperienze più significative la partecipazione alla progettazione esecutiv e all'attuazione del Parco di Teodorico con Boris Podrecca come capogruppo. D 1999 è libero professionista e collabora con Studiomonti a numerosi progetti d'a chitettura, d'interior e industrial design tra cui lo stand Armani Luxottica al Mic '99, il locale Sonorablu di Milano Marittima e la nuova sede milanese dello stud in Piazza Sant'Erasmo.

FABIO NOVEMBRE
Via Mecenate 76 - 20138 Milano - Tel. 02 504104 - Fax 0 502375 - info@novembre.it - www.novembre.it

"Dal 1966 rispondo a chi mi chiama Fabio Novembre. Dal 1992 rispondo anche chi mi chiama 'architetto'. Ritaglio spazi nel vuoto gonfiando bolle d'aria e rega spilli appuntiti per non darmi troppe arie. I miei polmoni sono impregnati del pr fumo dei luoghi che ho respirato e quando vado in iperventilazione è soltanto pe poi starmene un po' in apnea. Come polline mi lascio trasportare dal vento convi to di poter sedurre tutto ciò che mi circonda. Voglio respirare fino a soffocar Voglio amare fino a morire."

GIORGIO PESCATORI: vedi Elena Amati, Giorgio Pescato

CARL PICKERING: vedi Claudio Lazzarini, Carl Pickerin

PIERLUIGI PIU
Via Enrico Besta 6 - 09129 Cagliari - Tel. 070 305684 - Tel. Fax 070 651262

Pierluigi Piu vive e lavora a Cagliari come libero professionista particolarmen attivo nel settore delle residenze private e degli spazi commerciali. Formatosi al facoltà di Architettura di Firenze risiede in questa città fino al 1989. Qui, oltre a co laborare con vari studi professionali, dà vita, tra il 1982 e il 1985, all'Atelier Proco solo, studio di design e azienda di autoproduzione che partecipa a numeros mostre in Italia e all'estero. Fra il 1985 e il 1990 lavora come consulente associa per il *product and interiors design* dello studio Acmé Consultants (Association po la Création et les Méthodes d'Evolution), con sede a Parigi. Sempre nel 1990 coll bora con l'architetto belga Pierre Lallemand presso lo studio Art & Build di Bruxe les. Nel corso del 1991 realizza, a titolo personale, i suoi primi lavori in Inghilterr per poi rientrare a Cagliari, città d'origine, dove apre il suo studio iniziando a op rare nell'ambito dell'architettura d'interni. Nel 1995 assume un nuovo incarico Londra. Tra il 1996 e il 1998 soggiorna nuovamente a Bruxelles dove viene chiam to dall'architetto Steven Beckers a collaborare al progetto di ricostruzione e rinn vamento di palazzo Berlaymont, sede storica del Consiglio dei Ministri del Comunità Europea. È incaricato, nell'ambito di un'équipe internazionale apposit mente formata, della supervisione e del coordinamento del linguaggio estetic formale degli interni dell'edificio, attualmente in corso di realizzazione. Suoi lavo sono apparsi su libri specialistici e sulle più importanti riviste di settore nazionali internazionali.

MARINA PLUDA
Via Vallazze 45 - 20131 Milano - Tel. e Fax 02 2363565

Marina Pluda nasce a Milano nel 1962. Si laurea in architettura al Politecnico Milano nel 1989. Collabora per i primi anni con alcuni studi professionali tra cui Studio BBPR di Milano. Nel 1993 inizia a svolgere la libera professione fondan Pieffe Studio che si occupa prevalentemente di ristrutturazioni nell'ambito dell' dilizia residenziale. Nel 1995 realizza a Milano il ristorante messicano Cueva Ma a cui seguirà, tre anni dopo, il Fonda Maya. Nel 1997 progetta, per Moby Lines, interni della motonave Moby Ale, primo traghetto italiano con un terzo della supe ficie dedicato ai bambini e con fiancate decorate su disegno dello studio Sottsa & Associati. La nave è stata oggetto della mostra itinerante Moby Art partita da Triennale di Milano. Negli anni successivi cura la progettazione delle agenz Moby Lines sul territorio nazionale. Nel 1998 ristruttura gli uffici e la fabbrica Te tal Manufacturing, industria italiana leader nella produzione di telefonia, con se nel comprensorio di Avezzano (PE).

PIERO POLATO
Corso Vercelli 7 - 20144 Milano - Tel. 02 4980533 - Fax 02 4372

Piero Polato designer, ha progettato 400 scenografie per la RAI, la Televisione Sv zera e la Televisione Tedesca. Introduce, primo in Italia e con grande anticipo concetto di immagine coordinata per la televisione: grafica e scenografia integr te. Sue scenografie sono "La Domenica Sportiva" di Enzo Tortora e "Linea Diret di Enzo Biagi. Nel 1973 Bruno Munari, del quale rimarrà collaboratore fino al

comparsa, lo spinge a fare design. Progetta solo oggetti di utilità come telefoni, gende e tanti altri; il suo "Portarobe" diventa uno degli oggetti più copiati e imitati tutto il mondo. Ha progettato, tra gli altri, i negozi di Coppola Coiffeur e Furla, e urato numerosissimi allestimenti.
ra i suoi clienti si annoverano ABB, Ferrari Automobili e la Triennale di Milano per quale ha realizzato le mostre "I 50 anni della Triennale", "100 oggetti del design aliano" e "L'altra metà del designer - i modelli di Giovanni Sacchi"; di quest'ultiè stato anche il curatore. È stato ideatore e conduttore di numerose fortunate erie televisive design-didattiche e autore di otto libri alcuni dei quali tradotti in ù lingue. Ha insegnato Metodologia Progettuale all'Istituto Superiore ISIA di rbino e in alcune università giapponesi. Ha inoltre lavorato per l'UNESCO, è stato nsulente del Ministero della Pubblica Istruzione per la Sperimentazione ed è ato *art director* di Saiet, Robots e Nava Design. Tra i tanti riconoscimenti il Comasso d'Oro nel 1981.

EMANUELA RAMERINO
ia Trento 6 - 21013 Gallarate (VA) - Tel. e Fax 0331 793248 - rarchitec@daisy.gass.it

aria Emanuela Ramerino nasce a Gallarate (VA) nel 1962. Si laurea in architettura Politecnico di Milano con indirizzo di design. Affianca per alcuni anni l'attività rofessionale con lo studio Urquiola Ramerino De Renzio Associati alla ricerca sul isegno industriale, svolta presso il Politecnico di Milano. Durante questo periodo alizza numerosi progetti per negozi e uffici in Italia, Francia e Giappone oltre a vori di ristrutturazione e arredamento per abitazioni private. Dal 1997 lavora indidualmente come libero professionista occupandosi della progettazione di negozi, ffici, abitazioni private. É consulente nel campo dell'industrial design per alcune iende in Italia e all'estero.

NOS RICCA
ia Formia 17 - 47036 Riccione (RN) - Tel. e Fax 0541 604679

asce a Mirano (VE) nel 1956 e si laurea in architettura a Firenze nel 1982. Sviluppa subito un forte interesse per l'architettura d'interni soprattutto legata ad attività ristorazione. Si dedica alla libera professione occupandosi della progettazione di egozi, hotel, ristoranti e locali pubblici situati prevalentemente in Emilia Romagna. ra le sue ultime realizzazioni si ricordano: i negozi di illuminotecnica Electra e di ggettistica Frivolezze a Riccione (RN), quelli d'abbigliamento Gelli a Sestino (AR) Diego Creazioni a Rimini la gioielleria Rossetti, l'agenzia di viaggi Oasi, gli hotel ini e Bamby e i locali Le Api e La Brasserie. Progetta e realizza numerosi altri storanti, pub e *free flow* tra Bologna, Modena, Santarcangelo di Romagna, Ferrara Cesena. Attualmente sta per ultimare gli hotel Melita a Rimini e La Torretta a astel San Pietro (BO), alcuni ristoranti e numerosi pub tra cui quello Heineken di ologna per cui ha curato anche la realizzazione degli uffici in città.

TEFANO SEVERI
iazzale Ramazzini 5 - 41012 Carpi (MO) - Tel. e Fax 059 42013

asce a Carpi (MO) nel 1964. Si laurea in architettura a Firenze nel 1992. Nel 1994 nda uno studio che si occupa prevalentemente di architettura e interior design. ltre a operare nel campo del restauro e della nuova edificazione realizza vari proetti di abitazioni, uffici, showroom, disco-bar, negozi, centri estetici, palestre, ristonti e *shopping center*. Sviluppa parallelamente alcuni temi di industrial design alizzando apparecchi illuminotecnici per 4D - Quarta Dimensione e Prima Light e *styling* di nuovi telefoni cellulari e *cordless* per Spall.

TUDIO TAUSANI LUCCHI & PARTNERS
iale Ceccarini 5 - 47838 Riccione (RN) - Tel. 0541 692116 - ax 0541 693087 - studiotfl@guest.net

 Studio Tausani Lucchi & Partners si occupa da più di vent'anni della progettazione locali notturni e spazi dedicati al divertimento. Sono ormai più di cento le realizzaoni in questo settore. Alcuni tra i progetti più importanti: "Baia Imperiale" a Gabic- Mare (PS), "Pineta" a Milano Marittima (RA). Oltre alle discoteche, lo studio proetta hotel, ristoranti, bar, negozi, strutture per il divertimento a tema e tutto ciò che ppresenta *entertainment*.

ARLO TAGLIORETTI
orso Matteotti 19 - 21049 Tradate (VA) - Tel. e Fax 0331 1332 - taglio@dido.net

arlo Taglioretti nasce a Milano nel 1964 e si laurea in architettura al Politecnico l 1989. Dopo alcune collaborazioni in studi professionali, nel 1994 si trasferisce provincia di Varese dove apre un proprio studio. La sua attività professionale è incipalmente rivolta alla progettazione residenziale di nuovi edifici mono e pluamiliari e all'interior design con interventi di ristrutturazione edilizia di unità itative private. Ha collaborato al rinnovo dell'albergo Sir Edward a Milano. Dal 97, in collaborazione con lo studio Frello, ha realizzato diversi interventi di riquacazione edilizia tra cui uffici finanziari a Milano, il Liguria Restaurant ad Alassio V), alcuni progetti di ville unifamiliari e, nel 1998 a Perugia, l'allestimento della ostra su Miles Davis a Umbria Jazz. Attualmente, in provincia di Varese, sta curan- il restauro di una villa settecentesca, la realizzazione di un complesso resideniale di venti unità abitative e di una villa unifamiliare e la ristrutturazione di una sa sul mare in Liguria.

SILVIA TONINI
Via delle Torri 33 - 47100 Forlì - Tel. 0543 26278 - Fax 0543 20793 - studiomonti@alinet.it - www.studiomonti.com

Nasce a Rimini e si laurea in architettura a Firenze nel 1995. L'anno successivo si trasferisce a Londra dove vince una borsa di studio e consegue il master in Architettura e Interior Design presso il Royal College of Art. Collabora come designer per Iceberg Fragile, linea di complementi per la casa prodotta da Iceberg e, durante l'ultimo anno di college, lavora presso lo studio Wells-Mackereth di Londra. Nel 1999 inizia la collaborazione con Claudio Monti presso lo studio di Forlì. Tra le realizzazioni più significative lo stand Armani Luxottica al Mido 1999, il locale Sonorablu di Milano Marittima, l'allestimento della "Stanza Technogym" alla mostra "Essere Ben-Essere" alla Triennale di Milano nell'aprile 2000.

UDA UFFICIO DI ARCHITETTURA - WALTER CAMAGNA, MASSIMILIANO CAMOLETTO, ANDREA MARCANTE
Via Valprato 68 - 10155 Torino - Tel. 011 2489489 - Fax 011 2487591 - uda@nevib.itt

UdA, ufficio di architettura, viene fondato nel 1992 a Torino da Walter Camagna (1967), Massimiliano Camoletto (1967), Andrea Marcante (1966) e conta oggi un vasto numero di collaboratori tra designer, grafici e ingegneri. L'attività dello studio spazia dal campo dell'architettura d'interni e della progettazione di spazi espositivi all'architettura pubblica e privata, al restauro e alla riqualificazione degli spazi urbani. Le numerose esperienze maturate, unitamente alla collaborazione interdisciplinare con diverse figure professionali, hanno consentito allo studio di confrontarsi con i temi dell'abitare, dell'immagine degli spazi commerciali e pubblici, del riuso del patrimonio edilizio esistente e dell'archeologia industriale. Dal 1996 collaborano con lo studio Giorgio Domenino e Davide Volpe. UdA unisce all'attività professionale l'approfondimento della ricerca architettonica partecipando a numerosi concorsi tra i quali si segnalano: secondo premio per il Teatro Politeama di Bra (CN) nel 1997; primo premio per la copertura dell'androne centrale dell'ospedale Molinette di Torino con la creazione di spazi accessori per il pubblico nel 1998; menzione al progetto per l'area di Torino nell'ambito di Europan 5 nel 1998. Progetti e realizzazioni dello studio UdA sono stati esposti in varie mostre di architettura e pubblicati su riviste internazionali.

PATRICIA URQUIOLA
Via Giulio Uberti 33 - 20129 Milano - Tel. 02 6571926 - Fax 02 6571918

Patricia Urquiola nasce a Oviedo in Spagna nel 1961. Studia architettura a Madrid e al Politecnico di Milano dove si laurea nel 1989 con Achille Castiglioni. Tra il 1990 e il 1996 collabora con De Padova come consulente responsabile per lo sviluppo di nuovi prodotti, firmando con Vico Magistretti la poltroncina "Flower", il divano "Loom" e le poltrone "Chaise" e "Chaise Longue". Dal 1993 al 1996 con gli architetti Marta De Renzio ed Emanuela Ramerino si occupa dello sviluppo di progetti di *franchising* per bar, ristoranti e showroom quali Maska, Tomorrowland Store in Giappone, Des Pres in Francia e d'interventi di edilizia privata in Spagna. Dal 1996 collabora con lo studio Lissoni Associati come responsabile del "Design Group" per Cappellini, Porro, Cassina, Kartell, Antares e altri. Nel 1991 realizza per Bosa la spazzola in ceramica "Chancleta". Insieme a Sung Sook Kim progetta la collezione di sedute e tavoli "K.U.", la libreria "Frozen" per Fasem e la bacinella in ceramica monoblocco "Wonderful World" per Kerasan. Per Moroso progetta nel 1999 le collezioni "Step One", "Step Two" e "Step Lounge" e nel 2000 le collezioni "Lowland" e "Lowseat", per Tronconi la lampada a muro "Pastilla" e, insieme a Piero Lissoni, il contenitore "One" per Kartell.

RISTORANTI
RESTAURANTS

AL MARE
Via Litoranea Sud - 47843 Misano Adriatico (RN) - Tel. 0541 615923 - Orario: 10.00-15.00/18.00-02.00 - Chiusura: martedì - Carte di credito: BA EC MC POS SI - Chef: Sandra Villa - Direttore e titolare: Gaetano Villa

BETTY PAGE
c/o Residenza Grand Hotel - Via Esperanto 1 - 47900 Rimini - Tel. e Fax 0541 29483 - Orario: 20.00-04.00 - Chiusura invernale: lunedì e martedì - Chiusura estiva: aperto tutti i giorni - Carte di credito: AE BA EC MC JCB POS SI - Chef: Ilde Vadini - Direttori e titolari: Claudio, Fabio e Lucio Paesani

CARPE DIEM
Via Giuseppe Mantellini 2/B - 50014 Fiesole (FI) - Tel. 055 599595 - Fax 055 599008 - Orario: 12.00-15.00/19.00-23.00 - Chiusura: lunedì - Carte di credito: AE DC MC BA SI - Chef: Alessandro Conficconi - Direttore: Sabrina Curatolo - Titolare: Sabrina Curatolo & C. s.n.c. - Via Giuseppe Mantellini 2/B - 50014 Fiesole (FI)

CAVALLUCCIO MARINO
Piazzale De Gasperi 3 - 47838 Riccione (RN) - Tel. e Fax 0541 693128 - Orario: 12.00-15.30/19.00-01.00 - Chiusura: lunedì - Carte di credito: AE DC MC BA EC POS SI - Chef: Stefano Longhi - Direttore: Stefano Tosi - Titolare: Stefano Tosi & C. s.a.s. - Piazzale De Gasperi 3 - 47838 Riccione (RN)

CIRCOLO UFFICIALI DI PRESIDIO
Via degli Arazzieri 2 - 50100 Firenze - Tel. 055 483429/055 499724 - Circolo riservato dell'Esercito e Forze Armate - Ministero della Difesa

CODE - FOOD & WINE
Via Budrione Migliarina 92 - 41012 Carpi (MO) - Tel. e Fax 059 661424 - Orario: 11.00-14.00/19.00-01.00 - Chiusura: domenica sera e lunedì - Carte di credito: AE DC MC BA POS SI - Chef: Pierluigi Vanzolini - Direttore: Glauco Bassoli - Titolare: Mar Baltico di Isauro Bonacini s.a.s. - Via Budrione Migliarina 92 - 41012 Carpi (MO)

FONDA MAYA
Via Gaudenzio Ferrari angolo Corso Genova 25 - 20123 Milano - Tel. 02 8372464 - Orario: 19.30-01.00 - Chiusura: martedì - Carte di credito: AE DC MC BA EC JCB POS SI - Chef: Giovanni Guagliardi - Direttore: Loredana Guglielmello - Titolare: Fonda Maya s.r.l. - Via Abbondio Sangiorgio 12 - 20145 Milano - Tel. 02 8372464

IL CONSOLARE
Via Ciovasso 4 - 20121 Milano - Tel. 02 8053581 - Orario: 10.00-14.30/20.00-23.00 - Chiusura: lunedì e martedì mattina - Carte di credito: AE DC MC BA EC JCB POS SI - Chef: Adel Guisg e Rossana Benedetti - Direttore: Giovanni Ralli - Titolare: Rallì e Narducci s.n.c. - Via Ciovasso 4 - 20121 Milano - Tel. 02 8053581

IL TRABACCOLO
Via delle Mimose 10 - 47843 Portoverde, Misano Adriatico (RN) - Tel. 0541 615202 - Fax 0541 615228 - Orario: 12.00-14.30/19.00-23.00 - Chiusura: lunedì - Carte di credito: AE DC MC BA EC POS SI - Chef: Giuseppe Cecchini - Direttore: Giancarlo Bartolini - Titolare: Green Port s.r.l. - Via delle Mimose 10 - 47843 Porto Verde, Misano Adriatico (RN)

L'ARCA
Lungomare Carducci - 58022 Follonica (GR) - Tel. e Fax 0566 263639 - Orario: 19.00-02.00 - Chiusura invernale: lunedì, martedì e mercoledì - Chiusura estiva: aperto tutti i giorni - Carte di credito: modalità di pagamento non utilizzata - Chef: Angela Rossi - Direttore: Daniele Guadagno - Titolare: Food Music s.a.s. - Lungomare Carducci - 58022 Follonica (GR) - Tel. e Fax 0566 263639

LA BANQUE
Via Bassano Porrone 6 - 20121 Milano - Tel. 02 86996565 - Fax 02 89012116 - labanque@tin.it - Orario: 18.00-02.00 - Chiusura: lunedì - Carte di credito: AE BA DC EC JCB MC POS SI - Chef: Antonio Piccinardi - Direttori: Alessandra Galimberti, Antonio Cazzaniga - Titolare: Proge Mi.r s.r.l. - Via Bassano Porrone 6 - 20121 Milano

LIGURIA RESTAURANT
Via Lepanto 1 - 17021 Solva, Alassio (SV) - Tel. 0182 644744 - Orario: da metà giugno a metà settembre 19.00-01.00 aperto tutti i giorni - il resto dell'anno: 12.00-23.00 - Chiusura: mercoledì - Carte di credito: AE DC MC BA SI - Chef: Ermanno Veneziani - Direttore: Antonio Forgione - Titolare: Giampiero Colli

MAMAMIA
Via Mattei 32 - 60019 Senigallia (AN) - Tel. 071 6610017 - Fax 071 6609642 - Orario: 20.00-04.00 - Chiusura: tutti i giorni tranne venerdì e sabato - Carte di credito: AE BA DC MC POS SI - Direttore: Daniele Zoppini - Titolare: Mamamia s.r.l. - Via Mattei 32 - 60019 Senigallia (AN) - Tel. 071 6610017 - Fax 6609642 - mamamia@mamamia.it - www.mamamia.it

MARIO CELIN
Via Venezia 99 - 30039 Stra (VE) - Tel. e Fax 049 9800615 - Orario: 10.00-15.00/18.30-23.30 - Chiusura: domenica - Carte di credito: AE DC MC BA EC POS SI - Chef: Chiara Ceoldo - Direttore: Mario Celin - Titolare: Mario Celin & C. s.n.c. - Via Venezia 99 - 30039 Stra (VE)

MOLO VECCHIO
Via Baglietto 8R - 17100 Savona - Tel. e Fax 019 854219 - Orario: 12.30-15.00/20.00-23.00 - Chiusura: martedì - Carte di credito: AE BA DC EC JCB MC POS SI - Chef: Monica Faccioli - Direttori e titolari: Monica Faccioli e Gianni Canepa

MOMAH
Via dei Trasporti 4/A - 41012 Carpi (MO) - Tel. 059 654116 - www.momah.it - Orario: 12.00-15.00/20.30-02.00 - Chiusura: martedì - Carte di credito: AE DC MC BA SI - Chef: Luigi Bosco - Direttore: Daniele Bonini - Titolare: Momah s.r.l. - Via dei Trasporti 4/A - 41012 Carpi (MO)

MOVIDA
Via Baracca 120 - 50127 Firenze - Tel. 055 4221333 - Fax 055 434604 - Orario: 12.00-15.00/19.00-23.00 - Chiusura: sempre aperto - Carte di credito: BA POS SI - Chef: Adriano Carta - Direttore e titolare: Benducci

NIL
Viale Liegi 64 - 00198 Roma - Tel. 06 84241630 - Fax 06 8552519 - Orario: 20.30-03.00 - Chiusura: domenica - Carte di credito: BA DC MC EC POS SI - Chef: Antonino Mena - Direttore: Enzo Longo - Titolare: Nil Bar s.r.l. - Viale Liegi 64 - 00198 Roma

OLIVETO
Elizabeth Street 49 - SW1W 9PP London (GB) - Tel. 0044 207 7300074 - Fax 0044 207 8248190 - Orario: 12.00-15.00/19.00-23.30 - Chiusura: aperto tutti i giorni - Carte di credito: AE BA MC EC JCB - Chef: Giuseppe Sanna - Direttore: Michele Sanna - Titolare: Mauro Sanna & Jean Louis Journade Partners - Eccleston Street 21 - SW1W 9LX London (GB) - Tel. 0044 207 7302505 - Fax 0044 207 8248190

OLIVO
Eccleston Street 21 - SW1W 9LX London (GB) - Tel. 0044 207 7302505 - Fax 0044 207 8248190 - Orario: 12.00-14.30/19.00-23.00 - Chiusura: sabato e domenica mattina - Carte di credito: AE BA MC EC JCB - Chef: Marco Melis - Direttore: Mauro Sanna - Titolare: Mauro Sanna & Jean Louis Journade Partners - Eccleston Street 21 - SW1W 9LX London (GB) - Tel. 0044 207 7302505 - Fax 0044 207 8248190

ORSOBLU BISTROT
Corso Concordia 2 - 20129 Milano - Tel. 02 782516 - Orario: 20.30-01.00 - Chiusura: domenica - Carte di credito: AE BA DC MC EC JCB POS SI - Chef: Attilio Gravoa - Direttore e titolare: Anna Serra

SAN GIORS
Via Borgo Dora 3 - 10152 Torino - Tel. 011 5211256 - Fax 011 4360208 - Orario: 12.00-14.30/20.00-23.00 - Chiusura: lunedì - Carte di credito: BA MC EC POS SI - Chef: Giorgio Cardia - Direttore: Aurelio Iannone - Titolare: Laetitia s.a.s. - Via Borgo Dora 3 - 10152 Torino

SHERAZAD
Via Marsala 1 - 20121 Milano - Tel. 02 6555201 - Fax 02 6572293 - www.fondaco.it - info@fondaco.it - Orario: 12.30-15.00/19.30-24.30 - Chiusura: venerdì mattina, domenica - Carte di credito: AE BA MC EC JCB POS SI - Chef: Akbar Sajid Mohamed - Direttore: Omar Mohamed Shugri - Titolare: Via Marsala s.r.l. - Via Solferino 25 - 20121 Milano - Tel. e Fax 02 653711

SHU CAFÉ RESTAURANT
Via Molino delle Armi angolo Via della Chiusa 27 - 20123 Milano - Tel. 02 58315720 - Fax 02 58325223 - Orario: 18.30-02.30 - Chiusura: sempre aperto - Carte di credito: AE BA DC MC EC JCB POS SI - Chef: Mane Gazmir - Direttori: Pio Cusenza e Angelo Vittori - Titolare: Molino s.r.l. - Via Molino delle Armi angolo Via della Chiusa 27 - 20123 Milano

SONORABLU
Viale II Giugno 62 - 48016 Milano Marittima - Cervia (RA) - Tel. 0544 991699 - Fax 0544 994727 - Orario: 21.00-03.00 - Chiusura: lunedì, martedì, mercoledì e domenica - Carte di credito: AE BA MC EC POS SI - Chef: Riccardo Santini - Direttori: Fabio Cavicchi e Walter Meoni - Titolare: Wampa s.r.l. - Viale II Giugno 62 - 48016 Milano Marittima - Cervia (RA)

THE SIAM SOCIETY
Via San Gerolamo Emiliani 2 angolo Corso Lodi - 20135 Milano - Tel. e Fax 02 55183753 - Orario: 18.30-02.00 - Chiusura: sempre aperto - Carte di credito: AE BA DC EC JCB MC POS SI - Direttore: Eugenio Pulici - Titolare: Due Mondi s.r.l. - Via Spartaco 201 Milano - Tel. e Fax 02 55183753

TINTERO
Via Quintino Sella 2 - 20121 Milano - Tel. 02 861418 - Fax 02 864368 - Orario: 12.00-15.00/19.00-02.00 - Chiusura: domenica - Carte di credito: AE BA DC MC EC JCB POS SI - Chef: Luigi Moretti - Direttore: Walter Loretucci - Titolare: Peschereccio s.r.l. - Via Quintino Sella 2 - 20121 Milano - Tel. 02 861418 - Fax 02 864368

ULIASSI
Via Banchina di Levante 6 - 60019 Senigallia (AN) - Tel. 071 65463 - Fax 071 659327 - Orario: 12.30-15.00/19.30-23.30 - Chiusura: lunedì - Carte di credito: AE BA DC MC EC POS SI - Chef: Mauro Uliassi e Mauro Paolini - Direttori e titolari: Mauro e Katia Uliassi

NUOVI AMBIENTI ITALIANI / *NEW ITALIAN ENVIRONMENTS*

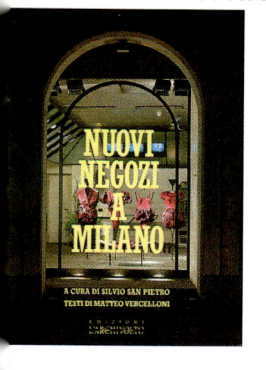

NUOVI NEGOZI A MILANO / *NEW SHOPS IN MILAN*
S. San Pietro - M. Vercelloni

Oltre 15.000 copie vendute in tutto il mondo e 3 ristampe testimoniano il grande successo di questo titolo. 82 negozi milanesi appositamente fotografati per il libro, con testi di commento e schede tecniche dei materiali impiegati e delle aziende che li hanno realizzati.

More than fifteen thousand copies sold world-wide and three reprints are testimony to this book's great success. Photographs of eighty-two Milanese shops are accompanied by commentaries and technical tables, specifying the materials used and the firms responsible for their construction.

1988 (3ª ristampa 1990), 210 x 297, 222 pp., 241 ill. col. + disegni, testo italiano/inglese.
€ 77,90 / L. 150.000 (brossura/paperback)   ISBN 88-7685-047-3

NUOVI NEGOZI IN ITALIA / *NEW SHOPS IN ITALY*
S. San Pietro - M. Vercelloni

Selezione di 86 inediti e prestigiosi negozi italiani, illustrati da foto appositamente realizzate, con testi di commento e schede tecniche con gli indirizzi dei fornitori e le specifiche dei materiali impiegati. Strumento indispensabile, vendutissimo ancora oggi.

Eighty-six selected, unpublished Italian shops, especially photographed for this book, are accompanied by commentaries, technical tables and the names and addresses of the firms responsible for their construction, along with the specifications of the materials used. An indispensable tool, still widely sold today.

1990 (2ª ristampa 1993), 210 x 297, 286 pp., 255 ill. col. + disegni, testo italiano/inglese.
€ 77,90 / L. 150.000 (rilegato/hardback)   ISBN 88-7685-032-5

1990 STADI IN ITALIA / *STADIUMS IN ITALY*
S. San Pietro - M. Vercelloni

I 12 eccezionali stadi di calcio dei Mondiali di Italia 90 documentati da un ricchissimo apparato iconografico con disegni e modelli, foto di cantiere e foto appositamente realizzate delle architetture ultimate. Testi critici e di progetto. Antologia d'immagini e appunti per una storia di stadi, circhi e anfiteatri. In appendice normative, standard e sicurezza negli stadi; regolamento italiano e F.I.F.A. del calcio.

The twelve exceptional soccer stadiums of the World Cup Soccer championship, held in Italy in 1990, are documented by a very rich iconography of drawings, models, building yards and completed projects photographs. Critical and descriptive texts accompany the anthology of images and notes of this historical survey on stadiums, circus- and amphitheaters. The appendix contains the regulations, standards and stadium safety, along with the F.I.F.A. and Italian soccer regulations.

1990, 210 x 297, 460 pp., 800 ill. di cui 340 a col., testo italiano/inglese.
€ 93,40 / L. 180.000 (rilegato/hardback)   ISBN 88-7685-024-4

GRAND HOTEL IN ITALIA / *GRAND HOTELS IN ITALY*
S. San Pietro - M. Vercelloni

I 20 più significativi grand hotel italiani in città, al mare e in montagna. I testi affiancano spettacolari ed esclusive immagini fotografiche, sottolineando aspetti progettuali e architettonici; le schede tecniche offrono informazioni dettagliate sui materiali impiegati e sugli aspetti funzionali; un accurato profilo descrive i servizi offerti dai grand hotel proponendo il volume anche come utile guida.

Twenty of the most significant grand hotels in Italy, located in cities, seaside and mountain resorts are contained within this book. The texts accompanying the spectacular and exclusive photographs emphasize the design and architectural aspects. The technical tables offer detailed information on the material used and the functional aspects. An accurate profile describes the services offered by the hotels, rendering this volume a useful guide.

1992, 210 x 297, 256 pp., 314 ill. col. + disegni, testo italiano/inglese.
€ 93,40 / L. 180.000 (rilegato/hardback)   ISBN 88-7685-043-0

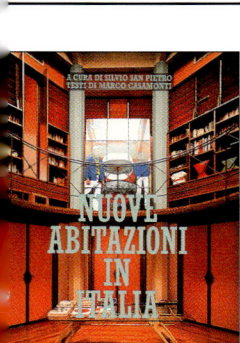

NUOVE ABITAZIONI IN ITALIA / *URBAN INTERIORS IN ITALY*
S. San Pietro - M. Casamonti

Proponendosi come concreto riferimento sulle tematiche dell'abitare sempre in bilico tra desiderio e funzionalità, il libro offre un panorama eterogeneo di 22 recenti interni urbani di altrettanti architetti italiani di fama internazionale. Lettura locale per locale attraverso testi e immagini di grande formato, dettagliate schede tecniche con materiali e fornitori.

This book offers a varied perspective on the issue of a living style that is continually poised between pleasure and functionality. The 22 projects presented here are of urban interiors designed by internationally acclaimed Italian architects. It features detailed commentaries with large pictures and technical tables, which indicate materials used and suppliers.

1993, 210 x 297, 240 pp., 209 ill. col. + disegni, testo italiano/inglese.
€ 93,40 / L. 180.000 (rilegato/hardback)   ISBN 88-7685-056-2

EDIZIONI L'ARCHIVOLTO - via marsala 3   20121 milano - tel (39) 02.29010444 - (39) 02.29010424 - fax (39) 02.29001942 - www.archivolto.com

NUOVI AMBIENTI ITALIANI / *NEW ITALIAN ENVIRONMENTS*

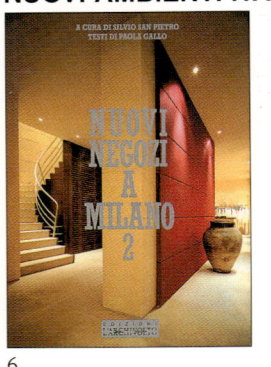

NUOVI NEGOZI A MILANO 2 / *NEW SHOPS IN MILAN 2*
S. San Pietro - P. Gallo

46 recentissime architetture di importanti negozi milanesi e di differenti merceolog presentate in modo molto scenografico grazie alle splendide fotografie di grande fo mato che permettono di apprezzare meglio anche i dettagli. Testi critico-descritti spiegano i progetti anche attraverso disegni e schede tecniche con informazioni s materiali e le tecniche impiegate.

Forty-six important and recently built Milanese shops of various kinds, are presente in a very picturesque manner, thanks to the large, splendid photographs, which pr vide a better understanding of the details. Critical and descriptive texts provide expla nations, while drawings and technical tables specify the techniques and materia used.

1994, 210 x 297, 228 pp., 245 ill. col. + disegni, testo italiano/inglese.
€ 77,90 / L. 150.000 (rilegato/hardback)   ISBN 88-7685-068-

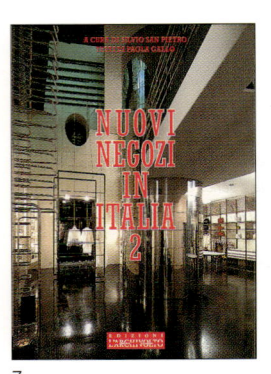

NUOVI NEGOZI IN ITALIA 2 / *NEW SHOPS IN ITALY 2*
S. San Pietro - P. Gallo

L'aggiornatissima documentazione proposta in questo volume analizza la progett zione e l'allestimento di 52 nuovi negozi di differenti merceologie, presentati da tes critici e da straordinarie immagini di grande formato. Disegni di progetto e schede te niche chiariscono le soluzioni adottate specificando tecniche, materiali impiegati aziende coinvolte.

The current volume analyzes the design and arrangement of fifty-two new shops various sorts, accompanied by critiques and large extraordinary images. Project dra ings and technical tables clarify the chosen solutions, specifying the techniques a materials used and the names of the architectural firms.

1994, 210 x 297, 260 pp., 278 ill. col. + disegni, testo italiano/inglese.
€ 77,90 / L. 150.000 (rilegato/hardback)   ISBN 88-7685-069-

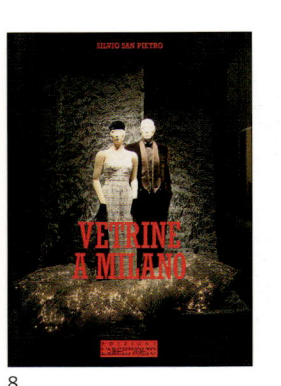

VETRINE A MILANO / *WINDOW DISPLAYS IN MILAN*
S. San Pietro

Primo volume veramente esauriente edito in Italia: 170 esempi di vetrine dei più fam si negozi milanesi suddivisi per vie e di differenti merceologie, presentati in modo molt scenografico grazie alle splendide grandi immagini tutte a colori realizzate apposit mente. Ogni vetrina ha una dettagliata scheda tecnica con informazioni riguardanti pr gettisti, vetrinisti, materiali, tecniche e artigiani che le hanno realizzate. In appendice preziosissimo repertorio di indirizzi di progettisti, vetrinisti e fornitori. Due capitoli sor dedicati agli allestimenti per Natale e alla manifestazione "Futurshop-Progetto Vetrin (Fiera di Milano).

The first complete volume on this subject published in Italy, it contains 170 samples display windows of the most famous shops in Milan. They are categorised according address and type of merchandise and are artistically presented, thanks to the especia ly created pictures. Technical tables for each picture contain information on the desig ers, artisans, window dressers and the materials and techniques used in creating ea window. The appendix contains an invaluable index of the designers, window dresse and suppliers. One chapter is specifically dedicated to Christmas, while another cha ter is dedicated to the "Futurshop-Progetto Vetrina", held at the Milan fairgrounds.

1995, 210 x 297, 260 pp., 163 ill. col. + disegni, testo italiano/inglese.
€ 77,90 / L. 150.000 (rilegato/hardback)   ISBN 88-7685-074

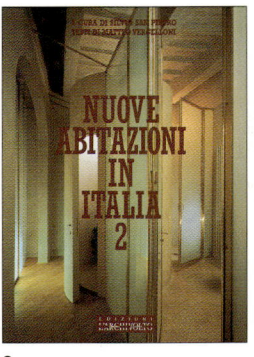

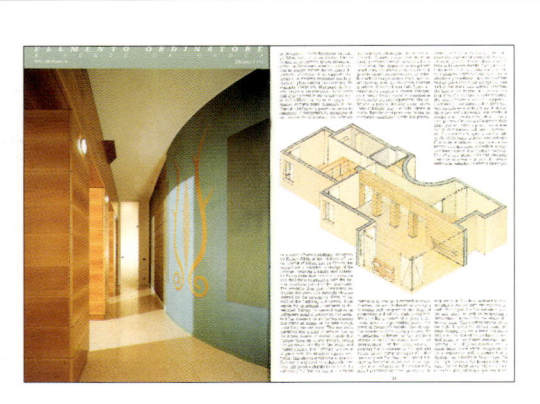

NUOVE ABITAZIONI IN ITALIA 2 / *URBAN INTERIORS IN ITALY 2*
S. San Pietro - M. Vercelloni

Dopo la fortunata apparizione nel 1993 del primo volume (6.000 copie vendute) ec finalmente il secondo che completa con altre e più recenti realizzazioni il primo. 2 nuovi ambienti urbani di famosi architetti italiani letti locale per locale con immagi tutte a colori e di grande formato. Testi rivolti anche a un pubblico non specializzat disegni, piante e schede tecniche con dettagliate informazioni su materiali, tecniche artigiani impiegati per le realizzazioni, descrivono approfonditamente ogni appart mento.

After the initial success of the first volume in 1993 (6.000 copies sold), this second v ume completes the first by providing more recent projects. A room-by-room analys of the 21 urban interiors designed by internationally renowned architects is embe ished by large, color photographs. Texts are written in laymen's terms and drawing plans and a technical table containing detailed information on materials, techniqu and the artisans involved are also included.

1995, 210 x 297, 232 pp., 283 ill. col. + disegni, testo italiano/inglese.
€ 93,40 / L. 180.000 (rilegato/hardback)   ISBN 88-7685-075

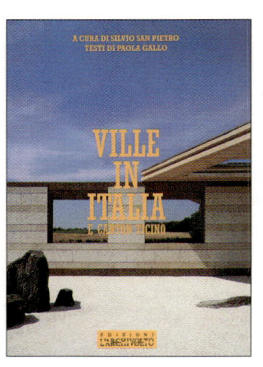

VILLE IN ITALIA E CANTON TICINO / *VILLAS IN ITALY & CANTON TICINO*
S. San Pietro - P. Gallo

Decimo volume della collana, l'opera individua 16 ville al mare, in campagna, in mo tagna, sui laghi o sui fiumi particolarmente curate nell'architettura anche degli inter Sono prese in considerazione sia nuove realizzazioni, sia ristrutturazioni e ampl menti di rustici già esistenti. Dal Canton Ticino a Pantelleria, dalla Brianza alla Ligu e alla Toscana, dal Lazio alla Puglia, per tutte il comune denominatore è la gran qualità degli interventi eseguiti, il particolare contesto del verde in cui si calano, c parchi, giardini e piscine e la varietà tipologica delle loro architetture.

The tenth volume in the series, this book discusses sixteen seaside, country, mounta lakeside and riverside villas wich are characterized by carefully designed architectur and interiors. New constructions, as well as restorations and expansions of existi country homes are included. From the Canton Ticino to Pantelleria, from Brianza Liguria and Tuscany, from Lazio to Puglia, the common trait is the fine precision a quality of the work, as well as the particular landscapes in which these willas are lo ed. They illustrate a variety of architectures that include parks, gardens and swimmi pools.

1995, 210 x 297, 232 pp., 294 ill. col. + disegni, testo italiano/inglese.
€ 77,90 / L. 150.000 (rilegato/hardback)   ISBN 88-7685-076

EDIZIONI L'ARCHIVOLTO - via marsala 3   20121 milano - tel (39) 02.29010444 - (39) 02.29010424 - fax (39) 02.29001942 - www.archivolto.co

NUOVI AMBIENTI ITALIANI / *NEW ITALIAN ENVIRONMENTS*

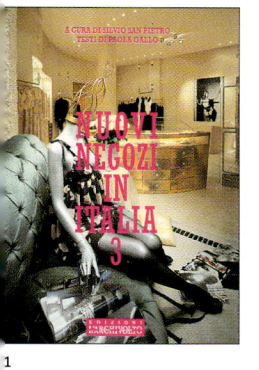

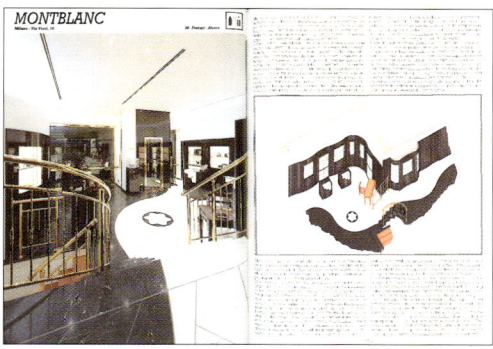

NUOVI NEGOZI IN ITALIA 3 / *NEW SHOPS IN ITALY 3*
S. San Pietro - P. Gallo

Immagini a colori di grande formato, dettagliate schede tecniche, disegni di progetto, repertori con note sui progettisti nonché i realizzatori coinvolti in ciascun intervento costituiscono, insieme ai testi critico-descrittivi, il complesso apparato che guida alla lettura degli ambienti anche milanesi presentati in questo volume, che fa parte di una fortunata serie dedicata alla progettazione di negozi e spazi commerciali. Il libro vuole essere un osservatorio sulla realtà e costituisce una ricca fonte di documentazione e di aggiornamento per architetti, designer, operatori del settore o anche per chi voglia cogliere le ultime tendenze.

The latest volume in this series dedicated to stores and commercial environments, this book is a guide to new spaces including some in Milan. It is characterized by large color photographs, detailed technical tables and floor plans, as well as information on the designers and architectural firms. The book wants to provide facts and it is a perfect source of information for architects, designers and professionals involved in the field, but also for anyone who wants to keep updated on the latest trends.

1995, 210 x 297, 260 pp., 312 ill. col. + disegni, testo italiano/inglese.
€ 77,90 / L. 150.000 (rilegato/hardback)   ISBN 88-7685-077-5

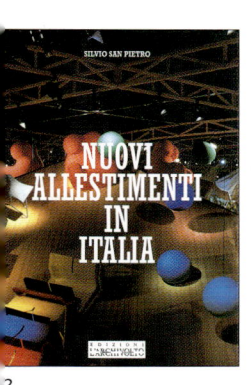

NUOVI ALLESTIMENTI IN ITALIA / *NEW EXHIBITS IN ITALY*
S. San Pietro

Il volume corredato da grandi immagini a colori, presenta 37 significativi allestimenti di mostre culturali, esposizioni, fiere e manifestazioni di vari settori progettati da noti architetti. L'accurata selezione dei progetti, operata unicamente secondo criteri qualitativi, conferisce al libro il valore di un importante documento sull'architettura d'interni e in particolare su realizzazioni destinate, per loro natura, a essere effimere. I commenti critici, le schede tecniche dettagliate, i nominativi dei realizzatori e dei produttori coinvolti lo rendono anche valido strumento di lavoro per i professionisti del settore.

The large colour pictures in this volume illustrate a series of important designs by well-known architects, of cultural exhibitions, shows, trade fairs, and events of various kinds. The projects were selected solely on the basis of their standards of quality, making the book a valuable source of information on interior design, but most particularly on projects destined to be short-lived by their very nature. The commentaries, detailed technical descriptions and information regarding the contractors and manufacturers involved will also make it useful to professionals in the sector.

1996, 210 x 297, 232 pp., 278 ill. col. + disegni, testo italiano/inglese.
€ 93,40 / L. 180.000 (rilegato/hardback)   ISBN 88-7685-084-8

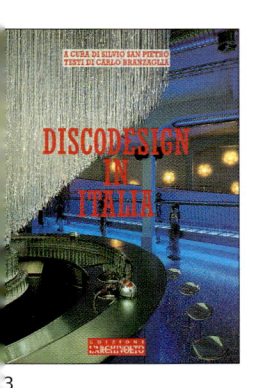

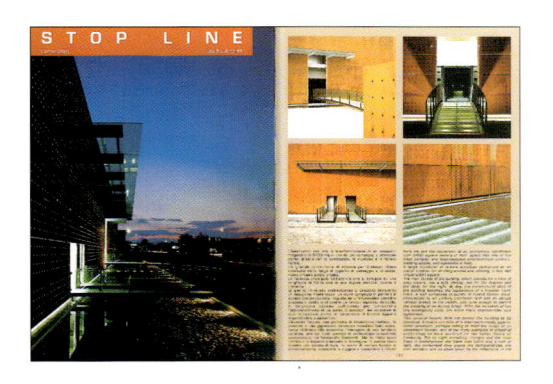

DISCODESIGN IN ITALIA / *DISCODESIGN IN ITALY*
S. San Pietro - C. Branzaglia

Immagini imprevedibili, tutte a colori e di grande formato accompagnano il lettore in un viaggio ricco di sorprese nel variegato mondo italiano della notte. Il volume, corredato di testi descrittivi, di note tecniche e dettagliati apparati, presenta ventiquattro discoteche che fanno tendenza all'insegna della fantasia più sfrenata. È il regno dell'eccesso, del kitsch e degli effetti speciali: uno spaccato sociologico sulla realtà del divertimento notturno italiano, caso unico al mondo. La più completa e complessa rassegna di stili mescolati senza pudore per ottenere atmosfere capaci di varcare la soglia del senso comune.

Surprising images, all in color and large format, accompany the reader on a journey full of surprises through the variegated world of Italian nightlife. The volume, which includes descriptive texts, technical notes, and detailed information, presents twenty-four trendsetting discotheques were the imagination has been allowed to run riot. It is a tour of the kingdom of excess, kitsch, and special effects. A sociological cross section through the reality of nightlife in Italy, a phenomenon with no parallels in the world. It is the most complete and intricate survey of styles, shamelessly blended to create atmospheres capable of surpassing the boundaries of common sense.

1996, 210 x 297, 232 pp., 293 ill. col. + disegni, testo italiano/inglese.
€ 93,40 / L. 180.000 (rilegato/hardback)   ISBN 88-7685-085-6

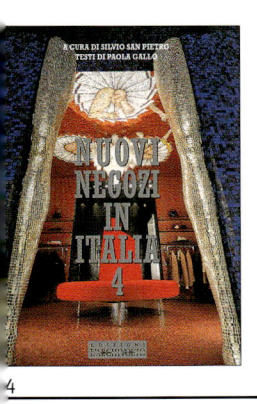

NUOVI NEGOZI IN ITALIA 4 / *NEW SHOPS IN ITALY 4*
S. San Pietro - P. Gallo

Un'ampia e aggiornatissima panoramica dei nuovi ambienti commerciali realizzati in Italia con l'inserimento, per la prima volta in questa fortunata collana, anche di alcune importanti realizzazioni all'estero firmate da architetti e aziende italiani. Le immagini a colori e di grande formato sono corredate da un ricco apparato costituito da testi critici, dettagliate schede tecniche, disegni di progetto e appendici che segnalano i nominativi di progettisti, aziende, artigiani e fornitori coinvolti nella realizzazione di ciascun intervento e guidano alla lettura degli allestimenti fornendo una documentazione puntuale e di immediata utilità.

A broad and extremely up-to-date panorama of the new commercial interiors that are being produced in Italy, with the inclusion, for the first time in this popular series, of a number of important projects carried out by Italian architects and firms abroad. The large-scale color illustrations are accompanied by critical texts, detailed technical descriptions, plans, drawings and appendices giving the names of the designers, firms, craftsmen and suppliers involved in each intervention and offering a guide to the interpretation of the designs through a precise documentation that will prove immediately useful.

1997, 210 x 297, 284 pp., 329 ill. col. + disegni, testo italiano/inglese.
€ 93,40 / L. 180.000 (rilegato/hardback)   ISBN 88-7685-096-1

LOFTS IN ITALY
S. San Pietro - P. Gallo

Loft indica, nell'accezione americana, un unico grande ambiente destinato in origine ad attività industriali riconvertito poi in abitazione o spazio di lavoro. Progressivamente questo termine ha assunto significati più ampi definendo non solo un fenomeno che ha radici nella realtà del contesto urbano statunitense ma anche spazi molto più eterogenei di luoghi dismessi e legati a una successiva trasformazione d'uso nella costante ricerca di un modo di abitare e lavorare alternativo. Gli esempi proposti - abitazioni, studi d'artisti e uffici - testimoniano la poliedricità contemporanea del fenomeno in Italia, una moda che dura ormai da dieci anni.

The term "loft" refers to any large factory, warehouse, or workshop space that is converted for use as living accomodation or other new activity. In time the expression has acquired a broader meaning, passing from the specifics of American urban situations to a more general use of industrial space that has been refurbished, in the constant pursuit of new modes of living and working. This presentation showcases examples of loft conversions - homes, professional workshops, and even offices - attesting to the sheer diversity of the phenomenon here in Italy, a trend that has been in vogue for ten years now.

1998, 215 x 303, 244 pp., 274 ill. col. + disegni, testo italiano/inglese.
€ 93,40 / L. 180.000 (rilegato/hardback)   ISBN 88-7685-099-6

EDIZIONI L'ARCHIVOLTO - via marsala 3   20121 milano - tel (39) 02.29010444 - (39) 02.29010424 - fax (39) 02.29001942 - www.archivolto.com

NUOVI AMBIENTI ITALIANI / *NEW ITALIAN ENVIRONMENTS*

NEW SHOPS 5 MADE IN ITALY
S. San Pietro - P. Gallo

Questo libro, documentando le più recenti tendenze che riguardano la progettazion di spazi commerciali, quasi inevitabilmente travalica i confini nazionali testimoniand come "le immagini" del commercial landscape siano analoghe a Milano e a New York a Beirut come a Tokyo secondo una tendenza che progressivamente supera le spec ficità locali per identificare modalità espressive e di comunicazione dal carattere inte nazionale. Accanto ai testi che aiutano a interpretare gli esempi presentati e a ricch appendici, immagini di grande formato e qualità fanno sì che il libro divenga uno stru mento di consultazione e uno straordinario repertorio di immediata e grande utilità.

Since this book presents the most recent trends in the planning of retail space, its co tents are almost inevitably bound to ignore national boundaries, demonstrating ho commercial landscapes are essentially the same in Milan, New York, Beirut and Tokyo There is, in fact, a clear tendency to go beyond the constraints imposed by the loc tradition, opting for more expressive and communicative techniques of an internation al character. The accompanying texts provide an interpretation of the examples pre sented, coupled with large format pictures and a detailed appendix. The book ca therefore, be used as a reference, providing an immediate repository of information.

1998, 210 x 297, 276 pp., 331 ill. col. + disegni, testo italiano/inglese.
€ 93,40 / L. 180.000 (rilegato/hardback) ISBN 88-7685-101-

RENOVATED HOUSES / *CASE RINNOVATE*
S. San Pietro - P. Gallo

Una ricerca inconsueta caratterizza questo volume che affronta il tema, poco indaga to in modo sistematico, del rinnovamento di costruzioni extraurbane preesistent L'idea sottesa ai progetti selezionati presuppone la rivitalizzazione del passato più ch la sua conservazione e ciò indirizza verso la vivace e creativa sperimentazione di tutt le potenzialità - tecniche, materiche e linguistiche - offerte dell'architettura contempo ranea. L'identità precisa delle realizzazioni qui riprodotte attraverso immagini di alt qualità è sempre il frutto di una ricerca che assume il passato come componente d nuovo avvalorando l'idea che la storia sia sempre storia contemporanea.

This new book is characterized by an unusual study of renovated suburban homes, topic that has been researched very little. The project's philosophy presupposes a re collection of the past rather than a true preservation of it, allowing a vibrant and cre ative experimentation of the techniques, materials and linguistic expression offered b modern architecture. The identity of the creations that are reproduced here, is th result of a study based on the notion that the past is a component of the new. In th way, history is viewed as a modern recounting, a contemporary history.

1999, (1ª ristampa 2000) 210 x 297, 240 pp., 361 ill. col. + disegni, testo italiano/ingles
€ 93,40 / L. 180.000 (rilegato/hardback) ISBN 88-7685-107-

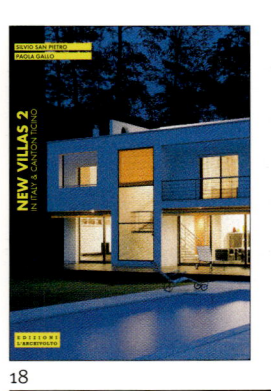

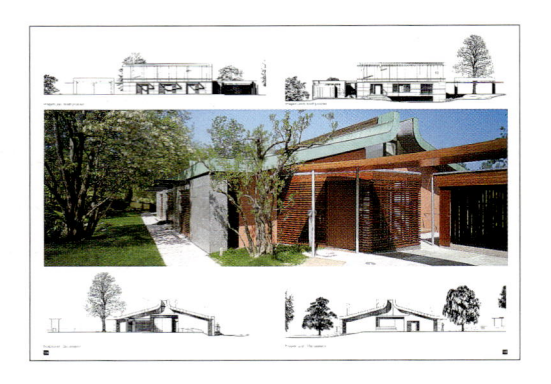

NEW VILLAS 2 IN ITALY & CANTON TICINO
S. San Pietro - P. Gallo

Luogo dello svago e del riposo, emblema di prestigio e benessere, la villa costituisc sempre un'eccezionale occasione progettuale per riflettere sul ruolo dell'architettura sul suo rapporto con il paesaggio. Ciò accade anche per le realizzazioni selezionate questo volume nato dal successo del precedente Ville in Italia e Canton Ticino. La ras segna di progetti pubblicati - e si tratta volutamente solo di nuove edificazioni - co stituisce una documentazione rappresentativa dell'interpretazione contemporanea di u tema che affonda profonde radici nella storia ma che subisce incessanti aggiornamen Sono dimore certamente eccezionali quelle qui raccolte e raccontate da immagi straordinarie che attestano la varietà, tutta contemporanea, degli indirizzi progettuali.

Symbol of prestige and venue of relaxation, the villa has always provided an exceptio al opportunity for understanding architecture's relationship with the countryside. Th holds true for the projects selected in this second volume of Villas in Italy & Canto Ticino. Purposely and solely comprised of new projects, this collection represents th contemporary interpretation of a theme, which, though it is firmly rooted in history, also exposed to an endless amount of reinterpretations. The extraordinary pictures the homes described in this volume reflect a variety of completely novel solution

2000, 210 x 297, 232 pp., 299 ill. col. + disegni, testo italiano/inglese.
€ 93,40 / L. 180.000 (rilegato/hardback) ISBN 88-7685-113-

URBAN INTERIORS 3 IN ITALY
S. San Pietro - A. Scevola

L'idea dell'abitare, campo d'indagine di particolare interesse, è nuovamente indaga in questo volume che succede ai primi due di questa serie usciti nel 1993 e nel 199 Attraverso straordinarie immagini di grande formato il libro conclude così una sorta racconto delle tendenze che hanno caratterizzato gli anni 90 documentando gli orien tamenti di fine secolo, il vivere contemporaneo, in qualche misura l'idea di casa d 2000 sembra essere sempre più indirizzata verso un'evoluzione in senso min malista. Schede tecniche con materiali e fornitori e biografie dei progettisti conclud no il volume.

Living, a concept of particular interest, has been newly studied in this third volume a series. The first two books were published in 1993 and 1995. Extraordinary large fo mat photographs conclude a sort of visual narrative of the trends that have charact rized the 90's. It documents the course taken during the last part of the 20th centur reflecting on modern living and the idea that the house of the year 2000 seems to b increasingly evolving toward a minimalist tendency. Technical information containir names of suppliers, the materials used and biographies of the designers complete th volume.

2000, 210 x 297, 240 pp., 323 ill. col. + disegni, testo italiano/inglese.
€ 93,40 / L. 180.000 (rilegato/hardback) ISBN 88-7685-110-

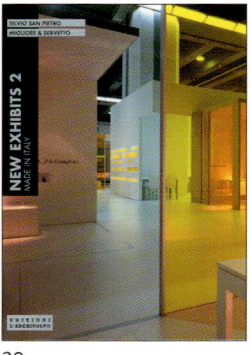

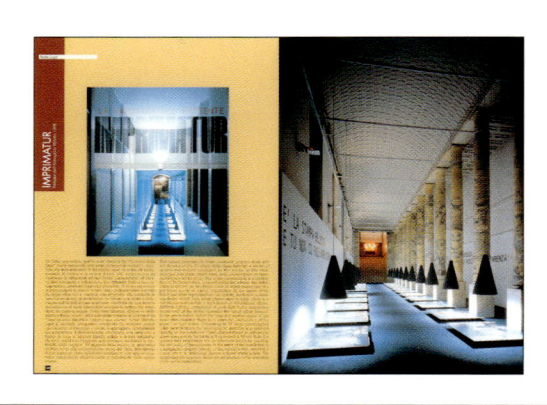

NEW EXHIBITS 2 MADE IN ITALY
S. San Pietro - I. Migliore - M. Servetto

Preziosa raccolta che documenta le tendenze in atto nel progetto nel campo dell'all stimento commerciale, culturale, per la moda e per la scenografia. I contenuti fort mente sperimentali che da sempre hanno caratterizzato il progetto d'allestimento it liano fanno sì che i progetti presentati costituiscano un documento di forte interes anche per il campo più allargato dell'architettura e dell'architettura d'interni. Il criter d'indagine per categorie tende a evidenziare le contaminazioni e trasversalità tra diverse sezioni: tra moda ed elementi culturali, tra esigenze commerciali e spettacol rità, con digressioni nel campo dell'arte, della musica, dei media.

This precious collection documents new and current trends in the planning of comme cial, cultural, fashion and stage installations. The highly experimental nature of thes projects, a factor that has always characterized Italian installations, ensures that the provide information that is of interest to sectors encompassed by the wider fields architecture and interior decorating. These projects have been divided into categorie according to specific criteria, to emphasize the cross-sectional elements that defir them. They include fashion and cultural elements, commercial and entertainment need with digressions into the fields of art, music and the media.

2000, 210 x 297, 232 pp., 340 ill. col. + disegni, testo italiano/inglese.
€ 93,40 / L. 180.000 (rilegato/hardback) ISBN 88-7685-111-

EDIZIONI L'ARCHIVOLTO - via marsala 3 20121 milano - tel (39) 02.29010444 - (39) 02.29010424 - fax (39) 02.29001942 - www.archivolto.co

NUOVI AMBIENTI ITALIANI / *NEW ITALIAN ENVIRONMENTS*

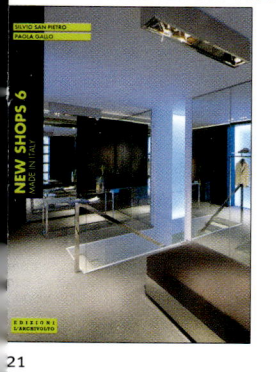

NEW SHOPS 6 MADE IN ITALY
S. San Pietro - P. Gallo

Nono volume della più nota serie internazionale dedicata ai negozi, iniziata nel 1988. Una variegata e studiata indagine di vari "tipi"del commercial landscape italiano realizzati in tutto il mondo che documenta l'incessante processo di rinnovamento che riguarda questo particolare ambito della progettazione d'interni. Un repertorio come sempre ricchissimo e recentissimo, a testimoniare la molteplicità degli orientamenti, nel quale emerge, oltre al minimalismo, una certa tendenza a sperimentare l'idea del lusso e della preziosa raffinatezza come una cifra che sembra caratterizzare la fine del millennio.

This is the ninth volume of the most famous international series, begun in 1988, dedicated to stores. It provides a varied and detailed study of the different "types" of Italian commercial landscapes projected worldwide, documenting the never-ending process of renewal that concerns this particular field of interior design. As always, the book offers a rich and recent repertoire that attests to the multiplicity of trends, which include, in addition to minimalist orientations, a certain tendency to experiment with the idea of luxury and refinement, a concept that characterizes the end of the millennium.

2000, 210 x 297, 288 pp., 323 ill. col. + disegni, testo italiano/inglese.
€ 93,40 / L. 180.000 (rilegato/hardback)   ISBN 88-7685-108-9

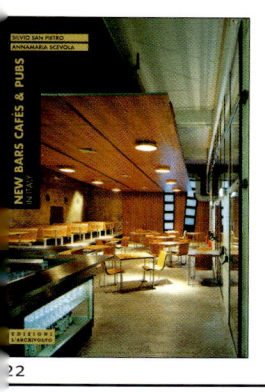

NEW BARS CAFÉS & PUBS IN ITALY
S. San Pietro - A. Scevola

Considerato fino a qualche tempo fa marginale o appannaggio d'imprese specializzate, il progetto di bar, caffè e locali di ritrovo asseconda sempre di più, con esiti sorprendenti e stimolanti, una tendenza che vede questi ambienti divenire attraenti scenografie, talvolta a tema, e luoghi di svago alternativi alla discoteca in un sostanziale rinnovamento della loro tradizionale funzione. Imprevedibili accostamenti di materiali e colori, suggestive rivisitazioni stilistiche, soluzioni avveniristiche e high-tech creano nuove scene per la vita associata e nel paesaggio urbano recuperando l'idea di un ruolo anche ludico dell'architettura.

Long considered either of marginal importance or the domain of specialized firms, the design of bars, cafés and gathering places has recently proved to be an unexpectedly fertile outlet for new expression in ambience design, spawning entirely novel entertainment venues of high-octane visual appeal. Often theme-based, the new ambiences have pushed back the traditional frontiers of the discothèque format, giving rise to inspired combinations of materials and color, jazzed-up reworkings of past styles, futuristic and high-tech scenarios that rehearse urban living and the townscape, in which architecture reveals its playful underside.

2001, 210 x 297, 240 pp., 274 ill. col. + disegni, testo italiano/inglese.
€ 93,40 / L. 180.000 (rilegato/hardback)   ISBN 88-7685-115-1

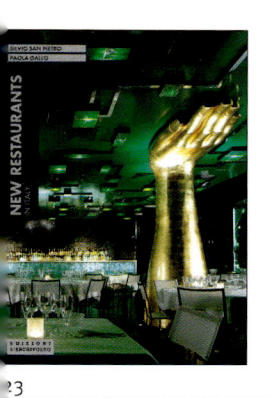

NEW RESTAURANTS IN ITALY
S. San Pietro - P. Gallo

Avveniristici e surreali, ironici e classici, esotici e romantici, minimalisti e sorprendenti, i ristoranti presentati in questo volume dimostrano come questo ambito progettuale, poco trattato dalla pubblicistica architettonica benché emblematico dei comportamenti collettivi, sia in realtà un territorio di frontiera tra interior design e allestimento scenografico particolarmente stimolante. Il variegato panorama che ne deriva è espressione di un'architettura che diviene forma di comunicazione, strumento per restituire atmosfere che appartengono all'immaginario collettivo e di questo si sostanziano.

Whether futuristic or surreal, whimsical or classic, exotic or romantic, minimalist or loud, the restaurants showcased in this book testify to a burgeoning area of interior design - generally ignored by the architectural press despite being emblematic of collective behaviors - that is providing a highly stimulating threshold between interior architecture and stage design. The variegated panorama that has resulted from this crossover of approaches is a form of architecture that becomes a form of communication, a tool for creating environments that both belong to and compose the collective imagination.

2001, 210 x 297, 248 pp., 275 ill. col. + disegni, testo italiano/inglese.
€ 93,40 / L. 180.000 (rilegato/hardback)   ISBN 88-7685-116-X

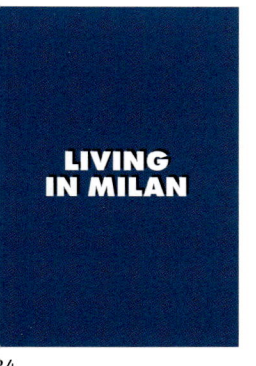

LIVING IN MILAN
S. San Pietro - P. Gallo

Ulteriore approfondimento sull'idea dell'abitare, che succede ai tre precedenti e fortunati titoli dedicati alle abitazioni in Italia, questo volume esplora il tema della residenza urbana in una localizzazione specifica ma in qualche misura paradigmatica: quella della città di Milano. Capitale internazionale della moda e del design, Milano è forte di una tradizione che ha sempre espresso una particolare predilezione per la riflessione sui modi dell'abitare. Questo volume ne è una conferma presentando una selezione di progetti che sono anche l'espressione di un'avanguardia e di uno stile di vita apprezzato in tutto il mondo.

In the wake of the three successful earlier installments of the series dedicated to the Italian home and lifestyle, this new book delves further into the manifold art of living, this time focusing in urban locations with distinguishing features but nonetheless paradigmatic of the city of Milan as a whole. The international capital of Italian fashion and design, Milan has a deeply established tradition of inquiry into living spaces and their specificity. Confirming that tradition is this new book which takes a close look at a selection of projects that express a flair for living design acknowledged all over the world.

2001, 210 x 297, 240 pp., circa 300 ill. col. + disegni, testo italiano/inglese.
€ 93,40 / L. 180.000 (rilegato/hardback)   ISBN 88-7685-118-6

EDIZIONI L'ARCHIVOLTO - via marsala 3 20121 milano - tel (39) 02.29010444 - (39) 02.29010424 - fax (39) 02.29001942 - www.archivolto.com

INTERNATIONAL ARCHITECTURE & INTERIORS

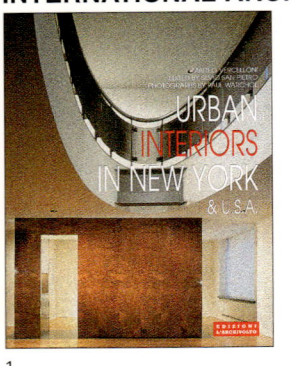

1. URBAN INTERIORS IN NEW YORK & USA
M. Vercelloni - P. Warchol - S. San Pietro

Dalla tradizione tutta americana del loft, ai lussuosi palazzi newyorkesi degli anni '20 su Central Park, da interventi in architetture simbolo, come le torri di Chicago di Mies van der Rohe, alla vecchia Centrale di Polizia di New York, trasformata in esclusivo condominio. Lo stimolante confronto tra i diversi progetti, il loro grado di approfondimento compositivo e i variegati impieghi materici compongono una eterogenea e straordinaria tavolozza che si inserisce nella ricca e fondamentale tradizione della ricerca architettonica americana sulla casa privata di abitazione. Concludono il volume le biografie dei progettisti e le schede descrittive di ogni progetto.

From the wholly American tradition of the loft to the luxurious New York townhomes of the twenties, overlooking Central Park, and from the restructuring of such architectural symbols as Mies van der Rohe's Chicago skyscrapers to the old central police station in New York, converted into a condominium, this book provides a stimulating comparison of projects. The thought that has gone into their composition and the variety of materials used present a heterogeneous and extraordinary picture, which is in line with the rich and fundamental tradition of American architectural research on private homes. Biographies of the designers and descriptions of each project are included.

1996 (1ª ristampa 1999), 230 x 297, 232 pp., 242 ill. col. + 51 b/n, testo inglese/italiano
€ 93,40 / L. 180.000 (rilegato/hardback) ISBN 88-7685-086-4

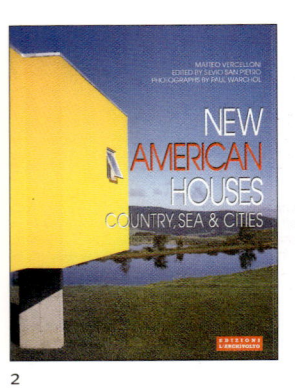

2. NEW AMERICAN HOUSES. COUNTRY, SEA & CITIES
M. Vercelloni - P. Warchol - S. San Pietro

I diciannove progetti di case unifamiliari selezionati per questo libro offrono un diretto approfondimento del discorso iniziato col primo volume della collana sugli appartamenti, sia per il sinergico confronto di linguaggi e figure, differenti poetiche e percorsi progettuali proposti, sia per l'arco di tempo esaminato (l'ultimo decennio), sia soprattutto per il medesimo autore dei servizi fotografici. Le foto sono corredate da ricchi apparati iconografici composti da piante, sezioni, disegni di particolari costruttivi. La descrizione dei materiali è riportata a conclusione del volume con le biografie dei progettisti.

The nineteen homes discussed in this book offer a deeper understanding of the discussion that was begun in the first volume in the series on apartments. The discussion continues with a comparison of both, language and form, as well as of the different pathways that have guided the projects. In addition, the time period being discussed is also the same (the last decade) as are the author and the photographer. The pictures contain rich iconographic explanations that include blueprints, sections and construction details. A list of materials used is provided at the back of the book, along with the designer's biography.

1997, 230 x 297, 232 pp., 259 ill. col. + 113 b/n, testo testo inglese/italiano.
€ 93,40 / L. 180.000 (rilegato/hardback) ISBN 88-7685-097-X

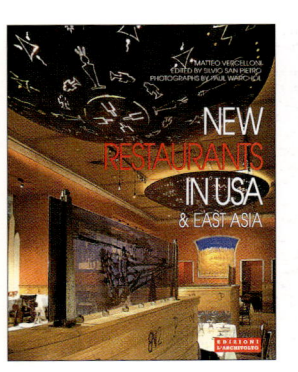

3. NEW RESTAURANTS IN USA & EAST ASIA
M. Vercelloni - P. Warchol - S. San Pietro

I trentasei progetti selezionati realizzati in America, Giappone e Malesia nell'ultimo decennio sono firmati nella quasi totalità da progettisti americani, a esclusione di alcuni locali realizzati in Giappone dall'inglese Nigel Coates e dall'irachena Zaha Hadid. Si tratta quindi di un confronto tra progetti appartenenti alla cultura occidentale e a quella americana in particolare, dove, a differenza che in Europa, l'architettura del ristorante si spinge oltre il semplice progetto d'interni, per abbracciare la dimensione scenografica e spettacolare in cui sperimentare, a volte in totale libertà, nuovi linguaggi e brillanti soluzioni compositive.

This book focuses on restaurants design, offering a broad and stimulating array of thirty-six designs realized over the last decade in the United States, Japan, and Malaysia. The restaurants we have chosen are nearly all designed by North American architects, except for a number of local ones in Japan done by the British Nigel Coates and the Iraqi Zaha Hadid. The book offers a comparative overview of the new western architecture, particularly of the kind emerging in the U.S., where, unlike in Europe, restaurant design involves not just the interiors but the building's entire setting, sometimes allowing total freedom to experiment new languages and imaginative layout solutions.

1998, 230 x 297, 240 pp., 257 ill. col. + 60 b/n, testo testo inglese/italiano.
€ 93,40 / L. 180.000 (rilegato/hardback) ISBN 88-7685-098-8

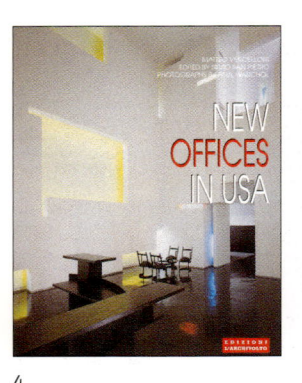

4. NEW OFFICES IN USA
M. Vercelloni - P. Warchol - S. San Pietro

Questo libro vuole proporre al lettore un panorama aggiornato sul divenire del paesaggio interno dell'ufficio americano, sulle figure chiamate a definirne funzioni e percorsi, sui diversi modi di affrontare il progetto d'interni per spazi di lavoro qualificati che non devono più solo rispondere a esigenze quantitative e di semplice funzionamento razionale-distributivo. Tutti gli uffici sono corredati da disegni di progetto e schede tecniche con descrizione di materiali e arredi, note dei progettisti sulle soluzioni adottate negli specifici progetti e loro biografie aggiornate.

The aim of this book is to provide an update on the evolving interior landscape of the American office, the stylistic models used in defining functions and distribution and the different ways of approaching an interior design project aimed at providing quality spaces. This involves more than merely responding to quantitative and logical functional needs. All the offices presented are accompanied by descriptions, as well as by technical data that list the materials and furniture and the designers' notes on the solutions used. The designers' biographies are also included.

1998, 230 x 297, 236 pp., 255 ill. col. + 54 b/n, testo inglese/italiano.
€ 93,40 / L. 180.000 (rilegato/hardback) ISBN 88-7685-100-3

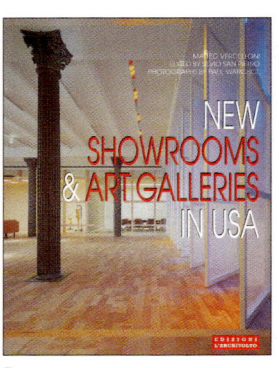

5. NEW SHOWROOMS & ART GALLERIES IN USA
M. Vercelloni - P. Warchol - S. San Pietro

Il volume raccoglie ventisette progetti di showrooms, gallerie d'arte, allestimenti significativi, piccoli musei e ristrutturazioni di musei anche famosi come il Whitney Museum of American Art di New York, dalla fine degli anni '80 ad oggi. I progetti selezionati, per lo più inediti e mai raccolti sistematicamente come in questo caso, offrono un composito e ricco scenario sull'architettura degli spazi "per esporre" made in Usa. Testi descrittivi accompagnano tutti i progetti, corredati anche da disegni. Concludono il volume le biografie dei progettisti e le schede descrittive di materiali e soluzioni tecniche riferite ai progetti selezionati.

The present volume showcases twenty-seven projects that include showrooms, art galleries, installations, small museums and modernization schemes for internationally renowned museums, such as the Whitney Museum of American Art in New York, all realized in the United States from the end of the 1980's. The projects have never been published or systematically collected in this way. They offer an excellent view into the rich architecture of 'exposition' spaces in the USA. Each project is accompanied by a detailed description. Biographies of the designers and technical charts are included.

1999, 230 x 297, 224 pp., 228 ill. col. + 63 b/n, testo inglese/italiano.
€ 93,40 / L. 180.000 (rilegato/hardback) ISBN 88-7685-102-X

EDIZIONI L'ARCHIVOLTO - via marsala 3 - 20121 milano - tel (39) 02.29010444 - (39) 02.29010424 - fax (39) 02.29001942 - www.archivolto.com

INTERNATIONAL ARCHITECTURE & INTERIORS

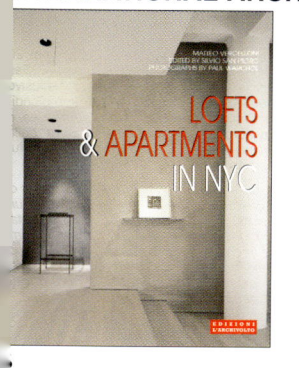

LOFTS & APARTMENTS IN NYC
M. Vercelloni - P. Warchol - S. San Pietro

Altri venticinque straordinari progetti di nuovi spazi domestici newyorkesi, realizzati dalla fine degli anni '80 a oggi, raccolti in un efficace confronto che offre un composito e ricco scenario sui nuovi modi d'intendere l'abitare e di vivere la casa, sia dal punto di vista funzionale e distributivo, sia per quanto riguarda l'immagine architettonica e l'atmosfera degli interni. Il 'tipo' del loft, spazio industriale newyorkese per eccellenza, impiegato negli anni '60 dagli artisti di Soho come ineguagliabile casa-laboratorio, si confronta con una serie di nuovi esclusivi appartamenti, di abitazioni per collezionisti d'arte e di fotografia.

Another twenty-five extraordinary new projects of New York living spaces, created between the end of the 80's and the present, and collected in a way that allows easy comparisons, offering a rich perspective on new living styles from both, a functional and a distributive point of view. It also provides insight on the architectural imagery and atmosphere of the interiors. The loft, the New York-style industrial space converted for residential use, originally used by Soho artists in the 60's as an incomparable home-lab, has been converted into exclusive apartments, providing living space for art and photography collectors.

1999, 230 x 297, 240 pp., 259 ill. col. + 36 b/n, testo inglese/italiano.
€ 93,40 / L. 180.000 (rilegato/hardback)   ISBN 88-7685-104-6

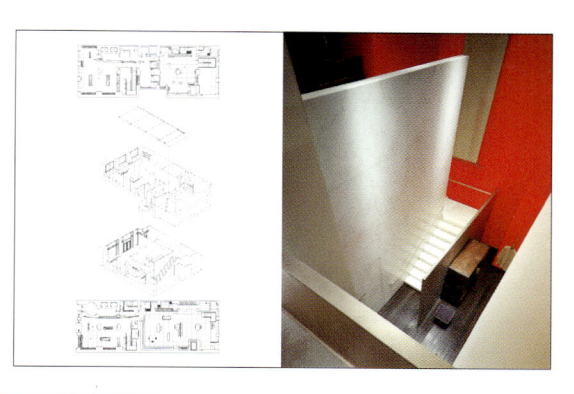

NEW STORES IN USA
M. Vercelloni - P. Warchol - S. San Pietro

Ventinove progetti di negozi e boutiques, tutti realizzati negli Stati Uniti dall'inizio degli anni '90 ad oggi, si confrontano in questo libro configurando uno scenario eclettico e composito. Gli interni commerciali selezionati coprono un panorama che raccoglie negozi di tendenza e punti vendita più tradizionali, spazi rivolti a un pubblico più vasto e nuove esclusive boutiques. Significativi allestimenti, a volte paragonabili a vere e proprie gallerie d'arte, che offrono una stimolante e ricca rassegna sull'architettura del negozio made in Usa. Ogni progetto è stato fotografato da Paul Warchol, professionista newyorkese di fama internazionale.

This book provides an eclectic and compound scenario, contrasting twenty-nine design projects of stores and boutiques, all created in the United States beginning in the 90's. These commercial environments have been selected to reflect a wide variety of stores: from trendy to more traditional, from spaces intended to appeal to a wider public to a unique selection of new and exclusive boutiques. At times comparable to art galleries, their interesting layouts offer a rich and stimulating survey of commercial architecture made in the USA. Each project has been photographed by Paul Warchol, a professional New Yorker of international fame and repute.

1999, 230 x 297, 240 pp., 218 ill. col. + 63 b/n, testo inglese/italiano.
€ 93,40 / L. 180.000 (rilegato/hardback)   ISBN 88-7685-105-4

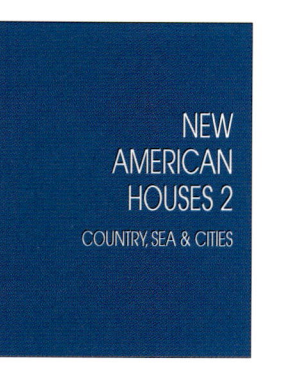

NEW AMERICAN HOUSES 2. COUNTRY, SEA & CITIES
M. Vercelloni - P. Warchol - S. San Pietro

Attenta rassegna sull'architettura degli spazi domestici americani, il volume esamina, come il precedente, architetture complete, dal punto di vista distributivo e funzionale, figurativo e compositivo con particolare attenzione al rapporto con il paesaggio. Il confronto tra molti nuovi progetti di case unifamiliari urbane, di campagna o adagiate sulle spiagge dell'East Coast, firmate da autori noti e meno noti, oltre ad approfondire il panorama degli interni made in USA, supportato dagli altri tre volumi già pubblicati nella collana, conferma il valore della casa unifamiliare americana come soggetto privilegiato per indagare nuove sperimentazioni compositive.

As with the first in the series, this close-up of contemporary domestic architecture in the USA focuses on a select group of living units, and analyzes each one's various aspects of function, distribution, composition and visual impact, with an eye also to each home's rapport with its surroundings. This rich selection of new designs for single-family homes, whether located in the countryside or on the East Coast shoreline, whether the brainchild of famous or less well-known architects, provides an overview of American interior design today and a cogent confirmation of the extraordinary opportunities afforded by single-family home design in the United States.

2001, 230 x 297, 240 pp., circa 300 ill. col., testo italiano/inglese.
€ 93,40 / L. 180.000 (rilegato/hardback)   ISBN 88-7685-117-8

ITALIAN DESIGN

MOBILI ITALIANI CONTEMPORANEI
CONTEMPORARY ITALIAN FURNITURE
C. Morozzi, S. San Pietro - Prefazione di A. Mendini

Oltre 1000 pezzi di produzione italiana, creati da designer italiani e stranieri, illustrati con immagini tutte a colori, documentano la storia del mobile dal 1985 al 1995. Suddiviso in sette sezioni, corrispondenti alle diverse tipologie, con testi storico-critici e prefazione di Alessandro Mendini, colma una lacuna nell'editoria di settore presentandosi come esauriente repertorio, ma anche come strumento di riflessione sui movimenti e sulle tendenze degli ultimi anni. Una dettagliata storia per immagini, con esaustive didascalie di ogni pezzo. Indici e indirizzi dei progettisti e delle aziende.

Over one thousand pieces created in Italy by Italian and foreign designers. Large color illustrations trace the history of furniture from 1985 to 1995. It is divided into seven sections according to distinct typologies and the accompanying texts provide an historical and critical commentary of the period and the evolution of furniture. Alessandro Mendini's introduction mediates the lack of publications in this field, presenting not only an exhaustive range of examples, but also a reflection on the latest shifts and trends. It provides an illustrated history with detailed information on each piece, as well as an index with addresses of the designers and companies

1996, (2ª ristampa 1999), 240 x 297, 256 pp., oltre 1000 ill. col., testo italiano/inglese.
€ 98,60 / L. 190.000 (rilegato/hardback)   ISBN 88-7685-087-2

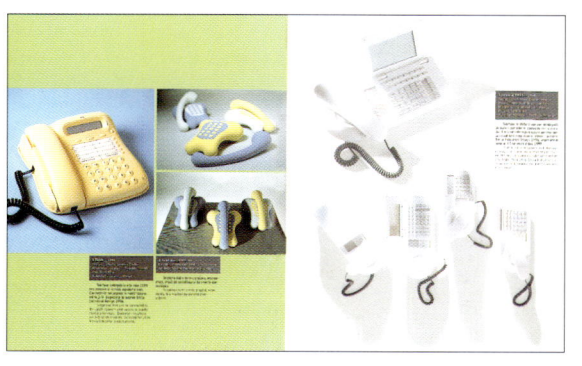

PRODOTTO INDUSTRIALE ITALIANO CONTEMPORANEO
CONTEMPORARY ITALIAN PRODUCT DESIGN
A. Scevola, S. San Pietro - Prefazione di G. Giugiaro

Con prefazione di Giorgetto Giugiaro, l'opera affronta in modo organico e sistematico un tema trascurato dall'editoria. Oltre seicento oggetti italiani o disegnati da progettisti italiani per produzioni straniere, selezionati in relazione all'innovazione tipologica, tecnologica o dei materiali impiegati. Le didascalie dei prodotti permettono di individuarne le caratteristiche e i dettagli tecnici. Cinque grandi sezioni tematiche con testi introduttivi che evidenziano la relazione tra progetto, problemi e sinergie della produzione. Rivolto a progettisti, aziende e a operatori di settori molto diversificati.

With an introduction by Giorgetto Giugiaro, this work represents a systematic picture of a subject hitherto neglected by publishers. The over 600 objects presented have been produced in Italy or created by Italian designers for foreign manufacturers and they have been specifically selected on the basis of their innovative techniques and materials. The characteristics and details of each product are specified. Divided into five sections, the book's introductory texts discuss the relationship between production design, problems and synergy. Aimed at designers, and operators from diversified fields.

1999, 240 x 297, 240 pp., oltre 600 ill. col., testo italiano/inglese.
€ 98,60 / L. 190.000 (rilegato/hardback)   ISBN 88-7685-088-0

EDIZIONI L'ARCHIVOLTO - via marsala 3 20121 milano - tel (39) 02.29010444 - (39) 02.29010424 - fax (39) 02.29001942 - www.archivolto.com

REFERENZE FOTOGRAFICHE

Copertina ant.: Alberto Ferrero (Shu Café Restaurant - Milano)
Copertina post.: Alberto Ferrero (Mamamia - Senigallia - AN)
Risguardo ant.: Margherita Del Piano e Claudio Navone (La Banque - Milano)
Risguardo post.: Alberto Ferrero (Al Mare - Misano Adriatico - RN)

p. 10: Alessandro Ciampi (foto 9)
Emilio Conti (foto 6)
Arrigo Coppitz (foto 2)
Margherita Del Piano e Claudio Navone (foto 1)
Alberto Ferrero (foto 3, 4, 5,7,8)

p. 11: Margherita Del Piano e Claudio Navone (foto 3, 4, 9)
Alberto Ferrero (foto 2, 6, 7)
Simone Parri (foto 5)
Pierluigi Piu (foto 8)
Paolo Utimpergher (foto 1)

Alessandro Ciampi: pp. 76/81; 196/203
Emilio Conti: pp. 174/179
Arrigo Coppitz: pp. 40/55
Margherita Del Piano e Claudio Navone: pp. 82/89; 170/173; 210/213
Alberto Ferrero: pp. 12/17; 18/23; 32/33, 35/39; 56/61; 70/75; 98/107; 118/121; 122/131; 155, 156 in basso a destra, 157 in alto e in basso a sinistra, 159/161; 164, 165, 168, 169; 180/183, 185; 186, 187, 189/195; 214, 215, 216 in alto, 218, 219
Andrea Martiradonna: pp. 66/69; 90/97
Simone Parri: pp. 24/31; 132/141
Matteo Piazza: pp. 143/146, 148/151
Pierluigi Piu: pp. 152, 153, 156 in basso a sinistra, 157 in basso a destra, 158; 162, 163, 167
Paolo Semprucci: pp. 215 in alto, 216 in basso, 217
Claudio Sforza: pp. 62/65
Studio Azzurro: pp. 204/209
Paolo Utimpergher: pp. 108/117

Fotolito: Grafiche San Patrignano - Rimini
Stampa: Euroteam - Nuvolera (BS)
Legatura: Pedrelli - Parma